DAVID SMITH

1906-1965

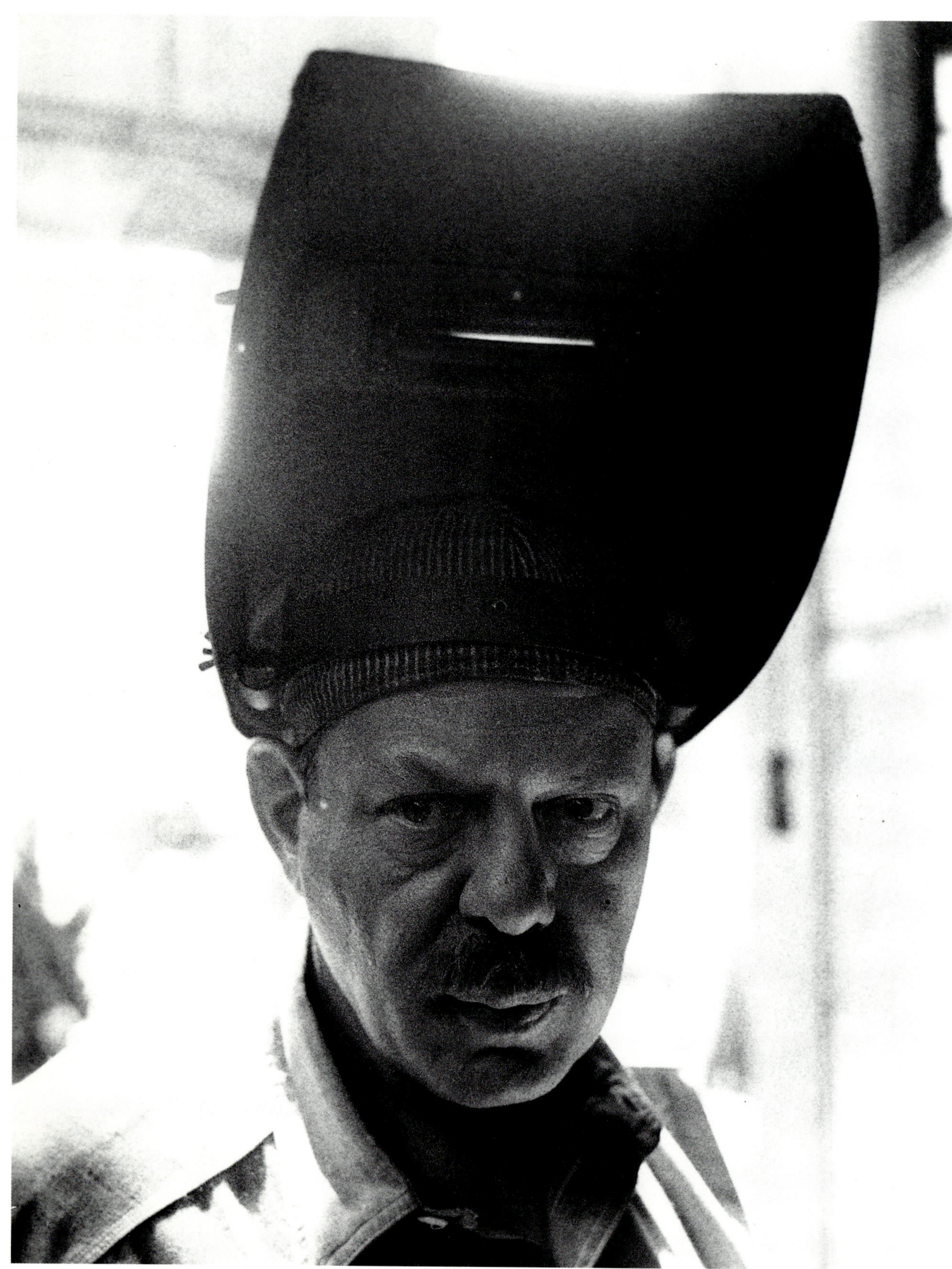

David Smith con máscara de soldador, Voltri, 1962. Foto Ugo Mulas

DAVID SMITH

1906 - 1965

Con fotografías de **UGO MULAS**

Comisariado **CARMEN GIMÉNEZ**

IVAM, CENTRE JULIO GONZÁLEZ
Valencia, 18 de Enero - 31 de Marzo, 1996
MUSEO NACIONAL CENTRO DE ARTE REINA SOFÍA
Madrid, 23 de Abril - 1 de Julio, 1996

Exposición IVAM

Comisaria
Carmen Giménez

Coordinación
Josep Salvador

Registro
Remedios Grande

Restauración
Jesús Marull

Realización del montaje
Julio Soriano

Servicio fotográfico
Josep Vicent Monzó

Seguridad
Manuel Bayo

Mantenimiento
Baltasar Rodríguez

Transporte
Sit, Transportes Internacionales

Seguros
Stai

Exposición MNCARS

Comisaria
Carmen Giménez

Coordinación
Alicia Chillida

Restauración
Jorge García
Manuela Gómez

Diseño del montaje
Juan Ariño

Transporte
Sit, Transportes Internacionales

Seguros
Stai

Catálogo
Dirección
Carmen Giménez

Coordinación general
Alicia Chillida

Producción
Ediciones El Viso
Santiago Saavedra

Diseño
Juan Ariño

Traducciones
María Luisa Balseiro
Alison Canosa
Paloma Farré

Fotomecánica
Lucam, S. A.

Fotocomposición e impresión
Julio Soto, Impresor, S. A.
Avda. de la Constitución, 202. Torrejón de Ardoz (Madrid)

Encuadernación
Ramos, S. A.

NIPO: 305-96-002-3
ISBN: 84-8026-061-0
Depósito Legal: M-133-1996

© IVAM/MNCARS

© de los textos: Los autores. Prohibida toda reproducción total
o parcial sin permiso previo de los mismos.

Integrante de la vital generación del Expresionismo Abstracto americano, David Smith (1906-1965) es uno de los artistas que mejor supo conjugar el carácter esencialmente americano con la experiencia artística europea. El trabajo que en 1928 realiza Picasso en colaboración con Julio González, supone para Smith una revelación que conforma su identidad como escultor.

Es la primera vez que tenemos la oportunidad en nuestro país de contemplar la obra de David Smith, de profundizar en la aprehensión de su trabajo bajo la óptica de un gran fotógrafo, Ugo Mulas, cuya sabia mirada interpreta y escenifica la escultura de Smith en los paisajes de Voltri, Spoleto y Bolton Landing, lugares fundamentales que secuencian el desarrollo de la obra de este gran artista.

Me es muy grato poder presentar esta exposición como fruto de la colaboración entre dos instituciones: el Instituto Valenciano de Arte Moderno, IVAM, Centre Julio González, Generalitat Valenciana, y el Museo Nacional Centro de Arte Reina Sofía, Ministerio de Cultura; colaboración que a lo largo de estos años ha permitido acometer proyectos de notable envergadura y gran proyección pública.

Quiero agradecer sinceramente a la familia de David Smith el generoso préstamo de una gran parte de su colección para esta exposición. Agradecer también a la familia de Ugo Mulas su voluntad de colaboración. Y felicitar, por último, a todos aquellos que han contribuido con su trabajo al éxito de esta exposición.

Carmen Alborch
Ministra de Cultura

La exposición dedicada a David Smith incide en las propuestas planteadas por Julio González —cuya colección fue el punto de partida del IVAM— y la escultura del período de entreguerras, cuando se produjo la crisis de las vanguardias históricas. David Smith descubrió en la escultura en hierro formulada por González un inusitado universo formal que el artista norteamericano adoptó a su propio lenguaje que, así, creció en magnitud y referencias.

La posibilidad de reconstruir el diálogo escultórico entre estos dos artistas recupera para nuestra memoria visual un período decisivo de la escultura del siglo XX, cuando se investigó el poder constructivo y evocador del hierro, elaborándose un arte de síntesis que intentó conciliar las propuestas de la abstracción radical con otras de carácter figurativo.

Es un honor para mí presentar esta primera muestra retrospectiva de David Smith en España que el Instituto Valenciano de Arte Moderno, Centre Julio González, realiza en colaboración con el Museo Nacional Centro de Arte Reina Sofía de Madrid y el Ministerio de Cultura.

Fernando Villalonga

Conseller de Cultura, Educación y Ciencia de la Generalitat Valenciana

Prestadores

Irma y Norman Braman, Miami

The Edward R. Broida Trust, Florida

The Brooklyn Museum, Nueva York

Detroit Institute of Arts, Detroit

Dr. Henry Grunebaum, Cambridge, Massachusetts

Hirshhorn Museum and Sculpture Garden, Smithsonian Institution, Washington, D. C.

Sr. y Sra. Arthur E. Kahn, Nueva York

Kröller-Müller Museum, Otterlo

Wilhelm Lehmbruck Museum, Duisburg

Colección Lois y Georges de Ménil, Nueva York

Colección Archivo Ugo Mulas, Milán

The Museum of Modern Art, Nueva York

Colección Patsy R. y Raymond D. Nasher, Dallas

National Gallery of Art, Washington, D. C.

Osaka City Museum of Modern Art, Osaka

Colección Candida y Rebecca Smith, Nueva York

Storm King Art Center, Nueva York

Tate Gallery, Londres

The Weatherspoon Art Gallery, University of North Carolina at Greensboro

The Frederick R. Weisman Art Museum, University of Minnesota, Minneapolis

De cuantos escultores convivieron, en la Escuela de Nueva York, con los *action painters,* David Smith, desaparecido hace ya treinta y un años, y pintor él mismo en sus años jóvenes, es sin duda alguna el que logró definir un universo más personal.

Pese a la relativa brevedad de su vida y a lo relativamente tardío de la configuración definitiva de su obra escultórica, David Smith se alzó al nivel de los grandes de la primera mitad del siglo, algunos de los cuales —y entre ellos, de modo preferente Julio González, el escultor con el cual se abre el proyecto museográfico del IVAM, y Pablo Picasso, tan presente en la colección del MNCARS— fueron de suma importancia para su formación, al igual que lo fueron los principales nombres de la abstracción y del surrealismo.

A propósito de la relación que cabe establecer entre Julio González y David Smith, nos llama la atención un hecho aparentemente sólo «técnico», pero que para ambos tuvo consecuencias artísticas fundamentales: su paso como operarios por sendas fábricas de automóviles, la Renault en el caso del español de París y durante los años diez, la Studebaker en el del norteamericano y durante la década siguiente. En ambos casos, estos dos grandes de la escultura en hierro supieron aprovechar, de un modo constructivo y absolutamente renovador, las posibilidades artísticas de las técnicas industriales.

Del mismo modo que le iba a suceder a Eduardo Chillida, para David Smith fue decisiva, por encima de cualquier otra influencia, la lección del «dibujar en el espacio» gonzalesco, combinada en su caso con un gran interés, compartido con los pintores coetáneos, hacia la mitología de los símbolos.

A lo largo de los últimos lustros, intensa, y cabría añadir que en líneas generales beneficiosa, ha sido la influencia del arte norteamericano, sobre la trama de la modernidad española. De «El Paso» hasta los años noventa, en nuestra pintura se advierte la huella de creadores como Jackson Pollock, Mark Rothko, Barnett Newman, Franz Kline, Willem de Kooning, Robert Motherwell, Joan Mitchell, Andy Warhol, Roy Lichtenstein, Alex Katz, Joseph Kosuth o Julian Schnabel, sobre las sucesivas generaciones de nuestro país. En escultura nos han llegado sobre todo la tradición minimalista, sus prolegómenos y sus derivaciones, siendo en cambio bastante peor conocidos los nombres de las generaciones anteriores. Pendiente quedaba, en ese sentido, la cita con David Smith. Hoy se hace feliz realidad, gracias al eficaz comisariado de Carmen Giménez, y a la acción conjunta de nuestros respectivos museos, que han ejercido y deben seguir ejerciendo un papel decisivo en el conocimiento de una escena artística tan rica, plural y vital como la norteamericana.

Juan Manuel Bonet
Director del IVAM

José Guirao
Director del MNCARS

Carmen Giménez

AGRADECIMIENTOS

David Smith (1906-1965) se ha llevado a cabo gracias a la generosa colaboración de una serie de personas a las que quiero expresar mi más sincera gratitud. En primer lugar agradecer el espíritu de colaboración de la familia de David Smith, Candida y Rebecca Smith por el préstamo de una gran parte de su colección para esta exposición y mi especial reconocimiento a la activa participación que Peter Stevens ha ejercido de un modo constante y definitivo en el desarrollo de este proyecto. Quiero agradecer a la familia Mulas, a Antonia, Valentina y en particular a Melina su voluntad de colaboración, que hace posible mostrar simultáneamente las fotografías de Ugo Mulas en diálogo con la escultura de David Smith.

Mi agradecimiento a aquellos museos que han contribuido con el préstamo de sus obras al éxito de esta exposición: The Brooklyn Museum, Nueva York; Detroit Institute of Arts, Detroit; Hirshhorn Museum and Sculpture Garden, Smithsonian Institution, Washington, D. C.; Kröller-Müller Museum, Otterlo; Wilhelm Lehmbruck Museum, Duisburg; The Museum of Modern Art, Nueva York; National Gallery of Art, Washington, D. C.; Osaka City Museum of Modern Art, Osaka; Storm King Art Center, Nueva York; Tate Gallery, Londres; The Weatherspoon Art Gallery, University of North Carolina at Greensboro; The Frederick R. Weisman Art Museum, University of Minnesota, Minneapolis. Quiero agradecer también el apoyo directo de aquellos directores de museo y conservadores: Ruth K. Beesch, Neal Benezra, Dr. Christoph Brockhaus, Robert Buck, David R. Collens, Douglas Dreishpoon, James T. Demetrion, Charlotte Kotik, Tsukasa Kumada, Dr. Leinz, Jeremy Lewison, Glenn D. Lowry, Lyndel King, Masami Morita, Earl A. Powell III, Mark Rosenthal, Cora Rosevear, Phillis Rosenzweig, Samuel Sachs II,

Nicholas Serota, Allan Shestack, Evert J. van Straaten, Kirk Varnedoe y MaryAnn Wilkinson.

A los coleccionistas privados agradecer sus préstamos: al Sr. y Sra. Braman, Edward R. Broida, Dr. Henry Grunebaum, Sr. y Sra. Arthur E. Kahn, Lois y Georges de Ménil, y muy especialmente a Raymond D. Nasher. Agradecer también su eficaz gestión a Patricia J. Berube, Jeffrey Deitch, Ellen Gordesky y Lauren Mellon Cluverius.

Quiero expresar mi gratitud a aquellas personas que a través de su paciente búsqueda y consejo han contribuido a la conformación de este proyecto: André Emmerich, David McKee, Joan Washburn, Ann Friedman, Presidente de la Galería Knoedler, que representa el Legado de David Smith, y a Sallie Wiggins.

Mi especial agradecimiento a Michael Brenson y a Francisco Calvo Serraller por su aportación crítica en el catálogo; a María Luisa Balseiro y a Alison Canosa por sus traducciones; a Joan Pachner por su investigación; a Albert Marshall por su trabajo en el montaje y cuidado de las obras de Smith.

Deseo agradecer a Juan Ariño su trabajo en el diseño del montaje y catálogo y a Santiago Saavedra su labor como editor.

Agradecer a los dos museos implicados: al Instituto Valenciano de Arte Moderno, IVAM, Centre Julio González, y al Museo Nacional Centro de Arte Reina Sofía; a sus Directores: Juan Manuel Bonet y José Guirao. A Vicente Todolí, Jefe del Área Artística del IVAM y a Miguel Zugaza, Subdirector Artístico del MNCARS. Al profesor José Francisco Yvars, bajo cuya dirección se gestó esta exposición. Y al equipo de ambos museos que ha realizado el gran esfuerzo de llevar a buen término este proyecto en un plazo de tiempo muy reducido, en especial a Alicia Chillida y a Josep Salvador; a Nuria Enguita, Remedios Grande, Cristina Mulinas y a Martina Schneider.

A todos aquellos que han contribuido al éxito de esta exposición agradecer sinceramente su entusiasmo y eficaz trabajo gracias a los cuales este proyecto es una realidad.

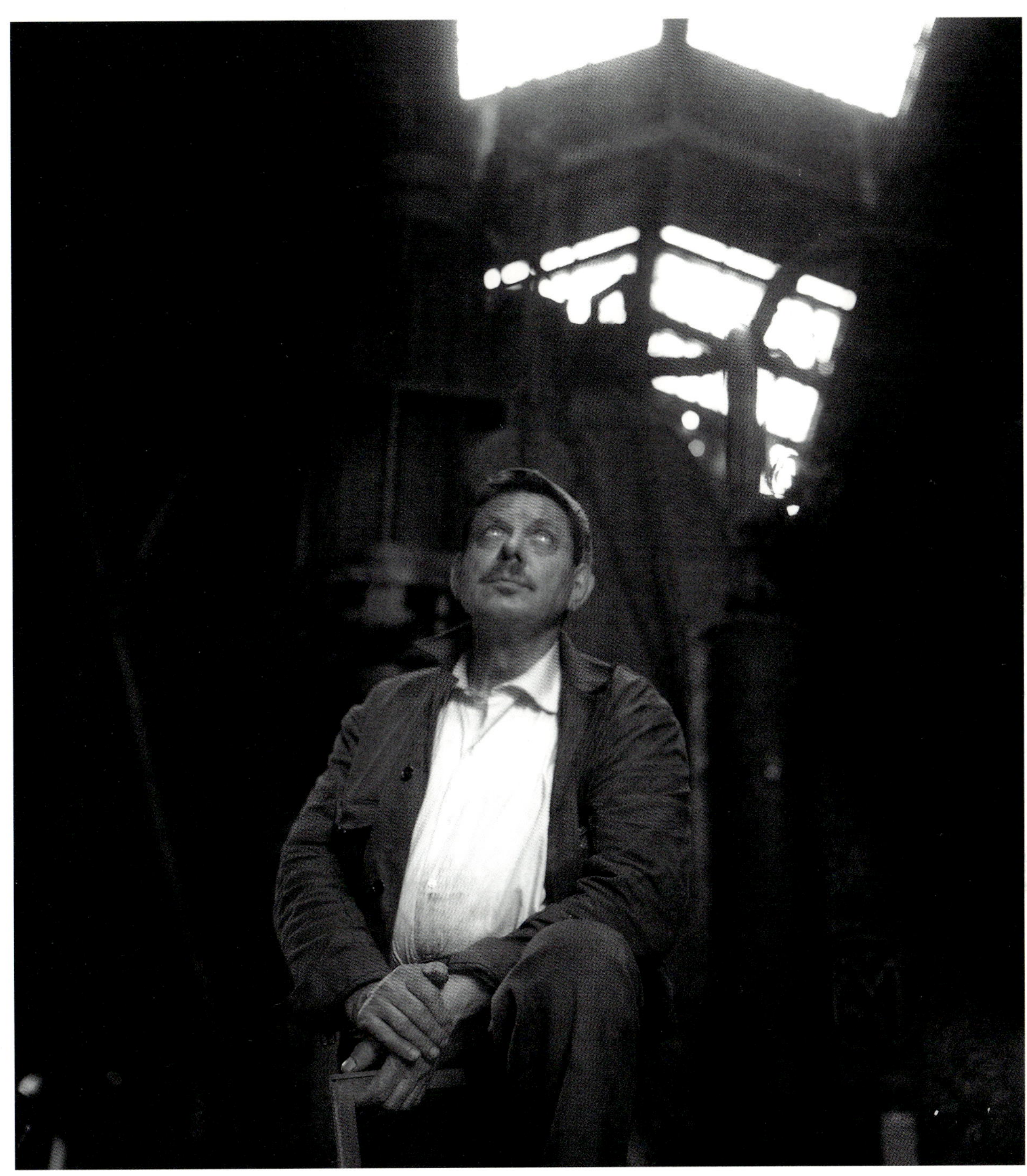
Voltri, 1962. Foto **Ugo Mulas**

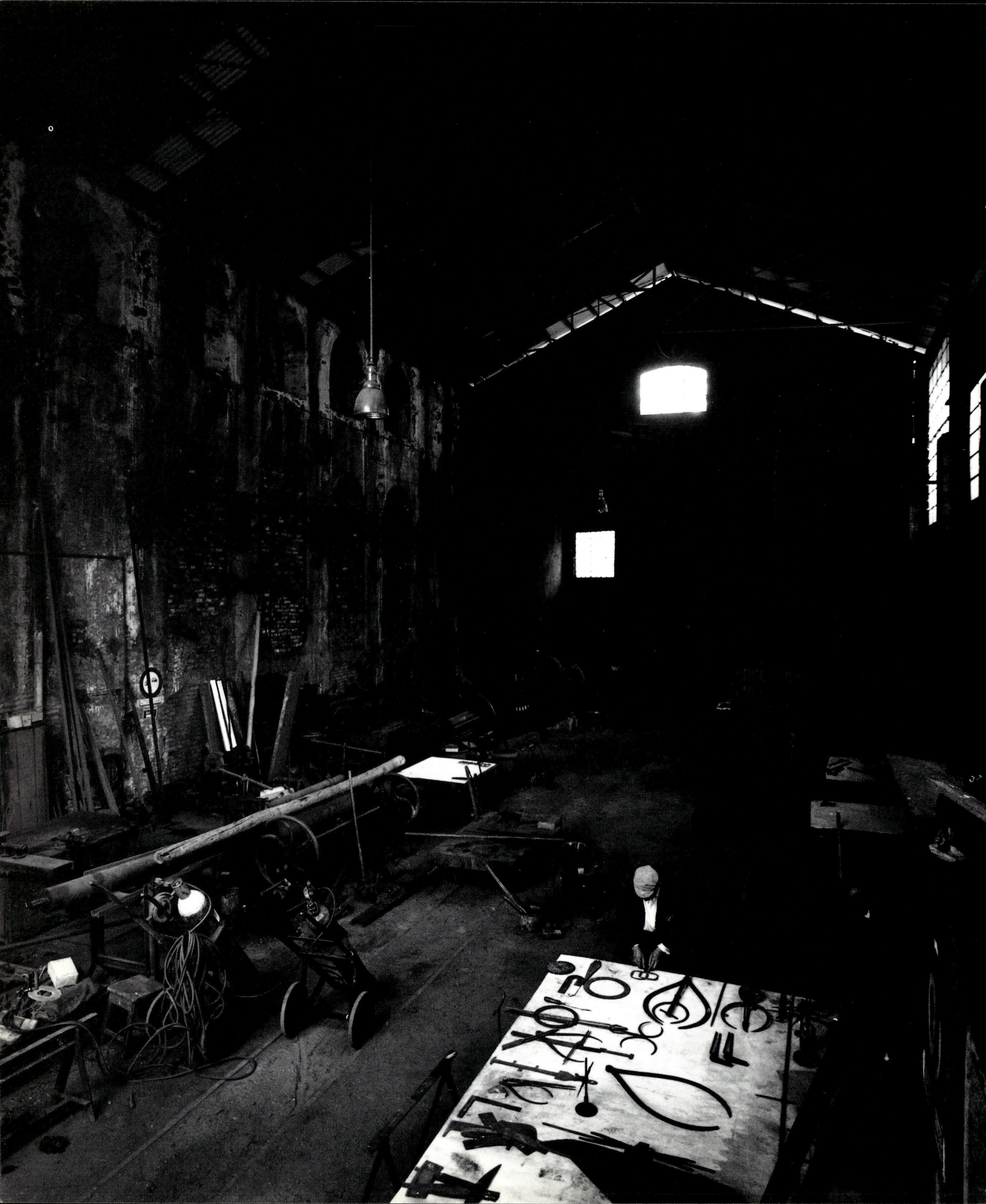

Carmen Giménez

INTRODUCCIÓN

Como Julio González, su precedente inmediato, David Smith ha tardado también bastante en obtener el reconocimiento crítico internacional que indudablemente se merece. A estas alturas de fin de siglo, nadie, sin embargo, parece ya dudar acerca de la importancia capital de estos dos artistas en el desarrollo de la escultura del siglo XX. Inspirados y fecundados ambos, en primera instancia, por el potente y caprichoso genio de Picasso, el responsable de las ideas matriciales de «dibujar en el espacio» y de crear una escultura a partir de una malla metálica de hierro soldado, a partir de las cuales González y Smith pudieron desarrollar su obra madura, sin la específica aportación de cada uno de ellos no podríamos hablar hoy de la escultura en hierro como de un episodio esencial del arte contemporáneo.

De este episodio trataba la muestra *Picasso and the Age of Iron* que tuve la oportunidad de llevar a cabo en el Museo Guggenheim, de Nueva York, durante la primavera de 1993. Aunque en dicha muestra los artistas seleccionados fueron cinco: Picasso, González, Giacometti, Calder y Smith, ya que éstos fueron los primeros responsables directos de la nueva concepción escultórica del hierro entre aproximadamente 1925 y 1940, tanto a mí misma como a quienes colaboraron conmigo en dicha experiencia se nos hizo patente que la clave dramática de este admirable conjunto estaba articulada sobre la base del diálogo entre Julio González y David Smith, no sólo porque ambos fueron los que convirtieron el tema del hierro en su tema central, lo que les permitió desarrollar comparativamente más todas las posibilidades creativas que allí había implícitas, sino porque, además, de una forma temporal sucesiva, ambos extrajeron el lado sagrado y el profano de la metalurgia artística del hierro.

◁ Voltri, 1962. Foto **Ugo Mulas**

En cierta manera, la constatación del valor de este diálogo entre González y Smith me ha hecho pensar, desde entonces, que se trata de un tema inexcusable y apasionante para una exposición monográfica. Entretanto, donde era urgente dar a conocer la obra de David Smith era en España, patria de González y donde, durante los últimos años, han ingresado excepcionalmente un conjunto de obras que le permiten estar bien representado en nuestras colecciones públicas. Precisamente por ello, tiene un particular sentido que nuestro público pueda conocer ahora en directo la obra de su continuador y mejor interlocutor, el que comprendió a González cuando casi todo el mundo lo ignoraba y el que proyectó su lección soberana, tras la segunda guerra mundial, en el país que, desde entonces, ocupó la capitalidad de la vanguardia internacional, y, por tanto, el que ayudó de manera decisiva a su universalización.

Con ello no trato de convertir a David Smith en un simple difusor de la obra de González, sino en el que, desde la íntima y profunda comprensión de su obra, la continuó y la transformó; en una palabra: la dio una nueva vida.

Por lo demás, aparte de estas consideraciones estéticas generales, el planteamiento de esta muestra de Smith, que es la primera que se organiza en España, se basa, en primer lugar, en una revisión cronológica retrospectiva que abarca toda su trayectoria creativa, desde comienzos de los años treinta, cuando decide hacerse escultor a partir de la visión de las esculturas de Picasso y González en la célebre revista *Cahiers d'Art* hasta el año de su muerte. En segundo lugar, he tratado que estuvieran presentes en la exposición las obras más representativas y los núcleos de fuerza que determinaron la evolución artística del escultor americano. Esta segunda pretensión sólo se ha visto limitada por los lógicos imponderables que plantea una exposición de esculturas, las cuales, a las razones de fragilidad que normalmente dificultan los préstamos, añaden también las contrarias de excesiva monumentalidad y contundencia. En cualquier caso, estoy convencida de que lo conseguido al respecto permite sobradamente conocer toda la trayectoria artística de Smith y, sobre todo, su extraordinario valor dentro de la historia de la escultura del siglo XX.

Dentro de este espíritu, se explica el por qué esta retrospectiva se acompaña del maravilloso trabajo fotográfico realizado por el italiano Ugo Mulas con motivo de la participación de David Smith en el Festival de Spoleto de 1962, quizá el episodio artísticamente más determinante de su trayectoria creativa, puesto que fue el de su culminación. Ugo Mulas no se limitó a dar cuenta de lo que hacía Smith durante el mes que estuvo febrilmente trabajando en Italia, sino que supo interpretar el resultado, visualizando

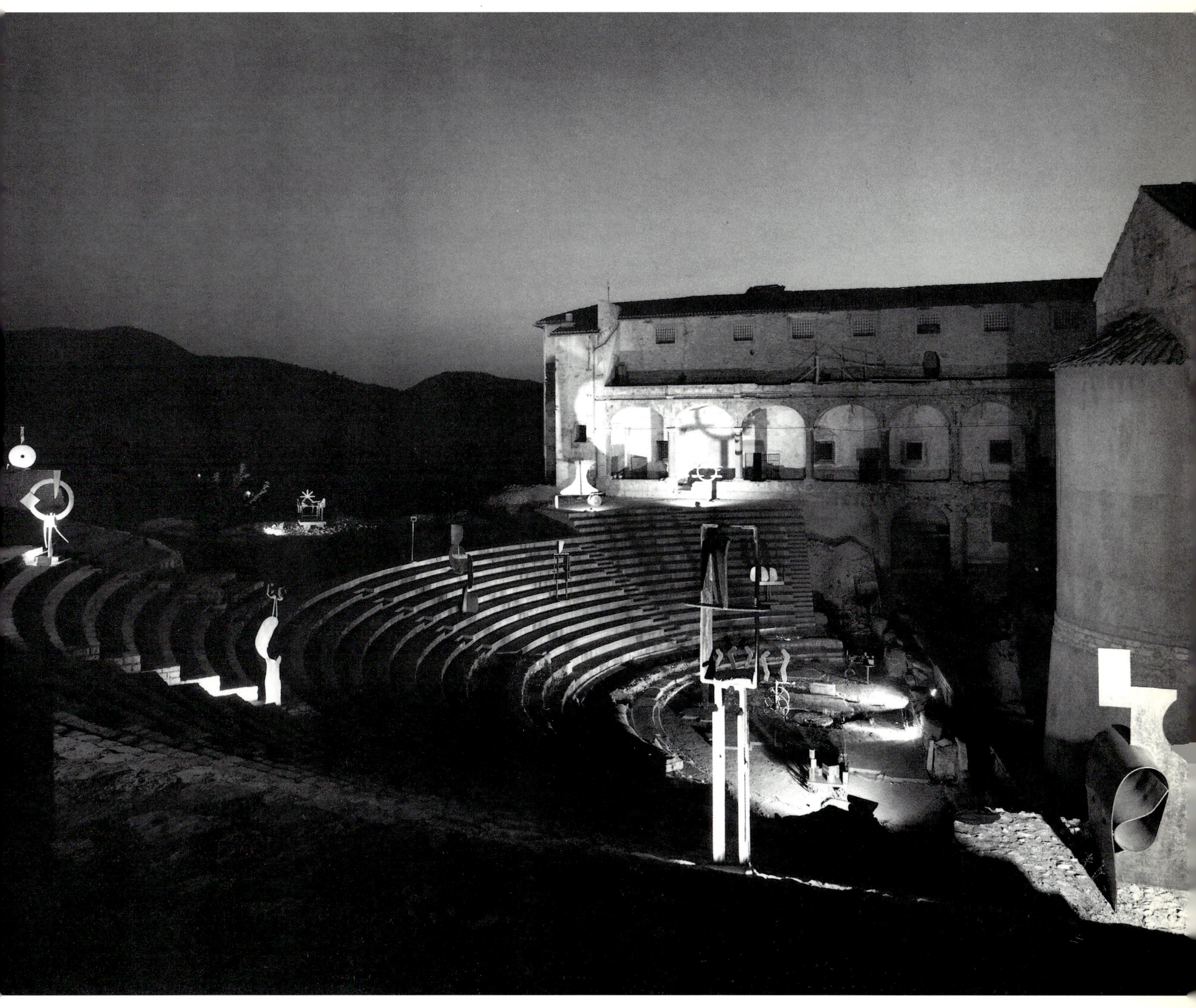

Serie *Voltri*, Anfiteatro romano, Spoleto, 1962. Foto **Ugo Mulas**

para la posteridad el maravilloso conjunto de las ventiocho esculturas monumentales que a un sorprendente ritmo de casi una por día fue realizando Smith y sus ayudantes en la fábrica abandonada de Voltri, lugar que prestó legítimamente su nombre a la serie.

Por último, quiero advertir que también he tratado que se reflejara en el catálogo de la exposición el estado actual de la investigación crítica sobre Smith, el cual, aunque hoy ya es apreciado universalmente como se merece, todavía es objeto de debate acerca de cómo ha de ser interpretado. Ésta es la razón de que aparezcan dos amplios ensayos en dicho catálogo, en cada uno de los cuales se trata de dilucidar lo «europeo» y lo «americano» en la obra de Smith, algo que pienso servirá para entender mejor tanto su obra como su proyección.

Michael Brenson

UN ESCULTOR AMERICANO

Introducción

Casi en solitario, David Smith transformó la escultura estadounidense, dándole una pasión, una seriedad y una identidad que no tenía. Con su visión, su valentía y sus exquisitas facultades estéticas, preparó el camino para Donald Judd, Richard Serra y muchos otros escultores americanos que han desarrollado sus innovaciones formales y conceptuales y han aceptado su reto a trabajar y actuar de tal manera que en los Estados Unidos se mirase con respeto a la escultura y los escultores. Hasta Smith, la escultura fue una actividad marginal; a partir de él forma parte esencial de la imaginación americana.

Smith no habría podido ejercer un efecto tan colosal sobre la escultura americana de no haber sido una figura heroica. Era un hombre grande y fuerte, capaz de manejar objetos y materiales enormemente incómodos y pesados. Fue un trabajador legendario, que dibujaba y construía en su taller hasta la madrugada y a veces de sol a sol. Desde 1940 hasta su muerte en 1965, a los cincuenta y nueve años, vivió en Bolton Landing, en las montañas Adirondacks, unas doscientas millas al norte de Nueva York, en un entorno natural tan implacable como los paisajes de Maine que inspiraron a un Winslow Homer, un John Marin o un Marsden Hartley: pintores americanos atraídos, como Smith, por una naturaleza prístina, cruda y agreste, donde la vida se reduce a un mínimo de subsistencia que el hombre ha de ganarse a pulso.

En uno de esos marcos de montaña donde la escultura tiende a parecer superflua, Smith engendró soldando y pobló sus campos con un impresionante despliegue de construcciones metafóricas que se dirían nacidas para vivir bajo los cielos variables y sobre la tierra accidentada. En Bolton Landing, Smith hizo cambiar la escala y las ambiciones de la escultura americana, y la convirtió en un suceso dramático. Participar en una obra de Smith es pasearse a su alrededor y tomar contacto con sus puntos de vista radicalmente diferentes, sus elegantes transiciones y abruptos cambios de peso y dirección, sus luchas internas y su concordia con la luz, sus ventanas y pórticos que permiten no sólo ver sino abrazar la inmensidad y el poder del espacio. Las esculturas de Smith son batallas, juegos, umbrales, talleres, representaciones, sacrificios, celebraciones, ritos. Aprehenderlas es dialogar con una personalidad extática, generosa y conflictiva, que explora su propia complejidad y su propio deseo y los sintoniza con los ritmos grandiosos y las fluctuaciones violentas de la tierra y el cielo del norte del país. Y es también enfrentarse con la primera escultura modernista que surge con sintaxis americana, personalidad americana, rostro americano: la primera escultura hecha en América que es a un tiempo americana e internacional.

De su conocimiento del modernismo europeo no cabe duda. En 1926, a los veinte años, estudió pintura en la Arts Students League de Nueva York con el pintor cubista checo Jan Matulka. Hacia 1930 conoció a John Graham, artista e intelectual influyente, nacido en Rusia y bien informado de lo que se hacía en Europa. Fue Graham quien puso en sus manos un número de la revista francesa de vanguardia *Cahiers d'Art* donde Smith vio por primera vez las construcciones abiertas de hierro hechas por Picasso en colaboración con Julio González: ellas le sugirieron las posibilidades de desarrollar un lenguaje escultórico con un material industrial que conocía bien por haberlo trabajado en la fábrica: el acero.

La versatilidad de Picasso, su torrente de producción casi ininterrumpido, y su capacidad de transformar la agresión y la rabia de fuerzas potencialmente destructivas en manantial de energía fecunda, hechizaron a Smith. Comprendió que algo equivalente a la libertad creadora de Picasso tenía que entrar en el arte americano para hacer justicia a su energía y potencial propios, y de paso despegarse de la sombra de Europa. Pero sintió también una afinidad temperamental con la inventiva de González, más lenta y mesurada. En su escultura, algo de la curiosidad ilimitada y desinhibida que hace de Picasso una fuerza de la naturaleza se combina con la introspección y la inocencia que dan un tono más íntimo y personal a la obra de González.

Smith fue uno de los primeros escultores americanos que comprendieron las radicales implicaciones, políticas y psicológicas, del cubismo y el surrealismo. Su compromiso escultórico con la multiplicidad de puntos de vista («No parece haber manera de proyectar cómo será la obra vista desde otro ángulo», escribió la historiadora Rosalind E. Krauss

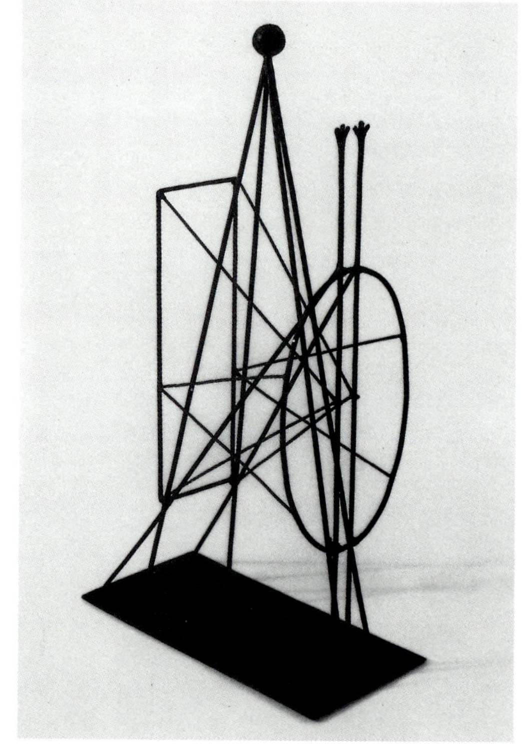

Pablo Picasso: *Figure,* octubre 1928
Musée Picasso, París

hablando de una de sus construcciones en acero)[1] reflejaba su fe en su país como una democracia dinámica, en la que toda perspectiva singular, por convincente que fuera, debía hacer posibles otros modos de ver. Reflejaba también su conciencia de que un ser humano puede tener no una sola sino varias personalidades. Él era un hombre de muchas facetas —extrovertido y huraño, tierno y tiránico, erudito y malhablado—, y pensaba que todas debían desarrollarse en su obra para que ésta tuviera la autonomía y la amplitud necesarias.

Captó también la importancia de los otros escultores esenciales del modernismo europeo. Aprendió mucho de Auguste Rodin, que había manejado sus materiales y procedimientos y su vocabulario formal con una libertad técnica y sensual que acaso no tenga precedentes en la escultura. Admiraba a Constantin Brancusi, cuya influencia es visible en las aves de Smith, como en su resistencia a la gravedad y a la masa, y de hecho a todo cuanto pudiera impedir a sus esculturas el movimiento hacia fuera, hacia el mundo, centrífugo. Y contempló larga y detenidamente los *tableaux* surrealistas de Alberto Giacometti, que transformaban las aéreas construcciones inventadas por Picasso y González en teatros escultóricos donde el espacio vagaba libre y tenían cabida toda suerte de ideas y sentimientos.

La atención de Smith a lo alcanzado por artistas muy dispares es un reflejo de su extraordinaria apertura artística. Otro tanto se puede decir de su entrega a muchos modos de hacer arte, que incluyen técnicas de pintura y dibujo de su propia invención, como aplicar esmalte al lienzo con una jeringa otológica, en la década de los sesenta, mientras daba rienda suelta a su reacción a voluptuosos desnudos femeninos. Pulsó fuentes muy diversas, descubriendo tanta validez en la escultura popular como en la «elevada». Hizo obras inspiradas en instrumentos musicales, en Mozart, en herramientas, en metal de desecho, en la aurora boreal, en rodadas sobre la nieve, en fotos de modelos, en la exuberancia confiada de sus hijas Rebecca y Candida. Ningún escultor americano anterior a él tuvo curiosidad más voraz, ni mayor empeño en hacer sitio en su producción para todos los aspectos del mundo en que vivía. Tanto, si no más, como para Brancusi y otros modernistas europeos, la abstracción fue para él un medio abarcador, una manera de establecer un lenguaje en el que todos los componentes de su identidad personal —y de lo que él entendía como identidad americana— pudieran ser aceptados, desarrollados y de algún modo reunidos.

De octubre de 1935 a julio de 1936 hizo el primero y más decisivo de sus viajes a Europa. Visitó París, donde estudió brevemente con Stanley William Hayter, el pintor y grabador inglés que hizo del dibujo de líneas en el aguafuerte y el grabado a buril una vía de acceso al inconsciente. Visitó también Grecia, Italia, Rusia e Inglaterra. Cuando regresó a los

Estados Unidos, estaba decidido a no ser uno más de los artistas americanos émulos de la cultura europea. Quería ser un artista americano que contribuyera a desarrollar una cultura capaz de rivalizar con la de Europa haciendo valer su fluidez, su vigor y su pragmatismo, y sacando partido de sus propias tradiciones espirituales y sus mitos de frontera.

«Yo desafío a todo y a todos», diría. «Y creo que eso es lo que tiene que hacer todo artista. Desde el momento mismo en que muestras una obra, estás desafiando a todos los demás artistas. Y tienes que trabajar muy duro, sobre todo aquí. Nosotros no tenemos la introducción que tienen los artistas europeos. Estamos desafiando al mundo»[2].

En una apreciación clarividente, Edward F. Fry, que organizó en 1969 la retrospectiva de Smith en el Solomon R. Guggenheim Museum, escribió: «David Smith es en muchos aspectos el gran prototipo del artista moderno en América. Procediendo de raíces provincianas y puritanas, asimiló el arte europeo —probablemente más a fondo que ninguno de sus contemporáneos— sin perder su identidad ni la relación con su propia cultura»[3].

Lo que constituye la americanidad de la escultura de Smith es el tema de este ensayo.

Acero

Smith nació y se crió en Decatur, en la región centro-norte del estado de Indiana, cerca de la frontera con Ohio. Su padre, Harvey Martin Smith, era ingeniero de telefonía e inventor ocasional. Su madre, Golda Stoler, era maestra, y una metodista estricta que «esperaba que su hijo compartiera esa devoción. Ir a la iglesia los domingos era inexcusable, y el baile, el juego, la bebida y hablar del sexo eran cosas prohibidas»[4]. En esa atmósfera severa de disciplina, seguridad en uno mismo, inventiva y sobriedad, el arte despertaba sospechas. Para ser reconocido en este mundo como profesión respetable, tendría que identificarse con la disciplina, la utilidad y el esfuerzo.

En la Nueva York de comienzos de los años treinta el acero no tenía nada que ver con el arte. Estaba muy lejos de lo que Smith veía como el preciosismo de la arcilla o la madera. Por su identificación con la Edad del Hierro, el acero se asociaba para él con los albores de la civilización. Se asociaba con el romanticismo americano del ferrocarril y el automóvil, y con esa fe en la movilidad y el progreso que era parte inseparable del sueño americano. Se identificaba también con la industria y la construcción, y tal vez con el movimiento sindical, que en sus ramas incipientes de trabajadores del automóvil y estibadores contribuyó a inspirar a los pensadores progresistas de los años treinta en la búsqueda de un sistema político capaz de superar las desigualdades sociales y económicas que dejó tras de sí la Gran Depresión[5]. Acaso más que nada, el acero se identificaba con la vitalidad y la promesa del presente, del momento americano. «No citemos la historia», diría Smith. «Nuestra lógica y tiempo es el ahora»[6].

La experiencia de Smith con el acero comenzó en su juventud. Tras abandonar los estudios en la universidad de Ohio en 1925, trabajó en una fábrica de automóviles Studebaker, lo que le llevaría a declarar más tarde: «Yo trabajé el metal antes de estudiar la pintura»[7]. En 1934 alquiló espacio en un taller de forja del Navy Pier de Brooklyn, llamado Terminal Iron Works; años después pondría sus iniciales, TIW, en el buzón de su casa de Bolton Landing. Durante la Segunda Guerra Mundial ensambló tanques y locomotoras en una planta del estado de Nueva York, a una hora de su casa, y ese trabajo siguió alimentando una imagen de sí mismo que la historiadora Joan Pachner califica, en la biografía de este catálogo, como de «artista obrero». Cuando en 1962 viajó a la localidad italiana de Voltri para hacer escultura con destino al festival de Spoleto, la aceptación, no sólo el auxilio material, de los obreros ayudantes fue esencial para desplegar una productividad asombrosa: veintisiete esculturas en treinta días.

Si el acero implicaba al hombre de la calle y al obrero, implicaba también un nexo con la funcionalidad. Ocasionalmente Smith describiría sus esculturas en términos de maquinaria: «Mi método para configurar el material o llegar a la forma ha sido tan funcional como cuando se hace un automóvil o una locomotora», escribió. «El equipo que utilizo, mi material, vienen de lo que aprendí en la fábrica, y calcan en todo lo posible el equipo de producción que se emplea para hacer una locomotora. No tengo el menor interés estético en la huella del instrumento, el bordado superficial ni las rebabas de fundición. Lo que pretendo con la función material es lo mismo que cuando se hace una locomotora, llegar a una determinada forma funcional de la manera más eficiente»[8].

La necesidad de relacionar su escultura con la América media y protestante de sus orígenes no obedecía sólo a razones personales o familiares. En la primera mitad de este siglo, los artistas más importantes de los Estados Unidos eran hombres desarraigados. Pintores de la talla de Arthur Dove, Hartley y Marin fueron solitarios cuyo aislamiento en parte obedecía a la desconfianza del puritanismo americano hacia el artista, que aparecía como un inútil afeminado e inadaptado. Mientras los artistas americanos no desmintieran de algún modo esa sospecha, el arte, por excelente que fuera, seguiría siendo algo periférico.

Smith formó parte de la generación de expresionistas abstractos que lucharon por asegurar un lugar para el artista en los Estados Unidos. Jackson Pollock, Barnett Newman, Franz Kline, compartían con él la jactancia del tipo duro y bebedor, el lenguaje y el atuendo del obrero manual. Esos hombres crearon una nueva imagen del artista que no sería fácil soslayar: la de un hombre del pueblo, rudo y directo, que podía tirarte un whisky a la cara o tumbarte de un puñetazo si no le tratabas con respeto. Con esta generación del expresionismo abstracto el arte pasó a ser cosa de hombres. Junto a toda su complejidad de sentimiento y pensamiento, a pesar de toda la carga de ansiedad y duda que lo impulsaba, el expresionismo abstracto tuvo un vigor y un brío inequívocos. «La cultura y el ideal de perfección son el refinamiento propio de los señores; el arte es la sustancia en bruto que nace de la vitalidad, del trabajo agresivo de hombres que llegaron a ser así luchando por sobrevivir», diría Smith[9]. Esta imagen viril no la podía crear un artista que aplicase meticulosamente la pintura a un lienzo de pequeño tamaño sobre un caballete. Ni la habría podido crear un escultor empleando materiales como el bronce, la arcilla o la madera, que respondían a las expectativas, y por lo tanto a las sospechas americanas, de qué era el arte y qué los artistas.

Si el acero se identificaba con tipos y mitos americanos, ni qué decir tiene que también traía consigo un potencial escultórico extraordinario. La forja hacía posible una interacción extremadamente física del escultor con el material. La soldadura permitía impugnar todos los lenguajes escultóricos existentes. Smith podía unir un arco fino a un rectángulo macizo en un ángulo cualquiera y dejarlo sujeto. Podía horadar progresivamente un núcleo central sin que los volúmenes proyectados se cayeran. Podía ensamblar y combinar toda clase de objetos encontrados y creados. Podía construir líneas que electrizasen el espacio. Con el acero, en suma, Smith podía golpear, acariciar, dilatarse y soñar. Podía hacer esculturas que se aferrasen al suelo, que oteasen la tierra o que treparan a las estrellas.

El acero, además, tenía asociaciones tan complejas y contradictorias como él mismo. Es a la vez un material constructivo y destructivo. Siendo el material de los ferrocarriles y los rascacielos, era también el material de las armas. «Posiblemente el acero sea tan hermoso», diría Smith, «por todo el movimiento que lleva asociado, su resistencia y función. Pero también es brutal el violador, el asesino, y gigantes mortíferos son también su progenie»[10]. Y con toda su apariencia de sólido y permanente, era también sensible a los elementos, y en ese aspecto podía parecer orgánico. «Me da cierto gusto cuando veo corrosión en un material inoxidable: la suave mancha ácida que denota o contaminación de hierro por la rueda de amolar o desequilibrio en la aleación, o que acaso sea una declaración filosófica de que lo inoxidable no es enteramente puro y tiene una susceptibilidad como la tienen los seres humanos, a la mancha que hay del propósito declarado a la realidad»[11].

El acero, cosa igualmente importante, le permitía a Smith rechazar, con la misma

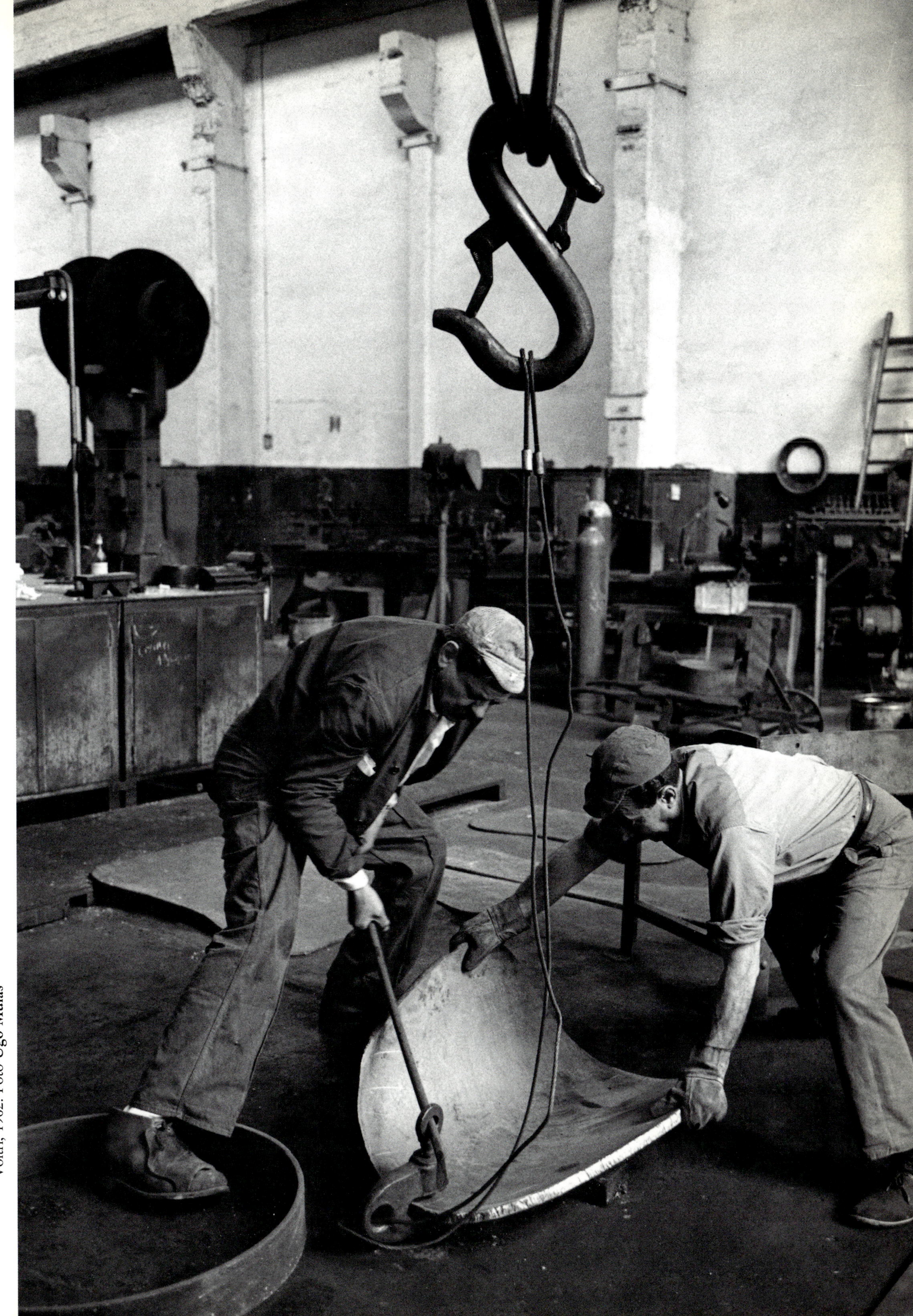

Voltri, 1962. Foto Ugo Mulas

eficacia con que antes la habían rechazado Picasso, González, Giacometti y los constructivistas, la tradición del monolito. Mientras la escultura se concibiera primordialmente en términos de masa contenida, no podía en modo alguno competir con la libertad cada día mayor de la pintura y las posibilidades radicales abiertas por el *collage,* ni podía reflejar la velocidad acelerada de la vida moderna y los cambios introducidos en la percepción por la creciente movilidad a través del aire y de un extremo a otro del planeta. Smith manifestó su oposición al monolito en incontables ocasiones: «No acepto el límite monolítico de la tradición escultórica», escribió. «La escultura es tan libre como la mente, tan compleja como la vida»[12].

La tiranía del monolito no se podía romper a menos que la creación y la experiencia de la escultura dejaran de depender de la mano. Si el toque del escultor era esencial para producir la obra, la respuesta del espectador y el contenido de la escultura seguirían dependiendo de una impresión de vitalidad *dentro* del material. Las abstracciones orgánicas de Jean Arp, Henry Moore y otros, que parecen requerir la mano del espectador para completarse, dependen de la seducción de volúmenes interiores, que sostiene la tradición de la escultura como masa monolítica. Para que la escultura conquistase la apertura, la autonomía y el respeto que Smith quería para ella —y para que hiciera un uso creativo de esa ambivalencia hacia el tacto que es parte del puritanismo americano—, tendría que apelar menos a la mano que a los ojos. «Yo creo que la escultura, lo mismo que todo arte, es estrictamente una respuesta visual», escribió. «El tacto para mí era cuestión de esfuerzo físico por mi parte, y yo no toco, yo toco con los ojos»[13].

El acero le permitía hacer una escultura muy física, concreta en todo momento, y sin embargo indiferente a la mano humana. Smith trabajaba el acero con gestos, con impulsos, con todo su cuerpo, pero con guantes y martillos y fuego. Su mano conformaba la obra sin tocarla. En parte por eso, a pesar de toda su vitalidad y su seducción físicas, las esculturas de Smith no atraen a la mano. Si se las toca, rara vez revelarán algo más acerca de sí que lo que dicen a los ojos, y aun puede parecer que se retraen. Esa indiferencia o resistencia a la mano del espectador significa que pueden conservar su autonomía en forma comparable a la pintura, cuya autoridad intelectual depende de su capacidad de existir en un ámbito conceptual. La escultura de Smith sugiere *trabajo físico,* y es un terreno para las ideas. Es notablemente refinada en la maestría con que afronta problemas escultóricos tan antiguos como la superficie, la arista, lo macizo y lo hueco; pero también se afirma como un medio sin limitaciones intrínsecas. Sin el acero, la revolución de Smith no habría sido posible.

Espacio

Una de las distinciones más claras que separan a Smith de los modernistas europeos que influyeron en él estriba en la experiencia del espacio. Apenas hay que señalar lo limitado del espacio en Europa, si se compara con los Estados Unidos. La sensación de infinitud y divinidad del espacio que hay en las pinturas del romántico alemán Caspar David Friedrich es rara en el arte europeo. En casi todas las innovaciones espaciales del modernismo europeo —en el postimpresionismo, el expresionismo alemán, el fauvismo, el cubismo, el suprematismo, De Stijl y el surrealismo—, el espacio se achata y se comprime. Incluso cuando hay una vastedad implícita, como en los paisajes surrealistas de Salvador Dalí e Yves Tanguy, casi nunca se siente un espacio suficiente; siempre se escatima. Cuando se le invita a fluir alrededor y a través de las construcciones de hierro de Picasso y González, la sensación estética depende menos de su movimiento que del poder de las líneas y figuras de metal que lo determinan. En todo el modernismo europeo el espacio posee una extraordinaria vitalidad y fuerza, pero casi nunca sugiere expansividad y libertad.

Es instructivo considerar a este propósito el espacio de las esculturas surrealistas y posteriores a la Segunda Guerra Mundial de Giacometti, que puede ser el gran poeta del espacio en el arte europeo del siglo XX. En el *Palacio a las cuatro de la mañana* de 1932-1933, el espacio es atraído a la delgada construcción y se le permite circular por ella. Tras la Segunda Guerra Mundial, el espacio no circula alrededor del andamiaje vertical de las figuras de Giacometti; presiona sobre ellas. Entra empujando a las mujeres erguidas y a los hombres caminantes. Las figuras a duras penas aguantan. El poder del espacio de Giacometti en la posguerra va unido a la enorme presión que ejerce. Pone a los seres humanos en su sitio. Si el espacio de Giacometti es Dios, es un dios con talante del Antiguo Testamento: agresivo, ritualista, oracular, que exige ser escuchado continuamente.

Smith es el primero en hacer justicia, en la escultura, a esa sensación del vasto espacio americano que fue un factor contribuyente a la expansividad de la pintura expresionista abstracta. En su obra el espacio no es presión, siempre tiene sitio para moverse. Cosa no menos importante, este espacio suele tener una suavidad y una bondad propia del Nuevo Testamento. No es una expresión del lado salvaje y darwiniano de la naturaleza, a menudo evocado en Smith por conflictos dramáticos dentro de las formas escultóricas y entre ellas, sino de la divinidad de la naturaleza, que tantos artistas americanos experimentaron en los grandes espacios del país: Thomas Cole, Frederic Edwin Church y otros pintores de mediados del siglo XIX que trabajaron en el valle del río Hudson, en el interior del estado de Nueva York.

El espacio es el único elemento al que las esculturas de Smith posteriores a la guerra se dirigen inequívocamente, la única fuerza a la que quieren agradar y piden aprobación. En las obras abiertas de 1950, como *Blackburn: Song of an Irish Blacksmith*, *Cathedral* y *The Letter*, se le invita a instalarse, a pasearse, a ponerse cómodo dentro de las armaduras de acero. La gran *Australia* de 1951, que se extiende y florece sobre su fino pedestal, parece una danza ritual de sacrificio y transformación ejecutada no sólo para el espectador, sino también para la mirada vigilante del espacio. *Hudson River Landscape*, en 1951, y *Agricola VIII*, en 1952, más que enmarcar el espacio parecen estar preñadas de él: es como si el espacio fuera la única fuerza que Smith buscara en estas obras para tocar y ser tocado. A la mano y el cuerpo del espectador no se les invitará a entrar físicamente en estas esculturas, pero al cuerpo del espacio sí.

En la obra de Smith el espacio es libre. Su movimiento podrá ser concentrado y dirigido, pero no obstruido; se le anima a entrar y salir y recorrer todas las superficies. Miremos los tres *Circles* de 1962. Cada uno es un aro plano de acero pintado que lleva soldados dos rectángulos largos del mismo material, en un caso un arco. Aquí la presencia escultórica más poderosa no es el acero, sino el espacio. El espacio que se acumula y fluye en las aberturas circulares del corazón de las esculturas parece tener mayor densidad, mayor masa —mayor realidad— que el acero. Pero si el espacio es arrastrado al círculo, no por eso deja de extenderse más allá. Cuando se alinean los *Circles* uno tras otro, el espacio toma forma circular, pero continuamente escapa y se expande en la sala o el ambiente circundantes. Aquí como en muchas otras esculturas posbélicas de Smith, el espacio es fuente de sí mismo, creador de sí mismo. Tiene masa, peso, cuerpo, pero es también ilimitado, imposible de apresar: no tiene ni principio ni medio ni fin.

En los *Cubis* de los años sesenta, Smith desarrolló una manera de trabajar con el espacio que era inédita en el arte americano. Sus cubos, rectángulos y cilindros de acero inoxidable conservan una impresión de oquedad; dentro de esas cajas se imagina un espacio contenido. Al mismo tiempo, el espacio exterior a esos continentes posee libertad de movimientos. Las superficies bruñidas a la vez succionan el espacio, magnetizándolo, y lo reflejan despidiéndolo, negándose a encerrarlo, presentando planos donde el espacio y la luz pueden rebotar, y también pasajes por y alrededor de las formas que permiten que el espacio explore y juegue. El resultado es un extraordinario diálogo entre espacio guardado y espacio liberado, volumen establecido y peso disuelto, interioridad reconocida y exterioridad proclamada. En la escultura de Smith el espacio es deseado y prendido, pero no encarcelado y jamás poseído.

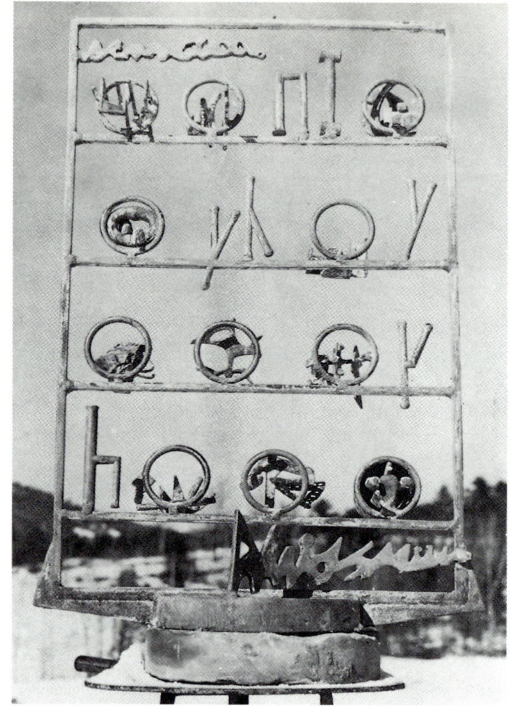

The Letter, 1950.
Munson-Williams Proctor Institute,
Utica, Nueva York. Foto David Smith

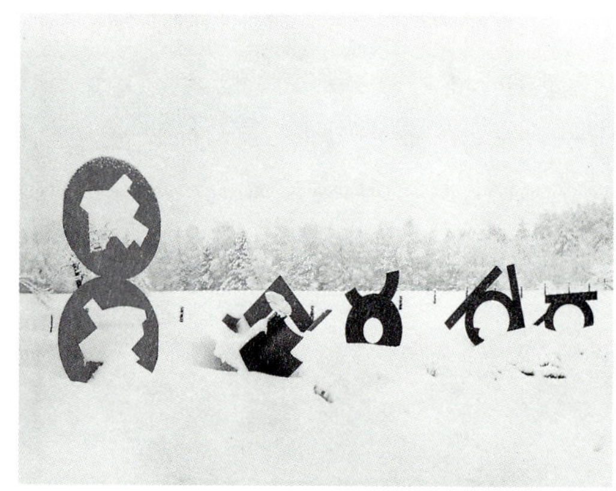

Serie *Circles, Zig IV*, 1961-62. Foto David Smith

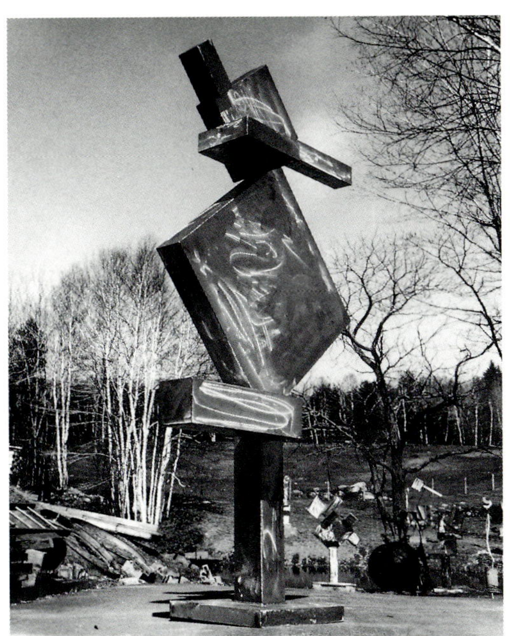

Cubi X, 1963. The Museum of Modern Art,
Nueva York. Robert O. Lord Fund.
Foto David Smith

Incluso en una obra cargada de conflicto, la relación con el espacio es clara y decisiva. *Cubi X*, de 1963, es casi una orgía de desajustes. Cuadrados y rectángulos se sueldan a los dos cubos principales, vueltos sobre una arista y dispuestos como diamantes, en ángulos tan extraños que la escultura parece deliberadamente perversa. La percepción de la obra desde el frente, donde se expande en el espacio, es absolutamente otra que desde los costados, donde se colapsa en un plano. Las asociaciones que las imágenes inspiran son extremadamente disyuntivas. La forma de L creada por la relación de los dos rectángulos al pie de la escultura sugiere tanto la carrera despreocupada de un niño como el siniestro paso de la oca de un soldado. La forma en que dos rectángulos pequeños y un cuadrado pequeño se hincan en los diamantes centrales hace que la obra evoque un San Sebastián, o el melancólico *Gilles* de Watteau. Pero es tan activa en sus movimientos discontinuos e imprevisibles, y tan insistente en la libertad del espacio que la rodea, que mira más hacia fuera que hacia dentro, y llega a ser una declaración no sólo de temor y dolor, sino también de optimismo, energía e ingenio.

La apertura al espacio era esencial para hacer una obra que, a diferencia de la escultura monolítica, fuera claramente más dinámica que detenida, más centrífuga que centrípeta, más empeñada en funcionar efectivamente todos los días que en habitar la noche oscura del alma, donde Smith residía periódicamente, o celebrar el milagroso organicismo de la naturaleza. Smith comprendía y hacía suya la melancolía que es tan importante para la poesía lírica de un modernista europeo como Georges Braque, pero también se resistía a ella, negándose a permitir que el carácter de su obra se definiera por el tipo de introspección que el pragmatismo puritano condenaba como inútil y débil, lanzando el peso de su escultura hacia la acción, proyectándola más allá de su interioridad, al presente y al futuro.

Smith no quería ser de nadie. Era desafiante en su negativa a que fueran los críticos, los historiadores o los marchantes quienes dictaran su percepción de sí mismo o de su arte. «La obra es una declaración de identidad, procede de una corriente», dijo en una de sus declaraciones más famosas, «está vinculada a mis obras pasadas, las tres o cuatro en curso y la que vendrá. Yo aceptaré su rechazo, pero no voy a tomar en serio su crítica, como no lo haría en lo referente a mi vida»[14].

Pensaba que la escultura no podría realizar su potencial si los escultores intentaban agradar a los demás. Eran *ellos* los llamados a decidir. «Los artistas han ganado batallas de independencia, y se han fortalecido en tal medida que ya no sienten la necesidad de ser amados. Su opinión, sin organización ni método, es la que acaba determinando el gusto artístico»[15].

Pero Smith sí *quería* agradar al espacio. Si podía convencerle de que respondiera a su llamada, sería más fácil prescindir de la aprobación de los hombres. El espacio se apoya y se acomoda en las aristas, en las superficies y en las concavidades de sus obras. Circula sin tropiezo entre sus formas, las explora y las hechiza, participa de ellas sin ser suyo, expresa la intimidad que les une sin dejar de ser mayor que ellas y rebasarlas. El espacio es la verdadera amante escultórica de Smith. Sus esculturas quieren ser vistas por espectadores, pero también quieren ser conocidas y acariciadas por el espacio. Le pertenecen. Y siendo la respuesta del espacio tan favorable, las respuestas de los demás eran relativamente menos importantes, y el lugar de Smith en la naturaleza quedaba asegurado.

Esa capacidad de hacer obras que se ofrecen al espacio y actúan en la grandiosidad de una naturaleza americana fue un paso crucial en el recorrido que efectuaría la escultura hacia los grandes espacios de América gracias a los artistas de las generaciones siguientes. El *Double Negative* de Michael Heizer en el desierto de Nevada, el *Lightning Field* de Walter de Maria en las llanuras casi deshabitadas de Nuevo México, el *Star Axis* de Charles Ross en los cerros del mismo estado, concebido para seguir los movimientos de la Estrella Polar y a la vez medir la oscilación de la Tierra, y la remodelación hecha por James Turrell en el Roden Crater, un volcán extinguido de Arizona, son extensiones de la relación entre escultura y espacio que entró a formar parte de la escultura americana con Smith.

Actitud y clase

Antes del triunfo de Smith en la posguerra, escultores americanos del siglo XX como Elie Nadelman, John Flanagan, Paul Manship y Gaston Lachaise habían podido ganarse un público, clientes y elogios de la crítica; pero lo que no consiguieron fue imponer atención y respeto. Smith pensaba que la escultura tenía algo indispensable que decir sobre la liberación, la verdad y el poder de la imaginación poética, pero que sin imponer respeto su mensaje no se oiría. Para granjearse ese respeto era preciso que los escultores sentaran los criterios de su propio valor y se despreocuparan del juicio de la sociedad.

También tenían que negarse a la seducción de otros momentos del tiempo. «Yo creo que mi época es la más importante del mundo», diría Smith. «Que el arte de mi época es el arte más importante. Que el arte anterior a mi época no tiene nada que aportar de forma inmediata a mi estética porque ese arte es historia que explica un comportamiento pasado, pero no ofrece necesariamente soluciones a mis problemas. El arte no está divorciado de la vida. Es dialéctico. Está siempre cambiando y en rebelión frente al pasado. Lleva existiendo

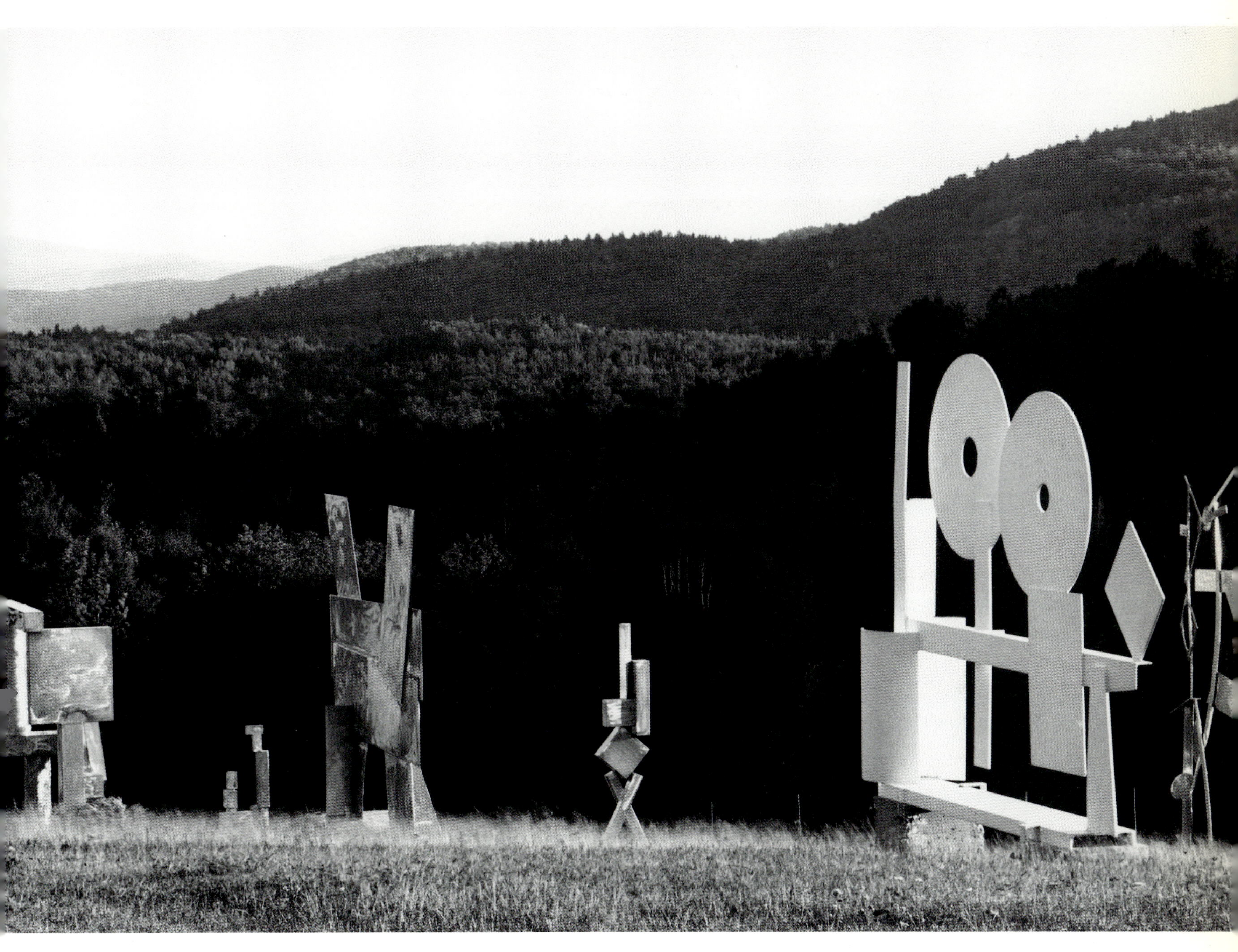

Bolton Landing, 1965. Foto **Ugo Mulas**

desde las mentes de hombres libres menos de un siglo. Antes la dirección del arte la dictaban otras mentes que no eran la del artista, a efectos de explotación y uso comercial. La libertad de la mente del hombre para celebrar su propio sentir mediante una obra de arte es paralela a su rebelión social contra la esclavitud. Yo creo que el arte está aún por nacer, y que la libertad y la igualdad están aún por nacer»[16].

Para Smith la escultura era parte de una lucha que había que librar con todo el rigor, la ira, la sinceridad y la imaginación que él mismo le consagraba, sin sentimentalismo, y sin buscar la alabanza crítica ni el éxito material. Hacer escultura era asunto de vida o muerte. Era una manera de trabajar, una manera de pensar, una manera de ser. Era una metáfora de la libertad y el conocimiento que ansían los seres humanos, y de la capacidad de enfrentarse a un poder con el que no se está de acuerdo y proponer otra manera de organizar la experiencia. Exigía claridad, ambición y entrega total. Requería que los escultores asumieran la plena responsabilidad de lo que se había hecho con ellos y de quiénes eran.

Smith aportó una actitud nueva a la escultura americana. En sus declaraciones tenía a veces la brusquedad típica de uno de sus grandes amigos, el pintor abstracto Stuart Davis, capaz de conjugar, lo mismo que Smith, un gran refinamiento y una ira violenta. Una brusquedad semejante caracterizó las manifestaciones de algunos de los realistas sociales de los años treinta, cuya identificación del arte con la política progresista contribuyó a sentar las bases de la postura absoluta y encendida de los expresionistas abstractos. A la hora de hablar de su arte, Smith era inflexible. Podía escuchar atentamente a amigos artistas como Robert Motherwell, Herman Cherry y Kenneth Noland, pero sus ideas eran suyas y su opinión era ley.

La postura de hombre duro que supo asumir para imponer respeto tenía hasta cierto punto unos orígenes de clase. Alcanzó la mayoría de edad en los años veinte y treinta, cuando en muchos círculos artísticos destacados de Nueva York se admiraba el marxismo y la clase *era* el enemigo para muchos artistas políticamente conscientes. Son numerosas las manifestaciones que revelan su fe visceral en una vinculación intrínseca entre las ideas tradicionales del arte que él despreciaba y las clases media y alta. Describiendo sus prejuicios acerca del arte cuando era joven, escribió que «la auténtica pintura al óleo era una ocupación muy fina, cosa de herencia, como la cuchara de plata»[17]. Y en otra ocasión: «Hay algo muy de clase media en el arte antiguo de los museos»[18]. Y también: «¿Queréis el bronce —para perpetuar los ídolos con la connotación de la clase dominante— porque si es bronce es arte?»[19]. Identificándose con el pueblo trabajador y creyendo en la existencia de vínculos fundamentales entre las instituciones artísticas y las clases altas, no es sorprendente que pudiera escribir: «Siento una beligerancia frente a los museos, los críticos, los historiadores del arte, los estetas y las llamadas fuerzas culturales en un orden comercial»[20].

Pensaba que las definiciones del arte vigentes estaban acuñadas por personas e instituciones armadas de poder y de dinero, y que inevitablemente eran ajenas a lo que hace que el arte sea necesario y vital. En su obra, prácticamente todo reflejaba el intento de repudiar, para sí y para su escultura, el nexo con las clases media y alta. Su empleo de los materiales, su interés por los temas populares, su vida en la montaña, iban de la mano con una actitud de aspereza, de descaro, de prepotencia a veces, que podía aflorar en cualquier momento. Esos modales bruscos, explosivos, desafiantes, servían para disociarle de las clases media y alta y asociarle más con la clase trabajadora, que según la doctrina de los círculos progresistas que frecuentó en los años treinta llevaba en su seno el potencial de una manera más auténtica, sincera y revolucionaria de pensar y ser. En esa lucha por la libertad donde el artista era un combatiente, el notablemente cultivado Smith podía asumir una tosquedad, una masculinidad y una franqueza que todavía hoy se identifican con una América más verdadera, más real.

En su arte y en su conducta, la tosquedad era casi un alarde. Le vemos respetando la educación que se le había inculcado en su adhesión a valores como trabajar seriamente y bastarse a uno mismo; pero también desafiándola en sus demoledores ataques contra la inhibición y la represión. Él quería «llevar la belleza hasta el borde de lo rudo... empujarla lo más posible hasta ese precipicio donde la belleza oscila sin llegar a caer en lo vulgar»[21]. Aunque su arte esté lleno de ternura, de generosidad, y de una viva conciencia, en obras como *The Hero,* de su propio lado femenino, casi siempre comunica una sensación de fuerza y dureza. «Yo ahora sé que la escultura la hacen con materias ásperas personajes u hombres ásperos que han pasado por todo el pulimento y han vuelto a la aspereza»[22]. Al decir que «América está haciendo obras maestras», caracterizaba con orgullo esas obras maestras particularmente americanas como «viriles, agresivas»[23].

Una de las palabras que gustaba de emplear y que no aparecen nunca en el discurso artístico es «beligerancia»: «Se necesita una convicción beligerante para hacer arte»[24]. Esa palabra sugiere una actitud hostil; sugiere también una lucha armada. Para Smith, hacer escultura y ser escultor *eran* formas de combate. Para él la escultura *era* una lucha por la supervivencia, contra la codicia, la falta de escrúpulos y la explotación que habían dado origen a la Depresión y a dos guerras mundiales[25]. Para poder sostener ese combate, él tenía que movilizar e integrar todos sus recursos intelectuales, emocionales y físicos. Si se distraía, si se debilitaba, si se dejaba seducir por la fama y el dinero, no podía vencer.

Para la mente refinada de Smith, la experiencia estética de la beligerancia podía ser muy compleja. La beligerancia puede comunicar resistencia, testarudez y rabia, pero cada una de las respuestas que contribuyen a la respuesta dominante puede a su vez componerse de muchísimas otras, algunas totalmente ajenas a la hostilidad y la agresión. Tras la beligerancia o en ella puede haber, por ejemplo, daño, instinto defensivo y dolor, así como elasticidad y firmeza. Smith quería que su escultura brindara una experiencia de beligerancia en toda su complejidad social y psicológica. «En la obra contemporánea», dijo, «la fuerza, el poder, el éxtasis, la estructura, el accidente intuitivo, las afirmaciones de acción dominan el objeto. O lo cargan de vitalidad beligerante»[26].

La vitalidad beligerante de la escultura de Smith se palpa en sus líneas de acero. Sentir la velocidad y el juego de la línea que en *Hudson River Landscape* se alza y fluye y se remansa en el dinamismo de la arquitectura escultórica es sentir la irresistible energía estática que Smith iba buscando. Experimentar el movimiento de las líneas de *Australia* es sentir que por ellas pasa una fuerza vital irreprimible, que es física y sensual, conceptual y orgánica. La línea característica de Smith es fuerte, rotunda y erótica, y no se puede negar. En parte por su capacidad emocional, las esculturas de Smith irradian convicción sobre lo que son, y dónde están, y su derecho a un sitio en el mundo. Le están diciendo al espectador: yo no soy propiedad. Yo soy parte del mundo, pertenezco al mundo y a mí. Te voy a enseñar mis fortalezas y mis debilidades, mis certezas y mis dudas, pero no voy a permitir que tú ni nadie me defina ni me posea.

Es importante que ahora, mucho después de que una actitud agresiva en la escultura minimalista de Serra, Judd y Carl Andre se atrajera las censuras de feministas y otros, recordemos cuán necesaria era la actitud de Smith en los años cuarenta y cincuenta, cuando la escultura era todavía una actividad marginal en los Estados Unidos. La batalla por el respeto a lo escultórico que Smith libró está ya prácticamente ganada. Si él no la hubiera librado así, no habría habido posibilidad de victoria. Para hacer una escultura a tono consigo mismo y con las necesidades del arte de su tiempo, tenía que adoptar la apariencia de un personaje salido de las praderas, de las forjas y de los muelles, capaz de aportar a la escultura una conciencia de la América obrera y combatiente que no podía quedar excluida del paisaje escultórico americano. Gustara o no, había que contar con él. Smith enseñó a la cultura estadounidense que hacer escultura era algo muy serio, y que ser un gran escultor exigía la clase de batalla total por la imaginación y la sensibilidad que hay que librar incansablemente.

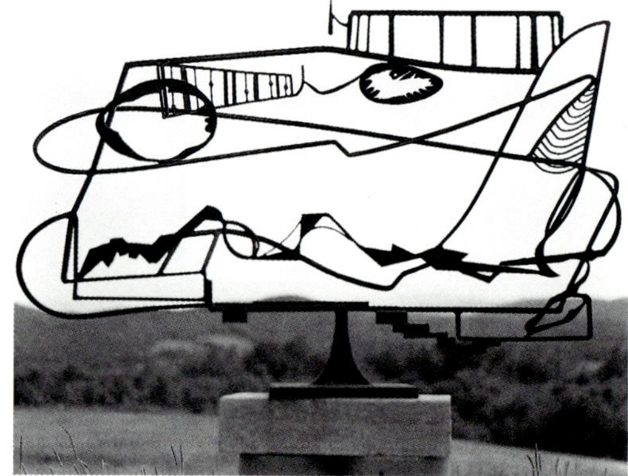

Hudson River Landscape, 1951. Whitney Museum of American Art, Nueva York. Foto David Smith

Pero hablar de materiales, de espacio y de actitud es sólo empezar a explicar la experiencia de la escultura de Smith, y por qué, a diferencia de la obra de otros destacados escultores americanos influidos por el cubismo y el surrealismo, como David Hare, Theodore Roszak y Seymour Lipton, aún los artistas tienen necesidad de pensar en ella.

La escultura de Smith posee una extraordinaria vitalidad existencial. No es adorno ni decoración, no es objeto de contemplación ni deleite; es un drama que todavía parece suceder en el presente, desenvolverse ante nuestros ojos, y al mismo tiempo empujar hacia un futuro en el que no será menos acuciante. Como un *dripping* de Pollock, o un paisaje igualmente ritual de Clyfford Still, es un desafío, un riesgo, una crisis y una revelación. Seguir sus aristas y superficies, aprehender los espacios que la circundan y atraviesan, es participar en un acontecimiento escultórico conformado por los extremos de Smith y de la naturaleza y por los gozos y los terrores del alma humana.

La convicción de su presente escultórico estriba en la inmediatez de todos los aspectos de su obra. Como a los otros expresionistas abstractos, le interesaba la velocidad de la creación. Las ideas podían gestarse despacio o deprisa mientras dibujaba y pintaba, o componía con figuras en el suelo, pero una vez hallada la disposición escultórica que buscaba podía poner en pie las formas y soldarlas en un instante. Aún nos parece estar descubriéndolas en el momento en que se alzaron. *Agricolas, Zigs, Cubis, Voltris, Tanktotems, Wagons, Sentinels* y *Voltri-Boltons,* tantas de las obras posteriores a 1950, tienen un aire de irrupción súbita que es raro en la escultura, y que se podría comparar lejanamente con la impresión de inmanencia de las pinturas de Picasso. Treinta años después de su muerte, muchas imágenes de Smith parecen nacidas hace un segundo.

Otra razón de esa inmediatez es que Smith personalizaba todos los aspectos de su proceso de trabajo. En su escultura todo posee un animismo personal. Acero y soldadura estaban unidos a las máquinas y los trabajadores y a la idealización progresista del hombre de la calle. Después de la guerra, Smith tendió a concebir sus esculturas en familias: eso podía significar trabajar en varias a la vez, o crearlas en series, o disponerlas como soldados y sacerdotes en procesión por las laderas que bordeaban su taller y su casa. Es muy poco lo que hay en ellas que no tenga un eslabón esencial con la vida afectiva de Smith. Hasta los rectángulos de los *Cubis* pudieron inspirarse en cajas de botellas que recordaban buenos amigos y buenos tiempos.

No sólo eso, sino que cada pulgada de sus esculturas parece haber sido conocida personalmente. En *Voltri VII,* cada arista de las verticales forjadas, cada bulto de las ruedas de radios, cada superficie de la armadura vertical y horizontal donde las cinco presencias fantasmales parecen sumidas en duelo o danza, ha sido activado por un cuerpo y una mente que sabían exactamente cómo animarlos para que cada cosa parezca estar en un diferente estadio de formación. Incluso cuando las esculturas de Smith están hechas de objetos encontrados, incluso cuando los objetos encontrados son basura, se convierten en hojas y circuitos de energía cuando entran en el mundo escultórico de Smith.

Tan importante como su aura de inmediatez es su patente disponibilidad. A pesar de su rotundidad y su aplomo, muchas de sus formas parecen estar esperando que alguien o algo las tome, o las dirija, o las reinvente. No sólo está el carro de *Voltri VII* listo para ser enganchado, sino que sus cinco presencias parecen listas para ser compradas como esclavos o arrancadas como fruta. En toda la serie *Voltri* hay una sensación no sólo de que Smith acaba de encontrar los cubos y las herramientas y acaba de ponerlos sobre las mesas de taller, sino de que sería posible usarlas.

Pero no es posible, y en la tensión entre disponibilidad y distancia empieza a aclararse cómo funcionan los dramas de Smith. Las esculturas poseen una integridad y una autonomía que las aleja y las hace propiedad sólo de sí mismas y del espacio. Sostienen la invitación de una participación física, pero más bien son máquinas con el poder de usarnos a nosotros. Mientras la disponibilidad de las formas nos atrae hacia ellas, su magia les confiere la capacidad de regirnos. Tiran de nosotros y nos dominan, nos hacen entrar en una ceremonia o rito. En el instante en que notamos que todo está vivo y que algo está pasando dentro de la obra, algo puede empezar a pasarnos a nosotros.

Esta ceremonia nos pide que nos pongamos en un estado de apertura y riesgo. Nos empuja no sólo a advertir la imprevisibilidad y discontinuidad de muchas de las relaciones que hay dentro de la obra de Smith, sino a vivirlas. Seguirlas en un viaje lleno de impulsividad, contrariedad y amenaza, que Smith instrumenta uniendo una forma a otra cerca de un borde; alzando volúmenes de las bases verticales y proyectándolos en el espacio de maneras que desafían la estabilidad del asiento vertical; suspendiendo arcos en el espacio en ángulos atrevidos, o haciendo salir una pata fina de modo que parece como si ella y la escultura acabaran de ser privadas de sustento firme. La constante transgresión de los usos escultóricos tiene implicaciones emocionales. Una vez que asimilamos emocional e intelectualmente la complejidad formal y espacial de las esculturas, pasan a ser experiencias existenciales que pueden dejarnos cambiados.

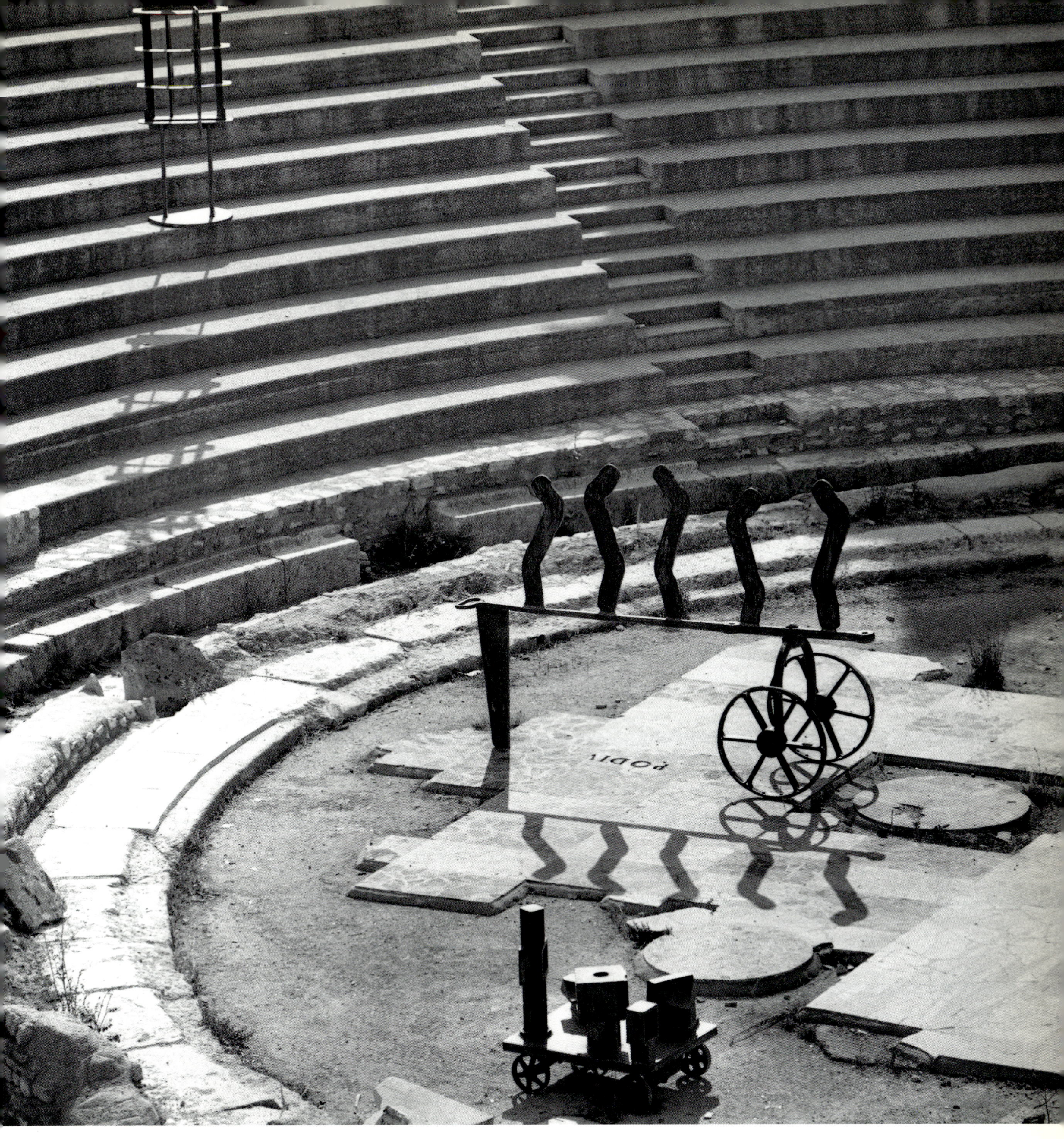

Anfiteatro romano de Spoleto: *Voltri VII*, 1962. Foto **Ugo Mulas**

En la efectividad de las experiencias emocionales que brindan las esculturas es crucial su naturaleza histriónica. Son siempre activas, y sugieren acciones de regocijo público a las que el espectador desearía quizá unirse. Las esculturas de Smith están llenas de insinuaciones de orquestas, bandas, circos y *troupes*. No menos importante es que las acciones seductoras que hablan directamente a nuestro cuerpo nos arrastran a ritos mayores y más conflictivos. Por ejemplo, las cinco formas de *Voltri VII* se muestran a la vez como danzantes y como esclavos en subasta, y quizá incluso como la gente aterida y hambrienta que se apiñaba en las calles durante la Depresión. En todos los *Cubis,* las disposiciones formales evocan actuaciones festivas de malabaristas, saltimbanquis y magos, pero también números peligrosos en la cuerda floja. Los mismos rectángulos y cubos que sugieren juego y placer pueden parecer señales ferroviarias de alarma.

En suma, las esculturas de Smith ofrecen experiencias en las que nos inclinamos a entrar. Esas experiencias tienen un elemento de encanto; pero tienden a ser tan complejas, al final, en la variedad de respuestas por las que nos conducen, que son casi como un crisol. Casi nos fuerzan a ver el regocijo en términos de ansiedad, el desahogo en términos de temor, el triunfo en términos de incertidumbre. Para poder pensar y sentir con profundidad, Smith nos pide que nos experimentemos dialécticamente, lo que quiere decir ver nuestros muchos lados a la vez.

Viajamos por la escultura de Smith sin saber a ciencia cierta si la meta es el sacrificio o la liberación. La revelación entronca con el tabú, y donde hay tabú hay amenaza. Los círculos y pórticos de Smith insinúan umbrales. Franquearlos y adentrarse con la imaginación en el territorio del espacio es sentir un mundo donde el ser humano no debe entrar: un mundo que, una vez violado, puede mudarse de tranquilizador a destructivo en un instante. Al permitirnos intuir un ámbito que no pertenece a los seres humanos y del que quizá no regresaríamos, Smith suelda en su obra una experiencia de lo sacro.

Australia es una imagen plana, pero es también un rito. Es un ave de perfil, pero el óvalo superior central sugiere una cabeza vuelta hacia nosotros. Viéndola como cabeza, la escultura se transforma en una figura de ave en el centro de una ceremonia antigua. Si la cabeza se ve de lado, la figura sugiere una danza extraña y milagrosa, pero también alguien cuya cabeza podría ser cortada como ofrenda. El espacio deseoso de introducirse y circular entre las líneas de acero inviste al cuerpo de una alteridad que subraya la potencia de la figura ave. En *Australia,* sacralidad y alteridad son inseparables. Las capacidades humanas de hacer frente al terror y experimentar lo sublime se dan la mano.

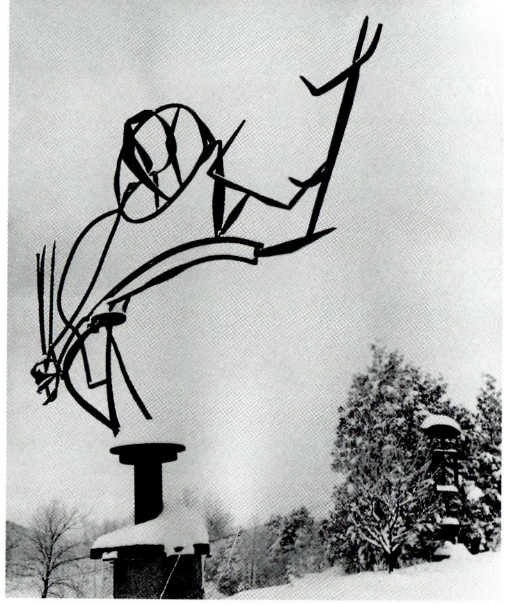

Australia, 1951. The Museum of Modern Art, Nueva York. Gift of William Rubin. Foto David Smith

Smith no es fácil. Su obra se mueve en muchas direcciones a la vez. Es intelectual y emocionalmente exigente. En el curso de su exploración, descubre nuestras incertidumbres, nuestro valor o falta de valor, nuestra necesidad de control o nuestra disposición a cederlo, y el precio que hay que pagar por esa sensación de lo maravilloso que Smith sabía crear con tanta maestría como los surrealistas. Smith pagó ese precio. Conoció la plenitud de la existencia porque nunca dio por seguro nada en ella ni en sí mismo, y puso ese conocimiento en su obra. Al hacerlo creó una experiencia escultórica que es muy americana pero también transcultural, y cuya profundidad resulta imposible de abarcar.

1. Rosalind E. Krauss, *Terminal Iron Works: The Sculpture of David Smith,* Cambridge (Massachusetts), MIT Press, 1971, pág. 19.

2. Cleve Gray (ed.), *David Smith by David Smith,* Londres, Thames and Hudson, 1968, pág. 172.

3. Edward F. Fry y Miranda McClintic, *David Smith: Painter, Sculptor, Draftsman,* cat. de exp., Nueva York, George Braziller, y Washington, D.C., Hirshshorn Museum and Sculpture Garden, 1982, pág. 23.

4. Stanley E. Marcus, *David Smith: The Sculptor and His Work,* Ithaca (Nueva York), Cornell University Press, 1983, pág. 22.

5. «Por mi gusto yo me identifico con los trabajadores y sigo perteneciendo a la sección 2054 de United Steelworkers», declaró. «Yo me debo a mi oficio; sin embargo, mi tema de estética introduce una distancia. Será porque creo en una sociedad de trabajadores en el futuro y en esa sociedad espero encontrar sitio. En esta sociedad encuentro poco sitio para identificarme económicamente»; Gray, pág. 61. El desarrollo del movimiento sindical y su posible relación con la formación de los valores estéticos y humanos de Smith es un tema que requiere investigación. El movimiento sindical generó extraordinarias esperanzas durante los años treinta, en una década en la que muchos americanos luchaban desesperadamente para sobrevivir. Fue un factor en una parte de la literatura más importante de la época. Yo creo que hay un nexo, y que ahí podría estar una clave de la obra de Smith.

6. Gray, pág. 58.

7. *Ibidem,* pág. 52.

8. *Ibidem.*

9. Gray, pág. 130.

10. Tomado de Elaine de Kooning, «David Smith Makes a Sculpture», *Art News,* septiembre de 1951, pág. 41.

11. Tomado de Krauss, pág. 62.

12. Gray, pág. 68.

13. Tomado de Krauss, pág. 63.

14. Gray, pág. 17.

15. *Ibidem,* pág. 134.

16. *Ibidem,* pág. 132.

17. *Ibidem,* pág. 34.

18. *Ibidem,* pág. 42.

19. *Ibidem,* pág. 58.

20. *Ibidem,* pág. 133.

21. Tomado de E. A. Carmean, Jr., cat. de exp., *David Smith,* Washington, D.C., National Gallery of Art, 1982, pág. 63.

22. Gray, pág. 34.

23. *Ibidem,* pág. 133.

24. *Ibidem,* pág. 60.

25. Este tipo de relación está muy claro en las *Medals for Dishonor* que Smith diseñó como protesta contra el capitalismo y la guerra en 1939 y 1940.

26. Gray, pág. 72.

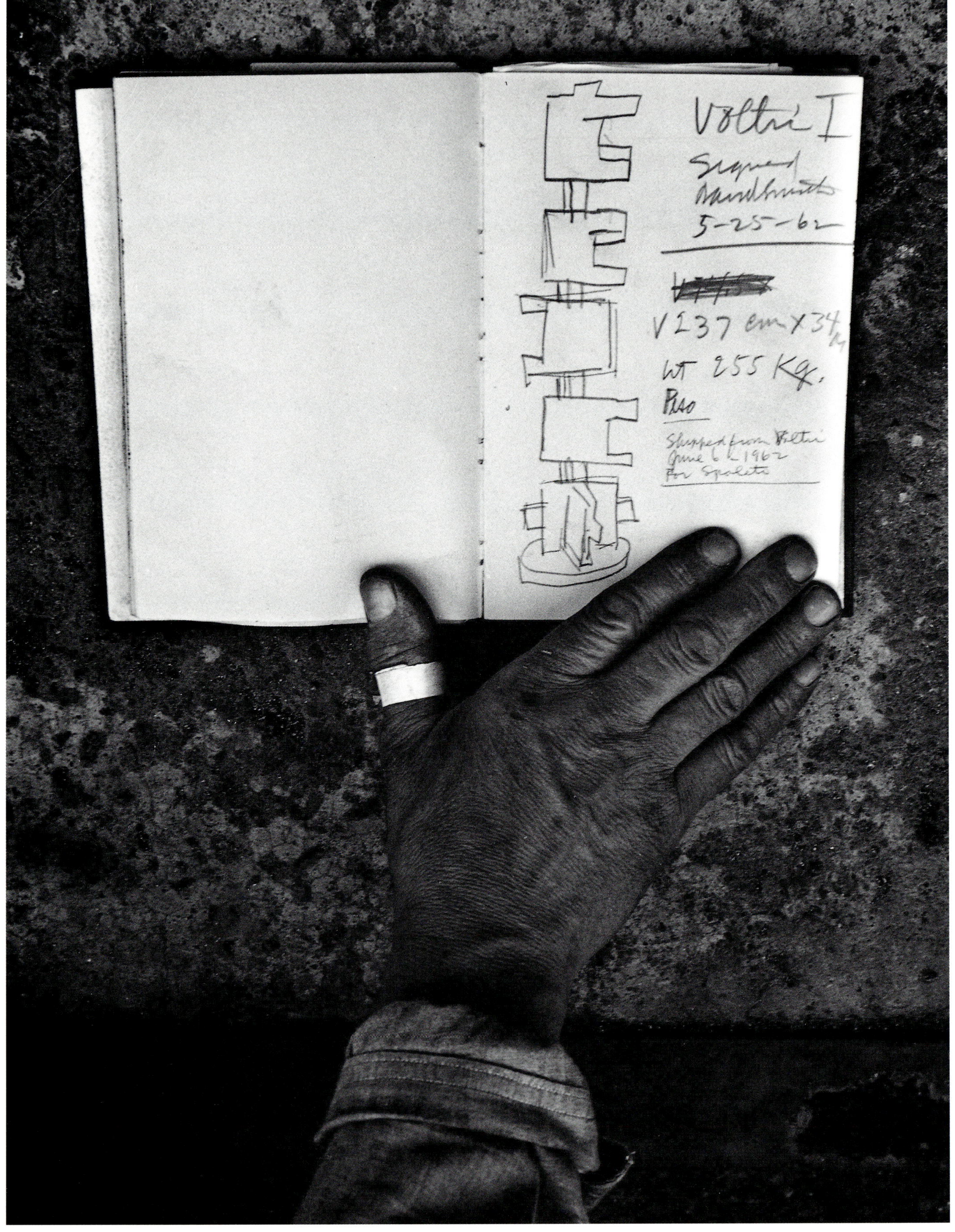

Boceto de *Voltri I*. Foto Ugo Mulas

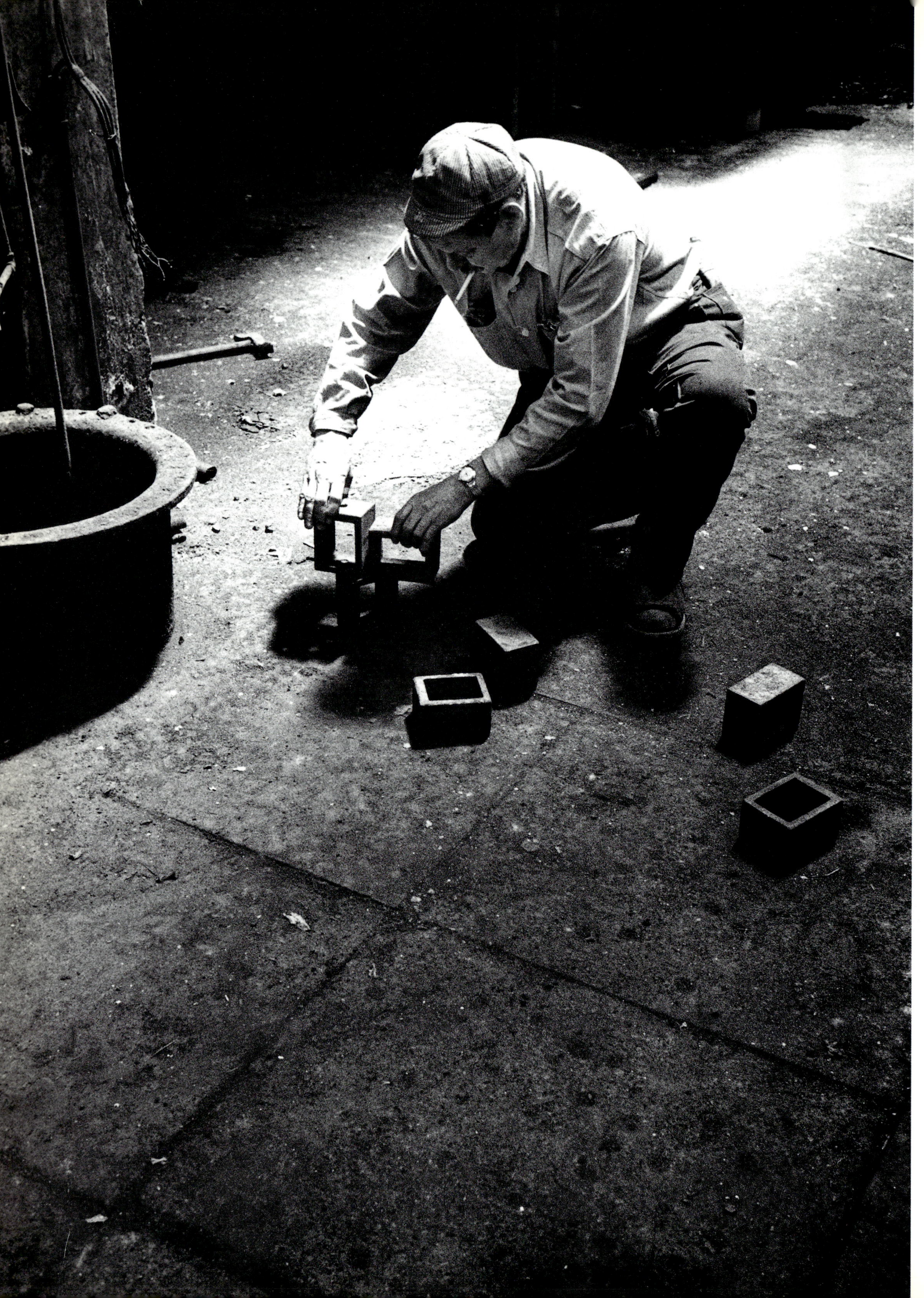

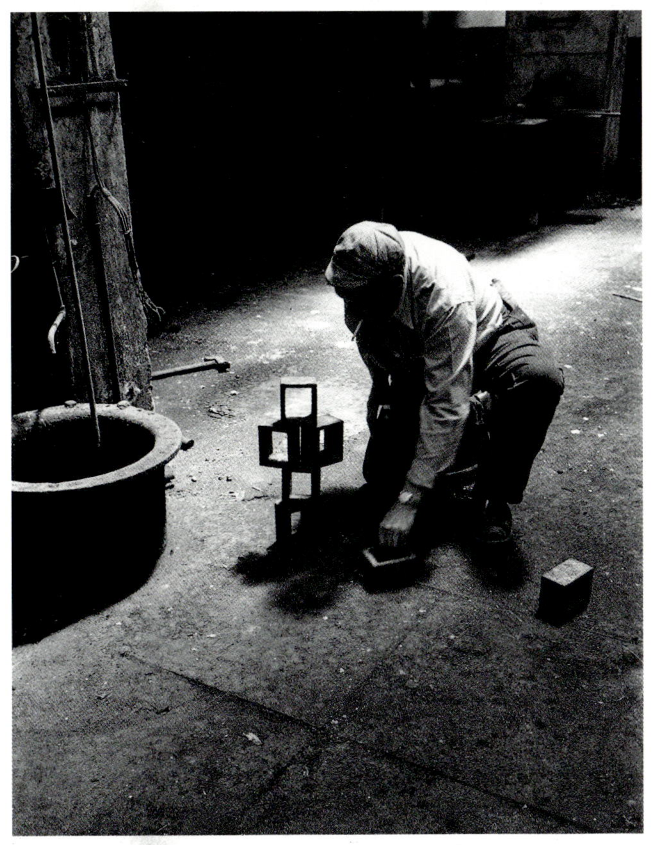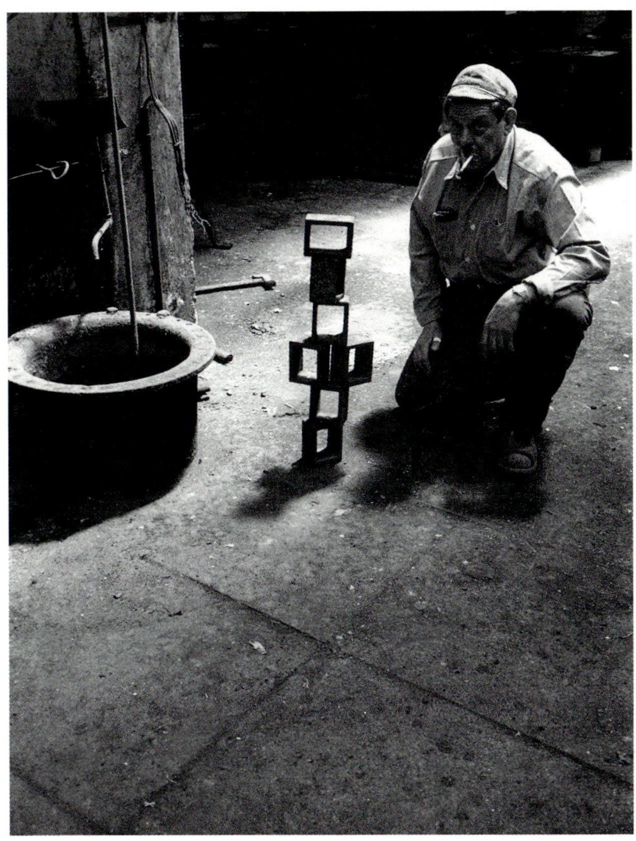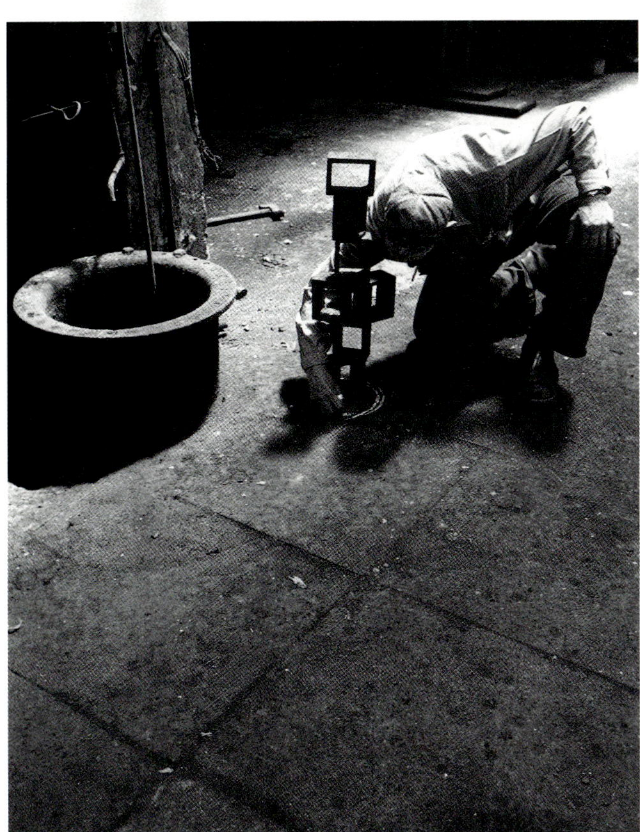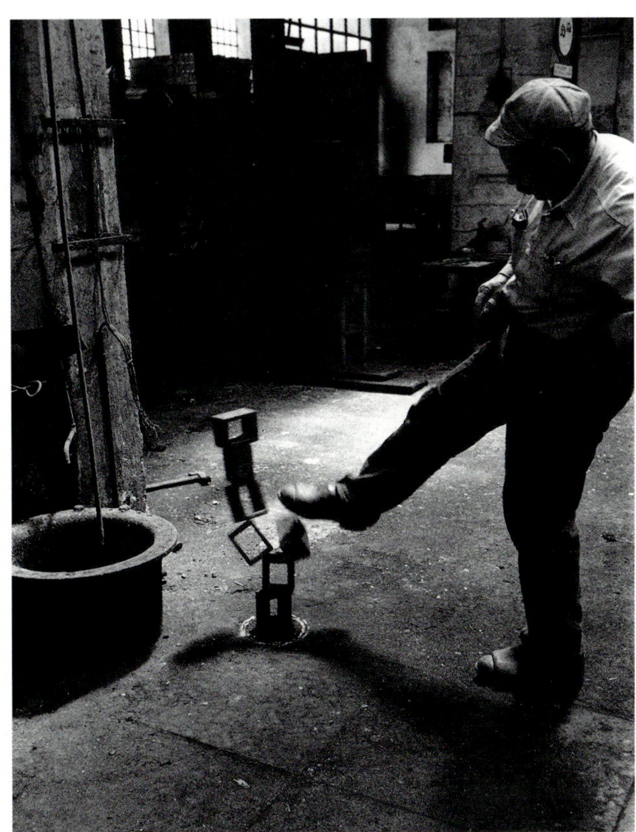

Voltri, 1962. Fotos **Ugo Mulas**

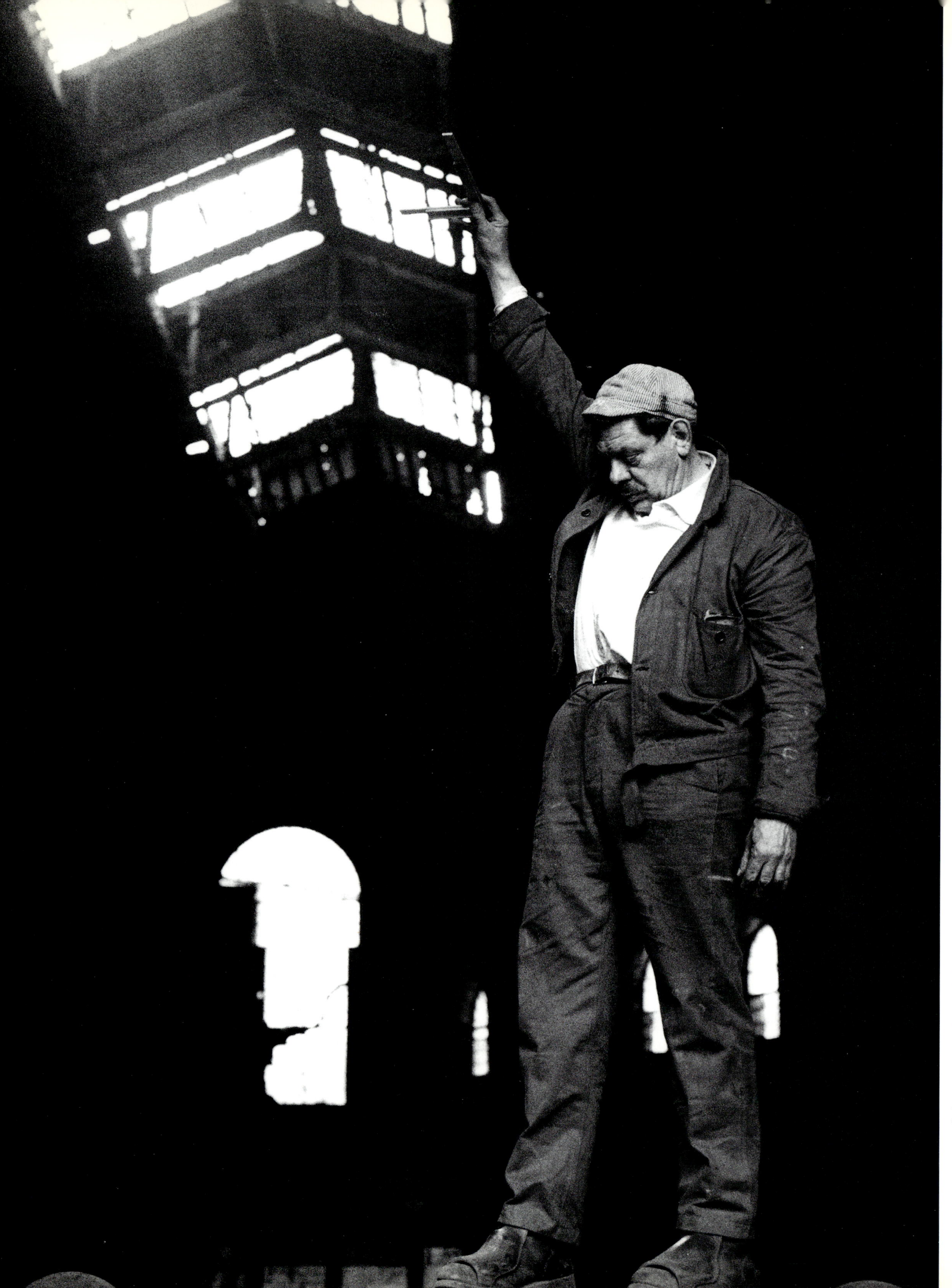

Voltri, 1962. Foto Ugo Mulas

Francisco Calvo Serraller

EL HERRERO VERTICAL

Precisamente el mismo año de 1956, en el que David Smith publicó en *Art News* un emotivo homenaje a Julio González —«González: First Master of the torch»—[1], el sagaz crítico Clement Greenberg le dedicaba a su compatriota un agudo ensayo[2], donde no sólo contraponía su valor frente a lo que estimaba situación mediocre de la escultura que entonces se estaba haciendo en los círculos vanguardistas de todo el mundo, sino que, certeramente, anunciaba la inminencia de un estado de plenitud creativa para Smith, el cual, en efecto, vivió en los inmediatos años posteriores un momento de felicísima inspiración, apoteósicamente coronada con la célebre serie de *Voltri*. En 1956, en fin, Mircea Eliade publicó en París la edición francesa de su libro *Forgerons et alchimistes,* ensayo en el que declaraba «como punto de partida el estudio de las relaciones del hombre arcaico con las sustancias minerales y, de modo particular, su comportamiento ritual de metalúrgico del hierro y de forjador»[3].

Pero, cómo olvidarlo, el 11 de agosto de 1956 murió en un trágico accidente de automóvil Jackson Pollock, contribuyendo de esta paradójica forma a su definitiva mitificación como el estandarte del nuevo arte estadounidense, convertido, a partir de entonces, en el centro hegemónico de la vanguardia internacional.

El expresionismo abstracto americano, que enseguida recibió la sanción como Escuela de Nueva York, haciendo de esta manera *pendant* con la periclitada Escuela de París, era, no obstante, un movimiento básicamente pictórico, con lo que se explica el trasfondo del artículo antes citado de Greenberg, en el que se mostraba una fuerte decepción respecto a la situación en la que se hallaba la escultura, excepción hecha de David Smith.

«Hace diez años —comenzaba Greenberg— la escultura tenía perspectivas muy brillantes. Con una vitalidad renovada desde Rodin y habiendo encontrado un nuevo punto de partida en la pintura moderna, parecía a punto de entrar en posesión de una gran herencia. Los modos nuevos y casi pictóricos nacidos del *collage* cubista y la construcción en bajorrelieve, al liberar la escultura del monolito, le habían abierto un vasto campo de temas nuevos; y la gama de estilos y temas a su alcance parecían ensancharse en la misma medida en que parecía estrecharse la gama disponible para la pintura con ambiciones. Por tanto, daba la impresión de que la escultura se convertiría en breve en el vehículo principal del arte visual. Desde luego, había suficiente talento escultórico en ejercicio como para que esta posibilidad resultara muy real»[4].

Las expectativas generadas por la escultura de vanguardia unos diez años antes, esto es, en la inmediata posguerra, estaban no sólo fundamentadas por las brillantísimas realizaciones durante la década de los años treinta por Picasso, Julio González, Calder y el primer Giacometti, sino precisamente por el casi simultáneo arranque de una nueva generación encabezada por un David Smith, que, en 1946, cumplía cuarenta años, el principio de la madurez biológica y artística. Cuando Pollock murió tan sólo contaba cuarenta y cuatro años de edad, y, desde todos los puntos de vista, parecía completamente destruido, pero, en todo caso, se comprende el asombro de Greenberg al comprobar que nuevamente había sido la pintura la que marcaba la pauta en la dinámica senda de modernización del arte contemporáneo. De hecho, tras la profunda crisis que padeció el clasicismo en la segunda mitad del siglo XVIII, les correspondió siempre a pintores o, todo lo más, a escultores-pintores sacar del atolladero a la escultura, ese arte de caribes, brutal y primitivo como la naturaleza, según las célebres descalificaciones de Baudelaire[5]. Así ocurrió, en efecto, en el siglo XIX —Géricault, Daumier, Degas, Gauguin—, excepción hecha del, por lo demás, siempre muy pictoricista Rodin, y así, también, en el XX —Picasso, Matisse, Modigliani, Boccioni, Duchamp, Miró, etc.—.

Con todo, por seguir poniendo en claro la preocupación manifestada por Greenberg respecto al frustrante destino de la escultura contemporánea, parecía obvio que, tras lo realizado por los cubistas y los constructivistas, y, sobre todo, tras lo realizado a partir de esta nueva sintaxis por algunos de los escultores antes citados durante la conflictiva década de los años treinta, cabía pensar que, concluida la segunda guerra mundial, surgiese, por fin, una nueva escultura capaz de seguir cualitativamente la misma dinámica innovadora hasta entonces monopolizada por la pintura. Lo paradójico del asunto era que la escultura de posguerra se orientó precisamente por lo que se estimaba la senda correcta —el desarrollo del dibujo en el espacio y el uso del hierro forjado como material y procedimiento ejemplares, aunque no excluyentes, al respecto. No obstante, como lo advirtiera Greenberg en el artículo mencionado, se impuso una oleada de «artificiosidad» y, en el fondo, de escolasticismo.

Desde su conocida perspectiva formalista, las quejas de Greenberg frente a lo que hacían los escultores de la década de los cincuenta se debía a que éstos perpetuaban la actitud «humanista» —de valorar el «contenido», de semantización del lenguaje— que había caracterizado al arte de los años treinta; les acusaba, en fin, de no desarrollar las posibilidades sintácticas abiertas por las aportaciones sucesivas del cubismo, el constructivismo y de ese dibujo en el espacio potenciado por la escultura de los años treinta. En definitiva: la recriminación se basaba en lo que para él era una actitud de anacrónica mala conciencia de tipo humanístico, que no había sido capaz de romper con los presupuestos biomorfistas heredados del surrealismo, justo lo contrario de lo que habían hecho los protagonistas de la pintura del expresionismo abstracto.

En esta impugnación de la escultura internacional de los años cincuenta, Greenberg atacaba por igual la «artificiosidad arcaica» de Moore, Marini o Giacometti, como a los nuevos valores emergentes de la escultura británica, Butler o Chadwick, cuyo clasicismo consistía en un aprovechamiento literal —«abyecto», afirmaba literalmente— de las aportaciones de González, Picasso, Matisse y Miró.

El único que salía relativamente mejor parado del ataque frontal de Greenberg era David Smith, a través de cuyo elogio o, mejor, a propósito de cuyo elogio el célebre crítico montaba la universal descalificación de la escultura del momento. El elogio a Smith era, así, pues, relativo y entreverado de reservas. De esta manera, si comenzaba por reconocer que Smith había sido el primer escultor estadounidense en importar el dibujo aéreo en metal y en usar el soplete de acetileno, llegando «quizá» también a ser el primero en hacer una especie de *collage* escultórico con piezas sueltas de maquinaria inutilizada, inmediatamente después señalaba que los fracasos eran connaturales a la excesiva productividad de Smith, al que, en este sentido, comparaba con Balzac.

«En los últimos años —concluía Greenberg—, Smith es más estable y coherente, y sus realizaciones nos llegan con más frecuencia... Ahora Smith se muestra capaz de pasar más directamente de la concepción a la realización. Es como si su sensibilidad se hubiese purificado y refinado... Antes el arte de Smith podía ser calificado plausiblemente de «barroco»; hoy es igualmente plausible llamarlo «clásico». Incluso en sus manifestaciones más elaboradas, las líneas y superficies con que está «escrito» permanecen limpias y directas; no hay nada confuso y borroso en sus contornos, ni soldaduras o manipulaciones en las texturas superficiales para obtener un efecto de pintor añadido al efecto pictórico. Aunque Smith falle en todo lo demás, sigue siendo un artista directo»[6].

Creo que la clave de este elogio artístico tan condicionado está en la última frase, la que salva a Smith por ser un artista «directo», alguien, en fin, que, sin llegar a hacer lo que había hecho Pollock, al menos se comportaba como él. Este elogio de Greenberg merecía el calificativo de «elogio pírrico», manifestando en todo momento su naturaleza de juicio forzado. ¿Hasta qué punto pudo haber influido en él la antigua camaradería, que reflejaba también la admiración que Helen Frankenthaler sintió siempre por Smith, una admiración sin reservas, según confesó Motherwell, que entró asimismo en el círculo de intimidad de Smith tras casarse con la citada pintora?[7].

En cualquier caso, Greenberg, fuera lo respetuoso que fuera, daba la impresión de no comprender, ni, en el fondo, aprobar la obra de Smith, al que finalmente le reprochaba ser precisamente Smith. En esta misma dirección, se había pronunciado contra Giacometti y, hay que suponer, aunque en dicho artículo no lo citaba explícitamente, que su dicterio contra Calder podría ser aún peor.

Por otra parte, también es verdad que, al menos en los casos de Giacometti, Calder y Smith, no cabía una descalificación de artificiosidad y academicismo como la que se dirigía contra los escultores de posguerra, porque los tres también habían sido escultores de los años treinta, y, por tanto, a los que, como también hizo Greenberg en un polémico ataque contra Picasso[8], se les podía tildar de artistas «acabados», pero no de «impostores».

En todo caso, conviene no perder de vista algunos datos significativos de lo que estaba ocurriendo en el seno de la vanguardia internacional durante el año de 1956 o en sus inmediatos aledaños cronológicos. Por ejemplo, recordar que, en 1955, tuvo lugar la primera *Documenta* de Kassel, con un predominio absoluto de la Escuela de París, una prácticamente nula presencia estadounidense —que, además, estaba también cortada por el mismo patrón de la Escuela de París, siendo casi todos los representantes vanguardistas históricos europeos afincados en los Estados Unidos de Norteamérica, salvo Calder—, y, sobre todo, con una presencia británica dominada por escultores, significativamente Barbara Hepworth, Kenneth Armitage, Reg Butler, Lyn Chadwick, Henry Moore y, entre la pintura y la escultura, Ben Nicholson. Digamos, además, que en esta primera *Documenta* evidentemente no estuvo David Smith, aunque después fue sistemáticamente seleccionado en la segunda (1959), tercera (1964), cuarta (1968) y sexta (1977). Más aún, en la *Bienal de Venecia* de 1956, aunque el pabellón estadounidense presentó a treinta y cinco artistas, entre los que estaban De Kooning, Kline y

Pollock, la noticia de cuyo fallecimiento se produjo además durante la celebración del certamen, el triunfador internacional fue el escultor británico Chadwick.

Para terminar de comprender el contexto en el que se producen las opiniones citadas de Greenberg, hay que recordar asimismo las grandes exposiciones de escultura al aire libre que se organizaron en el Battersea Park, de Londres; en Sonsbeeck, cerca de Arnhem, y en el parque de Middelheim, de Amberes. También puede resultar muy ilustrativo a este mismo respecto, lo que escribió Hans L. Jaffé, en su diario cronológico del arte del siglo XX, como comentario del año 1956. Comienza por citar la labor de Moore, Marini y Giacometti, que seguirán haciendo lo ya iniciado antes de la guerra, pero, a continuación, escribe lo siguiente: «Los primeros resultados de la nueva escultura datan de poco después de la guerra: Germaine Richier, como Giacometti, rompe la forma cerrada, liberando el volumen de su peso, de su impenetrabilidad... Pero en la escultura de estos años se encuentra también presente una tendencia paralela, común en la pintura a los artistas de *Réalités Nouvelles* y a los de la tradición francesa. Robert Jacobsen, con sus signos tensos, abstractos, que dominan el espacio, representa la primera corriente; Berto Lardera, que obtiene de sólidas planchas de bronce, cortadas en formas flexibles y reunidas, un movimiento fluido, una espacialidad escurridiza, pertenece a la segunda corriente. Para imponer a la indócil materia este movimiento, esa nerviosa dinámica, se necesitaban nuevas técnicas de trabajo. En los años alrededor de 1956 entran a formar parte de los medios utilizados por la escultura, el hierro, la técnica de soldadura y el uso de las *spare parts* (piezas de recambio). En la escultura inglesa, este nuevo desarrollo se observa ya alrededor de 1952 con artistas como Butler, Armitage y Chadwick, pero ahora los nuevos métodos de trabajo proliferan libre y rápidamente. En España, Chillida, con formas robustas, forjadas en hierro, sigue el camino abierto por González, sin tener en cambio ninguna relación con la realidad visible. Alrededor de 1956 se realizan muchas obras que dependen completamente, por su forma, de esas nuevas técnicas y de las nuevas fuerzas vitales: las figuras en alambre soldado de Mirko Bolsaldella, las composiciones de Mastroianni, los pájaros, las arañas y los monstruos espinosos del americano Roszak, las amenazadoras criaturas de Richard Stankiewicz y las ingeniosas obras de César Baldaccini, restos soldados de automóviles que adquieren, gracias a la metamorfosis de las formas, un efecto obsesionante»[9].

Creo que con tan sólo los datos que acabamos de traer a colación acerca de lo que ocurría en escultura durante aproximadamente 1956 se entiende perfectamente el sentido de la crítica de Greenberg, algunos de cuyos nombres ni siquiera por él citados de manera explícita

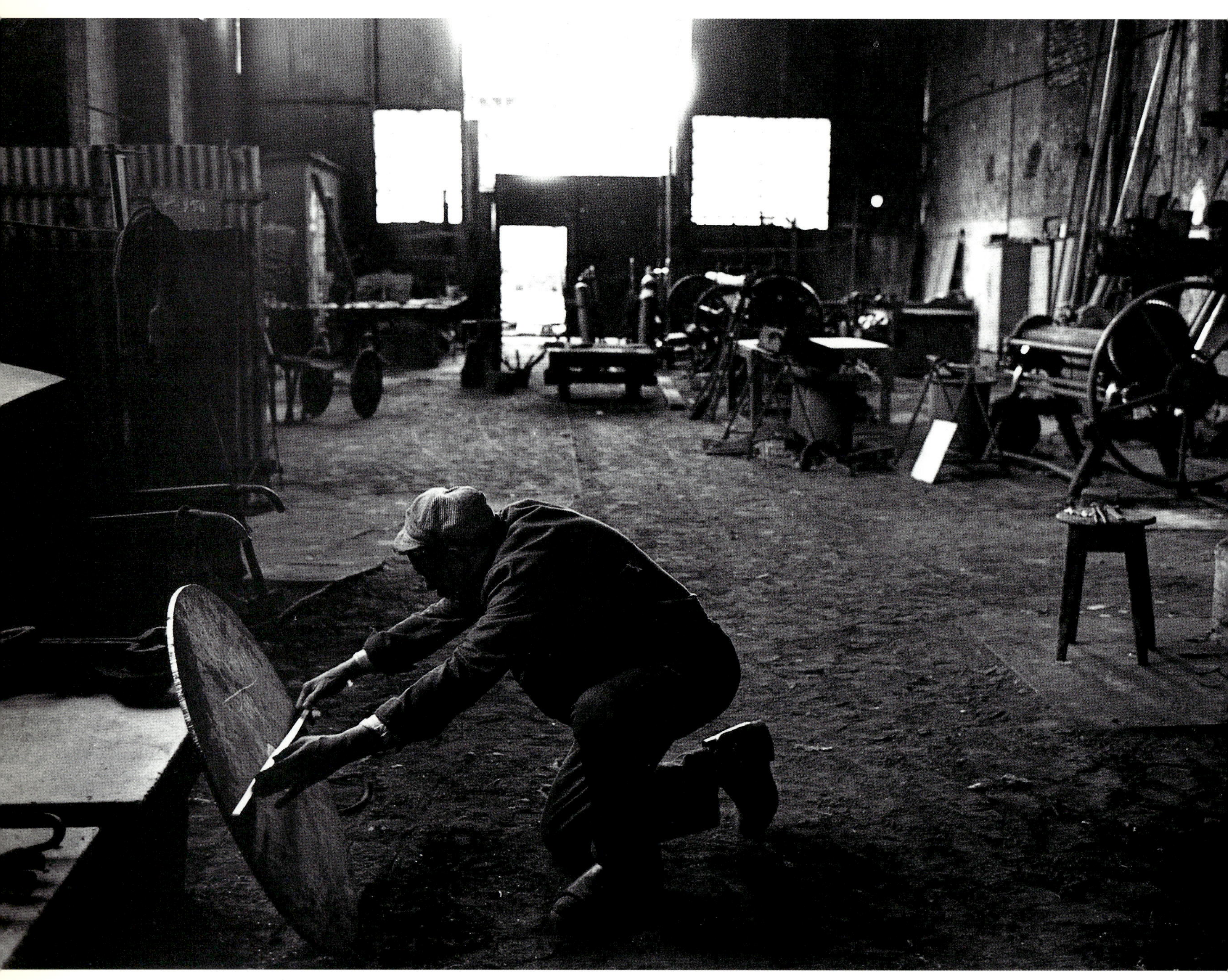

Voltri, 1962. Foto **Ugo Mulas**

cobran perfecta transparencia con las referencias históricas aportadas. Se puede entender, por ejemplo, lo que allí escribió reivindicando el papel pionero desempeñado por un David Smith, cuya obra, sin embargo, seguía ignorada, pero, al margen de la confrontación entonces aún viva entre Nueva York y París, personalmente no creo que Greenberg reaccionara sólo por una cuestión de nacionalismo herido, entre otras cosas porque no pasó mucho tiempo para que en Europa la obra de Smith fuera justamente admirada en función precisamente del ambiente descrito por Jaffé.

En realidad, el recelo de Greenberg incluso a propósito del reivindicado Smith era la sincera manifestación de un crítico que consideraba equivocado el rumbo que tomaba la escultura de vanguardia y que, según él, estaba equivocado dicho rumbo precisamente porque no se había producido en ella una ruptura pareja a la que inició la Escuela de Nueva York en pintura, razón estética de, para él, su creciente hegemonía en la vanguardia internacional. Lo que quiero, en fin, insinuar es que Greenberg hallaba también a Smith demasiado anclado en el pasado, demasiado «europeo», salvo en esa su facultad de, a pesar de todo, seguir siendo un artista «directo», lo único, a sus ojos, realmente válido.

La frustración de Greenberg respecto a la evolución de la escultura de vanguardia durante los años cincuenta se entiende, por lo demás, en relación con las altas expectativas que, desde fines de los años cuarenta y durante los cincuenta, había concebido para ella, expectativas que no tendrán confirmación hasta, al menos, el triunfo del *minimalismo*.

Releyendo a Greenberg se descubre una evolución, en relación a David Smith, al que, desde luego, siempre respetó, una evolución desde el más ditirámbico de los entusiasmos hasta esa admiración con reservas a la que hemos estado aludiendo a partir del escrito de 1956. Así, por ejemplo, en su crítica de la exposición *American Sculpture of Our Time,* que se exhibió durante 1943 en las Galerías de Buchholz y Willard, donde entre otros artistas estaban Calder y Lachaise, Greenberg destacaba por encima de todos a David Smith; más aún: reservando un comparativamente amplio comentario a la obra de éste, *Interior,* llegaba a afirmar que sólo éste parecía dotado para alcanzar el «gran arte»[10]. Cuatro años después, en 1947, esta vez con motivo de la exposición personal de Smith en la Galería Willard, Greenberg comenzaba calificándole como «el mejor escultor que ha producido este país», para después sentenciar que «es ya uno de los más grandes escultores del siglo XX *en cualquier parte del mundo,* mereciendo estar junto a Brancusi, Lipchitz, Giacometti, González, por no hablar de Laurens y Moore. Esto es, que está llevando a cabo una contribución fundamental tanto para el desarrollo del arte en el mundo como para el americano»[11].

Significativamente, aunque la euforia sobre el radiante futuro de la escultura y el papel desempeñado por Smith en dicha operación se mantuvo todavía el año 1949, en el que Greenberg publicó un amplio ensayo con el título *The New Sculpture*[12], en la corrección añadida a dicho artículo en 1958, afirmaba lo siguiente: «Tales son las que considero bazas actuales de la escultura. No obstante, casi todas permanecen en un estado de potencialidad, más que de realización. El arte se complace en contradecir las predicciones que se hacen sobre él, y las esperanzas que yo coloqué en la nueva escultura hace diez años, al escribir la versión original de este artículo, todavía no se han cumplido... En realidad parecen haber sido refutadas. La pintura continúa siendo el arte visual guía, la más atrevida y expresiva; en lo que se refiere a progresos recientes, sólo la arquitectura parece competir con ella. Sin embargo, un hecho indica aún que quizá yo no estuviera totalmente equivocado: la nueva escultura-construcción comienza a dejarse sentir como el arte visual más representativo, aunque no sea el más fértil, de nuestro tiempo»[13].

Las bases o las bazas que fundamentaban esa nueva escultura, según Greenberg, se relacionaban directamente con el principio de la *visibilidad*, tomado de la teoría formalista de Konrad Fiedler[14]. De todas formas, el fragor de la batalla modernista, que afectó directamente a Greenberg en su doble sentido, de batalla por seguir el principio de la *dinámica* de lo moderno, un principio de la ortodoxia vanguardista como progreso fatal entonces tomado como dogma indiscutible, y de batalla política, al reclamar para el nuevo arte americano el liderazgo hegemónico mundial de convertirse en el centro dinamizador de la vanguardia internacional; el fragor de dicha batalla, insisto, quizá nubló la proverbial lucidez de este excelente crítico, incurriendo en lo que el propio Fiedler calificó como peligro de arrogancia. «...El juicio debe guardarse muy bien —escribió Fiedler en su ensayo *Sobre el juicio de las obras de arte plástico* (1876)— de establecer un código de leyes al que someter las manifestaciones artísticas. La comprensión debe ir siempre detrás de las obras del artista, nunca delante, y no sabe qué tarea le planteará en el futuro la actividad artística de los hombres»[15].

Ahora bien, si, tras grandes esperanzas, Smith no pareció comprender lo que de él y de la escultura esperaba Greenberg, ¿dejó acaso de comprenderse a sí mismo y, sobre todo, a dónde quería ir a parar con su escultura? Desde mi punto de vista, uno de los principales fallos de la crítica estadounidense de orientación formalista, la encabezada por Greenberg y continuada, en el estudio de la escultura, por su discípula Rosalind Krauss, fue desatender precisamente el punto de vista del autor, al que deseaban convertir en la figura emblemática del nuevo lenguaje abstracto o no contaminado por el «ilusionismo». En este sentido, era vital, por

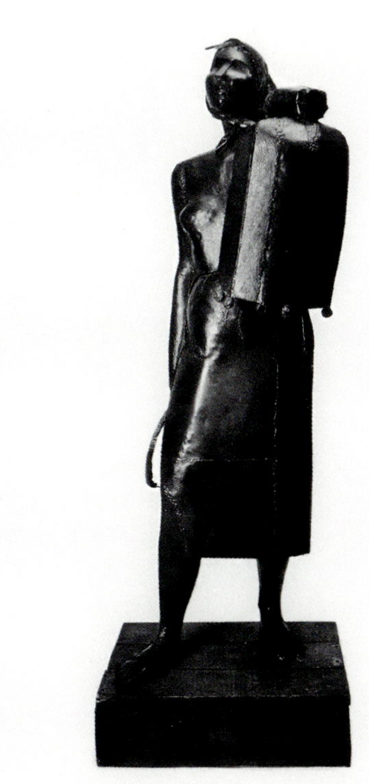

Julio González: *La Montserrat, ca.* 1936-37
Stedelijk Museum, Amsterdam

una parte, separar a Smith del «humanismo» de González y hacerlo además demostrando que la técnica y los procedimientos de aquél eran diametralmente opuestos a los de éste. Desde mi punto de vista, tales interpretaciones de Smith no sólo eran muy forzadas, sino que impedían apreciar la sustancial diferencia que separó a Smith de González: las raíces culturales de ambos y, por consiguiente, su distinta concepción antropológica, su muy distinto humanismo. El de González era milenarista y trágico, básicamente religioso, mientras el de Smith era, si se quiere, moderno; esto es: crítico e irónico. Creo, en fin, que, entre otras cosas, Smith comprendió perfectamente el espíritu y la forma de la aportación de González y muy conscientemente llevó a cabo su formidable transformación mediante un proceso de «secularización».

La muy fecunda influencia que David Smith ejerció en la escultura internacional de vanguardia, desde la inmediata posguerra hasta la década de los sesenta, se debe a esa comprensión de lo que era González y a la transformación de la obra de éste hasta convertirlo en un modelo viable, lo que le sitúa en el corazón mismo de la escultura del siglo XX, aunque por un camino distinto del inicialmente previsto, según estimo, por Greenberg y por Krauss. Esta última, sin embargo, ha sabido explicar, de manera admirable, esta influencia de Smith, aunque, después de analizar la capacidad fecundadora de éste en relación con la escultura americana contemporánea, ya sea Di Suvero o Chamberlain, y en la británica, a partir de Caro, al que Smith sustrajo de su primitiva fascinación por su compatriota Moore, no puede evitar un corte radical, sin retorno, entre toda esta trayectoria y la de la por ella llamada «sintaxis del doble negativo»[16]. Pero Smith no sólo se limitó a influir en la escultura anglosajona, sino también en la europea continental —González y él mismo están en el arranque de, por ejemplo, Chillida—, sino que ha seguido influyendo mucho después del triunfo del *minimalismo,* como puede comprobarse, por ejemplo, en Joel Shapiro.

Desde mi punto de vista, la clave de la importancia de Smith está, por tanto, no en la *superación* de González, del que se reconoce que ha tomado su origen, pero al que no necesariamente ha de superar a través de una evolución progresivamente antagónica, sino de la comprensión cabal y completa de González, sacándole de un *cul-de-sac* y convirtiéndole en un punto de partida viable para la escultura posterior, pues sólo desde la comprensión hay superación; a través de cortes radicales, ni González, ni Smith pueden retornar, ni proyectarse.

Aproximadamente a partir de 1956, Smith encara dos de sus líneas creativas más fecundas de su última etapa como creador, que se materializan en dos célebres series: la de los

Cubi y la sorprendente y maravillosa de *Voltri,* esta última significativamente inspirada en su famosa intervención en el *Festival de Spoleto,* bajo cielo italiano y, en cierta forma, bajo una nueva inmersión en el trabajo enfáticamente de herrería industrial. Que el *Festival de Spoleto* fuera musical, que estuviera en Italia y, en fin, que le pusiera al frente de una cuadrilla de obreros en la factoría abandonada, convirtiéndole circunstancialmente en un nuevo Vulcano, no dejaban de ser casualidades, que, sin embargo, encajaban a la perfección en la dimensión más legendaria del viejo mito del herrero[17].

Antes he llamado la atención sobre la casualidad de que, en 1956, Eliade publicara la primera edición francesa de su libro *Herreros y alquimistas,* donde se glosaban diversas cualidades características del mito del «herrero celestial», casi todas ellas concurrentes con la actividad de Smith cuando realizó su serie de *Voltri.* Ahora quiero tratar de algo que, enunciado por González y Smith, alude al componente antropológico del uso artístico del hierro. No me refiero con ello a lo que el propio Smith recalcó al tratar del realismo de González como expresión de una «conciencia social», la que le llevaba a combinar sus desarrollos abstractos con otros figurativamente emblemáticos, como *La Montserrat.* Hablo del material mismo, el hierro, tan cargado de resonancias míticas. En un texto publicado en 1952 —*The New Sculpture*—, Smith consideraba al hierro un material muy adecuado para el siglo XX por su «poder, estructura, movimiento, progreso, suspensión, destrucción, brutalidad»[18]. Julio González se había expresado en parecidos términos. «La Edad de Hierro comenzó hace siglos para (desgraciadamente) proporcionar armas —algunas muy hermosas. ¡En el presente permite la construcción de puentes, de vigas de ferrocarril! Hace ya mucho tiempo que este metal ha dejado de ser homicida y simple instrumento de una ciencia demasiado mecánica. Hoy se abre la puerta de par en par para que esta materia pueda ser ¡por fin! forjada y batida por las pacíficas manos de los artistas»[19].

En 1947, cuando González ya llevaba muerto algunos años y Smith se hallaba, por su parte, en la plenitud de desarrollo de su obra, Gaston Bachelard publicó el ensayo *La terre et les rêveries de la volonté*[20], donde estudiaba, desde su peculiar método fenomenológico, las peculiaridades del cuarto elemento, la tierra, tras haber analizado los otros tres, el fuego, el agua y el aire, en sendas publicaciones. Para Bachelard las imágenes de la tierra eran fundamentalmente «blandas» y «duras», el barro y el hierro. La resistencia de la materia dura, la del metal, suscita en la mente infantil la idea de destrucción y sólo después la idea constructiva, que sublima el impulso negativo mediante la idea del dominio sobre la materia.

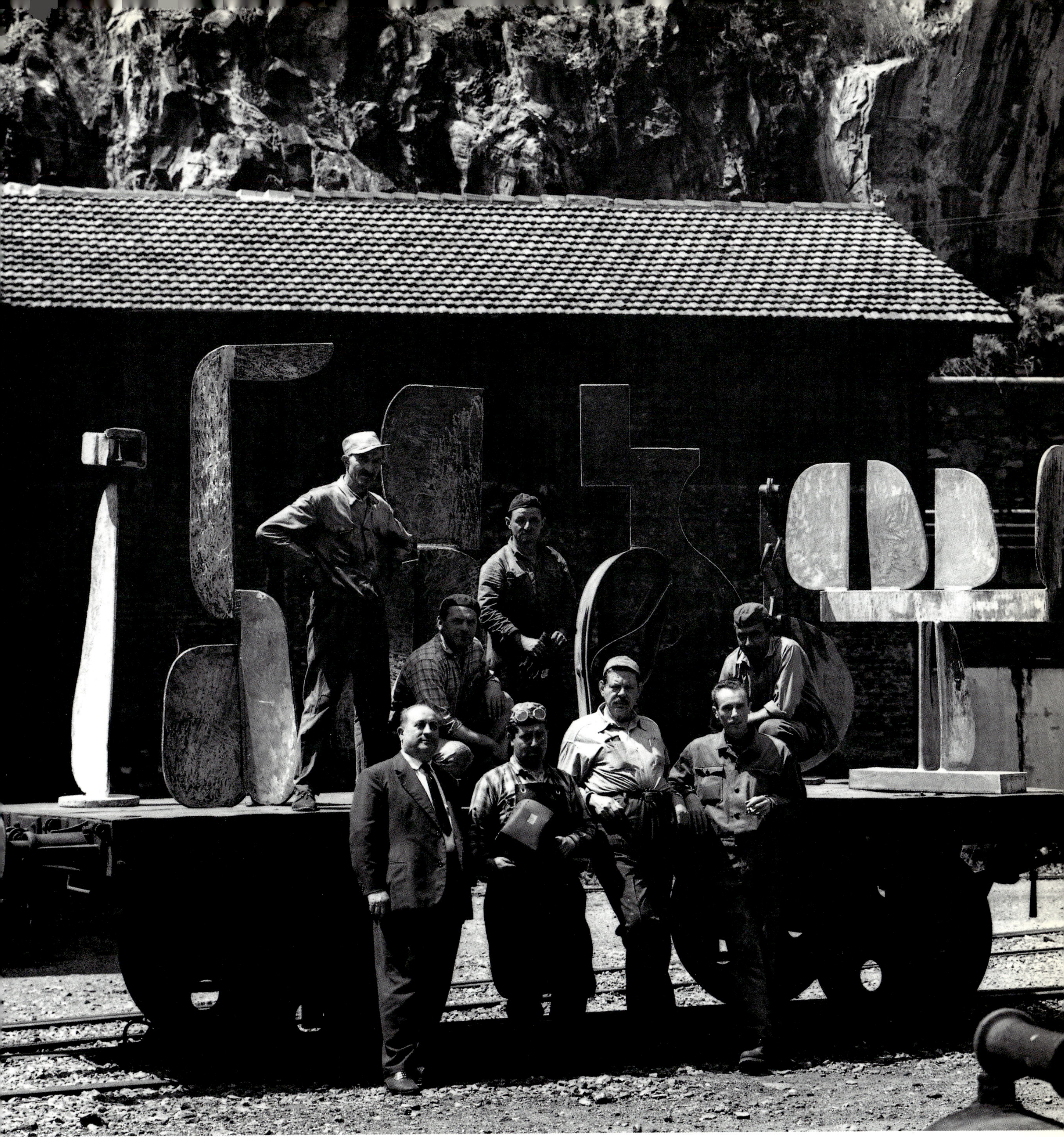

En Voltri con los trabajadores de la fábrica, 1962. Foto **Ugo Mulas**

Años después, precisamente en el ecuador de la década de los años cincuenta, que no está sirviendo por el momento como circunstancial punto de referencia, el propio Gaston Bachelard escribió el texto del catálogo para el entonces joven escultor alineado en el universo de González y Smith, Eduardo Chillida, texto que se titulaba *El cosmos del hierro,* pues en él daba una explicación acerca de cómo se llegaba a convertir un escultor en herrero. Refiriéndose al escultor vasco, afirmaba que éste «sueña con una escultura que provoque a la materia en su intimidad. Para Chillida, la escultura de la piedra encierra un espacio más pesado, un espacio que el creador humano ha dejado sin trabajo. La piedra es ya importante para ayudarnos a disfrutar del espacio material reanimando las fuerzas esenciales. *La piedra es masa, nunca músculos.* Eduardo Chillida quiere conocer el espacio de músculos, sin grasa ni pesadez. El ser del hierro es todo músculo. El hierro es fuerza recta, fuerza segura, fuerza esencial. Se puede construir un mundo vivo cuyos miembros sean todos de hierro. Chillida tira el cincel y el mazo. Toma las pinzas y el martillo del herrero. Fue así como el escultor se hizo herrero»[21].

La metáfora del hierro como fuerza muscular me parece ciertamente deslumbrante y la mejor explicación para lo que específicamente hicieron con el hierro Picasso, González y Smith, que fueron los que sentaron y desarrollaron las bases del uso artístico de este material difícilmente separable de sus resonancias míticas y, por tanto, de su vocación metafórica. En cierta manera, para comprender de forma adecuada su significación artística es imprescindible restituir el problema al campo donde se produjo, que fue básicamente el de la crisis de la vanguardia durante la década de los treinta, pero no sólo obviamente para entender el origen, sino también su derivación histórica posterior.

Julio González murió en 1942, mientras que Picasso, en uno de sus característicos abruptos cambios que le hacían abandonar cualquier idea, por fecunda que fuera, una vez que consideraba que le había sacado el partido personal suficiente y se multiplicaban los seguidores, prácticamente se desinteresa del asunto a comienzos de los años treinta y sólo vuelve a él esporádicamente a lo largo de las siguientes décadas. Desde otra perspectiva, Giacometti también da un giro hacia la figuración en el ecuador de la década, mientras que Calder, aunque parece participar en cierto momento de la misma preocupación, en realidad estuvo siempre al margen. De hecho, David Smith se convierte en el heraldo solitario de la experiencia en la siguiente década, con lo que no tiene nada de extraño que la herencia y su trasmisión hagan de él el punto esencial de la historiografía artística que se ha ocupado y ocupa de la escultura internacional de posguerra.

Inopinadamente situado en el centro de una polémica —la de la situación de la escultura de posguerra y la del papel que ocupó dentro de ella—, resulta imprescindible delimitar, en primer lugar, en qué consistió el cambio sustancial de David Smith respecto a los presupuestos establecidos por la escultura en hierro de la década de los treinta, si es que efectivamente se produjo, y la incidencia que dicho cambio tuvo en el desarrollo de la escultura posterior. Pues bien, desde mi punto de vista, la clave esencial para estas delimitaciones es inseparable de la relación específica entre Julio González y David Smith, y no en la que el escultor estadounidense mantuvo con Picasso o con Giacometti, por mucho que estos dos le influyeran en un momento dado.

Por otra parte, también me parece muy importante definir en sus términos justos la relación entre Picasso y González, que ha sido sometida a un doble reduccionismo, como ya expliqué ampliamente en mi ensayo titulado «Vulcan's Constellation», publicado en el catálogo de la exposición *Picasso and the Age of Iron*[22]. El primer reduccionismo consiste en contraponer la «abstracción» de Picasso y el «naturalismo» de González, ignorando, además, las raíces antropológicas de ambos y, sobre todo, la índole de problemas con que ambos se enfrentaron en la llamada época de entreguerras y, más exactamente, entre aproximadamente la segunda mitad de los años veinte y la primera guerra mundial, pues ambos se alinearon, si bien cada uno a su manera, en la orientación crítica de «semantización de la vanguardia», que es lo que R. Krauss denomina enfáticamente preocupación por el Hombre[23], una hipóstasis que, como tal, es, sin duda, tan improbable como la enfática preocupación por el Arte, que es la del formalismo.

Desde mi punto de vista, David Smith se forjó artísticamente dentro de la hipóstasis del Hombre, y, de una u otra manera, jamás la abandonó, aunque, a partir de la posguerra, le supuso situarse en una incómoda posición cada vez más intempestiva, que podríamos resumir de la siguiente manera: ¿cómo adecuar este principio estético, pero también artístico, el de su propio arte, a la hipóstasis entonces dominante de la Forma o el Arte? Que esta adecuación nunca se hizo por completo viable se demuestra en la progresiva decepción de Greenberg, antes comentada, tanto en relación a la evolución de la escultura de los años cincuenta como, más soterradamente, en relación a la de Smith, como, sobre todo, en los, a mi modo de ver, estériles esfuerzos hechos por algunos críticos e historiadores para señalar cuándo y cómo se produce la ruptura del Smith de posguerra, como si la no existencia de la ruptura restara un ápice de valor a la importante obra que llevó a cabo Smith entre 1950 y 1965.

En este sentido, coincido plenamente con lo escrito por Dore Ashton[24] acerca del mantenimiento de un diálogo formal por parte de Smith con Julio González y, en menor medida, pero también, con Giacometti, hasta prácticamente el final de su vida, aunque me parece imprescindible asimismo reconocer el salto cualitativo que se produjo con las series finales de *Voltri* y *Cubi.*

De esta manera, cuando Greenberg atribuye a Smith la prioridad en el ensamblaje de piezas industriales mecánicas de desecho, se olvida o ignora que esto mismo lo había hecho Julio González, incluso burlando las leyes francesas que prohibían la recolección sin permiso de estos materiales[25]. Cuando, por su parte, R. Krauss destaca la importancia innovadora de *Tanktotem I* (1952), de Smith, se olvida de *Tête longue tige (ca.* 1932-1933), de González[26]. Se podrían seguir poniendo ejemplos a este respecto, pero no creo que merezca la pena, porque, como lo advirtiera el propio Smith, el concepto de primacía tiene un valor más que relativo en arte, aunque haya sido manejado por cierta corriente modernista casi como un dogma.

El paralelismo entre González y Smith no fue, de todas formas, sólo estilístico o técnico. Fueron dos creadores de maduración lenta, aunque esa lentitud, en el caso de González, se retrasase de manera casi agónica. González, por lo demás, como él mismo lo reconoció explícitamente, tomó de Picasso la idea de dibujar en el espacio e incluso el descubrimiento de la eficacia de la soldadura, técnica en la que paradójicamente González debió resolverle los problemas materiales a Picasso. De manera que si Picasso inventó, González desarrolló, no pudiéndose hacer ninguna jerarquización acerca del valor de estos dos momentos igualmente esenciales en la realización de una obra. Lo recuerdo porque creo un error hacer depender el valor de Smith sólo a partir de una ruptura o contraposición con el precedente de González, con el que, sin embargo, mantenía diferencias no pequeñas más allá de lo puramente formal. De hecho, el salto cualitativo de David Smith se produjo a fines de los años cincuenta y consistió en una revolución en la escala más que en las formas. La prematura muerte de Smith, trágicamente acaecida cuando estaba en una plenitud creadora, nos hurta, por desgracia, la posibilidad de haber conocido hasta dónde podría haber llegado por los nuevos caminos que entonces comenzaba a frecuentar.

En su célebre ensayo sobre la escultura americana, Barbara Rose señala el papel oracular que desempeñó el Marcel Duchamp dadaísta en un país sin tradición artística[27]. La única excepción que apunta es precisamente el caso de David Smith, al que, como estamos comprobando, casi todo el mundo califica, en efecto, de excepcional y, por tanto, de gran solitario. Creo, en este sentido, que su soledad mayor y la tardanza en su reconocimiento internacional se debió a que no cabía en ningún esquema de los que se manejaron tras la

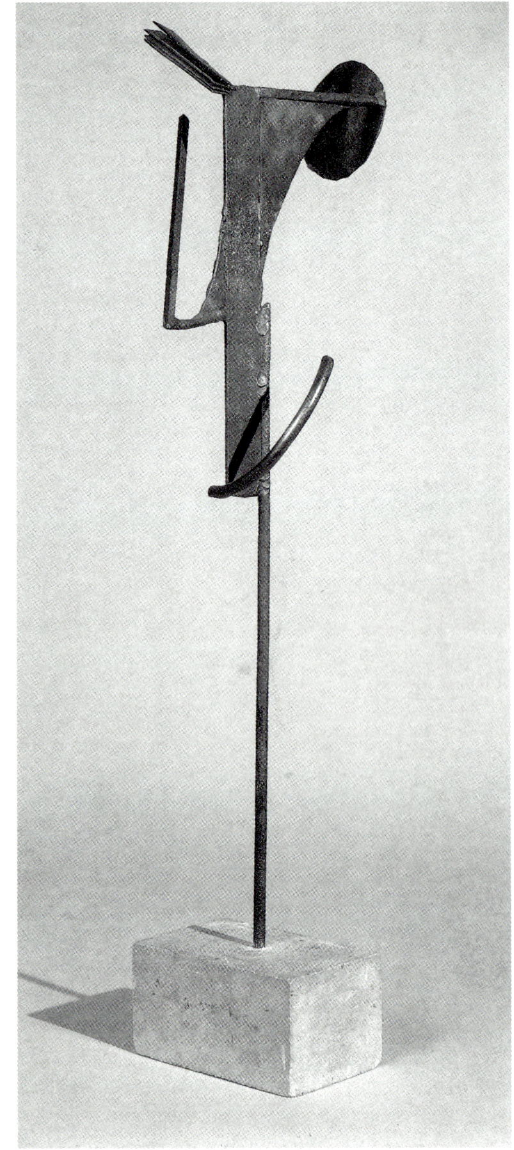

Julio González: *Tête longue tige, ca.* 1932-33
Galería Artcurial, París

guerra, ni en el del biomorfismo surrealista, ni tampoco en el de heraldo escultórico del expresionismo abstracto en el que le querían embutir Greenberg y sus discípulos.

Pero si he citado el ensayo de la Rose es porque esa manera excéntrica en que Smith se vio obligado a afrontar la tradición artística moderna, una excentricidad propia de quien se quiere vincular al modernismo en un país sin tradición modernista, es la que le relaciona, en cierta manera, con los vanguardistas españoles, que también debieron vincularse al arte moderno, en su caso, saltando por encima de una tradición. Picasso recusó siempre, durante toda su vida, la abstracción, mientras que González extremó esta recusación hasta el punto de considerarla, como lo ha glosado Hartung, «pecado»[28]. Pienso que Smith nunca fue un escultor abstracto, aunque su interpretación de la realidad tuviera, como antes afirmé, un carácter completamente distinto que la de González, que tuvo evidentes trazos místico-religiosos.

Las esculturas de Smith, a partir aproximadamente de comienzos de los años cincuenta, alcanzaron un altísimo nivel de belleza y expresividad, pero hasta, por lo menos, fines de esta misma década, hasta el inicio de las series de *Cubi* y *Voltri*, sigue fiel a la estética de los años treinta y al repertorio formal de González, si bien desarrollando y explorando aspectos nuevos y aplicando un método diferente, un método de moderna ironía, a la que el escultor catalán era completamente ajeno. La ironía fue también un rasgo consustancial al americano Calder, como, en definitiva, probablemente la razón de la proyección extraordinaria que alcanzó Duchamp en el mundo artístico americano. De todas formas, el único que transformó la ironía en escultura fue Smith, no digo esculturas que sirvan de soporte a la ironía, sino esculturas plenas, viables como tales.

Desde mi punto de vista, Smith empleó el vértigo irónico desde una dimensión conceptual, como contraste entre dos sentidos, y desde una dimensión espacial, como contraste de escalas. Lo primero le permitió una aproximación a lo grotesco, que, sin embargo, estaba ya completamente despojado del sentido trágico del expresionismo de González. Las alusiones a lo totémico y las imágenes zoomórficas —saltamontes o extraños pájaros como del jurásico—, así como esos milenarios paisajes forestales, que, a veces, nos recuerdan los bosques tropicales a lo Lam, formado todo ello a través de ensamblajes de chatarra y soldadura, inciden en este sentido de cruce temporal de perspectivas culturales y espaciales. Por otra parte, el aplanamiento y la horizontalidad con que solía concebir sus esculturas en estos años, que pueden evocar las obras de Torres García de la década de los treinta, logran una nueva dimensión expresiva a través de la transparencia, haciendo realidad la grafía aérea.

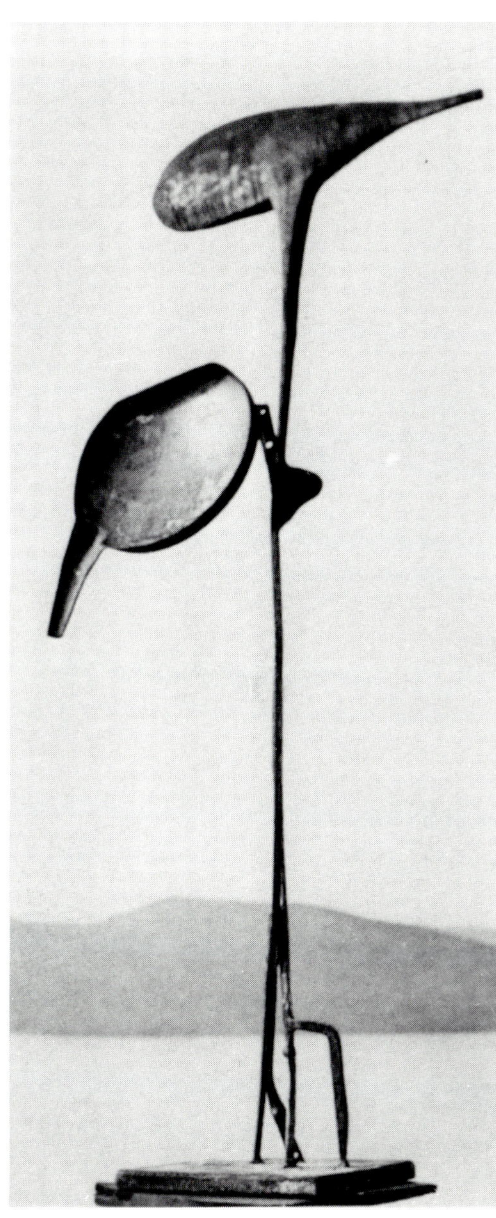

Tanktotem I, 1952
Art Institute of Chicago

En 1958, dos años después de haberse publicado el ensayo de Smith sobre González y el de Greenberg sobre Smith, este último dio a conocer sus esculturas en Italia con motivo de su participación en la *Bienal de Venecia.* Esta fecha tuvo, sin duda, su importancia para dar a conocer a Smith en Europa, donde era aún ignorado, pero, sobre todo, resultó crucial porque seguramente sirvió de acicate para la posterior invitación del escultor estadounidense para que participase en el *Festival de Spoleto,* de 1962. Como si se tratase de una conjura de augurios favorables, esta estancia primaveral de Smith en Italia constituyó, de principio a fin, un hecho admirable, milagroso. Desde luego que nada de eso se habría producido de no haber estado el ánimo creativo de Smith en una disposición óptima, pero no debemos despreciar las circunstancias. La fábrica abandonada de Voltri, el pelotón de operarios italianos dispuestos a secundar al gran herrero, la concentración y la soledad del lugar, el período temporal preciso de un mes para que no decayera el estado de exaltación, la genial idea de Carandente de instalar las esculturas en el teatro romano de Spoleto y hasta la presencia de Ugo Mulas como un penetrante notario visual del prodigio, cuyas imágenes fotográficas no sólo fueron una crónica del hacer de Smith, sino un registro de las variaciones poéticas inscritas en cada escultura.

A un ritmo asombroso de casi una escultura por día, Smith llegó a terminar veintiocho obras monumentales, algo que habla por sí solo del estado de ebriedad creativa que se apoderó del artista, que sintió haber encontrado, por fin, la obstinadamente buscada cifra mágica que resolviera todas las dualidades. Cuando observamos el formidable trabajo de los *Voltri,* de Spoleto, ya sea en el ámbito de su producción material en medio de esas enormes naves industriales o en su ulterior ubicación en el antiguo teatro, nos percatamos que todo halla su sentido y su escala. Al margen del repertorio formal y de la ociosa discusión acerca nuevamente sobre lo que este repertorio se arraigara o no en los consabidos precedentes, fue allí donde Smith halló su propio lugar y el que estaba reservado para su obra en la escultura del siglo XX. Allí también se demostró que el fin de Smith era Smith, una búsqueda de sí mismo manifiestamente coronada por el éxito, que no hay que interpretar como el que acontece tras el reconocimiento crítico, aunque fuera entonces cuando se produjo de manera definitiva, sino la culminación de la obra en sí y para sí. A partir de la experiencia de Voltri, Smith se creó un lugar propio que no remite a nada ajeno a él, si bien adquiera la categoría artística que Baudelaire definió como «faro», algo que irradia en medio de la noche para eventualmente guiar a los demás. Que Smith falleciera trágicamente poco después, en 1965, convirtió esta experiencia en un canto de cisne.

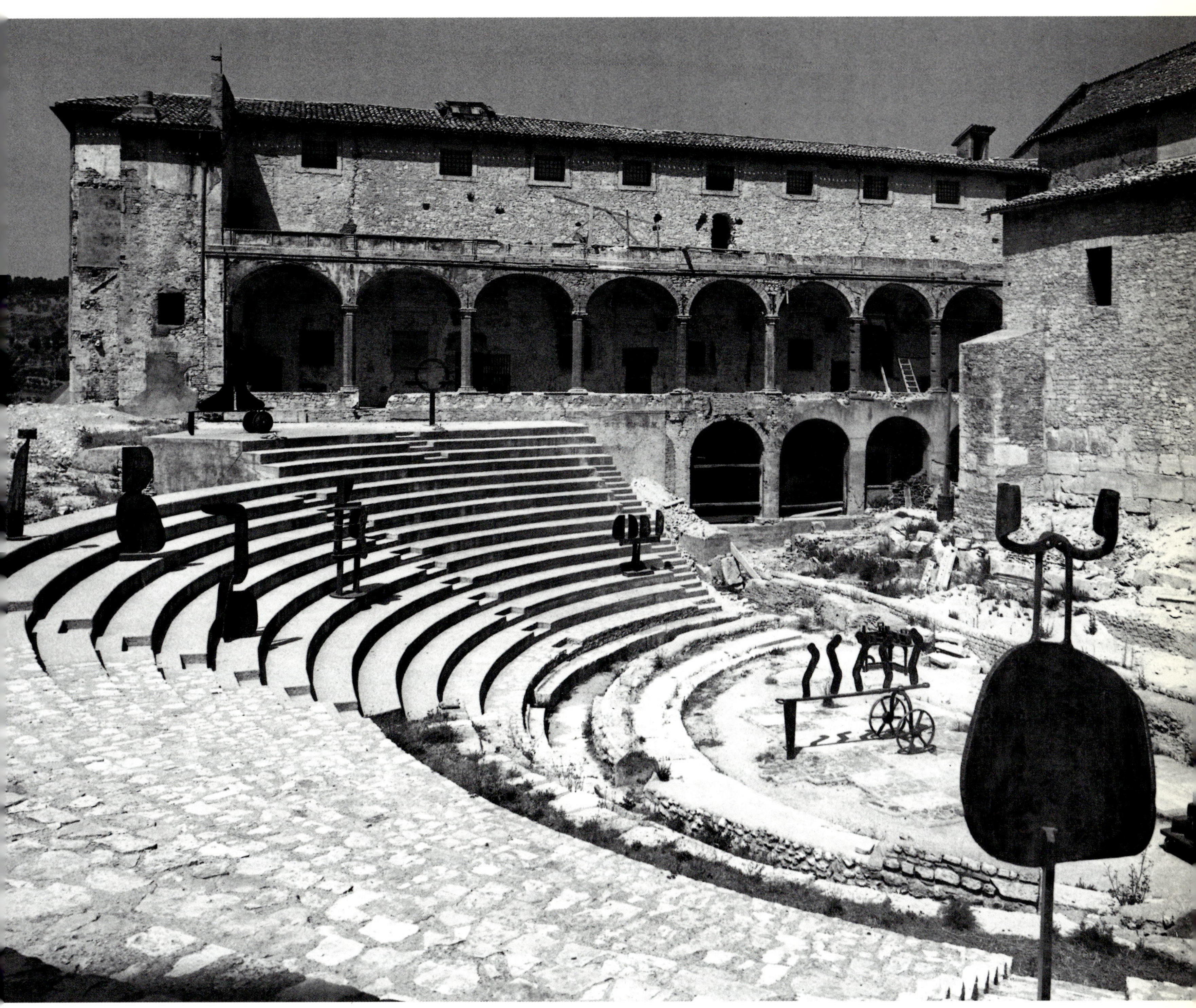

Serie *Voltri*. Anfiteatro romano, Spoleto, 1962. Foto **Ugo Mulas**

¿Cómo no evocar la figura de Vulcano con su tropa de titanes trabajando todos en las entrañas de la tierra? La imaginería de Voltri está llena de alusiones ancestrales, que se adentran en el pozo de la memoria más arcaizante y primordial. Se asientan y se erigen en el espacio con una suficiencia arrogante, como si se tratasen de tótems revestidos con la dignidad imperativa de la estatuaria clásica. Siendo de hierro y no de piedra, estas monumentales esculturas parecían estar destinadas a ocupar las gradas de un anfiteatro, representando todas ellas entre sí una ópera frente al firmamento.

Coincido, así, pues, con lo que escribió R. E. Krauss acerca de la originalidad de Smith concebida como «la relación entre la disyuntiva sintaxis de este ensamblaje y la temática material»[29]. En esta relación, en efecto, se clarifica el por qué de las imágenes totémicas y sacrificiales de Smith.

Cité al principio de este escrito que, en 1956, se publicó *Herreros y alquimistas,* de Mircea Eliade, y me parece justo terminarlo ahora con una cita del antropólogo rumano explicando la secuencia mítica de imágenes que acompañan al herrero civilizador: «Los dioses de la tormenta golpean la tierra con piedras de rayo; tienen por insignia el hacha doble y el martillo; la tormenta es el signo de la hierogamia cielo-tierra. Al batir su yunque los herreros imitan el gesto ejemplar del dios fuerte; son, en efecto, sus auxiliares. Toda esta mitología elaborada en torno a la fecundidad agraria, a la metalurgia y al trabajo es, por otra parte, bastante reciente. La metalurgia, posterior a la alfarería y a la agricultura, se enmarca en un universo espiritual en el que el dios celeste, todavía presente en las fases etnológicas de la cosecha y la caza menor, es definitivamente derrotado por el Dios fuerte, el Varón fecundador, esposo de la Gran Madre terrestre. Ahora bien, es sabido que en este nivel religioso la idea de la creación *ex nihilo,* operada por un Ser supremo uraniano, ha pasado a la penumbra para ceder su lugar a la idea de la creación por hierogamia y sacrificio sangriento: asistimos así a la transformación de la noción de *creación* en la de *procreación.* Ésta es una de las razones por las cuales encontramos en la mitología metalúrgica los *motivos* de unión espiritual y sacrificio sangriento»[30].

Se me ocurre que, en esta mitología metalúrgica específica de González y de Smith, donde la verticalidad desempeña un papel crucial, lo que para el escultor español significó una flecha apuntando al cielo, como la aguja de una catedral, para Smith fue, primero la horizontal del plano y, después, definitivamente, lo que se hinca en la tierra y se yergue como un estandarte. Una misma hierogamia a sangre y a fuego, pero con una dirección doble. Hay ciertamente otra línea de horizontalidad en la escultura de nuestro siglo en la que estuvo

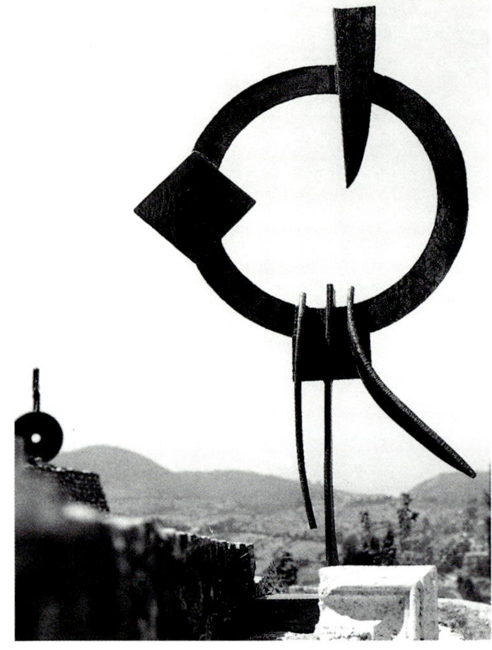

Voltri XII, 1962. Colección Sr. y Sra. Gilbert H. Kinney, Washington, D. C. Foto **Ugo Mulas**

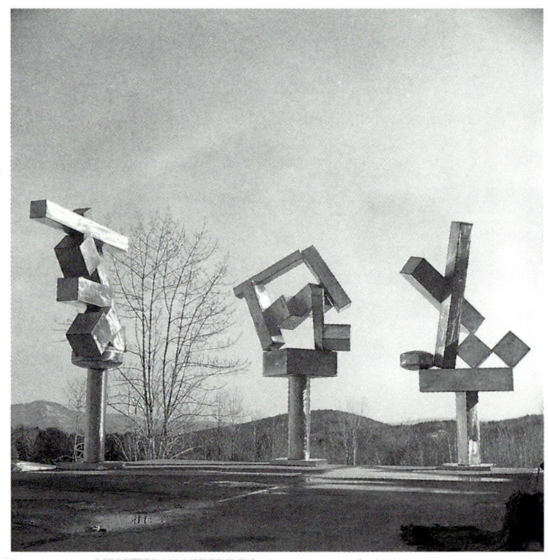

Serie *Cubi,* 1964
Foto Archives of American Art,
Smithsonian Institution, Washington, D. C.

implicado Smith, pero la vertical pertenece como cosa propia a González y a Smith. La enorme fuerza postrera que resplandece en la serie de *Voltri,* ¿no será acaso la definitiva conquista de la verticalidad de la escultura sobre el plano horizontal de quien empezó siendo pintor y estuvo rodeado siempre de pintores?

1. Publicado originalmente en el número de febrero de 1956 de la revista *Art News,* está recogido por Garnett McCoy, *David Smith,* Nueva York, 1973, págs. 137-142.

2. Recogido en Clement Greenberg, *Arte y cultura. Ensayos críticos* (trad. de Justo G. Beramendi), Barcelona, 1979, págs. 186-189.

3. Cito por la edición española: Mircea Eliade, *Herreros y alquimistas* (trad. M. Pérez Ledesma), Madrid, 1974, págs. 9-10.

4. *Ibidem,* pág. 186.

5. Ch. Baudelaire, *Salón de 1846,* XVI. «Pourquoi la Sculpture est ennuyeuse?», en *Oeuvres complètes* (ed. de Claude Pichois), París, 1975, II, págs. 487-488.

6. *Ibidem,* pág. 189.

7. *Vid* R. Motherwell, «On David Smith» (1971), en *The Collected Writings of Robert Motherwell* (ed. de Stephanie Terenzio), Nueva York-Oxford, 1992, págs. 202-204.

8. El artículo titulado «Picasso desde 1945» fue originalmente publicado por la revista *Artforum,* Nueva York, vol. 5, octubre de 1965, págs. 28-31. *Vid* V. Combalía (ed.), *Estudios sobre Picasso,* Barcelona, 1981, págs. 205-208.

9. Hans L. Jaffé, *El arte del siglo XX,* Madrid, 1971, págs. 280-282.

10. Recogido en *Clement Greenberg. The Collected Essays and Criticism. Volume I. Perceptions and Judgments, 1939-1944* (ed. de John O'Brien), Chicago-Londres, 1986, pág. 139.

11. C. Greenberg, «Review of Exhibitions of David Smith, David Hare, and Mirko», recogido en *The Collected Essays, op. cit.,* II, *Arrogant Purpose, 1945-1949,* pág. 140.

12. C. Greenberg, «The New Sculpture», recogido en *The Collected Essays,* II, *op. cit.,* págs. 313-319.

13. *Vid* C. Greenberg, *Arte y cultura, op. cit.* pág. 136.

14. Konrad Fiedler (1841-1895), creador de la escuela formalista, entre cuyos seguidores inmediatos se hallan Riegl, Wölfflin, Von Hildebrand.

15. K. Fiedler, *Escritos sobre arte* (trad. de V. Romano), Madrid, 1990, pág. 98.

16. Rosalind E. Krauss, *Passages in Modern Sculpture,* Cambridge, Mass.-Londres, 1981. 2.ª ed., págs. 147-200.

17. *Vid* Carmen Giménez, «Andiamo a Spoleto» y Giovanni Carandente, «L'Odisseo americano della scultura», en *David Smith in Italy,* Milán, 1995, págs. 14-24.

18. David Smith, «The New Sculpture», en *David Smith, op. cit.,* pág. 84.

19. Recogido por Josephine Walters, *Julio González. Sculpture in Iron,* Nueva York, pág. 141.

20. Hay traducción al español: *La tierra y los ensueños de la voluntad* (trad. B. Murillo Rosas), México, 1994.

21. Recogido en Gaston Bachelard, *El derecho a soñar* (trad. J. Ferreiro), México, 1985, págs. 56-57.

22. F. Calvo Serraller, «Vulcan's Constellation», en *Picassso and the Age of Iron,* Nueva York, 1993, págs. 65-98.

23. R. E. Krauss, *The Originality of the Avant-garde and Other Modernist Myths* (1985). Cito por la ampliada edición francesa: «Cet art nouveau: dessiner dans l'espace», en *L'Originalité de l'avant-garde et autres mythes modernistes* (trad. de J.-P. Criqui), París, 1994, pág. 209.

24. *Vid* Dore Ashton, «The Forging of New Philosophical Armatures: Sculptures Between the Wars and Ever Since», en *Picasso and the Age of Iron, op. cit.,* págs. 46-54.

25. Hay un testimonio directo contado por Henri Goetz. Pero basta con mirar una escultura como *Petit danseuse (ca.* 1929-1930).

26. *Vid* R. E. Krauss, *Passages, op. cit.,* pag. 147.

27. Recogido por Margit Rowell, en su antología del catálogo de la exposición *Qu'est-ce que la sculpture moderne?,* París, 1986: Barbara Rose, «La sculpture américaine: l'anti-tradition», págs. 292-295.

28. Así lo evoca Hans Hartung en el documental filmado por Barrie Gavin en 1985: *González (1876-1942),* RM Arts.

29. *Ibidem,* pág. 171.

30. M. Eliade, *Herreros y alquimistas, op. cit.,* pág. 30.

ESCRITOS DEL ARTISTA

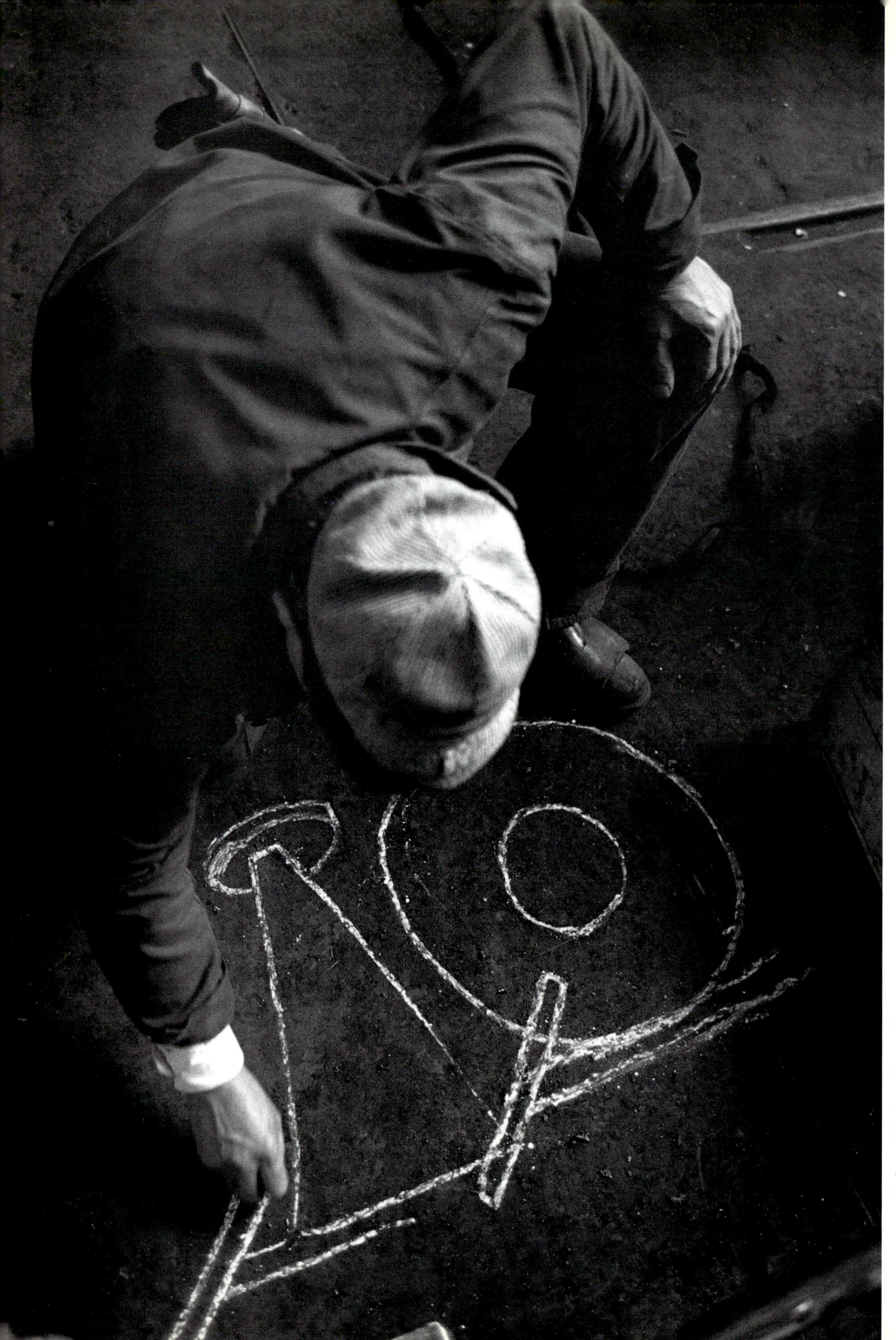

Voltri, 1962. Foto Ugo Mulas

NOTAS PARA *DAVID SMITH MAKES A SCULPTURE*

David Smith redactó estas notas para el artículo que Elaine de Kooning iba a escribir sobre su obra, y que se publicó en Art News *en septiembre de 1951. Fueron reproducidas textualmente en* Art News *en enero de 1969.*

No sigo un procedimiento establecido para empezar una escultura. Hay obras que nacen como dibujos a tiza en el suelo de cemento, y las formas cortadas en acero se van insertando en los dibujos. Cuando se puede unir la estructura, se suelda en su posición vertical. Entonces la dimensión añadida plantea otras consideraciones diferentes que la forma más o menos de perfil dibujada en el suelo.

A veces hago muchos dibujos, posiblemente con una sola relación en cada dibujo, que entre todas compondrán la obra final. A veces la escultura empieza sin ningún dibujo. Así fue en *El pez**, que mide aproximadamente seis pies de alto por cinco de largo. Los dibujos los hago en cuadernos o en hojas grandes de papel de hilo de lino. Tengo siempre paquetes de varias clases, olvidándome del coste para poder usarlo a mi antojo. Del problema del coste me tengo que olvidar para todo, porque siempre es más de lo que puedo pagar, más de lo que recupero con las ventas; casi todos los años, más de lo que gano. En mi taller viene a ser como en el gobierno federal, que siempre los gastos van por delante de los ingresos y se acaba con préstamos.

Por ejemplo, cien onzas troy de soldadura de plata cuestan más de cien dólares, una

---

* Más tarde Smith hizo al menos un dibujo de *El pez*.

libra de cobre fosforado cuesta cuatro dólares, una libra de electrodos de níquel y acero inoxidable cuesta entre uno sesenta y cinco y dos dólares, una chapa de acero inoxidable de octavo de pulgada y cuatro pies por ocho cuesta ochenta y tres dólares, etcétera. Si mi preocupación es estética no puedo pararme a pensar en el coste. Trabajo según la necesidad, de acuerdo con que lo que puede hacer cada material. Normalmente los materiales caros ni se ven, porque su uso ha sido funcional.

Para el acero no existen las tradiciones que rigen para el bronce, en cuanto a acabado, pátinas o limitaciones de la fundición. No hay unos límites preconcebidos como los hay para el mármol, la estética del grano y la superficie o los límites físicos de masa a resistencia. La dirección del grano natural, el pulimento manual, la estructura monolítica o los controles de la madera no son aplicables al acero, ni por física ni por tradición.

El acero es lo que tiene más resistencia a la tracción, y es lo más trabajable, siempre que su naturaleza responda a la demanda estética. Puede unirse con su metal de origen o con otros metales de distintos colores, o servir de soporte para la deposición metálica, la pintura o su propio óxido natural, que tiene sólo un átomo de oxígeno menos que la gama artística de óxidos del hierro.

Tengo dos estudios, uno limpio y otro sucio, uno caliente y otro frío. En el estudio de casa están las mesas de dibujo, el tórculo, los armarios con la documentación de las obras, las fotos y el suministro de papel de dibujo. El taller es una estructura de hormigón de escorias con cubierta de fibrocemento, y tiene un lucernario corrido orientado al norte, en ángulo de treinta grados. Con calefacción en ambos extremos, se puede utilizar aunque la temperatura baje de cero.

No me duele lo que haya que gastar en el mejor material o las mejores herramientas y equipo. Toda máquina que ahorre trabajo, todo dispositivo de seguridad que pueda pagar lo considero necesario. Tengo *stock* de pernos, tuercas, roscas, dados, pinturas, disolventes, ácidos, barnices de revestimiento, aceites, ruedas de amolar y de pulir, pigmentos en seco, ceras, productos químicos, piezas de repuesto, todo ello almacenado en estanterías metálicas, organizado más o menos como un almacén industrial.

Tengo acero inoxidable, bronce, cobre y aluminio en chapas de un octavo de pulgada y cuatro pies por ocho, para ensamblar. Fuera del taller tengo apiladas planchas de cuatro por ocho de laminado en frío y en caliente, en gruesos de uno a siete octavos de pulgada. Tengo largos de flejes, perfiles y barras alineados en el sótano de la casa o metidos entre las vigas del tejado. Quizá alardee un poco de *stock,* pero nunca tuve tanto hasta que me concedieron la beca Guggenheim. Si lo menciono no es porque tenga nada que ver con el arte, sino para señalar que es muy importante tener los materiales a mano, y que la visión estética no esté limitada por la necesidad material, como demasiadas veces lo ha estado en mi vida.

La cantidad de obra que produzco evidentemente obliga a emplear las herramientas más funcionales. No tengo el menor interés estético en la huella del instrumento; lo que pretendo con la función material es lo mismo que cuando se hace una locomotora, llegar a una determinada forma funcional de la manera más eficiente. El método locomotora no se somete a ninguna teoría establecida de la fabricación; se justifica por el producto acabado. La función locomotora integra piezas de fundición y de forja, remaches, soldadura, broncesoldadura, pernos, tornillos, ajustes en caliente, todo ello empleado por su respectiva eficacia para llegar a un objeto que funcione. Cada método comunica su función a materiales diversos. Yo sigo el mismo sistema para organizar el fin estético visual. No me jacto de que mi sistema de trabajo sea superior a otros medios, ni lo empleo con exclusión de otros métodos. Con la pericia técnica se desarrolla cierto sentido de la forma, pero la forma imaginativa (verbigracia, la visión artística) no es garantía de alta técnica.

Manejo mis máquinas y materiales con facilidad; su resistencia física y el ruido que hacen no entorpecen mi pensamiento ni el proceso estético. El cambio de una máquina o herramienta por otra no tiene más importancia que el cambiar de pincel para un pintor o de escoplo para un entallador.

No acepto el límite monolítico de la tradición escultórica. La escultura es tan libre como la mente, tan compleja como la vida; su declaración es tan completa como todos los demás medios visuales combinados. Yo identifico la forma en relación con el hombre. La visión frontal de una persona es muchas veces completa en lo que declara. Para mí la escultura puede ser uno, dos, tres, cuatro lados y vista cenital porque el fondo por ley es la base. La proyección de la forma indicada, la continuación de un lado incompleto, la dejo al espectador, o la sugerencia de un cuerpo sólido mediante líneas, o la visión de las formas que giran a velocidades dadas o variables. Todas esas posibilidades las considero, y espero que el espectador las contemple.

Cuando esas inconclusiones son evidentes, suele haber indicaciones que capacitan al espectador para completar el concepto con la forma dada. La forma artística no debe ser algo trillado, predigerido, que no plantee exigencias intelectuales o emocionales al consumidor.

Cuando yo hago escultura, todas las velocidades, proyecciones, giros, cambios de luz entran en mi visión, pues esas cosas que conozco en movimiento se asocian con todas las posibilidades que pueden darse en otras relaciones. Posiblemente el acero sea tan hermoso por todo el movimiento que lleva asociado, su resistencia y función. Pero es también brutal el violador, el asesino, y gigantes mortíferos son también su progenie. Sin embargo, en mi serie *Spectre* yo hablo de estas cosas y resulta muy funcional en su modo de declarar.

Desde 1936 modelo en cera para fundir bronces únicos. He tallado mármol y madera, pero el mayor número de obras las he hecho en acero, que es mi medio más fluido y que controlo desde el principio hasta la obra acabada sin interrupción. Hay una satisfacción en ser a la vez el que concibe y el que ejecuta sin intromisiones. Una escultura no se hace deprisa; lleva tiempo, y en ese tiempo la convicción tiene que ser profunda y duradera. Miguel Ángel hablaba del ruido y el polvo de mármol de nuestra profesión, pero yo acabo el día más parecido a una bola de grasa que a un molinero. Aun así, mis conceptos no me permitirían cambiarlo por ocupaciones más limpias.

La distancia dentro de la obra no es una ilusión, está relacionada con la medida conocida como pulgadas en la mayoría de nuestras consideraciones. Las pulgadas son unos trozos bastante grandes y monótonos, relacionados con los grandes pies planos. La única relación en pulgadas pares se encontrará en la base de la escultura, donde se usen las unidades cuatro, seis, ocho, doce, etcétera, en soporte mecánico. Rara vez entrará una pulgada par en el espacio visual, y lo que se le aproxime será más o menos en variantes de milésimas impares, sesentaicuatroavos impares, treintaidosavos impares, y dieciseisavos impares. No es que esté planeado así conscientemente. No es importante, pero es mi reacción natural a la vida simbólica. Las relaciones de unidades dentro de una obra suelen implicar el número siete o una división de sus partes. Yo no fui consciente de esto mientras no volví la vista atrás, pero la selección natural parece influida por la mitología artística.

Mi jornada empieza a las diez o las once de la mañana, después de un desayuno sin prisas y una hora de lectura. El taller está a ochocientos pies de la casa. Me llevo el almuerzo de las dos y vuelvo a casa a las siete para cenar. La jornada termina de una a dos de la madrugada, con pausa para un café a las once y media. Mi taller de aquí se llama Terminal Iron Works, porque eso define mejor mi comienzo y mi método que llamarlo «estudio».

A las once y media, cuando me tomo el café de la noche y escucho WQXR en onda media, me acuerdo siempre de la Terminal Iron Works del número uno de Atlantic Avenue en Brooklyn, y del barucho cercano donde iba: la misma hora, la misma emisora. La forja de Brooklyn estaba rodeada de actividad toda la noche: barcos cargando, gabarras repostando, transbordadores amarrados al muelle. Allí se estaba en pie las veinticuatro horas del día, al

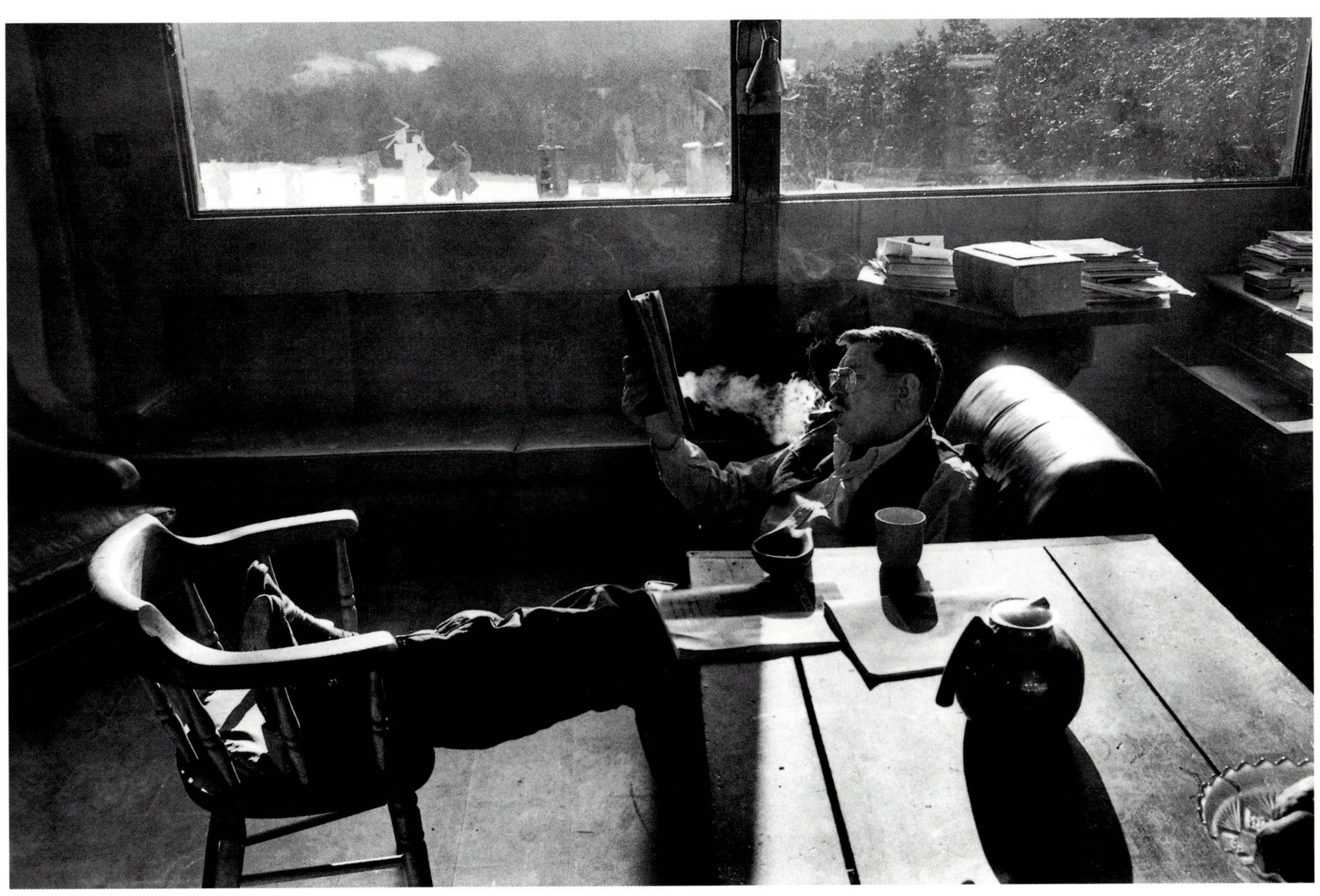

David Smith en su casa de Bolton Landing. Foto Dan Budnik

frente la actividad del puerto, atrás los camiones de transporte en Furman Street. En cambio las montañas están en silencio, salvo de vez en cuando el ruido de algún animal. A veces los perros de Streevers se pasan la noche persiguiendo a un zorro y los oigo ladrar a poca distancia mientras cierro el taller. Es muy raro que pase un automóvil de noche. No hay nada habitado desde nuestra carretera hasta el río Schroon, en cuatro millas campo a través. Yo disfruto con el fenómeno de la naturaleza, los sonidos, la aurora boreal, las estrellas, las llamadas de los animales, como disfrutaba con las luces del puerto, los silbatos de los remolcadores, el golpeteo de las boyas, los gritos de los hombres alrededor de la Terminal Iron Works de Brooklyn. Aquí me siento a soñar con la ciudad como soñaba con las montañas cuando me sentaba en el muelle de Brooklyn.

Me gusta mi soledad, el café solo y soñar despierto. Me gustan los cambios de la naturaleza; no hay dos días ni dos noches iguales. En Brooklyn la naturaleza que había era toda hecha por el hombre y mecánica, pero me gustan las dos. Me gusta la compañía de la música: a veces consigo sintonizar WNYC, pero siempre WQXR, Montreal, Vancouver o Toronto. La música me hace compañía en la parte de trabajo manual de la escultura, que es mucha. La corriente de gasto de energía que exige la escultura, en la que el agotamiento mental va acompañado de agotamiento físico, me proporciona el único equilibrio que he encontrado, y que yo sepa es la única manera de vivir.

Por supuesto, me doy atracones. Cuando estoy trabajando me enredo de tal manera con la obra que se me quita el sueño y trabajo hasta las tres, las cuatro o las cinco de la mañana. Eso lo hacía en Brooklyn. Toda mi vida la jornada ha sido cualquier parte de las veinticuatro horas, en petroleros, conduciendo taxis, yendo a clase, los tres turnos en fábricas. Trabajé en un banco, pero no soporto la vida rutinaria. Dos tercios cualesquiera de las veinticuatro horas son maravillosos con tal de poder elegir.

Después de la una de la mañana quedan algunas tareas de rutina, hacer orden, reparar máquinas, engrasar, pintar, etcétera. Sintonizo WOR y escucho Nick's, Café Society, Eddie Condon's, lo que den. Al cabo de varios meses de trabajar en serio, cuando me parece que merezco una recompensa, me voy a Nueva York: voy a conciertos en la YMHA, a exposiciones, a museos, a comer marisco y comida china, voy a Eddie's, Nick's Sixth Avenue Cafeteria, Artists Club, Cedar Tavern, me encuentro con artistas trasnochadores y me voy por ahí de palique, a charlar de nuestras cosas, y acabo desayunando en Eighth Street; le saco todo el jugo que puedo unos cuantos días, y luego otra vez al monte.

La escultura es un problema. Para mí y para mi marchante, la Willard Gallery. Ventas aparte, el problema del transporte y almacenamiento es inmenso. El coste intrínseco muchas veces es la mitad del precio, y nunca baja de un tercio. Sólo unos pocos marchantes serios llevan escultura; la compran algunos museos y un puñado de coleccionistas. A medida que el espacio de la vivienda se reduce, el tamaño y el concepto de la escultura crecen. Yo no le veo en el futuro ninguna utilidad particular, aparte de la estética, para la sociedad, y menos aún en la arquitectura. Pero la demanda no ha sido nunca lo que ha engendrado arte en nuestro período de civilización.

A veces trabajo en dos y hasta cuatro piezas a un tiempo, conceptualmente sumergido en una, conceptualmente en suspenso en otra, esperando a que las relaciones se completen; y en una o dos más donde sólo falta que llegue una pieza de la fundición, o el pulido, el acabado, unas cuantas horas de trabajo manual. A veces es sólo cuestión de montar, pesar, medir y poner nombre. Ese trabajo menudo completa el horario cuando la musa se ha ido. Yo mantengo mi identidad a base de trabajar constantemente; siempre hay cosas que hacer cuando la inspiración ha huido, pero la inspiración vuelve antes si la identidad y la corriente de trabajo se mantienen. La realidad es que el tiempo se echa encima de gran parte de mis proyectos. Sólo a la mitad de mi visión le puedo dar forma material. El resto se queda en dibujos, a los que pasado cierto tiempo no puedo volver, porque lo que apremia es el futuro. No tengo un procedimiento organizado para crear. *El pez* se hizo de principio a fin con un dibujito en mi cuaderno, durante su etapa media. *La catedral* maduró de principio a fin sin dibujos. Normalmente hay dibujos, que pueden ser desde apuntes en cuadernitos de notas hasta docenas de pinturas en hojas grandes.

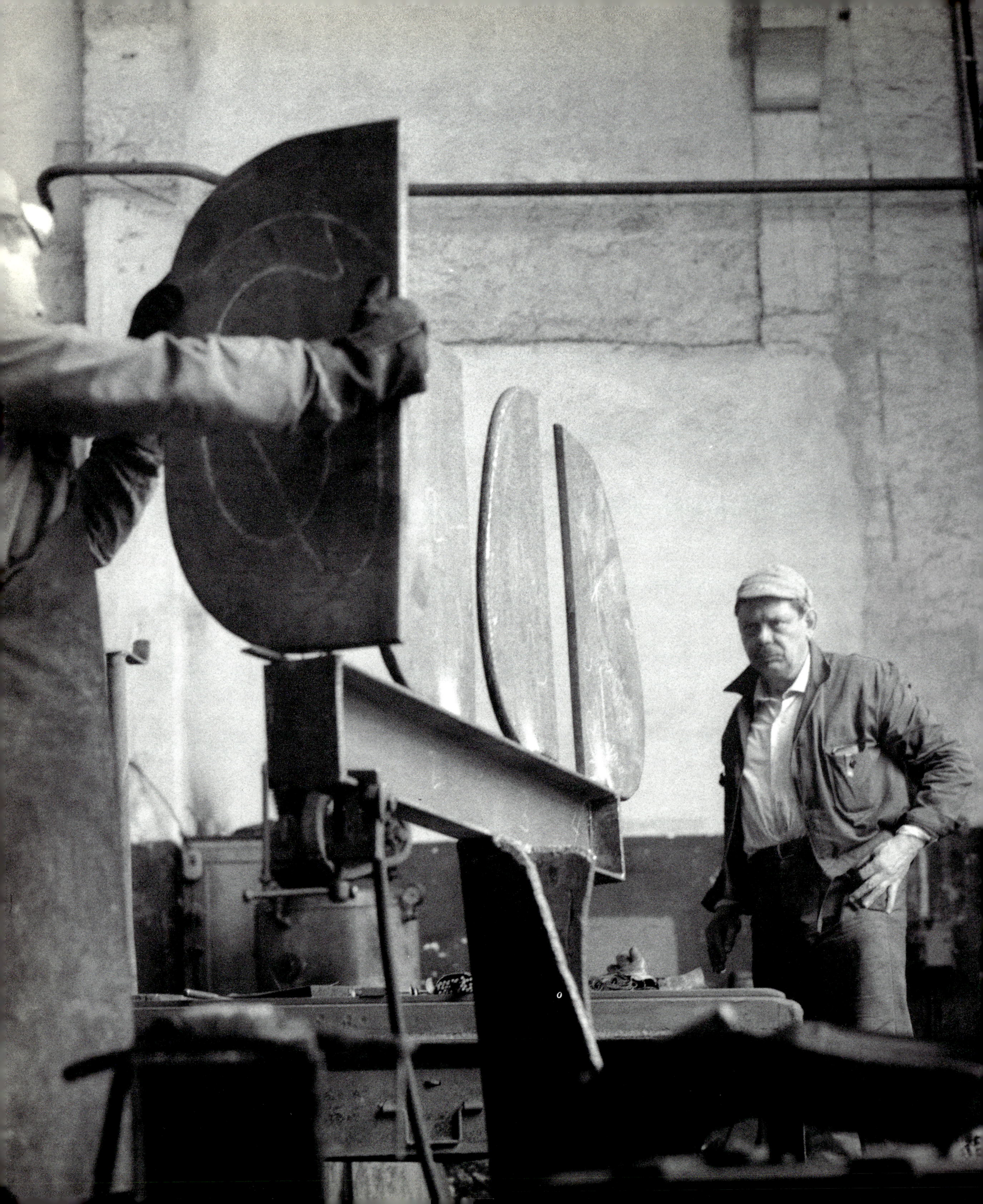

LA NUEVA ESCULTURA

David Smith participó con este texto en el simposio «The New Sculpture», que tuvo lugar en el Museum of Modern Art de Nueva York el 21 de febrero de 1952.

Antes de saber qué era el arte o asistir a una academia, yo conocí bien, trabajando en una fábrica, el acero y las máquinas que se utilizan para forjarlo. Cursaba mi segundo año en una escuela de arte cuando tuve conocimiento del cubismo, Picasso y González a través de *Cahiers d'Art.* Ahí fue donde me enteré de que se estaba haciendo arte con acero: con el material y las máquinas que antes sólo significaban trabajar duramente y poder ganar un dinero.

Así como la liberación técnica me vino del amigo y compatriota de Picasso, González, en mi estética influyeron más Kandinsky, Mondrian y el cubismo. Mi época de estudiante no tuvo otro objeto que la pintura. La pintura se convirtió en niveles levantados sobre el lienzo. Poco a poco el lienzo vino a ser la base, y la pintura fue una escultura. Nunca he reconocido separación alguna, aparte de un elemento de dimensión. La primera pintura del hombre de las cavernas fue a la vez línea incisa y color, reacción natural y declaración total.

Hice mi primera escultura de acero en el verano de 1933, con equipo prestado. Ese mismo año empecé a reunir equipo y me instalé en la Terminal Iron Works, una forja de la ribera de Brooklyn. Mi trabajo de 1934 a 1936 fue calificado muchas veces de escultura lineal, pero para mí era la declaración más completa que era capaz de hacer sobre la forma y el color. La mayor parte de la obra presentada en 1938 en mi primera exposición, en la East River Gallery, estaba pintada. No reconozco límites donde acabe la pintura y empiece la escultura.

Desde el cambio de siglo los pintores han sido la avanzada del arte, tanto en número como en concepto. Brancusi aparte, las mejores esculturas las han hecho pintores. La escultura es más inmediata que la pintura para la acción visual. Constantes naturales como la gravedad, el espacio y los objetos duros son los componentes materiales del proceso escultórico. Por consiguiente, se insertan con mayor facilidad en el acto de la visión que la ilusión de constantes que se emplea en la pintura. El que esas constantes o premisas no requieran traducción debería hacer de la escultura el medio de máxima visión. Digo esto como posibilidad teórica; pero el concepto de la resistencia del material es un elemento que sólo se da en esta forma de arte. Una escultura es una cosa, un objeto. Una pintura es una ilusión. Hay una diferencia de grado en el espacio real, y hay la diferencia absoluta de la gravedad.

Mi actitud respecto a la visión que haya en mis obras es estar dentro; no se trata de la visión científica y física de un tema. Yo pretendo comentar al hilo del viaje. Es una aventura vista. Yo no entro en su orden como amante, hermano ni socio; creo verla con ecuanimidad, como desde un avión que fuera a dos millas del suelo, o como veo desfilar las nubes desde mi taller de la montaña.

En la escuela Reisho de caligrafía china, la meta gráfica era mostrar la fuerza de la talla en piedra o del grabado en acero. Se comprende fácilmente que ese noble afán se pudiera expresar con tanta convicción. Un pintor chino explicaba que, aunque las largas hojas lanceoladas de una orquídea penden hacia la tierra, todas anhelan apuntar al cielo. Esta actitud china de anhelo de las nubes es un ojo a través del cual yo veo la forma en obras de celebración, y a la inversa, en las de naturaleza espectral.

Ciertas formalidades japonesas me resultan próximas, por ejemplo el que una pincelada comience fuera del papel, continúe a través del espacio de dibujo y se proyecte más allá, de modo que la parte incluida posea a la vez el ímpetu del origen y de la proyección. Esto produce una impresión de fuerza, y si caen gotas pasan a ser atributos o relaciones. Análogamente, si el pincel se seca y queda la marca de las cerdas, ahí puede haber una energía mayor, por lo menos una naturalidad que no hay que retocar, porque basta la intención para transmitir el contenido más fuerte. No es la pintura japonesa, sino algunos de los principios que ahí entran en juego, lo que tiene interés para mí. Otro concepto japonés exige que al representar un objeto que da idea de fuerza, como peñas, garras, ramas de árbol, en el momento de aplicar el pincel el artista tiene que evocar la sensación de fuerza y sentirla en todo su ser, y así transmitirla al objeto pintado. Y su corriente nerviosa tiene que ser continua y de intensidad constante mientras la obra esté en curso. Como mi material posee ya una fuerza parecida a la carga de intención de la pincelada japonesa, yo me complazco en manejar el acero como un fluido con el que configurar formas de terciopelo dentro de las imágenes, cuando la intensidad y el sentimiento son las fuerzas que encierra el concepto.

Nunca he proyectado una obra de arte para dejarla a medio acabar, ni en un material que no fuera el definitivo. El estado intermedio de modelo con la fundición sin hacer me dejaría en suspenso. Prefiero que cientos de esculturas queden en dibujos que el tiempo, el coste y el cambio de concepto han dejado atrás. Incluso con mi volumen de trabajo, una veintena de obras al año, los costes de producción imponen límites de escala, material y cantidad; pero si dependiera de la escayola y la cera para fundir en bronce, el número de obras se reduciría a la mitad.

Cuando el espacio de masa se indica mediante una forma lineal o delimitada, el tiempo de trabajo que exige la resistencia del material hasta la unidad, la suspensión y la proyección requeridas por la ley natural de la gravedad, exigen más premeditación y convicción sostenida que cuando esa misma forma se dibuja sobre una superficie plana. El contorno lineal, con sus variaciones y su comentario sobre el espacio de masa, es más agudo que la figura en bulto. En la visión, el solapamiento de figuras vistas unas a través de otras no sólo permite a cada figura conservar su intención individual, sino que al yuxtaponerlas multiplica sustancialmente las asociaciones de la unidad nueva y más compleja.

Yo no trabajo con una convicción consciente para esa escultura en concreto. Esa decisión no es un objetivo. Las obras que ustedes ven son segmentos de mi vida laboral. Si prefieren ésta a aquélla, eso es su privilegio, pero a mí no me interesa. La obra es una declaración de identidad, procede de una corriente, está vinculada a mis obras pasadas, las tres o cuatro en curso y la que vendrá. Yo aceptaré su rechazo, pero no voy a tomar en serio su crítica, como no lo haría en lo referente a mi vida.

Yo no me siento conscientemente en rebeldía contra el arte del pasado o el arte europeo en particular. Soy consciente de la firmeza de esa evolución, surgida del arte mundial y de la técnica contemporánea, que permite que mi particular existencia sea activa por propio derecho y con su propia dirección. No es una postura exclusiva. A ese sentir se debe en parte el extraordinario auge del arte que hay en todo el país, y aquí más que en ninguna parte del mundo.

Al material llamado hierro o acero le tengo yo un gran respeto. Lo que puede hacer para llegar a una forma económicamente no puede hacerlo ningún otro material. El metal en sí posee poca historia artística. Las asociaciones que posee son las de este siglo: poder, estructura, movimiento, progreso, suspensión, destrucción, brutalidad. El método de unificar partes hasta completar no tiene por qué saltar a la vista, sobre todo si el rastro artesanal distrae del objetivo conceptual. Pero la necesidad de observar la virtud del material, sus planos naturales, sus líneas duras, sus óxidos naturales, su necesidad de pintura o su método de unificación sólo es válida cuando surge dentro del concepto. Estos aspectos vinculados al concepto en acero son secundarios y dependen totalmente de la realización conceptual del escultor, pero son únicos y no han existido hasta este siglo.

En el curso de la obra yo controlo todo el proceso, de principio a fin. No hay artesanos intermediarios ni distorsiones del proceso. Es el procesamiento completo y total de la obra de arte. Económicamente este sistema tiene grandes ventajas sobre otros medios metálicos. Aparte de las consideraciones estéticas, en la fundición los costes de mano de obra suben más que la remuneración del propio escultor. El trabajo directo no pretende sustituir a la fundición, pero es más frecuente que se ajuste a mi concepto. Ahora bien, la fundición es un método y concepto que viene desempeñando su cometido desde hace seis mil años.

Al acomodo con cada máquina herramienta y su método se llega a través del uso. La construcción de la totalidad desde sus partes se hace mediante un cambio de máquinas herramientas que es bastante inconsciente. La máquina herramienta se convierte en instrumento de la estética en el arte de la adición. La transformación de las partes discretas en una totalidad unificada a partir de unidades aparentemente inconexas, mediante acción repetida, da como resultado un orden pleno. De hecho, mis comienzos antes de saber nada de arte ya estaban condicionados por la máquina: la parte del todo por adición, o el concepto de cantidad transformada en calidad. Este proceso estético está más emparentado con la pintura que con la fabricación histórica de esculturas.

El término «vulgar» es una cualidad, el extremo al que yo quiero proyectar la forma, y socialmente podrá ser vulgaridad, pero es mi belleza. Las celebraciones, la declaración poética en la forma de anhelo de las nubes está siempre amenazada por la brutalidad. El miedo a las nubes de los espectros tiene siempre la nota de la esperanza, y dentro de la vulgaridad de la forma un ascenso de belleza. A pesar del tema de brutalidad, la aplicación debe mostrar amor. La violación del hombre por la máquina de guerra mostrará el uso poético de la forma en su factura. Las bellezas de la naturaleza no ocultan la destrucción ni la degeneración. La forma florecerá con espigas de acero, los ídolos salvajes de esquemas básicos. El punto de partida empezará en la partida. La metáfora será la metáfora de una metáfora, y después se le opondrá totalmente.

Yo creo que sólo los artistas entienden de verdad el arte, porque como mejor se

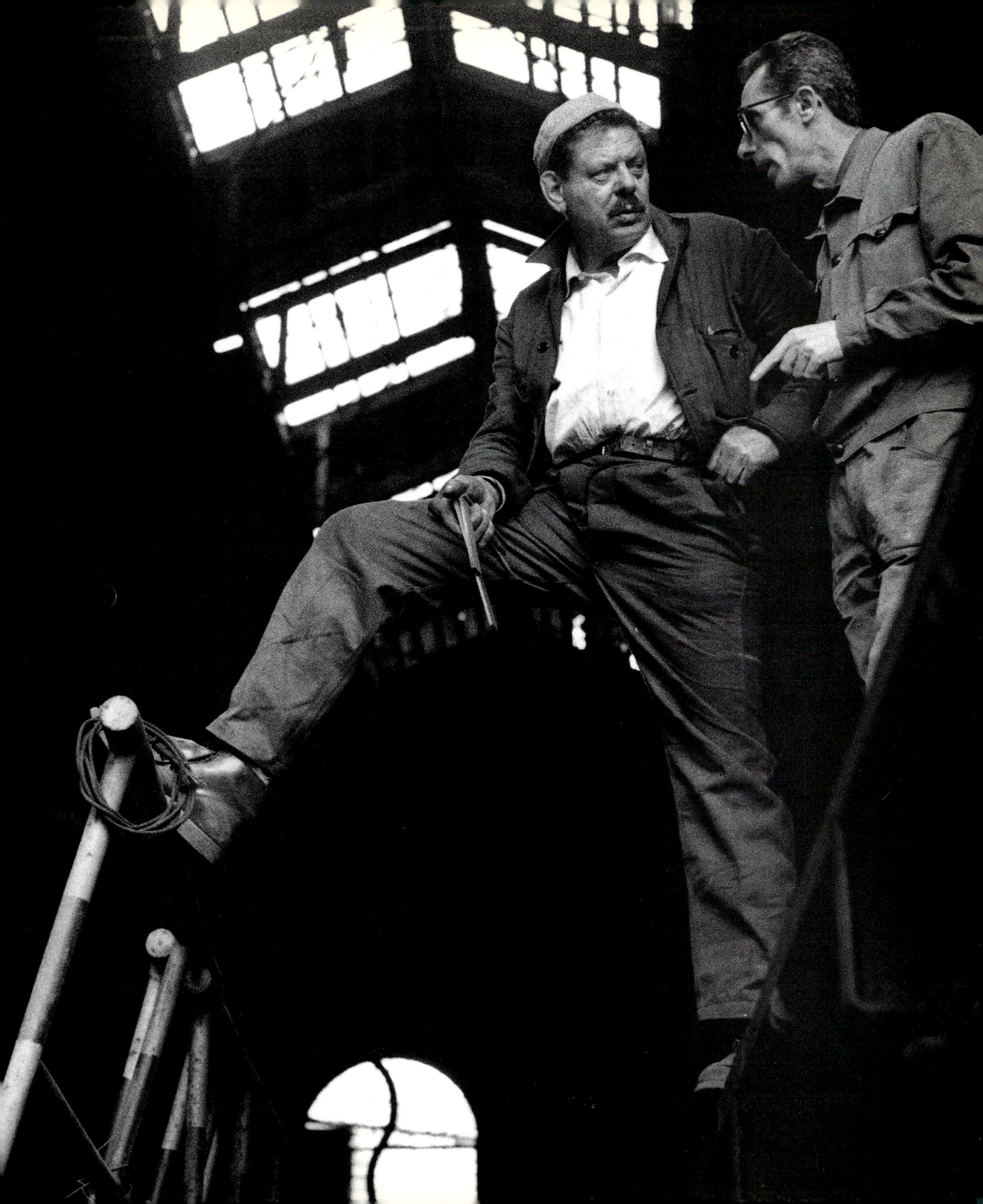

entiende el arte es siguiendo el recorrido visionario del creador que lo hace. Los filisteos no intentan la proyección. Una obra de arte la produce un perito. Hace falta pericia en su percepción. Hay grados de pericia: hay quien se acerca, hay quien está en el margen, hay quien finge. Grados de pericia, naturalmente, que valen lo mismo para los artistas cuando crean que para la respuesta del público.

◁ Voltri, 1962. Foto **Ugo Mulas**

ATMÓSFERA DE LOS PRIMEROS AÑOS TREINTA

Las notas siguientes sobre la década de 1930 proceden de un cuaderno de apuntes y anotaciones de hacia 1952.

No se sentía uno repudiado; únicamente desdeñado y muy solo, con una vaga presión desde la autoridad de que aquí no se podía hacer arte. Era una época de expatriados temporales, no porque hicieran más arte en Francia, pero se hablaba de ellos, y allí estaban más contentos; y no porque su concepto fuera más avanzado que el nuestro, pero allí estaban bajo su sombra y aquí estábamos a la cruda intemperie. Se perseguían ideas como fin, pero el resultado quedaba muchas veces en pura actuación. El estar lejos, dependiendo de *Cahiers d'Art* y la vuelta de los patriotas, hacía que a menudo apuntásemos al detalle y no al conjunto. Recuerdo haber visto a un pintor, Gorky, repasar el borde de una mancha probablemente cien veces para llegar a un infinito sin cambiar el resto del cuadro, siguiendo lo que contaba Graham del peso que se daba en París al «borde de la pintura». Todos nos abalanzábamos a todo lo nuevo, y a pesar de la atmósfera de Nueva York nos aplicábamos a todo menos a nuestras identidades. Hago excepción de Graham y Davis, sobre todo de Davis, que aunque estaba en su etapa menos reconocida o expuesta era el ciudadano sólido para un grupo de gente algo más joven que intentaba encontrar su camino. Matulka tenía una pequeña academia en Fourteenth Street pero mantenía una seriedad bastante retirada pintando en Eighty-ninth Street East, como aún sigue haciendo. A [Joseph] Stella se le veía a menudo en Romany Marie, pero a mí no me daba la impresión de que su obra estuviera a la altura del discurso monopolista que cultivaba. Xceron iba y venía entre París y Nueva York, y en París escribía crítica de arte para varias publicaciones americanas.

Nos reuníamos en la Stewart's Cafeteria de Seventh Avenue, cerca de Fourteenth Street, a poca distancia del estudio y la academia de Davis, y el café de cinco centavos encajaba mucho más con nuestras posibilidades, pero de vez en cuando íbamos al Dutchman, McSorley y Romany Marie. A Romany Marie la seguimos desde Eighth Street, donde Gorky dio una vez una charla explicativa sobre el cubismo, a otros locales. Su establecimiento era lo más parecido, de todos los sitios que yo conocía, al café continental con su variedad de tipos profesionales. Fue allí donde una vez formamos un grupo: Graham, Edgar Levy, Resnikoff, De Kooning, Gorky y yo, y a Davis le pedimos que se uniera. Fue efímero. No hicimos ninguna exposición, y duramos unidos unos treinta días. Nuestra única acción fue notificar al Whitney Museum que éramos un grupo y que únicamente participaríamos en la exposición abstracta de 1935 si nos invitaban a todos. Unos fueron invitados y expusieron, otros no, y ahí se acabó el grupo. Pero todos éramos lo que entonces se llamaba «abstraccionistas».

Esta serie de preguntas se encuentra en el archivo de David Smith, mecanografiada y sin fecha. Escrita probablemente hacia 1953 o 1954, es un reflejo fiel de sus ideas sobre cómo debe un artista enfocar su trabajo.

1. ¿Haces del arte tu vida, lo primero y lo que ocupa todo momento, el último problema antes de dormir y la primera visión al despertar?

2. ¿Todo lo que te gusta o haces amplifica y entronca con tus progresos en la visión del arte y la creación de arte?

3. ¿Eres una persona equilibrada, con muchas aficiones y distracciones?

4. ¿Buscas la cultura de muchos aspectos, con la aspiración burguesa a estar bien equipado e informado?

5. ¿En qué empleas el tiempo? ¿Más en hablar de arte que en hacerlo? ¿En qué gastas el dinero? ¿En materiales de arte ante todo, o es ahí donde empiezas a hacer economías?

6. ¿Qué parte de la jornada o de la semana laboral dedicas a tu profesión, a lo que constituirá tu identidad para toda la vida?

7. ¿Qué quieres ser: aficionado o profesional, o se trata de la vida entera?

8. ¿Crees que el artista tiene obligaciones para con otros además de consigo mismo?

9. ¿Crees que su posición contemporánea es única o tradicional?

10. ¿Crees que el arte puede ser algo que ya fue? ¿Eres capaz de desafiar a los antiguos?

11. ¿Has examinado los ecos de la niñez y de la primera instrucción, que quizá en otro tiempo te dieron las soluciones? ¿Alguna de esas expectativas influye todavía en tus decisiones?

12. ¿Te reafirmas en ellas, o las has reconocido? ¿Las has contrariado o has hecho una transposición metafórica?

13. ¿Examinas y sopesas las declaraciones sobre arte de otros artistas, profesores, autoridades, antes de que se mezclen con tus criterios de trabajo?

14. ¿O las ideas útiles se instalan en un nicho activo de tu conciencia y de las otras no haces caso?

15. ¿Crees deberles algo a tus maestros, o a Picasso, o a Matisse, o a Brancusi, o a Mondrian, o a Kandinsky?

16. ¿Crees que tu obra debería ser agresiva? ¿Crees que eso es un atributo? ¿Se puede desarrollar?

17. ¿Crees que tu obra debería inscribirse en la tradición?

18. ¿Crees que tu época y *el ahora* es lo más grande en la historia del arte, o disculpas tu falta de devoción plena con la vaga idea de que te habría convenido más otra época para hacer arte?

19. ¿Reconoces puntos de logro? ¿Varían? ¿Hay un objetivo final?

20. En los sueños secretos de lo logrado, ¿has calibrado lo que cada sueño vale según tu propio baremo, o albergas aspiraciones heredadas de la burguesía, o las de la historia falsa o las de los críticos?

21. ¿Por qué vacilas? ¿Por qué no puedes dibujar los objetos con la misma libertad con que escribes sus nombres y dices palabras sobre ellos?

22. ¿Qué es lo que ha causado ese bloqueo mental? Si puedes nombrar, soñar, recordar visiones y auras, ¿por qué no puedes dibujarlas? En la acción consciente de dibujar, ¿quién actúa sobre tu inconsciente como censor?

23. En la dirección conceptual, ¿aspiras al trabajo conseguido? (Entiendo por conseguido el punto culminante de muchos esfuerzos.)

24. ¿Aspiras a un estilo con un vocabulario visual reconocible?

25. ¿Pules la obra más allá de sus escuetos elementos estéticos?

26. ¿Añades elementos atractivos más allá de la cruda base estética?

27. Si añades elementos atractivos, ¿dónde queda la línea que hace que la obra no sea tuya?

28. ¿Te da miedo la crudeza, porque crudeza y aspereza son formas básicas de la naturaleza estadounidense, y los orígenes son a la vez crudos y vulgares en su momento de creación?

29. ¿Vas a comprenderte y aceptarte como tema de trabajo creativo, o vas a esforzarte por adaptar tu expresión a las filosofías verbales de quienes no son artistas?

30. Si pudieras, ¿cortarías con los valores presentes de armonía y tradición?

31. ¿Te fías de tu primera reacción, o retrocedes y practicas la ambigüedad conscientemente? ¿Crees que la frescura de la primera reacción se puede desarrollar y sostener como hábito de trabajo?

32. ¿Pesa en ti la propaganda de lo natural?

33. ¿Te da miedo ejercitar la energía, buscar la sorpresa?

34. Cuando aceptas la identificación de artista, ¿te das cuenta de que estás lanzando un desafío mundial en tu propia época?

35. ¿Te da miedo trabajar a partir de tu experiencia sin apoyarte en las muletas del tema y de lo racional?

36. ¿O crees que no eres digno, o que tu vida no ha sido lo bastante dramática o tu comprensión no lo bastante clásica, o crees que el arte sale del Monte Parnaso o de Francia o de un nivel de élite que te supera?

37. ¿Te afirmas y afirmas tu obra en tamaños comparables a tu talla física o a tu reto estético o imaginación?

38. ¿Ese tamaño es tamaño caballete, o tamaño mesa, o tamaño habitación, o un desafío a la naturaleza?

39. ¿Crees que los museos son tus amigos y crees que se interesarán por tu obra?

40. ¿Crees que alguna vez los museos te darán para vivir?

41. ¿Crees que el arte comercial, el arte arquitectónico, el arte religioso ofrecen alguna vía para la maduración de tus conceptos?

42. ¿Hasta cuándo vas a trabajar antes de trabajar con la confianza de: «Lo que yo hago es arte»?

43. ¿Alguna vez sientes que no sabes para dónde tirar en tu obra, que el reto desborda la solución inmediata?

44. ¿Crees que el aplauso te puede ayudar? ¿Puedes fiarte de él, sabiendo en tu fuero interno lo lejos que estás siempre del logro? ¿Puedes fiarte más del aplauso que de la crítica adversa? ¿Debería tener lo uno o lo otro algún efecto sobre ti como artista?

En particular para el pintor:

¿Hay tanto arte en un dibujo como en una acuarela, o como en una pintura al óleo?

¿Crees que el dibujo es un enfoque completo y válido de la visión artística, o sólo un preparativo para un producto más noble?

Si se calca un dibujo de otro, aunque sea con la mayor exactitud, nos damos cuenta de que uno es una copia. Aunque las diferencias no lleguen a medio pelo, y sólo sean discernibles por la sensibilidad perceptual, unánimemente descartamos el trabajo de la mano del intruso diciendo que no es arte.

Pero ¿dónde está la línea del arte auténtico, si es tan frecuente que en el proceso del escultor entren las manos de un escayolista, del moldeador, del que lija y el que pule y el que da la pátina, todos esos procesos y manos ajenas introduciendo desviaciones en lo que empezó siendo la obra original?

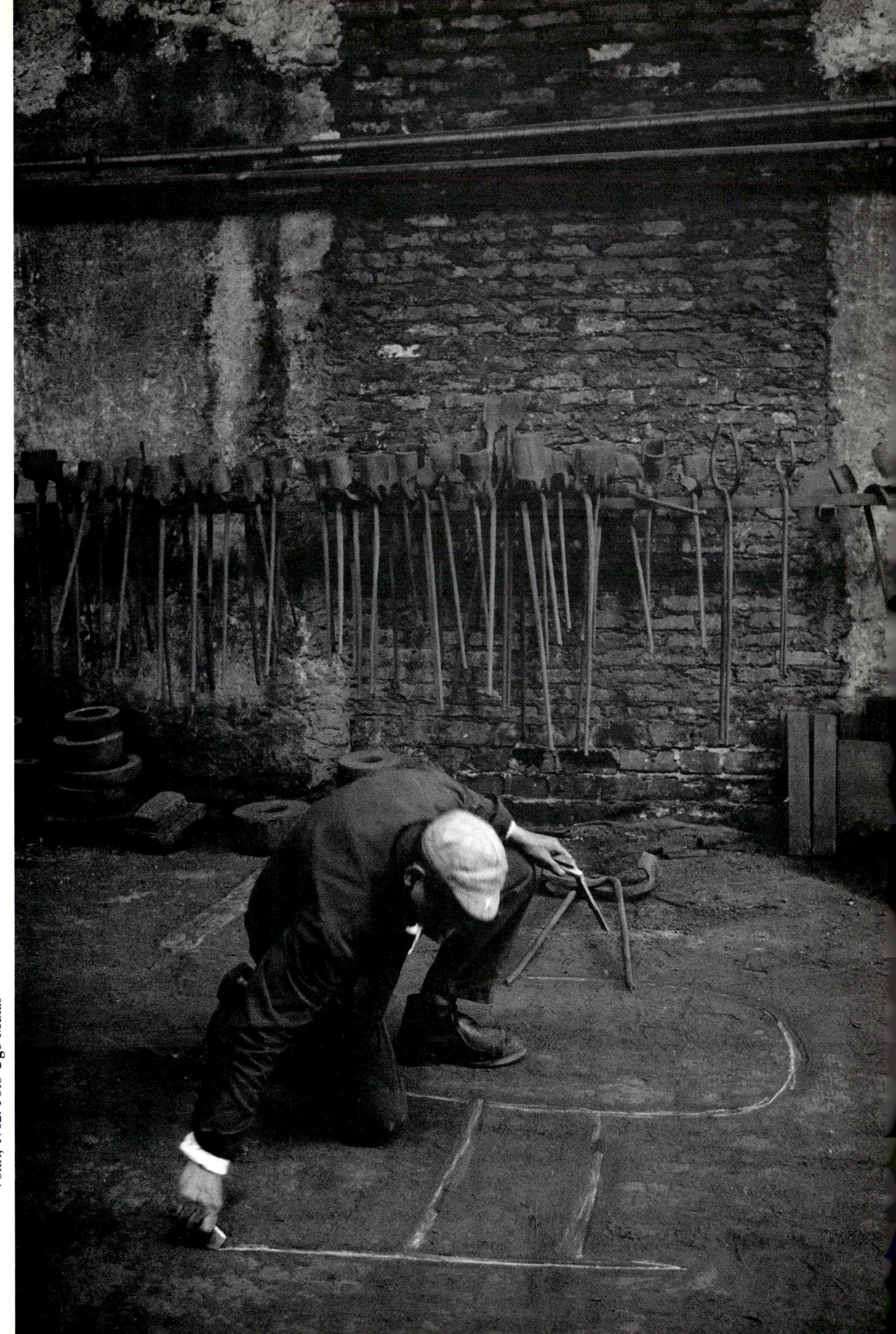

Voltri, 1962. Foto Ugo Mulas

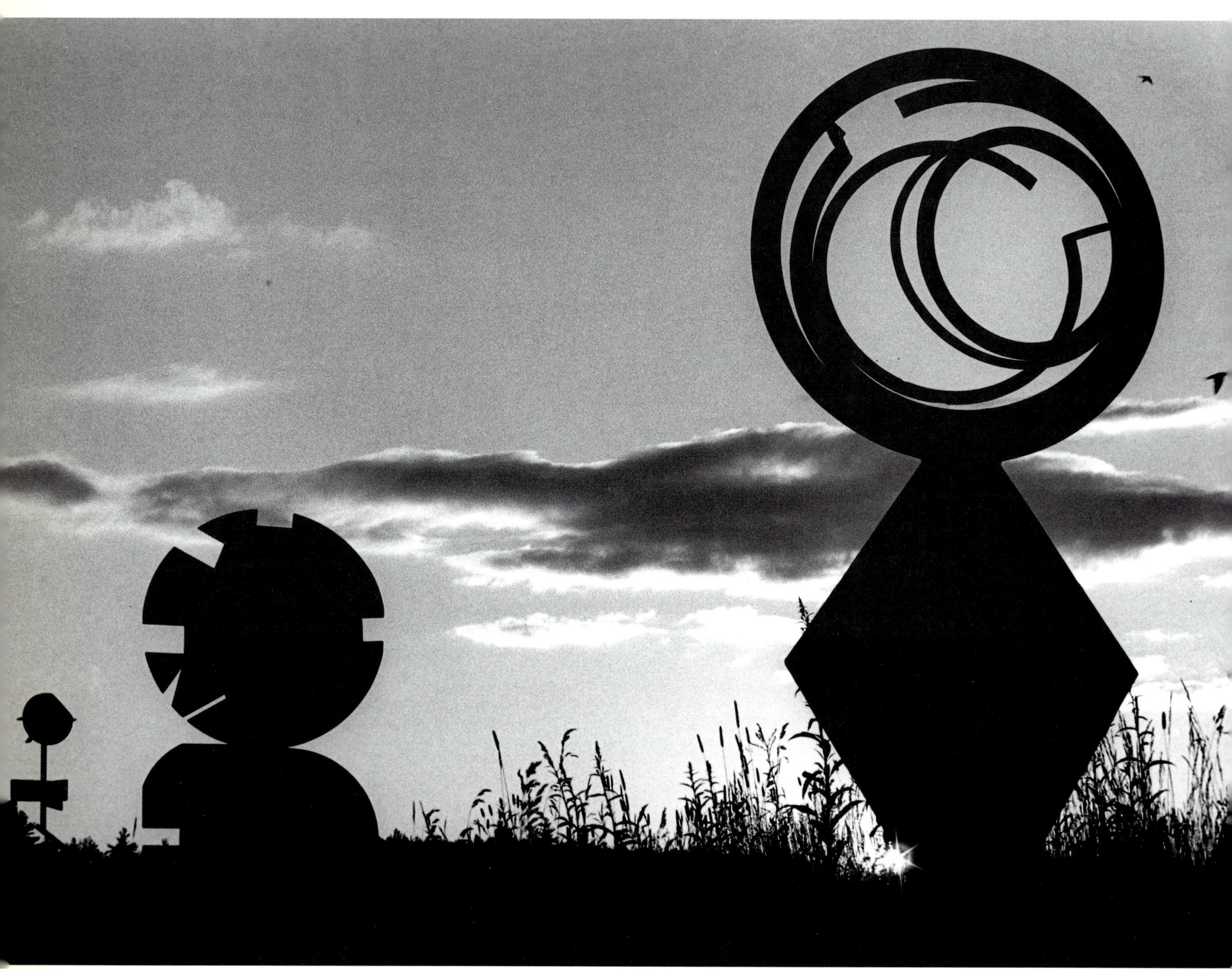

De izquierda a derecha: *Dida's Circle on a Fungus*, 1961; *Noland's Blues*, 1961. Bolton Landing, 1965. Foto **Ugo Mulas**

EL ARTISTA Y LA NATURALEZA

En esta alocución, pronunciada en la Universidad de Mississippi el 8 de marzo de 1955, Smith habla sobre el tema de la naturaleza refiriéndose una vez más a la identidad del artista.

Señalar la naturaleza como tema del artista ha sido sobre todo la preocupación de aquellos que, poco aficionados a mirar el arte, necesitan poder hablar de objetos fácilmente reconocibles. La naturaleza en especial viene siendo el caballo de batalla de los críticos profesionales que no se atreven a oponerse abiertamente a ciertas escuelas de arte avanzadas.

La exigencia de naturaleza apenas significa otra cosa sino que lo que se quiere son ecos en lugar de invención. A veces los artistas hablan de la naturaleza y se declaran dependientes de ella. Algunos se hacen eco de la demanda planteada por las expectativas de la crítica. Otros emplean la palabra en un sentido particular y personal. Al fin y al cabo, todo lo que suceda en el arte sucede en la naturaleza.

La actitud crítica de la naturaleza proviene de quienes están fuera de la creación artística, y suele representar una visión limitada. Los artistas aprenden más del arte que de la naturaleza. Las obras de arte son más identidad de artista que identidad de objeto natural. Pero al cambiar la época y el entorno diferentes artistas escogen diferentes aspectos de la naturaleza.

Naturaleza, en el fondo, es todo y somos todos. Es imposible que un artista se excluya de la naturaleza o trate problemas ajenos a la naturaleza. En conjunto, somos más compasivos que si la mirásemos con mirada crítica. Siendo parte de ella, no la cuestionamos. La aceptamos, y en cuanto uno de sus elementos, llamado hombre creador, funcionamos.

Realidad sería un término más ajustado a la posición del artista; al igual que naturaleza, incluye al hombre artista junto con su imaginación. La realidad comprende la memoria visual de todo el arte, y la realidad operante de su particular familia artística. La herencia con la que el artista nace es algo que él conoce y acepta como su identidad, como uno conoce y siente a su familia personal. Su interés en la realidad no es la representación prosaica sino la transposición poética.

Es frecuente que al artista, como al hombre primitivo, le resulte más fácil imaginar la realidad que entenderla o explicarla. De hecho, en el arte todo el proceso creativo discurre mediante visión, sin hacer preguntas, sin palabras ni idea siquiera de explicación.

La imagen eidética, la postimagen, es más importante que el objeto. Las asociaciones y sus esquemas visuales son a menudo más importantes que el objeto. Las ambivalencias en términos visuales pueden ser más expresivas. El blanco es más blanco cuando es dominantemente negro. El trueque metafórico-visual se percibe a diario de muchas maneras. Cuando se verbaliza se pierde su valor poético. El ojo mental, no el ojo espejo, ayuda a la comprensión perceptual de lo que es hacer arte más que la mirada documental o la vía de la idea.

Desde la óptica contemporánea más reciente, la única realidad que el artista tiene que reconocer es la de que él es el artista. En esa constatación está el identificarse como el hacedor de arte, independiente, personal e íntegramente entregado. El hacedor de arte es para sí naturaleza y realidad; él mismo deviene su propio tema.

No ha llegado a esa posición de repente y solo. Es un legado de familia, sobre todo de su familia artística del siglo XX. Impresionismo, postimpresionismo, fauvismo, cubismo, constructivismo, De Stijl y surrealismo son parientes suyos.

La estética de los Estados Unidos en el cambio de siglo dependía de la europea. Casi todos nuestros artistas estudiaban en París, que era el centro artístico de Europa, y conocieron, siguieron o sumaron su aportación a los diversos derroteros, nuevos y revolucionarios, que estaba tomando el arte. A partir de 1909, la galería de Stieglitz en Nueva York expuso la obra de algunos pintores que habían vuelto esencialmente influidos por el postimpresionismo: Weber, Hartley, Maurer, [Bernard] Karfiol y [Samuel] Halpert. Ahí comenzó nuestro cambio. Tras el *Armory Show* de 1913, el primer cubismo introdujo otra visión que añadir al postimpresionismo. Durante un breve período, esos dos movimientos impulsaron a los artistas estadounidenses en una dirección semiabstracta. Los escultores Archipenko, Laurent y Lachaise fijaron aquí su residencia, trasladando materialmente su trabajo y sus planteamientos a la atmósfera de conservadurismo académico que dominaba entonces en la escultura estadounidense. No había un estímulo unificador, y el apoyo público era escaso. En la mayoría de los artistas, la convicción del nuevo enfoque no tenía raíces suficientes para perdurar. El concepto del cubismo seguía siendo fluido y no estaba bien definido: algunos de nuestros pintores se dejaron seducir por el futurismo italiano, con su velocidad y sus máquinas, que en cierto modo tenía más definición gracias a los manifiestos, a los escritos y al esfuerzo organizado. La mayoría de nuestros pintores trabajaron desde un concepto realista, aplicando una ejecución futurista o cubista. Hasta 1940, los pintores y escultores abstractos se contaron en nuestro país con los dedos de una mano.

A partir de 1946 surgieron pintores y escultores abstractos a millares. En 1950, un movimiento nuevo, que todavía no tiene nombre fijo, pero que solemos conocer como «expresionismo abstracto», se formó, sin manifiesto ni organización, autóctono e independiente, el primer movimiento artístico que nacía en los Estados Unidos. La historia de esto está en marcha, la situación sigue siendo fluida. Se afirma que en Francia ha habido un movimiento simultáneo, pero yo creo que la historia certificará nuestra precedencia. Algunos críticos franceses así lo han reconocido.

Este movimiento ha sido en los Estados Unidos muy parecido a como fue el cubismo en Francia. El cubismo no fue un movimiento organizado, sino que quienes participaron en él convienen en que el resultado colectivo brotó de la visión poética personal de cada uno, enteramente inscrita en su modo de ser. El cubismo no aglutinó a todos los grandes artistas e innovadores de Europa en su momento álgido de 1910 a 1914, como tampoco el expresionismo abstracto se extiende a toda la producción verdaderamente creativa de los Estados Unidos hasta 1955. La referencia a escuelas con una y otra denominación es muy genérica.

Que los primeros fueran los artistas franceses o los estadounidenses no tiene mayor trascendencia. Hemos alcanzado la mayoría de edad, y creamos intuitivamente con una convicción autónoma. Sería vano por mi parte pretender nombrar a estos pintores y escultores del orden nuevo; son miles, y su número crece sin cesar en todo el país.

Los maestros Picasso, Matisse, Bonnard, Rouault, Brancusi, Braque, etcétera, han seguido siéndolo. Nosotros somos sus herederos, tanto como lo son sus compatriotas o los países donde quisieron vivir.

Muchos europeos han venido a nuestro país como invitados o refugiados: Chagall, Léger, Miró, Masson, Klee, Moore, Brancusi y muchos otros. Incluso los visitantes han fortalecido nuestro arte. Otros, como Lipchitz, Mondrian, Gabo y Duchamp han fijado su residencia en los Estados Unidos, trayendo una parte del legado internacional a nuestro país. Nada en particular y muchas cosas en general han construido nuestro entorno.

Yo supongo que los historiadores sabrán hallar razones a la medida de sus necesidades de por qué aparecimos, pero mi esperanza es que quedemos eclipsados como el relativo comienzo de un movimiento mayor.

Hoy por hoy, no dependemos de voces de fuera que digan qué es el arte o qué debería ser. Somos conscientes de que los estetas sólo pueden hablar después de la acción artística. Nosotros vamos siempre por delante, y aún más separados de ellos por el hecho de que el legado de nuestro arte sea siempre visual y no verbal. Los historiadores cargados de teoría, los cálculos de verdad-belleza de épocas pasadas, no nos conciernen.

Nosotros trabajamos con nuestras convicciones. Si resistimos o caemos, será con la confianza de que lo que hacemos es arte.

La pintura llevó el estandarte creativo en el cambio de siglo. Brancusi, nuestro mayor escultor vivo, fue la única excepción. El cubismo, esencialmente un concepto escultórico engendrado por pintores, hizo más por la escultura que ninguna otra influencia. Además, algunas de las innovaciones más decisivas en escultura las hicieron pintores. Tanto Picasso como Matisse aportaron obras cuyos orígenes eran muy ajenos al concepto del escultor. Picasso hizo la primera cabeza cubista en 1909. Fue Picasso, trabajando con otro español, González, en 1929, quien hizo las construcciones de hierro con objetos «encontrados» o recogidos.

El cubismo liberó a la escultura de la forma monolítica y volumétrica, como el impresionismo había liberado a la pintura del claroscuro. La visión poética es tan absolutamente libre en la escultura como en la pintura. De igual modo que la pintura, ahora la escultura maneja la ilusión de la forma a la vez que su particular propiedad de la forma misma. Tanto la nueva visión como el nuevo material han aportado importancias y nuevos derroteros. Pero sin lugar a dudas lo más importante de nuestro panorama es la identidad que ha alcanzado el artista.

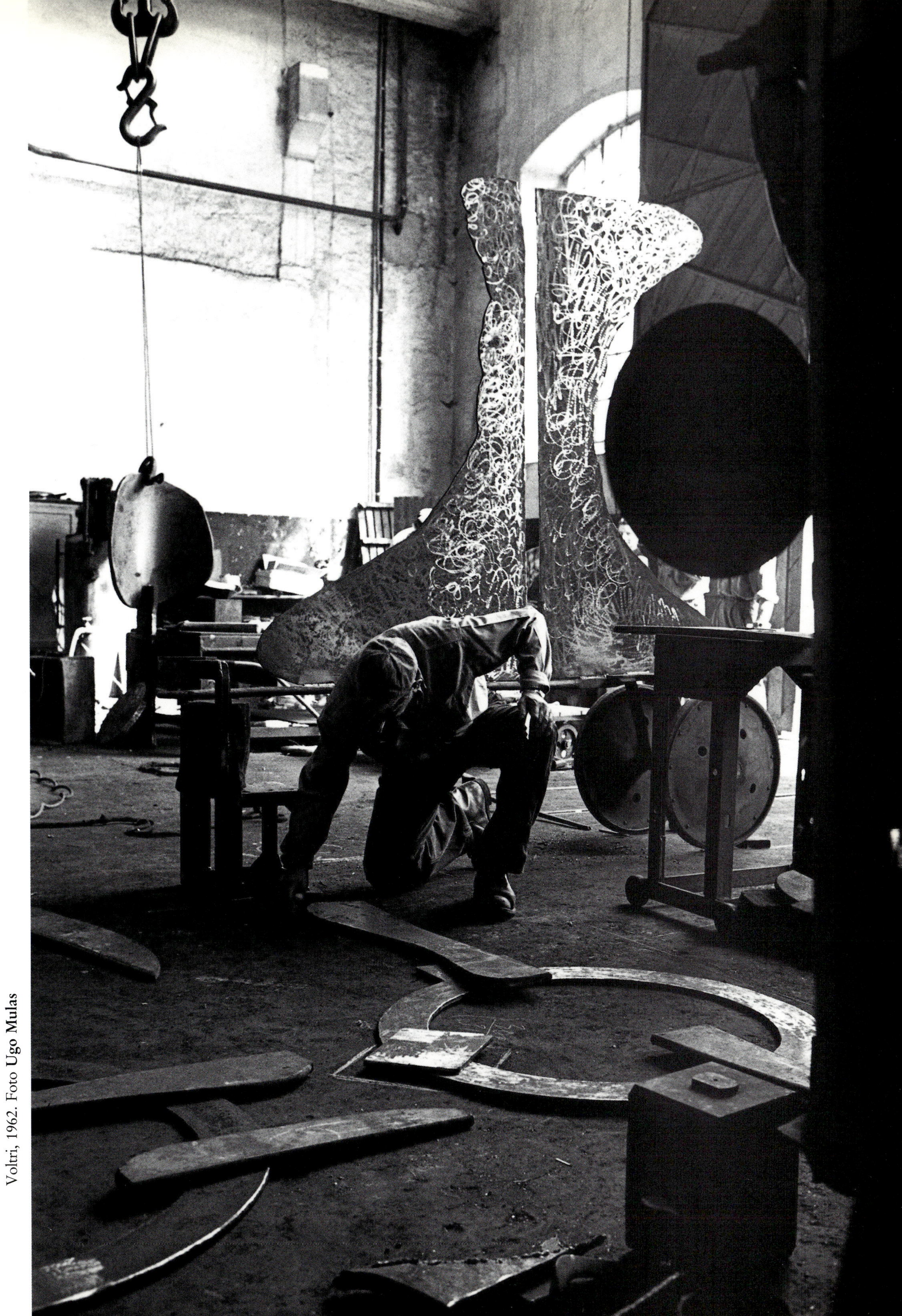

Voltri, 1962. Foto Ugo Mulas

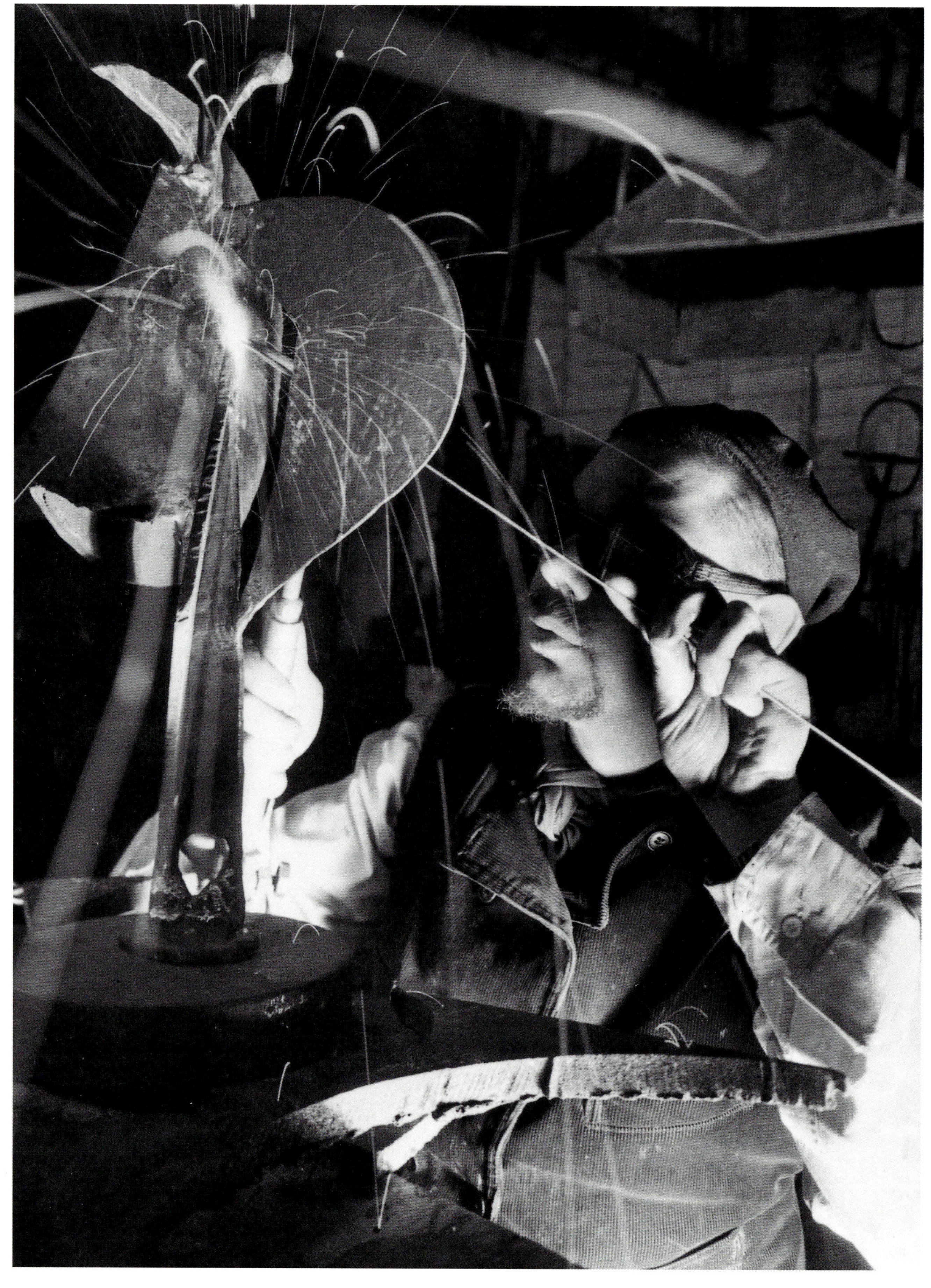

David Smith, 1940. Foto Archives of American Art, Smithsonian Institution, Washington, D. C.

GONZÁLEZ: PRIMER MAESTRO DEL SOPLETE

Las esculturas pioneras de metal soldado que Julio González empezó a hacer en la década de 1920 fueron quizá la influencia más importante en la evolución del arte de David Smith. El propio Smith reconoció en muchas ocasiones su deuda con González, y con este artículo, publicado en Art News *en febrero de 1956, rindió homenaje al artista español.*

El Toro en su acción simbólica ha denotado muchas cosas en la historia de Picasso, cosas españolas y cosas nobles. El Toro ha sido el artista, el pueblo de España, la conciencia lúcida de los hombres libres, el destripador de la mentira de Franco, el protector agresivo de las mujeres, y, entre otros símbolos, el amante de la mujer.

Pero tras la muerte de Julio González, amigo de Picasso durante cuarenta y cinco años, el Toro es un cráneo sobre una mesa fraccionada en verde y azul, delante de la ventana con cortinas en violeta y negro.

Al volver del funeral, Picasso hizo ese cuadro de un cráneo de toro y lo dedicó: *«En hommage à González».*

Tenía clavada en la pared del estudio una foto de su amigo. Para Picasso toda fuente de vida es naturaleza de la pintura.

Había cumbres para el recuerdo; pues eran amigos desde la juventud, desde los tiempos del café barcelonés *Els Quatre Gats.* En 1901 Picasso se alojó con González en París hasta encontrar un estudio. A lo largo de los años mantendrían relaciones cordiales, visitándose, incluso trabajando juntos; hasta el final, en Arcueil, en marzo de 1942.

Julio González, el menor de cuatro hermanos (los otros fueron Pilar, Lola y Juan), nació en Barcelona en 1876. Juan y Julio entraron de aprendices en el taller de metales artísticos de su padre: eran metalistas de tercera generación. Pero los hermanos tenían otros proyectos, y estudiaban pintura en las clases nocturnas de la Escuela de Bellas Artes de Barcelona, a la que quince años más tarde asistiría Miró. Conocieron *Els Quatre Gats,* el equivalente español del *Chat Noir* parisiense y lugar de reunión de la vanguardia local. Allí el joven Picasso había decorado las paredes con veinticinco retratos de escritores y artistas que frecuentaban el establecimiento.

Durante la década de 1890, la tensión entre las multitudes empobrecidas y la minoría acaudalada de la próspera Barcelona se manifestó en una sucesión de huelgas, represalias y actos de anarquía. El aluvión de los desposeídos que volvían de Cuba agravó y extendió el problema económico.

La reacción de los intelectuales al malestar social y el clima de rebeldía de la época fue un rechazo de la tradición y la autoridad, para adoptar las posiciones del «modernismo». Fue así como Barcelona despertó al romanticismo de la época, el *Art Nouveau,* el movimiento neogótico, la música de Wagner, la visión que presentaba Lautrec de París y la vida bohemia, el teatro de Maeterlinck, los prerrafaelistas, y lo que sería el monumento culminante del arte nuevo, la catedral de Gaudí.

Yo siento a González saliendo de Barcelona y volviendo la mirada con cariño a la catedral de la Sagrada Familia de Gaudí, respetando la fuente de Gaudí en la naturaleza y las unidades del hierro y la piedra.

El cuaderno de notas de González contiene afirmaciones sobre el arte nuevo que parecen casi ideales paralelos a la catedral catalana de Gaudí: «Proyectar y dibujar en el espacio con nuevos métodos ... Sólo el pináculo de una catedral puede mostrarnos dónde el alma puede descansar suspendida ... Estos puntos del infinito fueron los precursores del arte nuevo». En otra alusión a una catedral habla de «la flecha inmóvil», que a mí me hace pensar más en las torres sagitadas Excelsis Hosanna *[sic]* de la Sagrada Familia que en las agujas góticas o románicas que tanto le gustaban en Francia. Sus anotaciones aluden varias veces a la forma mediante «puntos o perforaciones» establecidos. Hay una marcada unidad entre sus bases de piedra y la escultura de hierro, un fino sentido del material y la proporción. Yo siento el parentesco con los ángeles de piedra de Gaudí, sus trompetas de hierro y los apoyos de hierro de sus brazos, en la impresión de forma volante y equilibrio heterodoxo. Incluso es posible que haya trabajo de los González en la catedral. No puedo confirmarlo, pero José de Creeft, que trabajó allí a la edad de doce años como ayudante de un escayolista, dice que todos los artífices de Barcelona colaboraron.

La producción artesanal de ambos hermanos progresó tanto que en 1893 expusieron en la Feria Mundial de Chicago, y en ese mismo año consiguieron una medalla de oro en la Exposición de Barcelona.

Desde su llegada a París, alrededor de 1899 hasta 1927, Julio González no dio muestras de fuerte convicción escultórica. Esta etapa de su vida, tal vez la más difícil y dramática, fue la menos fructífera. A la muerte de su hermano siguieron meses de inactividad. Después, máscaras repujadas, dibujos y pinturas fueron brotando de su lucha a lo largo de unos quince años.

Parece haber habido un conflicto entre las identidades divididas del pintor y el metalista.

Cuando uno se ha formado en el trabajo del metal y lo ha practicado con fatiga mientras el ideal artístico se cifraba en la pintura al óleo, es muy difícil concebir que lo que ha sido esfuerzo físico y medio de sustento sea el mismo medio con el que se puede hacer arte. (Quizá al decir esto refiriéndome a González me apoyo más en la afinidad que en el dato, porque es una reconstrucción de mi propia experiencia. Yo no llevaba mucho tiempo pintando cuando me tropecé con reproducciones, en *Cahiers d'Art,* de obras de González y de Picasso que me descubrieron esta realidad de que con hierro se podía hacer arte. Pero el manejo del hierro era trabajo mecánico, cuando yo pensaba que hacer arte era pintar al óleo.)

En ese período de tanteo, González sintió la necesidad de hombres fuertes y firmes en sus destinos, como Brancusi y Picasso. Sin duda el aliento que recibió de ellos tuvo un papel en su lenta batalla consigo mismo. A la vez, la proximidad personal de aquellos dos titanes no podía facilitar que influyeran en su obra.

Parece claro que algo impidió que su pintura floreciera. Al mismo tiempo siguió trabajando el metal, que aparentemente representaba la parte escultórica de su naturaleza antes de que ésta se afirmara con singularidad. Por la cronología de su vida y el testimonio de sus amigos sabemos que desde el momento en que aceptó como su verdadera identidad la de escultor su expresión se hizo más valiente y su producción más fecunda. Coincidió con esto el empleo del soplete de acetileno, que no formaba parte, creo, de su primer aprendizaje ni de la época artesanal.

Tenía más de cincuenta años cuando aceptó la identidad del escultor, desechó la escala y los objetivos del platero, y abandonó formalmente la pintura al óleo, aceptando el dibujo como complemento de la escultura. Renunció entonces a algunos aspectos delicados de la artesanía, y desarrolló técnicamente un enfoque libre, con predominio de fines conceptuales.

Artesanía y herrería artística se sumergieron en el concepto de escultura. El fin estético no dependía del modo de llegar hasta él.

El período en que González trabajó para Picasso no está definido, que yo sepa, en declaraciones de uno ni otro. No parece importante. La colaboración técnica no les hizo cambiar, ni influyó en la concepción de ninguno de los dos. Durante los varios años que duró, cada cual siguió trabajando a su manera: Picasso, con sus conceptos de monumentos mediterráneos, las figuras alargadas de varilla de bronce, etcétera; González, alcanzando su período fecundo con *Don Quijote,* una serie de bodegones, sus mejores máscaras y gran número de dibujos en hierro volante, como *Personaje de pie* y *Mujer peinándose.* Las fechas posibles de esa colaboración intermitente se sitúan entre 1928 y 1932.

Picasso estimuló a González a continuar y avanzar; algo muy definido se ganó con su unión, pero fue más abstracto que una influencia reconocible.

Lo mejor de González está en su obra abstracta, pero junto a ella hay una vertiente de realismo con conciencia social, que son las *Montserrats* o sus variaciones. Empiezan en 1932 con una cabeza pequeña, *Montserrat,* continúan hasta la figura de cuerpo entero de 1936 y terminan con una cabeza de bronce en 1942. *La Montserrat* es el símbolo de la mujer catalana en su nobleza, su clamor contra la injusticia, su sufrimiento. Es el símbolo de lo noble y lo español, análoga al toro de Picasso.

De las dos obras en escayola comenzadas en 1941 y que quedaron inacabadas, una era abstracta y la otra una mujer gritando arrodillada, que paraleliza la serie *Montserrat* por su realismo y su espíritu solidario.

No sé de anotaciones que hagan alusión al enfoque realista. No hay poéticas «instrucciones para tallar el espacio», ni «flechas inmóviles apuntando a las estrellas donde el alma puede reposar suspendida o indicar puntos de esperanza», como enuncia sus ideales para la escultura. Esto son volúmenes, construidos con mucho amor y paciencia. Revelan un tremendo anhelo de alzar la voz en la mejor forma en que el hombre y artista callado podía presentar su declaración.

Un hombre tan reservado como González no tendía a fraternizar. Una excepción era su asistencia a las reuniones semanales que se celebraban en el estudio de Torres García en los últimos años veinte y comienzos de los treinta. A aquellas veladas acudía un grupo interesante, gente joven en su mayoría, expatriados casi todos: Mondrian, Arp, Bissière (más tarde Hélion), Van Doesburg, Seuphor, Daura, Xceron, John Graham, Vantongerloo, Queto, Charchoune, Cyaky, Brummer y otros. En el mismo lugar se editaba la revista *Cercle et Carré,* dirigida por García *[sic]* y Seuphor. El pintor Xceron, que por entonces escribía crítica de arte para la edición parisiense del *Chicago Tribune,* fue probablemente el primer americano que escribió sobre la obra de González, y lo hizo en términos muy elogiosos e inteligentes. Graham, otro pintor miembro del grupo, fue probablemente el primer americano que compró esculturas suyas: las tres piezas que adquirió en 1930 fueron, que yo sepa, las primeras traídas a este país.

A. E. Gallatin, que era conocido de la mayoría de los componentes del grupo, compró en 1934 una escultura en plata realizada dos años antes y un dibujo, para su Museum of Living Art. Graham describe al famoso escultor tal como lo recuerda en 1930: «Pequeño, comedido, vestido de negro como buen mediterráneo, delgado, canoso, callado y modesto, soñador e independiente como son muchos españoles serios, una persona atractiva que miraba más hacia dentro que hacia fuera. Inspiraba simpatía y respeto».

Una de las personas que mejor le conocieron en los últimos años de su vida fue Henri Goetz, pintor americano establecido en Francia. En 1937 conoció a González, su mujer y sus hermanas por medio de Hans Hartung, casado con la hija del escultor, Roberta. Goetz se hizo muy amigo de la familia: compartió comidas de domingo en Arcueil, en la casa que González se había hecho según sus propios planos, y excursiones para ver iglesias góticas en un viejo Citroën que González compró en 1938. Hablando del fino humor del español, Goetz recuerda cómo pasaba el plato semanal de zanahorias diciendo socarronamente: «Por favor, sírvase un alón».

González no era muy dado a hablar de arte ni a teorizar, y cada vez que en aquellas charlas familiares se discutía sobre la abstracción, Mondrian, Kandinsky, etcétera, tomaba partido frente a Hartung y Goetz, que sostenían la opinión favorable.

En una de sus infrecuentes confidencias de tema estético, le comentó a Goetz que a veces empleaba la sección áurea (1,6180). Ese ideal matemático de la relación de la diagonal con el lado del cuadrado puede ser un homenaje a Cézanne y la exposición *Section d'or* de 1912, o algo muy personal de su período pictórico. La sección áurea ha sido siempre una constante en la mirada del hombre. Sería tal vez un criterio personal de evaluación, pero ciertamente no un motivo de inspiración.

Respecto a su propia obra, González se obstinaba en señalar la relación de su escultura con los elementos reales —el pelo, los dientes, los ojos— que la componían de una manera muy indirecta. Goetz le recuerda comprando una herramienta que para sus circunstancias era muy costosa, posiblemente un instrumento de corte, para trabajar los dientes de una escultura.

La hermosa cabeza de 1936 que Alfred Barr adquirió de Christian Zervos en 1937 para la colección del Museum of Modern Art ilustra con claridad su preocupación por las facciones.

González era extremadamente prudente. A comienzos de la guerra renunció a la soldadura por miedo a que si caían bombas hicieran explotar sus botellas de oxígeno y acetileno, aunque en la fábrica de camiones que tenía a menos de cien metros había muchas botellas en uso constante.

Nunca adquirió la nacionalidad francesa. Era español, pero insistía en la distinción de ser catalán.

La crítica ha puesto el acento en la cuestión de quién fue el primero en el hierro o la soldadura. Esa especulación no tiene mayor sentido que la polémica sobre la pintura al óleo en el Renacimiento. González entró de aprendiz en el taller de su padre, manejaba el metal desde niño. No es la innovación lo que hace el arte, sino la inspiración. Sobre la relación con Picasso, Xceron recuerda que hacia 1928 iba al taller de González en la rue de Médée para trabajar en la estatua para la tumba de Apollinaire. En las esculturas de hierro de Picasso el concepto y las formas son estrictamente personales, como lo son en las de González. En Gargallo, que recibió instrucción de González, la técnica se desarrolla de una manera espectacular, pero el concepto sigue siendo esencialmente académico.

Los cubistas utilizaron el hierro (por ejemplo, la *Composición* de Laurens de 1914) lo mismo que los constructivistas (Tatlin en 1917, Meduniezky en 1919, etcétera). De Creeft hizo un *Don Quijote* con tubo de chimenea de hierro en 1925; Lipchitz me habló de una escultura de hierro que hizo en 1928 y expuso en su retrospectiva de 1930 en París. Nadie fue el primero. Todos los materiales tienen propiedades que los configuran; el arte está en el concepto, no en la técnica. Se puede encontrar más arte en retazos de papel que en oro labrado.

La escultura de metal forjado se remonta a los toros de El Obeid (3000 a. C.) y la figura de tamaño natural de Pepi I de Hieracónpolis (2300 a. C.). En Siria floreció toda una era de la soldadura y la forja del hierro, en los siglos XI a IX a. C. El cabezal de hierro de Tutankhamen (1350 a. C.), que se cree procedente de Siria, lleva soldadura. En el Génesis se nombra a Tubal-Caín, marido *[sic]* de Sela, como padre de todos los forjadores de cobre y hierro. La soldadura y el manejo del hierro han brillado en casi todos los períodos de la cultura, a efectos tanto de arte como de función.

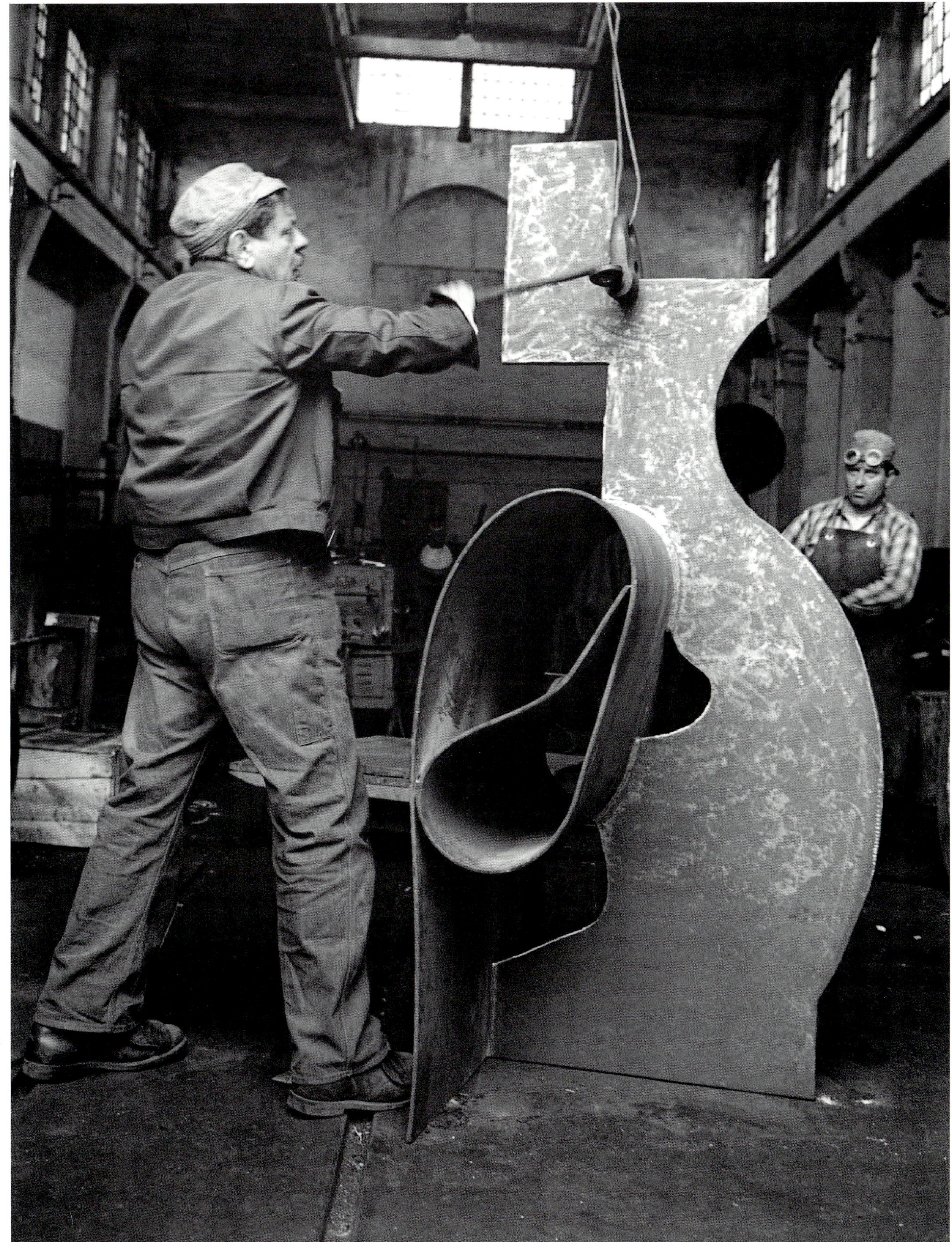

Voltri VIII, 1962. Foto Ugo Mulas

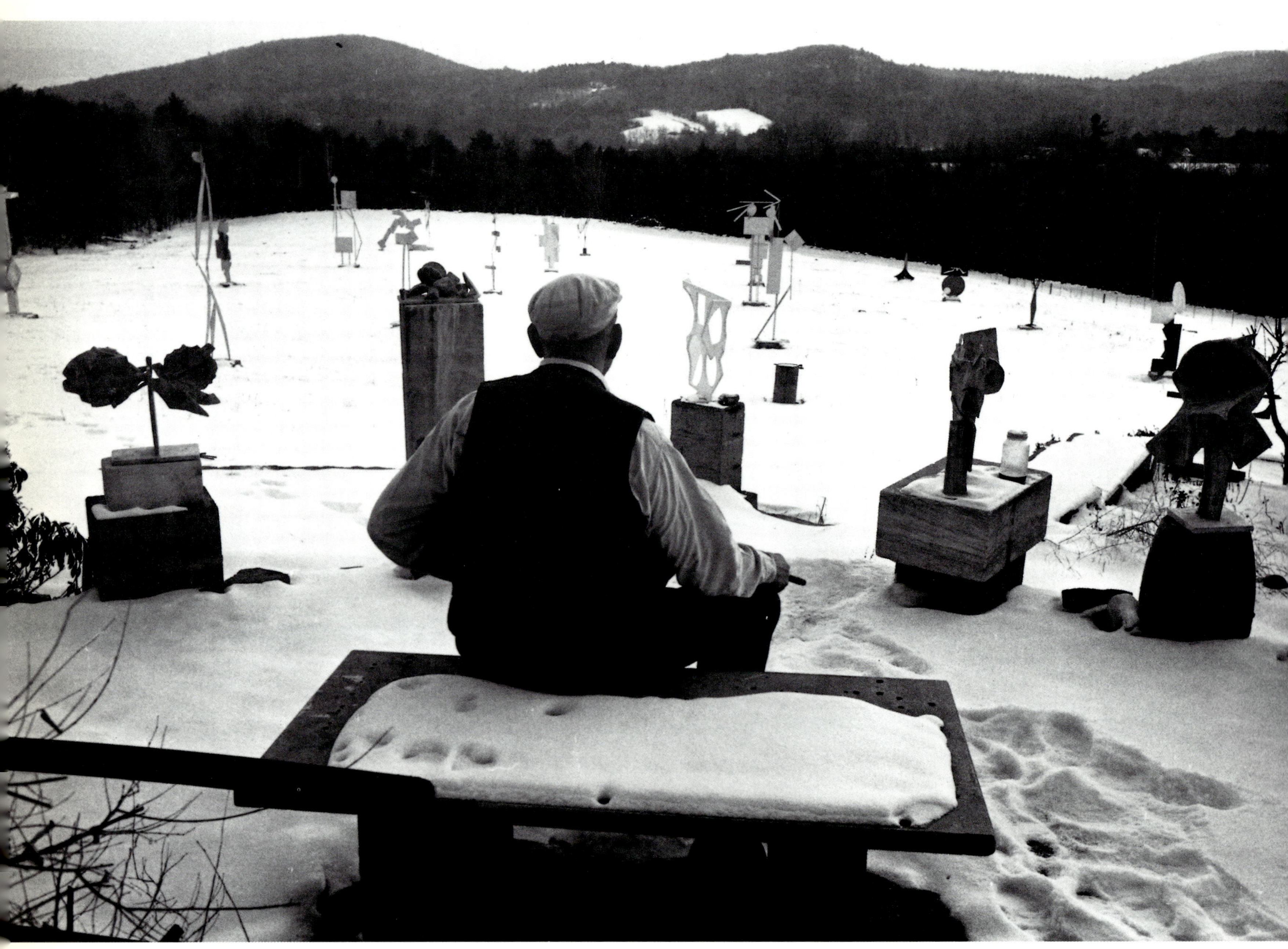

Bolton Landing. Foto Dan Budnik

RECUERDOS PARA MÍ MISMO

Este discurso fue pronunciado el 5 de mayo de 1960, en la decimoctava conferencia del Comité Nacional para la Educación Artística, celebrada en el Museum of Modern Art de Nueva York.

El título lo significaba todo cuando estaba en el campo, con la nieve en el suelo y sintiéndome solo, y dije: «Sí, lo haré, parece una buena idea, puedo ir a Nueva York». Era un título lo suficientemente vago para abarcar todo lo que se me ocurriera. Tomé algunas notas y me vine a Nueva York. Al cabo de unos días estaba trabajando muy en serio; debía tener unas veinte hojas de papel amarillo escritas a mano. Parecía aceptable y encargué que me lo pasaran a máquina. Pero cuando me senté a leerlo lo encontré pomposo, didáctico y todo eso contra lo que yo clamo. Me desanimé y lo tiré, así que vengo sin discurso.

Anteanoche se acercaron a verme unos amigos, Robert Motherwell y su mujer, Helen Frankenthaler. Motherwell ha sido profesor en el Hunter College y ha dado conferencias en bastantes universidades. Le conté mi apuro, y me dijo: «Sé sincero. Si fueras realmente sincero, ¿qué dirías?». Yo respondí que eso es muy difícil, y que es una cosa muy difícil para pedírsela a los demás, y que esto sólo podía ser hipotético, como si tuviera lugar en un vacío. Y si tuviera lugar en un vacío y yo fuera realmente sincero con ustedes les pediría disculpas por no haberlo hecho mejor, porque he malgastado el tiempo. Eso lo sé yo mejor que nadie. He caído en entretenimientos, he seguido caminos sin salida cuando debería haber estado trabajando. El trabajo siempre me ha recompensado más que nadie y que nada, así que no estoy seguro de qué voy a decir.

En nuestra conversación, Motherwell me preguntó: «¿Qué quejas tienes?», y yo dije:

«Muchas». Y me dijo: «¿Por qué no empiezas por ahí?». Quiero empezar por algunos motivos de queja. Comienzan pronto. Voy a empezar por la primera universidad a la que asistí, mi primera esperanza. Me quejo de su arte sin pintura. Yo creo que no había visto una pintura al óleo auténtica, no había visto una escultura original, cuando fui allí a estudiar. Me pusieron a diseñar azulejos en el departamento de pedagogía. No pude matricularme en el departamento que llaman de bellas artes hasta después de un año o así de diseñar azulejos. Yo no había visto un diseño de azulejo en mi vida y no sabía lo que hacía, ni la universidad lo sabía tampoco, salvo que me estaban enseñando algo que yo mismo no sabía hacer. Desde entonces estoy resentido con la enseñanza artística. Hay un montón de cosas que me gustaría que me hubieran enseñado. Me gustaría que alguien me hubiera enseñado a dibujar en proporción con mi talla, a dibujar con la misma libertad y la misma soltura, con los mismos movimientos que empleaba para vestirme, o para comer, o para trabajar en la fábrica. En lugar de eso me obligaban a usar un pincelito, un lapicerito, a trabajar en un espacio pequeño, lo cual me ponía en una postura de tricotar, que no es exactamente mi fuerte. Hasta entonces no hubo jamás en mi vida un movimiento que me hiciera tricotar ni diseñar un azulejo. Pienso que lo primero que me tendrían que haber enseñado era a trabajar sobre un papel bien grande, en formatos grandes, para utilizar mis movimientos naturales hacia lo que llamaremos arte. Da igual lo que saliera. Yo pienso que la libertad del gesto y la valentía de actuar son más importantes que intentar hacer un diseño.

Yo he tratado de compensar eso al dar clase a otros. Ésa ha sido una de mis razones para dar clases. Ésa y la necesidad de ganarme la vida. En los años treinta mi obra era pequeña; hasta una obra pequeña era difícil poderla hacer; también los cuadros eran pequeños. En parte fue tradición de nuestra época. Yo creo que todo el mundo trabajaba en pequeño: porque si no no cabía en los pisos, o porque no se te ocurría trabajar conforme a tu talla. Además, durante la WPA, ganando de veintitrés a veintisiete dólares a la semana, no podías comprar materiales para hacer la escultura muy grande, y tampoco los pintores podían hacer las pinturas muy grandes.

En cuanto manera de trabajar, mi concepto se desarrolló de un modo extraño. Cuando trabajaba con partes hasta el todo —eso fue una cosa natural que empezó en los años treinta—, las unidades y las partes que unía eran a la defensiva. Quizá entonces no lo dijera, y posiblemente nadie se enterase hasta que se presentaba la concepción entera, pero a veces algunas de aquellas cosas había que hacerlas porque yo no tenía dinero para hacerlo de ninguna otra forma. Muy pocos de nosotros hacían bronce fundido en los años treinta. Y después hubo un tiempo, diez años quizá, en que uno simplemente seguía trabajando, y públicamente no pasaba nada: pocas ocasiones de exponer, sobreviviendo gracias al aprecio de los amigos, pero principalmente de otros artistas. En los años treinta tenía mucha gracia, porque todo el mundo decía lo que era arte, menos los artistas. Las autoridades, declamando al unísono, declararon que el concepto abstracto había muerto. Yo lo leí en la prensa cantidad de veces. Los entendidos y los críticos distinguidos venían de Europa declarando que nuestro concepto estaba muerto en Europa. Presumiblemente, nosotros también lo estábamos. Lo decían los críticos, lo decían los marchantes: hubo poquísimas exposiciones de arte abstracto en aquellos años. Era entonces como si hubiera un secreto conocido del arte, conocido por los críticos o las autoridades. Un secreto del arte, por supuesto, era que todo se hacía en Europa, pero es que además se suponía que los conceptos abstractos habían pasado. Sé que en realidad no importaba mucho en qué consistiera el concepto. Ahora lo sabemos todos. No importa tanto cuál sea el punto de vista, que sea abstracto o no abstracto. El arte que se hace depende mucho más de la convicción de la persona que lo hace. Trabajas partiendo de tu identidad, de esa exigencia que brota de ti, y por convicción personal de tu propia causa más que por las modas o el orden de tu tiempo. Yo aprecio simultáneamente a artistas como Bonnard, Matisse, Picasso, Mondrian y Kandinsky. Desde este grupo es más el hombre y su reto y cómo se identifica en cuanto artista.

Otra queja que tengo contra la educación superior llamada universitaria es que la enseñanza de la tradición me dejaba siempre sintiéndome vencido. La historia del arte ha sido una derrota previa del artista, en un sentido contemporáneo. Si la decisión fuera mía, yo tendría al alumno por lo menos tres o cuatro años aprendiendo a ser pintor y escultor, y nada más. Eso es lo que yo enseñaría como auténticas artes. Lo enseñaría sin historia ni oficios artísticos.

No hay una auténtica historia del arte, no hay una auténtica apreciación. Todo son prejuicios que habría que desarrollar después de la enseñanza de la pintura y la escultura. Si acaso. En realidad son cosas para el que no es artista. En este momento particular del mundo, creo que podemos reconocer francamente que necesitamos pintores y escultores en la sociedad. Es una afirmación axiomática, probablemente, porque ya existen. Creo que deberíamos afrontar el arte auténtico y enseñar a hacerlo. ¿Es práctico? Me figuro que hoy día hay más pintores y escultores sobreviviendo que ceramistas, encuadernadores y gente de cualquier oficio artístico. Prácticamente no habría nada que objetar a una enseñanza auténtica del arte, pero espiritualmente implica el esfuerzo de enseñar a percibir: una apertura a la visión perceptual, que no se da en ningún otro sector del sistema educativo.

Quiero hacer una afirmación muy arbitraria de qué es el arte. El arte es pintura y escultura. De ellas tenemos que partir. Es muy necesario que haya una buena galería y un personal responsable y una política de adquisiciones para mantenerse al día de lo contemporáneo. No se pueden organizar buenas exposiciones si no se hacen adquisiciones. Es estimulante que haya una galería. El arte —la pintura y la escultura— se enseña más por estimulación visual que por saber verbal. Yo no creo que se puedan utilizar analogías semiantiguas en la enseñanza de la pintura y la escultura. No creo que se pueda decir, en el siglo quince esto y lo otro. Esas analogías carecen de base. Yo no conozco ninguna que no tenga agujeros. La única analogía útil para enseñar es en el sentido contemporáneo, o una acción contemporánea. Lo primero es enseñar a la gente a usar sus sentidos. Eso no siempre es fácil. Yo no sé cómo se enseñan las raíces: el pensamiento visual, la valentía, la percepción, pero todo el mundo las tiene y las usa y nadie vive sin ellas. Se desarrollan con el trabajo y la disciplina del trabajo. Muy poca gente piensa con palabras, el artista jamás. Si no se les confunde con pensamiento en palabras, lo natural es que los alumnos piensen o perciban mediante visión, y hagan todas sus evaluaciones de una manera perceptual. Pero mucho del sistema educativo confunde el pensamiento, al pensar con palabras. Yo he leído análisis de matemáticos sobre su manera de pensar: no piensan con palabras. De vez en cuando hay uno que sí, pero puede ser uno entre veinte. La mayoría de los matemáticos piensan de manera muy parecida a los artistas. Sus impulsos originales son visuales.

A mí me gustaría que se enseñara el arte como lo aprenden los artistas y como lo hacen los artistas, es decir, de una manera perceptual-visual. Al enseñar arte yo no he preguntado quién va a ser artista y quién no. Yo no quiero enseñar un arte especial para el departamento de pedagogía. A mí lo que me interesa es enseñar arte lo mejor que sepa. No quiero hacer adaptaciones. En primer lugar, no creo que se pueda ser buen profesor de arte si no se es buen artista. Pienso que los profesores de arte deberían ser pintores o escultores, y pienso que deberían estar en activo. Estimulan por el hecho de ser. Hay tanto que comunicar en la enseñanza que no es cosa de palabras, ni es todo instrucción, ni es el bodegón que montas. Es una estimulación, en el mejor sentido, una profesionalidad que se proyecta. Yo mantengo que la mejor manera de aprender es seguir la acción con convicción total: enseñar arte como si todos los que están en esa clase fueran a ser artistas, aunque no esperemos que todos vayan a serlo. Lo que hagan será su problema. Y yo creo que la mayoría de los artistas estarían de acuerdo en que ésa es la manera de enseñar arte.

Todos hemos permitido que antropólogos, filósofos, historiadores, entendidos y

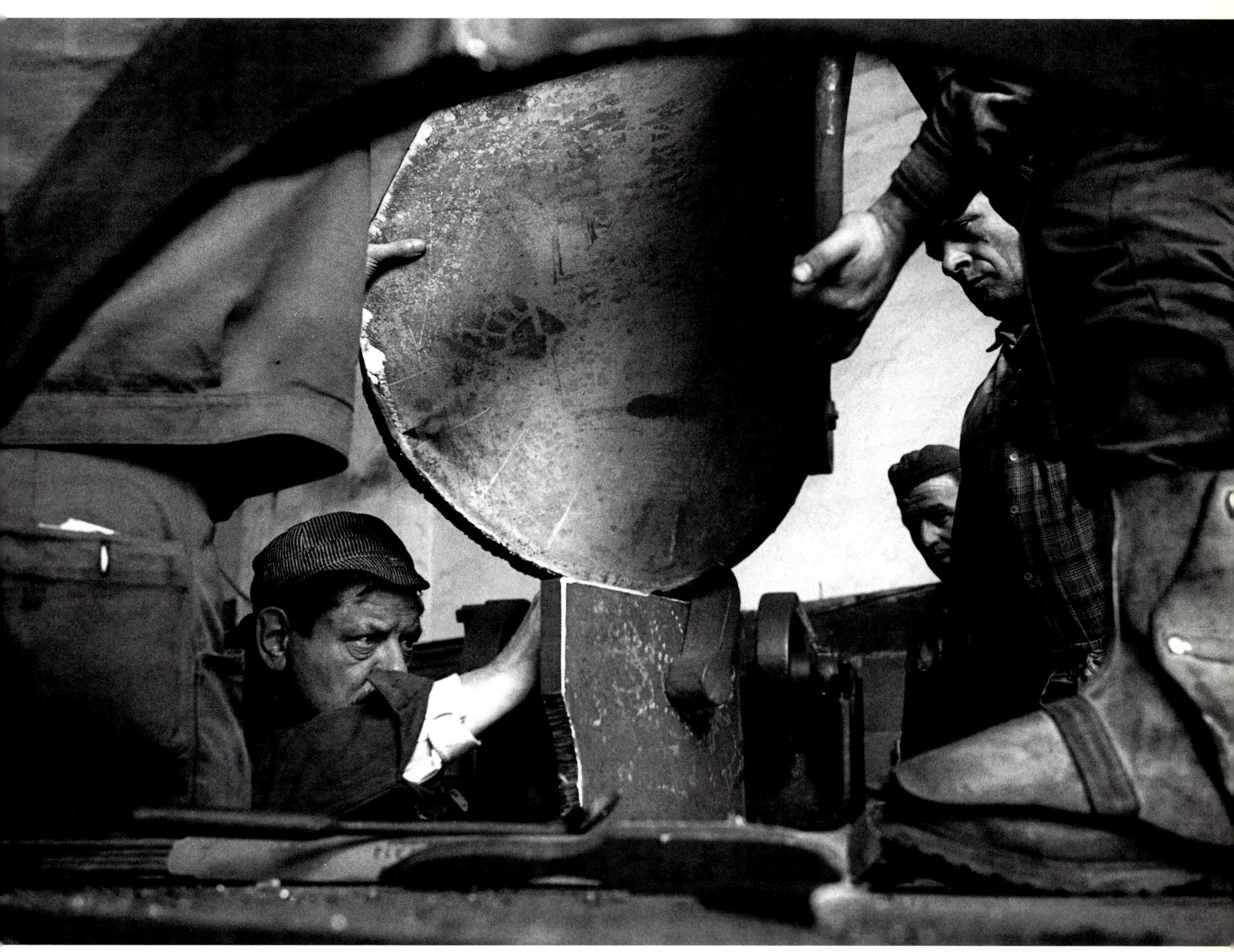

Voltri, 1962. Foto **Ugo Mulas**

mercenarios y el resto del mundo nos dijera qué es el arte o qué debería ser. Pero yo creo que simplemente deberíamos dejar que sea lo que los artistas dicen que es. Y lo que los artistas dicen que es, se ve en su trabajo. Yo lo dejaría simplemente en eso.

Yo empleo la palabra «empuje» porque me parece un elemento esencial para llegar. Cuando un estudiante no hace la tarea asignada y en su lugar da una excusa, a la segunda excusa simplemente le pido cien dibujos más: es una nueva condición del curso si quieren aprobar. Y no es tan malo. Yo he visto zoquetes que después de hacer cien dibujos bajo presión descubrían que les gustaba dibujar. Uno de los mejores alumnos que he tenido fue una chica a la que le impuse esa tarea. Por supuesto, antes hemos tenido que acordar qué es un dibujo. Yo he aceptado definir un dibujo como cualquier pedazo de papel que lleve un trazo, confiando en la dignidad personal. Un estudiante no te da cien pedazos de papel con un trazo en cada uno. Podrá hacer una hoja con un solo trazo, pero al poco tiempo siente la necesidad de hacer más de uno. Cuando hace tres o cuatro trazos, ya es dibujante. A todo el mundo le intimidan los trazos sobre papel, o sobre el lienzo. Uno solo es muy fácil hacerlo. Hay que ayudar a la gente a perder la inhibición y el miedo para que puedan implicarse en el acto creativo. Yo creo que ésa es una de las cosas importantes de la enseñanza, quitar el miedo. La libertad debería ser lo primero, antes que el juicio y la autocrítica.

Utilizar otra atmósfera es algo que a menudo anima y ayuda para dibujar. A mí me atrae la música en ese sentido, más que la historia del arte o la apreciación artística. Yo sería mucho más partidario de enseñar con música. Y me gustaría también hacerles leer la autobiografía de Sean O'Casey para que aprendan lo que es el conflicto. Prácticamente no sé de nadie que haya tenido tanto conflicto, ni se haya encontrado con tanta oposición, como O'Casey en sus primeros años. Incluso ahora; hasta el día de hoy, la vida de O'Casey no ha estado libre de eso. Se le tiene un gran respeto, pero no es un hombre de medios. El primer año es muy importante para hacer trabajar a los alumnos. Dado que toda nuestra actitud es demasiado blanda, yo estoy en contra de que los alumnos malgasten mi tiempo y su ocasión: de ahí nacen actitudes vitales equivocadas. Para desarrollar la pauta de trabajo quizá haya que empujar, pero el trabajo en clase debería ser más duro de lo que suele ser en la mayoría de las escuelas. Es tan importante desarrollar el empuje como desarrollar la coordinación del movimiento en las acciones cotidianas para que sea la coordinación de hacer arte. Yo no separaría el arte del movimiento de la persona. Como he dicho al principio, cada persona tiene su escala de gestos. Unas personas se mueven con más amplitud que otras. Yo intentaría desarrollar los gestos de modo que el acto de crecer se enmarcara dentro del gesto natural, hasta que la persona sea libre y su decisión le determine a hacer otra cosa. He dicho que el arte debería ser enseñado por artistas en activo. Estoy convencido de ello. Creo que todo el orden de la enseñanza debería dirigirse a desarrollar al alumno hasta el más alto grado. No creo que la instrucción sin ejemplo sea efectiva. La mala enseñanza no siempre es culpa del profesor. Pero todo es culpa del profesor. Si de veras nos pusiéramos a ello, probablemente habría que cambiar al presidente, y al consejo rector, y a los decanos, etcétera, etcétera, para llegar a una enseñanza decente que diera los mejores alumnos. La osificación ha empezado por arriba.

Hay una cualidad escurridiza llamada empeño. Yo no sé cómo se enseña el empeño. A veces los alumnos más dotados y más brillantes son los que naufragan antes de hacer carrera. En cambio, he visto a alumnos aparentemente torpes que a fuerza de empeño lo conseguían. Lo he visto muchas veces. Lo he presenciado recientemente, en clases mías. Parecía que no lograba ningún resultado, ninguna respuesta. Eran lentos para asimilar, o necesitaban otra gente, o necesitaban otra experiencia. Pero al final, sin ser los mejores artistas, siendo los más lentos y mostrando el menor resultado, resultaba que tenían garra; a lo mejor tenían más. Y como habían llegado hasta allí tenían que trabajar más. Yo sé de dos o tres artistas de Nueva York, venidos del Medio Oeste; al principio no eran nada excepcional, pero ahora lo son. Costó más tiempo.

En la enseñanza hay declaraciones de otras artes que complementan nuestra propia instrucción. Hay declaraciones de Camus, Stravinsky, O'Casey; hay declaraciones de Gabo, Ben Shahn, Duchamp. Hay cientos de declaraciones de artistas. Se puede incluso tomar la diferencia de posición en afirmaciones de Kokoschka y Shahn frente a quizá Duchamp o Gabo; incluso en distintos puntos de vista. Pero todo eso tiene mucha más importancia contemporánea e inmediata para el artista joven que Plotino o Teófilo o Vitrubio o prácticamente cualquiera de la posición clásica, porque yo no creo que los artistas utilicen el mito de la historia y el pasado. Yo creo que lo más impresionante y lo más útil que reciben es que su verdadera influencia les llega del presente; es muy inmediato, es muy parecido a una familia, es muy parecido a su propia familia: el padre, el abuelo. Esta posición particular en el tiempo es muy del siglo veinte. Yo no creo que la influencia del Renacimiento —me da igual la cantidad de Renacimiento que insufles, o la cantidad de gótico o románico o griego o romano que presentes— ayude en una dirección operante como el sentimiento de su propia familia, como la inmediatez y la herencia de su propia época.

Trabajas como sientes, y eres como eres. Procedes de tu familia, de tu herencia, y eso es algo que no puedes repudiar. También existes en la vida dentro de esa familia, y dentro de ese siglo, y dentro de esa época. Yo creo que eso no lo abandonas nunca, por muchas o muy nobles que sean tus aspiraciones, o por muchas ideas antiguas que adoptes. Yo no soy muy aficionado a la historia del arte para los alumnos. Creo que la posición contemporánea de este alumno es más importante que toda la historia del arte que le puedas dar.

O'Casey dijo: «Empuja despacio y a fondo, si está en ti hacer una cosa. Si te consideras capaz, hazlo, aunque te tenga atareado hasta la última hora de tu vida». A mí me habría gustado que alguien me dijera eso cuando fui a la universidad. No sabía que era así de fácil. No sabía que se podía hacer.

De alguna manera, me parece que si progresas es por la cantidad de conflicto y la cantidad de lucha a la que sobrevives. Eso significa también la lucha física. Cuantos más sean los conflictos a los que sobrevives, más fuerte estarás para el siguiente. Pasa en la vida cotidiana. A toda persona creativa le pasa a diario en su trabajo. Es algo natural al trabajar. Pero la fuerza no es la ideología de altos vuelos. Es la convicción que tienes dentro de ti, cómo te identificas como el artista, como el trabajador. No hay que enseñar la igualdad. A mi modo de ver, la igualdad es derrotista. Tienes que enseñarle [al alumno] lo que el mundo es ahora. El reto está en superar lo que se le da. El artista-alumno tiene que ser diferente y mejor que su historia. Todo lo que sea enseñanza de igualdad es enseñanza histórica sólo en cierto sentido, porque tú estás conduciendo al alumno hacia la cantidad desconocida que va a ser su reto. Puedes ayudarle a identificarse en la época que vive, y con su familia. Por eso digo que la igualdad es derrotista. El reto está más allá del factor conocido de igualdad.

Yo enseñaría también a ese alumno hipotético que el provincianismo o la tosquedad o la incultura es mayor para crear arte que la finura y el refinamiento. Es más probable que el arte creativo surja de la tosquedad y de la valentía que de la cultura. Una de las cosas buenas del arte americano es que no tiene ese primor que tiene a veces el arte extranjero. Es tosco. Una de sus virtudes es la tosquedad. Virtud puede ser cualquier cosa, siempre que esa convicción proyecte un origen; y valentía renovada. Siempre que tenga el fuego, yo creo que da igual, porque en el arte hay toda clase de cualidades, y a mí no me preocupa mucho la diferenciación o el valor cualitativo de quién tiene qué en el arte. Prefiero cien veces un hombre que no tenga ideales en el arte, pero que tenga un tremendo empuje y el fuego necesario para hacerlo.

Hay cosas secundarias que tienen que ver con nuestra época y que están cambiando. A mí personalmente me interesa el objeto hecho por el hombre. Ahora, como ésta es una época productiva y es más singular, hay frescura de origen. Si yo hago una escultura quiero tener la misma integridad que un pintor. Quiero hacer una sola imagen. Quiero tener bajo control todo lo que se haga en ella. No me interesa lo más mínimo tener una imagen y mandar hacer reproducciones. A propósito de esto pienso muy a menudo en el aluvión de esculturas de Degas. Había unas ceras de Degas, pequeñas. Ahora se reproducen en fundición —hay bastante mito y desinformación sobre esto—, pero no son originales, son reproducciones. Jamás tuvieron encima los ojos del artista. Él ponía los ojos en la pieza original. Las ceras se restauraron después y ahora parece haberlas a centenares. Yo, antes que ver todos estos miles de caballos de Degas corriendo desbocados, haría una excursión a las ceras originales para ver el toque de la mano del artista. En los años treinta se hablaba mucho de arte para el pueblo. La idea parecía ser que tú haces arte y se lo extiendes a mucha gente. Yo creo que es la gente la que debería extenderse e ir al museo donde está el arte.

Estoy mirando unas fotos que no es necesario que ustedes vean, porque las estoy utilizando para referirme a mi manera de trabajar. Muy a menudo parece que me preocupan mucho más los monstruos que las llamadas bellezas. Pero estos monstruos son grandes construcciones que tienen ruedas. Unas veces las ruedas funcionan y otras no. Pero las ruedas tienen un significado, no son más funcionales que las ruedas de un templo indio de piedra. Es una idea juguetona que proyecta movimiento. Yo no me siento nada en la era de las gracias. Me gustan las chicas, pero no me apetece usar esa gracia femenina en conceptos. La igualdad ha acabado con eso. Yo no creo que estemos en la era de la gracia. No sé si mis monstruos sobre ruedas llegarán a ser gracias para otros, y no sé si los racionalizarán o no como una necesidad o una declaración de mi época. No son racionales, pero han llenado una necesidad en mi interior. Si intento decir cómo hago arte, parece difícil. No hay ningún orden. Hace un par de noches fui a ver a Mike Kanemitsu. Charlando, Mike mencionó a Zadkine y París. La alusión a Zadkine y mi asociación de ideas hacia atrás me trajeron a la memoria una escultura grande que quise hacer. Y quizá no habría pensado jamás en esa escultura si él no hubiera citado a Zadkine y si yo no hubiera pensado en lo cóncavo y lo convexo, y si no me hubiera acordado de una escultura que había acabado y que estaba ya enviada a la Costa Oeste, que probablemente no volveré a ver. No habría hecho la escultura que voy a hacer este verano y que va a estar hecha de formas grandes, pero es así como puede darse el proceso. Estoy intentando explicar que yo no tengo un proceso noble de pensamiento o concepto. Su origen es a menudo el azar. De todas las cosas que estuve pensando en aquellos momentos que pasamos allí, creo que fue una hora, charlando y bebiendo cerveza, pensé en cien relaciones más, pero ninguna de ellas encajaba en mi hueco.

He hablado de la integridad de los pintores. Por ejemplo, un pintor hace un cuadro. Aunque pudiera vender dos o tres, o cinco o siete, no se le pasaría por la cabeza reproducir; pero esa costumbre sigue existiendo en la escultura. Quizá un escultor haga de una a nueve o cualquiera de esos números. Cada fundición se encoge respecto al original al enfriarse el metal, y el bronce sufre cambios. Recibe soldadura, pulimento y manipulaciones que no proceden de la mano del artista. No sale con la misma integridad que un pintor presenta en un cuadro. Nadie puede hacer una copia con integridad. Un pintor no podría hacer una copia o conseguir que se la hicieran con la integridad que empleó en el cuadro original. Yo simplemente quiero ver a la escultura alcanzar ese grado de integridad, también. Reconozco que ahora mismo eso depende en gran medida de cada escultor.

Gauguin hizo una pequeña terracota, y ahora hay diez bronces de terracotas. Y él no pretendía hacer los bronces, como tampoco Daumier hacía bronces. Alguien saca un bronce de una pequeña cera de Daumier, y otro hace un montón de bronces a partir de ese bronce, y se hacen bronces porque por real decreto el arte auténtico se debe hacer en bronce; quizá en tiempos fuera por real orden y mandato, y parece que en eso estamos aún. Algún día se comprenderá que el gesto original del artista —el objeto original— es el arte auténtico, que los otros son reproducciones. Y yo creo que pronto la escultura original de escayola será arte más auténtico que lo es el bronce en la mente de los artistas, como lo tendrá que ser en las mentes de los directores de museo y del público. Las reproducciones deben ser sólo reproducciones. Las autoridades competentes, y los historiadores y críticos, no han hablado mucho de esto. No han proclamado con mucha fuerza cuáles son los bronces auténticos, ni qué es arte auténtico; no con tanta fuerza como deberían. Ni parece que haya leyes ni normas al respecto. Pero a mí me gustaría verlo reconocido. He dicho.

Estas notas se refieren al trabajo de Smith en la localidad italiana de Voltri, en 1962.

Italsider

Ilva, en Voltri, donde crecen las fresas silvestres, fue un complejo de unas cinco fábricas situadas en un valle estrecho, con un riachuelo al fondo, que antiguamente hacían muelles, camiones, partes de vagones planos, pernos, escarpias, rodamientos, muchas cosas de forja. Había quedado fuera de uso por la automatización de Italsider en Cornegliano, distante ocho kilómetros, a mitad de camino hacia Génova.

Como invitado de Italsider, yo me alojaba en el hotel Columbia Excelsior de Génova. A las seis y media venía a buscarme un coche de Italsider; recogíamos a Ruello, mi intérprete; nos íbamos al taller y empezábamos a trabajar cuando el sol despuntaba sobre el monte e iluminaba la puerta del taller. Durante los primeros diez días Lynn Chadwick se alojó en el mismo hotel, de modo que hacíamos el viaje juntos y teníamos el mismo horario, de seis y media a seis y media. Chadwick trabajaba en Cornegliano; algunos días yo le pedía al chófer que me recogiera para ir a Cornegliano a comer con él, porque junto a la fábrica, en lo alto de una colina, había un restaurante de comida casera con la mejor cocina local. Italsider había organizado mis comidas en un restaurante de la costa, abastecido a diario por los pescadores de la zona. Chadwick venía a Voltri por el marisco, las fresas silvestres, los albaricoques, setas y demás. Con la comida quizá no se haga arte, pero cuando no hay vida exterior anima. Yo me amoldo a comer bien o frugalmente; pero cuando vives solo en el monte es un lujo. Y en un restaurante no hay que fregar los platos.

Varias veces nos acompañaron nuestros enlaces con Italsider, cuya misión era que estuviéramos a gusto y no nos faltara de nada.

Aunque Menotti había dicho que para mí se sacaría la alfombra roja y yo había pedido un intérprete fornido, tuve suerte al encontrar al señor Ruello, que había estado como prisionero de guerra en Nuevo México y era encargado de aprovisionamiento en Cornegliano. Él se encargaba de hacer llegar el oxiacetileno, el equipo de pulimentar, los ácidos, el material de seguridad, etcétera, todo lo necesario. Yo sólo llevaba el calzado y las gafas de seguridad.

Comienzo

El primer domingo a solas en aquellas fábricas —funcionales en una era muy pretérita, abandonadas hacía pocos meses— fue como los domingos de 1934 en la Terminal Iron Works de Brooklyn, sólo que aquí podía utilizar todo lo que encontrara, y trasladar las piezas de un edificio a otro para descubrir su nueva identidad. Me acordaba de mis *Agricolas.* Había una semejanza, pero el lenguaje era distinto, y el tamaño más llamativo.

Los dos primeros domingos, sin siquiera un equipo de guardia, con el gran silencio de las máquinas paradas: una impresión, un tirón, más que al visitar los museos de Génova o incluso el arte antiguo de otras ciudades. En parte es herencia personal, en parte prejuicio contra los castillos de los entendidos. Desde que tengo identidad, el deseo de crear puede más que el deseo de visitar.

Hay algo muy de clase media en el arte antiguo de los museos: entre lo seleccionado por orden de escribidores, falsificaciones y donaciones y compras racionalizadas, en total es una parte contra noventa y nueve destruidas o todavía sin desenterrar.

Mis preferencias van a lo etnográfico y arqueológico, donde el descubrimiento se hizo sin gusto, donde las gangas y los caprichos de iconoclastas culpabilizados y sus atribuciones en placa de bronce se notan menos. En una fábrica vieja no hay sillas de manos.

Forja

Las bellezas del taller de forja, piezas arrumbadas a medio formar, ahora frías pero paradas en marcha, como si el factor humano se hubiera disuelto y la polvareda se hubiera posado; las tumbas encontradas del siglo XX temprano, desde gigantes hasta pinzas apuntadas al hogar abierto para alimentar los cilindros más veloces del mundo.

Los arqueólogos se interesan por el hierro de hace cinco mil años. En el patio donde el hierro ha estado soltando costra y escama, desecho de perforaciones y recortes, yo encontraba

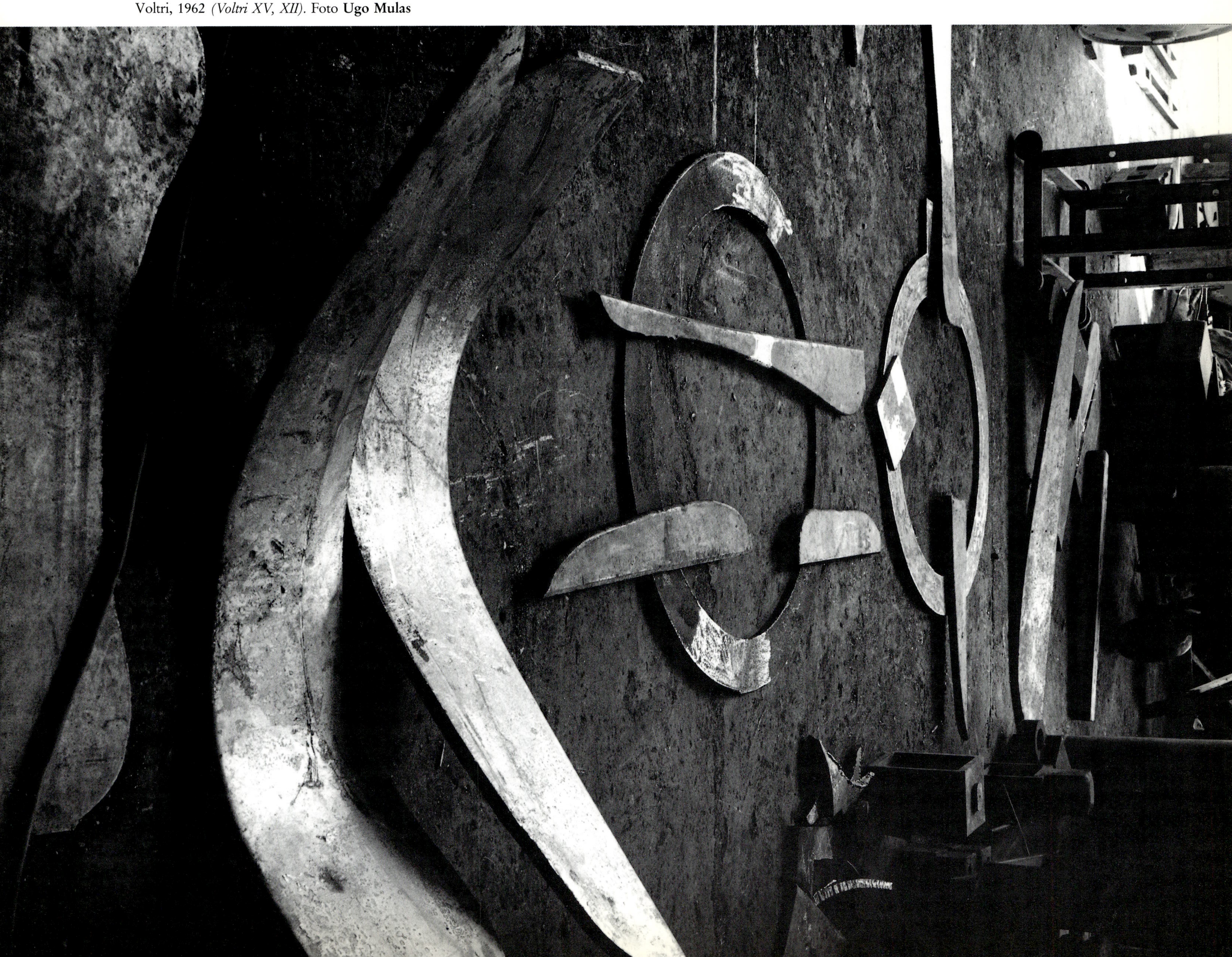

Voltri, 1962 *(Voltri XV, XII)*. Foto **Ugo Mulas**

partes de mi naturaleza con no más de setenta años en la primera pulgada, pero puede ser que ese llano junto a un riachuelo y cerca del mar guarde más abajo hierro de museo. Yo me traje a Bolton hallazgos a puñados, sin otro motivo que porque encajan en mi miscelánea y complementan la tapa de registro de Brooklyn que tengo colgada en la pared. Los arqueólogos podrán llegar tan lejos como L. S. B. Leakey y llenar muchas salas, pero mi visión está en soñar la multitud de acontecimientos que se han destruido durante su vida. Es posible que los museos sean realmente demasiado pequeños para formar historicismos.

Fragua

Las tenazas especiales se forjaban a mano en la fragua. Como ese método se abandonó, las piezas empezadas quedaron en distintas fases de acabado. En esa fragua yo armé unidades pero sin completar nada. Envié las unidades a Bolton, donde parte está en la serie *Voltri-Bolton* de diciembre de 1962 y enero de 1963.

Mesa de trazado

Una mesa de trazado de acero grueso nunca fue blanca. Yo la hice pintar con cal y agua. Antigua de uso, práctica por estar allí, me dio un contacto de orden que a partir de entonces me permitió trabajar libremente sin orden. Los calibres y compases eran de herrero, toscos e inexactos. Después de *Voltri XXII*, de la mesa de trazado salieron cinco piezas de distinta escala. Una que tiene Carandente, otra que dieron mis hijas a Menotti, y una bailarina de ballet de hierro para la hija de Mike Pepper, Jori, coleccionista entusiasta de muñecas. Algunas de las unidades y montajes de calibres concebidos en Voltri fueron enviados a casa y figurados en pinturas a pistola, haciendo una imagen escultórica blanca sobre fondo oscuro. Técnicamente son como las pinturas de la exposición de 1959 en French & Company.

Patio

En los patios había flores e higueras plantadas por los obreros. Estas fábricas, ahora abandonadas por la automatización, eran de la era manual, cuando la jornada eran diez, once o doce horas y trabajar era vivir. En la nueva planta automatizada, la jornada es más corta, el hombre es una parte de la máquina. Vive sólo de puertas para afuera. Un símbolo que se conserva, y que en nuestras fábricas no lo hay, es la botella de vino; y un recipiente de aluminio para la pasta, que se mantiene templada en la mesa caliente de la compañía. Este patio tenía el sabor y la nostalgia de mi primera herrería de Brooklyn en 1934, pero a lo grande, y aquí lo que hubiera colgado o se pudiera encontrar era mío.

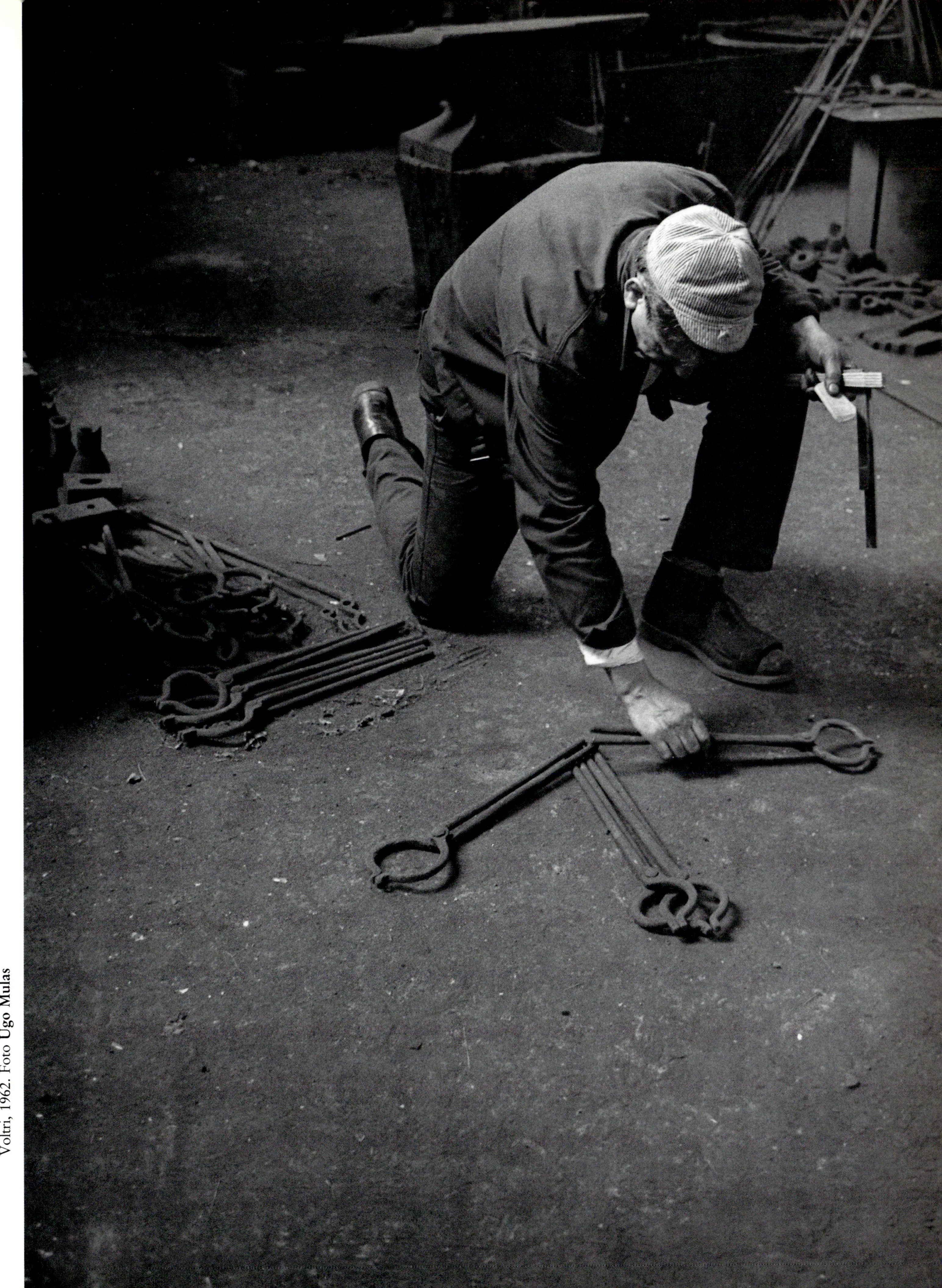

Voltri, 1962. Foto Ugo Mulas

En el patio había plancha de distintos gruesos, oxidándose. La usé, pero tuve que darme prisa. Varios días a la semana iba una cuadrilla de recuperación con sus carros abiertos y su locomotora de maniobras, a recoger la chatarra pesada para alimentar la hornada de Cornegliano. Si yo no la hubiera cogido antes, podría haber ido a la planta y me la habrían dado nueva, pero sentía que la ocasión y el tiempo eran todavía más cortos que en Bolton. Soy capaz de trabajar contra reloj para mí como no puedo trabajar para un encargo.

Bancos de trabajo

Una factoría despojada de su función; hojas en el suelo de boquetes en el techo; donde lo único que se oye es el piar de un pájaro. De una fábrica a otra armé bancos: acabé dos allí, dejé más. Sentía la atmósfera imponente y el aire de susto: como un único superviviente que volviera tras el holocausto, y como lo que había sentido siendo muy joven, en Decatur, cuando por primera vez me colé por la ventana en una fábrica abandonada. Pasada la primera impresión de aquella inmensidad y del privilegio, me sentí como en casa y me puse a trabajar.

Planta

Lo que encontrara lo podía usar, lo que yo armara no lo tocaba ninguno de los capataces ocasionales que supervisaban el desmantelamiento ni la cuadrilla de recuperación; ni siquiera los montajes sin marcar. En la gran planta en funcionamiento de Cornegliano, bastaba que en un sobrante de chapa o una pieza encontrada escribiera mi nombre y «Voltri» y la mandaban. El señor Piccardo me había presentado, y podía circular a mi antojo por toda la planta y los coches de chatarra. Cualquier cosa que no encontrara la pedía.

Trabajadores

Variera, el capataz del taller mecánico, era el campeón de búsqueda de caracoles. Los caracoles marcaban siempre el norte para la punta brújula de su paraguas. Era un mago del suministro: se conocía todo el material abandonado. Vassallo y Ferrando eran soldadores y cortadores de primera, capaces de hacer cualquier operación con la herramienta más primitiva. Los dos habían usado en tiempos las máquinas de soldar, tan antiguas y tan grandes que la compañía no se había molestado en llevárselas. Había un transformador de corriente continua que debía ser el primero que se fabricó. Ruello se había pasado varios años en nuestro sudoeste, en un campo de prisioneros de guerra. Era mi intérprete, mi portavoz para el teléfono, mi aprovisionador y mi enlace administrativo. Cuando no tenía quehacer, trabajaba. A través de él nos comunicábamos todos hablando de religión, la familia, política, costumbres, deseos. Políticamente mis hombres se repartían más o menos a partes iguales entre el comunismo y el socialismo. Viviendo todos en una pequeña comunidad a poca distancia de la fábrica, políticamente se llevaban bien unos con otros, sin problemas visibles en la relación de trabajo. Yo me llevaba bien con todos. Siempre me he movido más a gusto en el ambiente de los obreros que en el de los entendidos.

La pausa para el café se hacía por la mañana, pero la pausa para el vino y exquisiteces era a las tres de la tarde. Allí todos eran vinateros, y la cata del vino hecho en casa era una contribución que servía para discutir y criticar con buen humor el vino de los demás. Cova, el electricista, era experto en pájaros: oía piar a un pájaro recién nacido en el pico más alto. Comíamos pájaros enteros salteados con aceite y ajo. Comíamos mejillones que llevaba Cova, asados en una plancha de acero hasta que se abrían. Comíamos caracoles que el capataz Variera encontraba en el patio, en el verde de las vías, hurgando con la punta del paraguas; tras sus veintiún días de reclusión, por supuesto. Asado especial de caracoles hecho por su madre, especialista. Yo me llevé al equipo a almorzar conmigo con intención de pagar, pero resultó que no podía; Italsider lo tenía todo incluido. Dejé el restaurante del mediodía y el hotel de Génova sin poder pagar; era su invitado para todo.

Problema

Primer día, ser presentado de cuello blanco a mis obreros, a quienes no podía hablar: violento para todos. Al día siguiente con el mismo atuendo. Petición de barrer el suelo no atendida. Barrí el suelo. Petición de traslado de objetos pesados, no trasladados al sitio exacto. Los corrí a su sitio. Después de soldar, trasladar, barrer, mi cuello estaba perfecto. A partir de entonces trabajamos juntos de maravilla. Un intérprete y trabajo desconocido se sumaron a los primeros problemas, pero sólo por unos días: nos entendimos, y el deseo por su parte de trabajar de primera y a la medida de mis necesidades no flaqueó nunca.

Concentración

Mis propios problemas sobrepasan lo práctico: hasta qué grado de abstracción se puede uno concentrar con ruido y obreros que introducen otras presencias.

Cuando trabajaba en una fábrica, mi pensamiento estaba muchas veces en visión creativa. Me he pasado años manejando máquinas y soñando fines estéticos; nunca te desconectas del orden circundante; trabajando concentrado, solo, en condiciones ideales, irrumpen vistas del exterior como el sexo; hambres y temores varios, la preocupación de sobrevivir, lo solas que están mis hijas; muchas olas irrumpen en el marco más ideal. Uno trabaja con su manera de ser: establece su propio equilibrio, desarrolla sus recursos, aquieta sus iras en las condiciones que le hayan caído en suerte, porque si no las primeras cien obras no se habrían hecho.

Cuando entran en el proceso elementos como el ruido, los otros, la suciedad, la grasa, no son sino elementos de la naturaleza más fáciles de transponer que las intrusiones de la mente.

Las medidas de seguridad, las máquinas, como cualquier otro conflicto, se pueden consumir y utilizar hacia la concentración completa como cualquier otro conflicto que uno se tropiece.

Sueño

Un sueño es un sueño nunca perdido. Yo lo he tenido dentro de una 4-8-4 en lo alto de un motor Diesel, han estado en un sueño de tamaño natural. Encontré un vagón plano viejo, lo pedí y me lo dieron. Si hubiera utilizado el vagón como base y hecho una escultura encima, el sueño habría estado más cerca.

Podría haber cargado un vagón plano con hojas en vertical, planos inclinados, pies derechos con agujeros, horizontales apeadas.

Podría haber hecho un coche con cuerpos de máquinas desnudos, desvestidos de sus detalles y dientes.

Podría haber hecho un vagón plano con un centenar de yunques de distintos tamaños y tipos que encontré en las fraguas.

Podría haber hecho un vagón plano con formas esqueléticas de madera pintada.

En un año podría haber hecho un tren. El vagón plano que tuve, ahora ha sido fundido en el horno y laminado. La belleza del ballet de una chapa que va del blanco al rojo al negro en un tren de laminación rápido a distintas velocidades, corriendo adelante y atrás, vomitando vapor con los baños, es un recuerdo para mí de la automatización alimentada por mi vagón.

Las plataformas eran demasiado viejas para las vías, era muy antiguo; hubo una oferta de montar aquel vagón sobre otro moderno para llevarlo a Spoleto, pero los túneles de la costa no dejaban altura para la obra. Lo más próximo a realización fue cuando Mulas decidió subir obras acabadas al vagón para hacer sus fotos. Tantos sueños se han perdido por falta de material, espacio de trabajo, lugar de almacenamiento, etcétera, que uno más pasa a ser otro deseo.

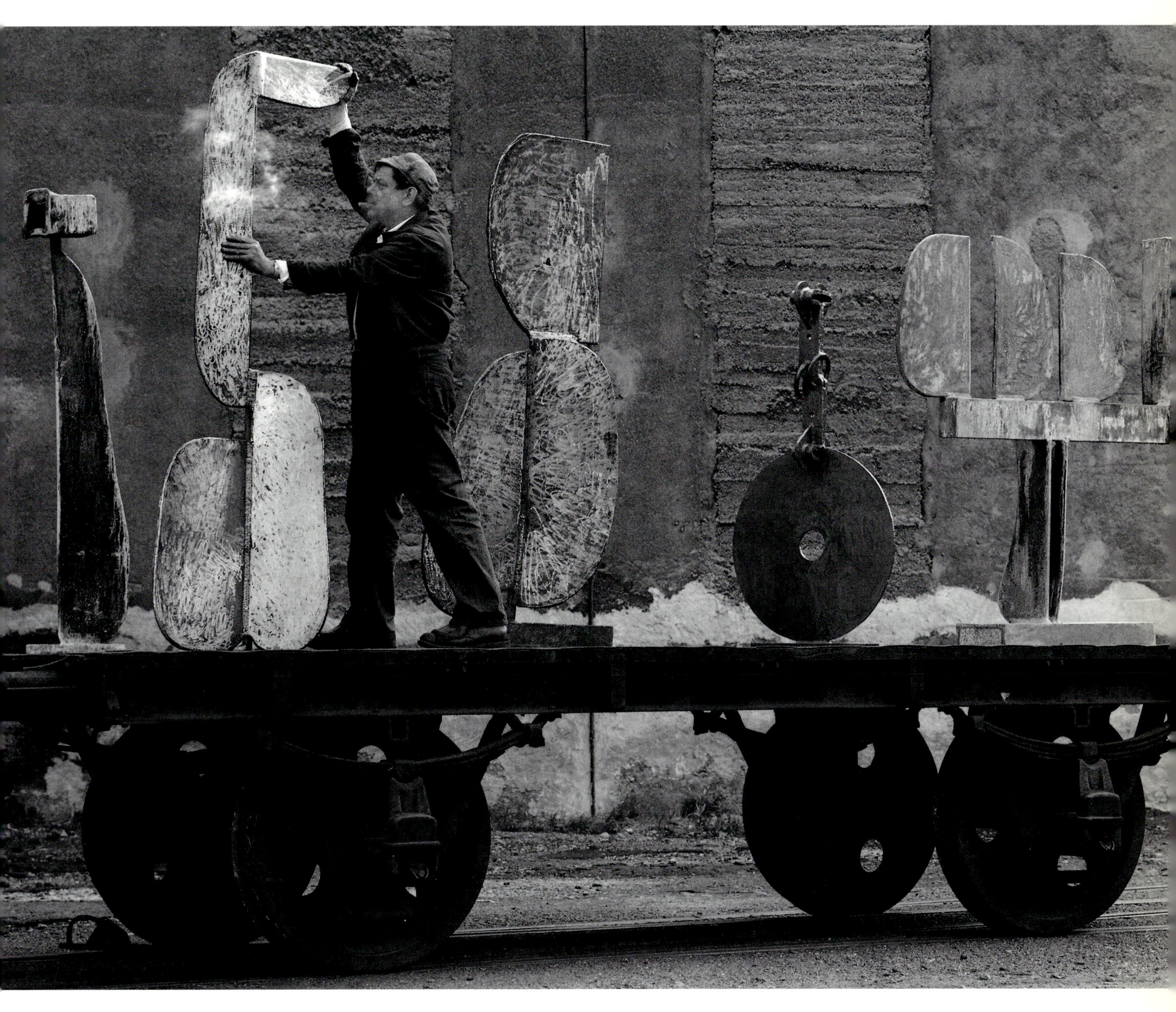

De izquierda a derecha: *Voltri III, V, IX, X, IV*, 1962. Foto **Ugo Mulas**

Unit of Six fue *Voltri I*, vino desesperadamente: la primera pieza que se unificó tras reunir placas, piezas, recortes, de la planta grande y trasladarlo todo a la soledad y el vacío de las fábricas de Voltri. Cuando echó a andar empezó a mover otras, hasta que hubo dos, tres, cuatro en marcha. *Voltri II*, acabada el 26 de mayo y enviada a Spoleto el 6 de junio con las grandes estructuras de Chadwick en negro y amarillo. Esta pieza probablemente la traía yo en la conciencia desde Bolton, porque venía trabajando con unidades cúbicas desde 1955. Fui a Génova esperando hacer piezas de acero inoxidable, pero Italsider todavía no había puesto en funcionamiento su nueva planta de acero inoxidable en el sur. Había plantas de Italsider por toda Italia, y me dieron a elegir. Lo primero que le pregunté a Menotti después de decirle que sí fue cuál de las ciudades le gustaba más a él; respondió que Génova, y eso bastó para decidirme. Nunca lo he lamentado: ha sido el mejor período de trabajo de mi vida.

Voltri II, IV, V, IX, XI, XIV, XV, XVII tienen todas en su estructura un elemento que yo llamaría una nube rebanada, aunque en diferentes relaciones la respuesta visual varía. Cuando de un lingote se saca una plancha, no hay dos extremos que sean iguales, pasa como con los bordes de las nubes. Hay gran misterio y una belleza de crecimiento natural en esas variaciones. Recorté muchos bordes y los monté de muchas maneras. Me gustarían cien más. Hasta ahora nunca había visto ni poseído puntas de nube de hierro rebanado. Hay bordes sobre una mesa. Un borde sobre una nube entera. Bordes cogidos en una torre. Bordes dentro de una torre. Bordes en banderola sobre círculos. Y bordes formando una totalidad. En las montañas, las nubes están en mi inconsciencia diaria, pero hasta ahora no había tenido ninguna.

Voltri VIII. Cuando una chapa corre atrás y adelante bajo los cilindros, antes de pasar disparada por el baño y a la siguiente laminación, puede ocurrir una rareza: puede dar un tropezón en vez de correr, plegarse como una gran pastilla de chicle. Vi una, la mandé a Voltri, la estudié en muchas posiciones hasta que encontré su relación.

Voltri III: uno de mis trabajadores la llamaba la ancianita. Se colocó en lo alto de la última grada de la parte reconstruida del teatro romano de Spoleto. No estaba previsto utilizar el teatro este año. Fue una medida de emergencia del director Carandente, por querer utilizar toda mi obra, y para mi obra no pudo ser más afortunado. Yo no habría podido imaginar un marco más bello. Aquí pongo mis obras en el campo. Fue una emergencia, por falta de espacio donde guardarlas. No proyecté un conjunto en el campo, pero ya que surgió por necesidad lo acepto.

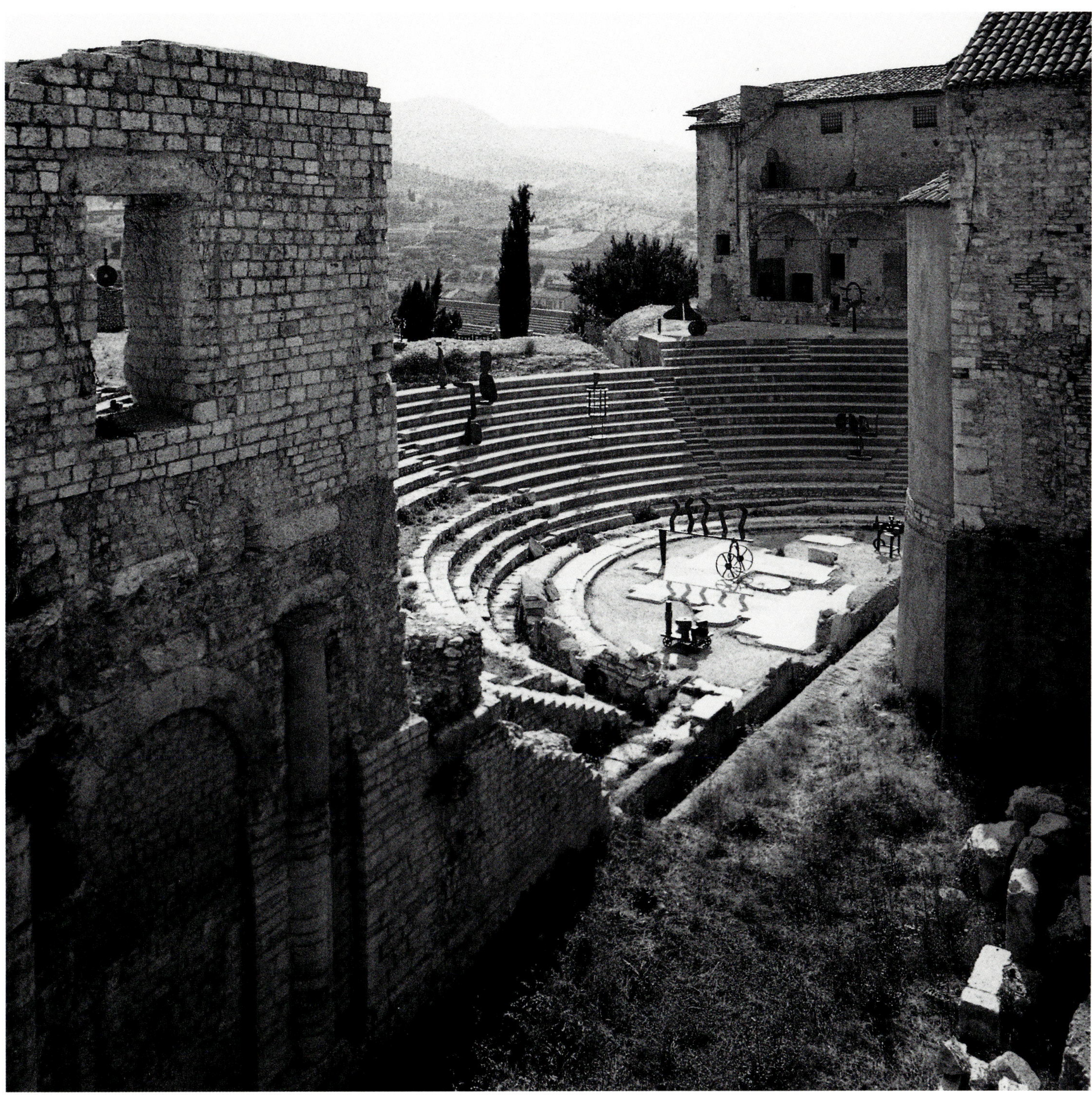

Spoleto, 1962. Foto **Ugo Mulas**

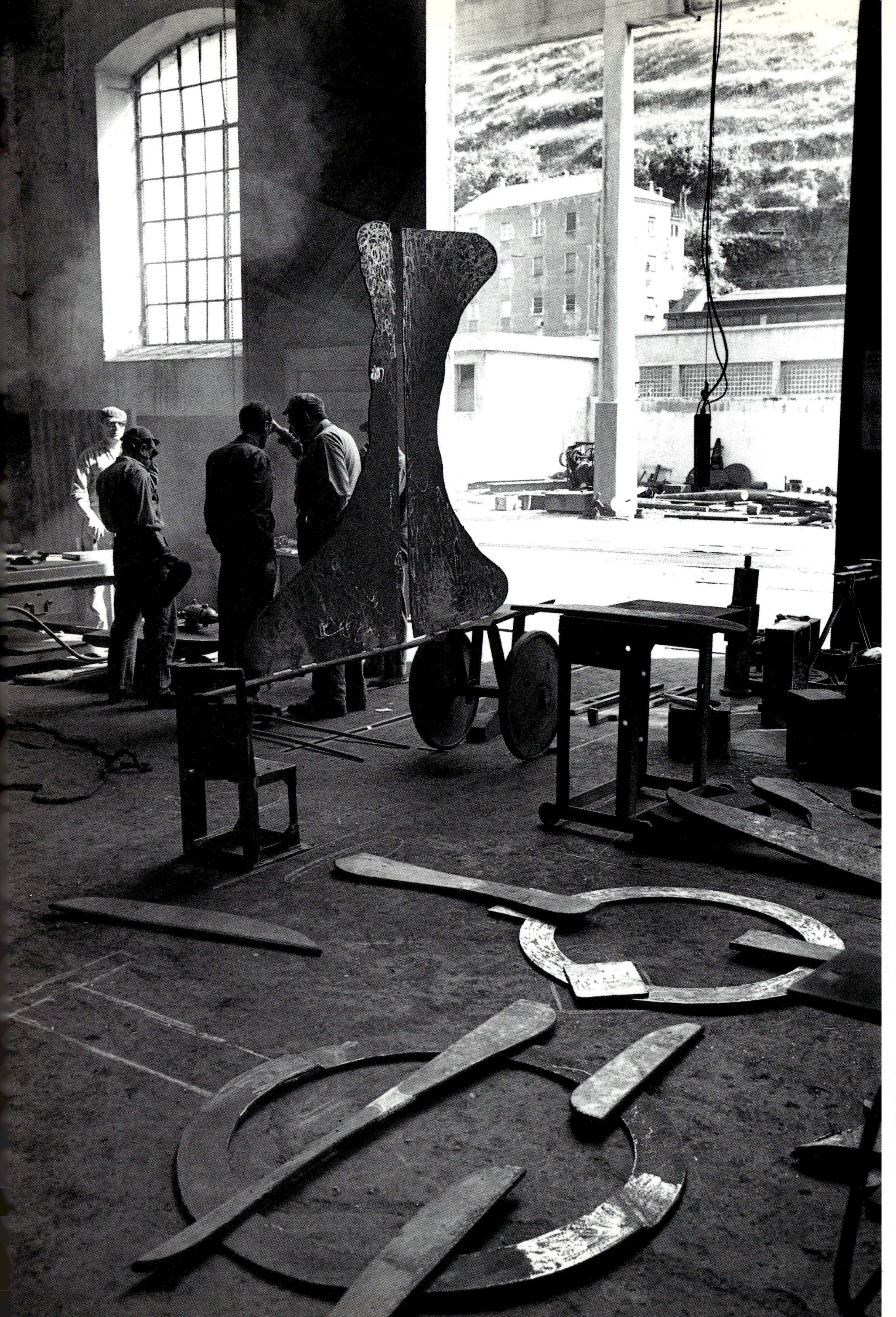

Voltri XV, XII, VI, 1962. Foto Ugo Mulas

Voltri VI, VII, XIII. Los forjados demasiado grandes para manejarlos a mano, los que se trabajan con martillo pilón, se transportan de los hornos al martillo mediante una tenaza que es un carretón de dos ruedas empujado por hombres. Quedaban tres que yo rehice para transporte y como partes, en *Voltri VI, Voltri VII* y *Voltri XIII.*

Los círculos me preocupan desde hace mucho tiempo; son más primarios que los cuadrados. Las ruedas son círculos con movilidad, desde la primera rueda del hombre hasta las ruedas de los templos indios de piedra, hasta una diana sobre una pirámide que pinté en 1934, hasta todos los soles e imaginería poética del movimiento, hasta el hecho práctico de que mi escultura se está haciendo demasiado grande para moverla sin rodamiento incorporado. Los carros de caballos no entran en mi programa.

Voltri VI es una tenaza con ruedas y dos bordes de nube. Una nube descansa sobre la caja; cada borde de nube se eleva desde la lanza sin soporte.

Voltri VII es un carro con cinco barras forjadas. No son personajes; son forjados.

Voltri XIII es un carro de circo con la caja vuelta, un forjado macizo en forma de guitarra con una perforación; con partes de nube por debajo y por encima de la lanza.

Voltri XI surgió de una cabeza de tenaza que pedía una caperuza duplicada, gruesa, ovalada, curva, sostenida por una vertical. Empezó en las cenizas volantes del suelo; no cambió en nada desde los primeros minutos de ver. Podría haber trabajado un año y haber hecho un ciento. Tuve otras empezadas. El último día amontoné partes y todas las tenazas que quise —las señales de seguridad que ahora están en las paredes de Bolton— y pedí que me lo enviaran todo a los Estados Unidos.

Voltri XX fue la única pieza acabada de lo que pensé que serían diez o doce a base de tenazas. Las tenazas enviadas han figurado en veintidós piezas hechas aquí. La serie aún continúa.

Voltri X se pintó con rojo de plomo, pero todas las demás fueron curadas con ácido fosfórico, lavadas y lacadas.

Voltri XXI, una silla, el mayor pedazo de silla que yo he visto, hecha de ángulos de hierro y chatarra, la silla más dura, menos funcional y más pesada que podría haber, estaba patas arriba en un rincón del segundo piso del taller de muelles. La vi el primer día de estar en Voltri; me la llevé y la estuve mirando todos los días de mi estancia allí; hice partes y las deseché; le senté encima piezas e ideas. Nos estuvimos peleando a lo largo de todo el trabajo restante. Ya llegando el último día, partes de piezas, partes no empleadas, vinieron y se colocaron solas, pero la silla que podría haber sostenido elefantes perdió su identidad, y al final quedó tan desafiante que alguna vez tendrá que haber otras esculturas sillas.

Cubi IX, expuesta en la parte baja de Spoleto delante de una iglesia del siglo XIV, construida con sillares romanos y restauraciones del siglo XVII: descrito puede parecer extraño, pero quedaba magnífico. El profesor Carandente tenía un sentido innato para montar y elegir sitios. La escultura más dispar cuadraba, como si casara con todos los estilos de arquitectura. *Cubi IX* fue hecha en Bolton y enviada a Spoleto antes de que yo accediera a ir. Sus 107 pulgadas y 3/8 de altura se alzaron sobre un pilar, de seis pies de alto, de bloques de tufa ceñidos con zunchos de hierro, dando una altura total de unos quince pies. Sus cubos de acero inoxidable armonizaban de otra manera con las suaves variables de los sillares que formaban los muros de la iglesia.

Estos textos, escritos hacia 1947, fueron recogidos por Cleve Gray en David Smith by David Smith, *Londres, 1968*

Yo no he mirado nunca un paisaje sin ver otros paisajes

no he visto nunca un paisaje sin visiones de cosas que deseo y desprecio

los paisajes inferiores tienen cortezas de calor — epidermis desnudas y ahogo de viñas

las líneas separadas de errores de sal — los cerros testigos de hongos

el equilibrio de la piedra — con gestos para crecer

los postes perdidos de fronteras hechas por el hombre — en la sombra fundida un empapelador

      petrificado que tiró un tiro al pato

un paisaje es una naturaleza muerta de historia caldea

tiene rostros que yo no conozco

sus montañas son siempre hembras que sollozan

son sacos de melones y de higos chumbos

sus bosques están aserrados en tablones

sus cerros negros están erizados de culantrillo

sus piedras son fragmentos asirios

mana la belleza de tremedal del río Liffey

está teñido de verde gas de Indiana

está saturado de genuino amarillo de la India

es el lugar al que yo he viajado sin hallarlo nunca

está de algún modo velado a la visión por piadosos canallas y el señor de Varu

      el noble de Gascuña

de lejos parece amenazado por la destrucción del oro

La postura para la visión ha sufrido cambios

El lienzo es un llano — de alto un par de millas —

tierra superficie profundidad no parece importante — la importancia se hace esquema —

la importancia del esquema naturaleza en relación con el esquema hecho por el hombre desde

      fronteras hechas por obra temprana — relación de obra a área — las calzadas el drenaje

      — lo incultivable —

Qué tamaño de bocado puede arrancar un hombre, si podría alcanzar a más con la máquina

      — cambiar áreas líneas tapadas — pero en vista cenital se notan todavía las viejas líneas

      de hace ochenta años — bajo la nieve blanda las líneas delicadas de la erosión — la fuerza

      del viento y acción solidificante en uso

el traslapo — el agua abierta oscura — la nieve atrapada — puntas de flecha — las figuras peludas

      de morrena

los bosques corte a cepillo

la antaño usada forma y fuerza tan suave y sutil

lejos depósitos de almacenamiento de petróleo y sus fosos

los 64 ombligos para cien millas cuadradas

❊   ❊   ❊

Yo no siento ninguna tradición. Siento los grandes espacios.

Siento mi propia época. Estoy desligado.

No estoy con ningún modo de vida — ningún partido — ninguna religión —

      ninguna escuela de pensamiento — ninguna institución.

Siento pura libertad y mi propia identidad. Siento una beligerancia frente

      a los museos, los críticos, los historiadores del arte, los estetas y las

      llamadas fuerzas culturales en un orden comercial.

Esta conversación de David Smith con David Sylvester, de la British Broadcasting Corporation, fue grabada en Nueva York el 16 de junio de 1961 y publicada en Living Arts *en abril de 1964.*

David Smith: No hay ni colaboración ni afinidad [entre los arquitectos y los artistas]. Los arquitectos se han creído los padres de todas las artes, han creído que sus edificios son esculturas y que el uso de pintura y escultura corrompe sus purezas. No hay afinidades entre nosotros, y menos en mi caso. Yo no persigo a los arquitectos. He visto que uno trabaja mejor según su espíritu que con el dominio o la colaboración del arquitecto. Ahora no trabajamos por dinero. Trabajamos para sacar de nosotros mismos un arte más grande, trabajamos para ensanchar nuestro propio potencial. No creo que ninguno quiera verdaderamente volver atrás y repetir un punto de llegada al que ya llegamos antes, hacer una repetición por dinero. Yo no sé en qué podría consistir esa colaboración. En general los arquitectos nos miran por encima del hombro, y en general los arquitectos son aquí grandes empresarios, y nosotros no somos más que uno de sus pequeños clientes en el edificio. Ellos son los que deciden poner el mármol en el aseo de hombres y ponen el bronce en los grifos, y la realidad es que no necesitan la escultura para nada.

David Sylvester: *Si usted conociera a un arquitecto con el que congeniara, ¿le gustaría ver sus esculturas colocadas en un marco arquitectónico, fuera de los edificios? ¿En los accesos a los edificios?*

Me gustaría, desde luego, pero lo cierto es que estoy trabajando en dimensiones muy grandes, obras que miden entre nueve y quince pies de alto. Ahora mismo tengo una aceptación muy modesta y vendo más bien poco, y sobrevivo sin los arquitectos. Si ellos quisieran emplear mi obra tal cual, me encantaría vendérsela y que la emplearan, pero no me veo cambiando de punto de vista para adaptarme al suyo. Yo no siento ninguna afinidad natural con la arquitectura moderna. No puedo darme el lujo de vivir en uno de esos edificios; no son parte de mi mundo. Mi escultura es parte de mi mundo; es parte de mi vida de todos los días; refleja mi taller, mi casa, mis árboles, la naturaleza del mundo que habito. Y la naturaleza del mundo que habitan los pintores y escultores son casas sin ascensor y con grietas; te asomas a la ventana y ves chimeneas, y no creo que ninguno de nosotros sea capaz de hacer la reverencia y acomodarse a las necesidades de ellos. La independencia, la libertad de nuestra posición, es lo mejor que tenemos.

En Londres hay una imagen del artista americano de su generación, de usted y los action painters, *como si en cierto modo fueran un grupo. ¿Ha habido colaboración entre ustedes en el terreno de las ideas? En su caso, el conocer a Pollock, ser amigo de Pollock y de ese círculo, ¿fue fructífero para su obra?*

No. Hablábamos de otras cosas, normalmente. Pero sí procedíamos de las mismas raíces, y como teníamos tanto en común y nuestra ascendencia era tan parecida, era como entre hermanos, no hacía falta.

Me imagino que la ascendencia era, por supuesto, todo lo cubista. Pero ¿por qué cree usted que hubo de pronto aquel estallido, aquella tremenda eclosión que comenzó a finales de los cuarenta en el arte americano?

Bueno, Pollock, De Kooning, y prácticamente todos, que yo recuerde, de los que ahora andan entre los cuarenta y los cincuenta años y en cierto modo son artistas «consagrados», todos venían de una época de depresión. Todos veníamos del seno de la WPA, como decimos cariñosamente, la Works Progress Administration, que era que el gobierno daba empleo a los artistas para...

¿La cosa del New Deal?

Sí, exactamente la cosa del New Deal, y una cosa bastante defensiva. Ganábamos trabajando muy poco más que la gente que no trabajaba y cobraba el paro. Sacaríamos cinco o seis dólares más a la semana por trabajar...

Sí.

...lo cual estaba muy bien, porque por primera vez, colectivamente, nos integrábamos en algo.

¿Y eso les dio un estímulo?

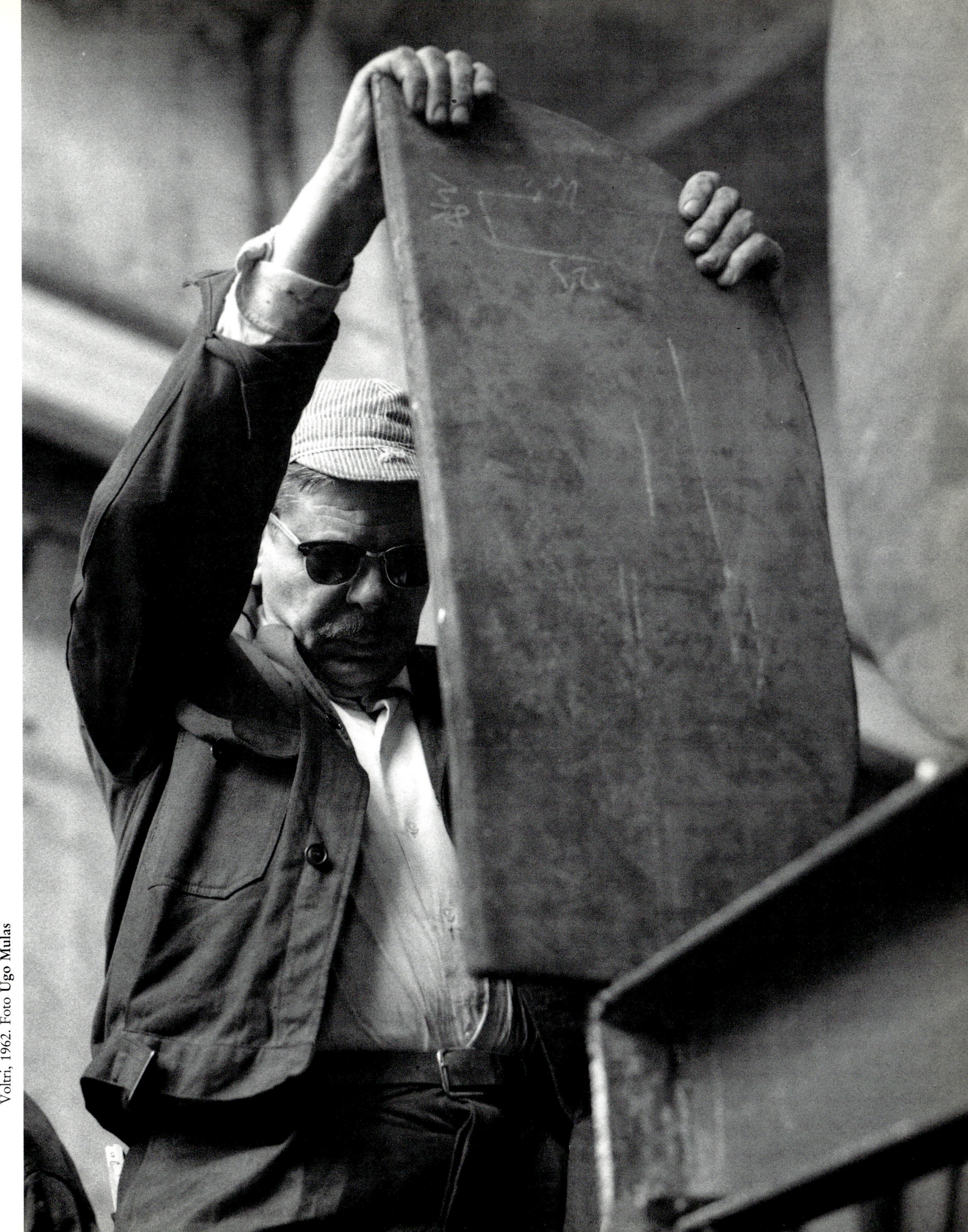

Voltri, 1962. Foto Ugo Mulas

Bueno, de esa manera nos integrábamos en la sociedad. Nos dio unidad, nos dio amistad, y nos dio un espíritu colectivo de defensa.

¿Se refiere usted a sentirse integrado en la sociedad en general o simplemente en su grupo?

En cierto sentido nos integramos en la sociedad en general. Era la primera vez que participábamos o que nuestro propio gobierno reconocía nuestra existencia.

¿Usted sigue sintiendo esa participación, o pasó a la historia?

El gobierno no participa, ya no tenemos nada que ver con el gobierno; quiero decir, los tiempos han cambiado.

¿Todavía se recibe algún patrocinio?

Patrocinio ninguno, al menos que yo sepa. Entre los más tradicionalistas hay quien ha recibido el encargo de un monumento, o diseñar una moneda o cosas así, pero un patrocinio en términos generales no existe, ni siquiera reconocimiento.

¿Así que lo que pasó en la posguerra no debió absolutamente nada a ninguna ayuda oficial?

No le debemos nada al gobierno federal en cuanto a reconocimiento, no. Ahora no.

Al principio no hubo mucha ayuda por parte de los coleccionistas americanos, ¿verdad? Coleccionistas particulares.

Los coleccionistas particulares eran pocos y dispersos. Pero es que además la WPA sirvió para otra cosa: estimuló el interés por el arte. Porque si hubo algunos artistas empleados, no hay que olvidar que hubo muchos profesores, y críticos y toda clase de gente relacionada con las artes. Había muchos cursos públicos, cursos de pintura para adultos, cursos de escultura para adultos, exposiciones de la WPA que viajaban por todo el país, que iban a sindicatos y escuelas y sitios así, donde nunca se había expuesto arte. Había ahí gente que estimulaba un interés, y gente que respondía. Hay que tener en cuenta que la respuesta del aficionado es como una base de preparación para el coleccionista profesional. La mayoría de los coleccionistas saben, hasta cierto punto, pintar o dibujar, y eso hace que reconozcan más fácilmente a los artistas que son artistas de plena dedicación.

¿Así que realmente la ayuda del gobierno en los años treinta tuvo mucho que ver con la creación del clima que generó lo de la posguerra, aunque después no hubiera más apoyo?

Sí. Es muy difícil dar razones, y las razones no son nunca una sola, son un centenar de cosas; yo no sabría decir una sola cosa que estimulara la respuesta del público más que los programas educativos de la WPA. Ni sé de nada que permitiera sobrevivir a tantos artistas durante los años treinta aparte de la WPA. Era lo único que había.

Mucho de lo que hacían en los años treinta los pintores abstractos de ahora era más bien figurativo, algún tipo de realismo social, ¿no es así? ¿Había alguna conexión con Diego Rivera, etcétera?

El grueso de lo que se hacía entonces se denominaba realismo social, y sí tenía que ver con Rivera y el empleo de figuras.

¿Pero en su caso no?

En nuestro caso no. Muchos de los llamados «no objetivistas» atravesaron los años treinta firmemente convencidos de su postura; muchos, no demasiados, veníamos de padres o abuelos cubistas. No veníamos muy directamente; veníamos a través de la revista francesa *transition* y a través de *Cahiers d'Art*. Veníamos a través de esas dos revistas, y de personas como Stuart Davis y Jean Xceron y John Graham y gente así, que más o menos iban y venían a París y nos contaban lo que estaba pasando en Europa.

Usted hizo abstracción antes que muchos de los pintores, ¿no es cierto?

Yo he sido esencialmente un escultor abstracto.

¿No pasó algún tiempo en Europa a finales de los años treinta?

En el 35 y el 36. Casi todos intentábamos ir a Europa, y la mayoría fuimos. De Kooning, por supuesto, venía de Europa...

Claro.

Y Gorky venía de Europa. Graham era ruso y venía de Europa. Stuart David había ido a Europa antes.

¿Cómo cree usted que afectó a su evolución el ir allí en aquel momento?

Fue muy importante. Sobre todo, fue uno de los grandes hitos de mi liberación en el aspecto mental. Porque antes, a comienzos de los treinta, todos trabajábamos por una especie de posición utópica, o al menos una posición en la que a alguien le gustase lo que hacíamos. A comienzos de los treinta ninguno de nosotros, ni Pollock, ni Gorky, ni De Kooning, realmente ninguno podía exponer su obra en ninguna parte, no había nadie que quisiera exponerla, y parecía que la solución era expatriarse. Casi todos los que eran un poco mayores que nosotros habían visto la solución en expatriarse, desde irse a Mallorca hasta irse al propio París. Y lo que yo aprendí en el 35 y el 36 —estuve en Inglaterra, Rusia, Grecia, Francia y así—, lo que yo descubrí al volver fue que mi sitio estaba aquí; aquí estaban mis materiales, mis ideas, mi nacimiento, y lo que fuera capaz de hacer tenía que ser hecho aquí. Renuncié de plano a toda idea de expatriarme jamás. Y en vista de eso me puse a trabajar muy en serio. Lo mismo debieron pensar otros, porque si no ahora no seríamos tantos aquí.

A menudo se afirma que una de las razones del auge del arte americano después de la guerra fue el estímulo de los artistas europeos que vinieron de París en 1940 y se quedaron aquí durante la contienda. ¿Cree usted que hay algo de verdad en eso?

Eso está en el panorama y es importante. Para nosotros ha sido muy valioso que hombres como Lipchitz, Mondrian y Gabo se hicieran americanos y vivieran aquí con nosotros; eso es bueno y ha sido muy agradable. Les hemos tratado y hemos visto que eran seres humanos como nosotros, que no eran dioses y que eran excelentes artistas. Con lo cual ahora sabemos más acerca del mundo.

En los años treinta, obviamente, mucho de lo que se hacía más o menos en una línea de realismo social coincidía con un compromiso social. Yo creo que usted fue excepcional en el sentido de mantener un fuerte compromiso de izquierdas y al mismo tiempo hacer obra abstracta.

Yo tengo una fuerte conciencia social. La tengo ahora. Y prácticamente la única vez que he podido expresarla en mi obra fue cuando hice una serie de medallas contra los riesgos o los males de la guerra, contra cosas inhumanas. Se llamaban *Medallas al deshonor*. Cuando en 1936 estuve en el British Museum de Londres compré una serie de postales hechas durante la Primera Guerra Mundial, que eran medallas de guerra de los alemanes. Y aquello, y los cilindro-sellos sumerios que había estudiado en Grecia, y los entalles, etcétera, me impulsó a hacer esa serie de medallas, que me llevó tres años. Primero tuve que aprender a tallar en negativo para hacerlas. Ha sido prácticamente lo único que he hecho que contribuyera a una protesta social. Yo no me siento obligado a protestar con mi trabajo. Sea como sea la sociedad a la que pertenezca, tendrá que aceptarme por lo que sé hacer; mi esfuerzo lo dedico a desarrollar hasta donde me sea posible esos pocos talentos que se me han dado, y la propaganda no es necesariamente mi fuerte.

He dicho que hacía usted abstracción, pero no es justo; muchas de sus formas me parecen alusivas a la naturaleza. Veo muchas de sus grandes piezas de acero inoxidable como personajes. ¿Lo son para usted?

No empiezan así. Pero ¿cómo podría vivir un hombre fuera de su planeta? ¿Cómo puede conocer nada si no lo ha visto o no existe en su mundo? Hasta sus visiones tienen que componerse de lo que conoce, de las formas y del mundo que conoce. No puede salirse de su planeta a base de visiones, estén hechas como estén. Y es natural que utilice su proporción y su objetividad personales. De eso no puede escapar. Lo *verdaderamente* abstracto no existe. El hombre siempre tiene que trabajar partiendo de su vida.

¿Usted no tiene una idea previa de hacia dónde va a ir la obra?

Trato de no tenerla. Trato de abordar cada obra sin seguir el esquema que seguí con la otra. Pueden empezar con cualquier idea. Pueden empezar con un objeto encontrado, pueden empezar sin ningún objeto. Incluso a veces pueden empezar cuando estoy barriendo el suelo y tropiezo y pego un puntapié a unos pedazos y casualmente los dejo en una alineación que me hace pensar y pone en marcha una visión de cómo acabaría si tuviera toda esa clase de belleza accidental. Yo quiero ser como un poeta, en cierto modo. No quiero buscar los mismos órdenes. Por supuesto soy un ser humano, tengo una capacidad limitada, y ahí siempre hay un orden. La gente reconoce mi obra aunque yo crea que realmente en esa ocasión me he ido muy lejos. Lucho denodadamente por avanzar un poquito, pero no puedes avanzar mucho trecho. Picasso avanza mucho. Es un gran hombre que avanza mucho trecho. Pero yo sigo reconociendo la obra de Picasso por mucho trecho que haya avanzado en una fase o en un nuevo cuadro o en una nueva escultura; yo siempre reconozco su obra.

¿Cómo analizaría la diferencia entre su obra y las intenciones de su obra y las construcciones cubistas —me refiero a González, a Picasso— de las que es continuación?

Mire, viviendo aquí en América en aquella época, yendo a la escuela en la época en que yo fui a la escuela, yo no leía el francés, de modo que cuando tenía un *Cahiers d'Art* no sabía de qué trataba. Aprendía de las ilustraciones, como si fuera un niño, en cierto modo. Yo aprendí el mundo a fuerza de ver antes de aprenderlo mediante palabras. Así que mi mundo era el movimiento holandés De Stijl; era el constructivismo ruso; era el cubismo; era incluso el surrealismo. O incluso el expresionismo alemán. O incluso Monet. Todas esas cosas, yo no sabía que hubiera divisiones entre ellas. Para mí todas encajaban. Todas eran tan nuevas y tan maravillosas, y todas me llegaban a la vez, prácticamente. Los historiadores todavía no habían trazado las líneas de qué era qué y dónde y en qué momento exacto, y mi herencia eran todas esas cosas simultáneamente. Así que yo soy todas esas cosas, confío, con un respeto intelectual muy fuerte hacia el cubismo y una admiración por él porque fue grande en un momento concreto. Fue a la vez pintura y escultura.

Tomar el cubismo, el surrealismo, el expresionismo, sin darle más vueltas: yo me pregunto si la vitalidad del arte americano de la posguerra tendrá algo que ver con esa especie de actitud de libertad absoluta que usted señala en sí mismo. Me pregunto si eso valdría también para personas como De Kooning y Pollock, y si eso les habrá inclinado a no calentarse la cabeza, sino tomar lo que podían y querían tomar, con toda tranquilidad, del arte moderno anterior.

Yo creo que sí. Gorky no sabía francés. Y no creo que Bill [de Kooning] lo supiera tampoco. Estábamos todos juntos en un momento concreto de los primeros tiempos, y éramos un poco como expatriados. Tomábamos café juntos en las cafeterías, y cuando digo que tomábamos café era normalmente una sola taza, porque en aquellos tiempos pocos de nosotros se podían pagar más de una taza de café, que costaba cinco centavos, y quizá una galleta. Y a veces lo único que hacíamos era pasear y charlar. Pero sobre todo trabajábamos. Y cada uno iba asimilando en función de lo que quería. Recuerde que yo venía de Indiana, y no había visto una escultura hasta un par de años antes, ni un cuadro. Gorky se vino a Providence y De Kooning se vino a Nueva York [desde Europa]. Yo creo que todos tenían un poquito más de conocimiento de los museos y del arte que yo antes, y los dos eran europeos en cierto sentido, y yo creo que todos los europeos saben más de arte que la gente de Indiana. Yo creo que no había visto un museo ni en Indiana ni en Ohio, sólo algún cuadro oscurísimo con ovejas que había en la biblioteca pública. Pero yo no sabía nada de arte hasta que vine a Nueva York.

¿Pero ya antes quería hacer arte? ¿O eso fue cuando vino?

Yo cuando vine quería ser pintor.

¿Y se pasó unos años pintando?

Me pasé unos años. No lo he dejado nunca. Siempre, aunque tenga problemas con una escultura, pinto para airear mis problemas.

¿Qué fue lo que le hizo pasarse de pronto de la pintura a la escultura?

Creo que fue ver la escultura de hierro de Picasso en un *Cahiers d'Art*, hacia 1928 o 1929. Ver el hierro y los materiales industriales empleados para hacer arte fue una verdadera revelación, y como yo había trabajado en fábricas y conozco el hierro y el metal y la metalistería desde muy joven, comprendí que eso era. Después de mi primer año en la universidad trabajé en la cadena de montaje de la fábrica Studebaker en South Bend, Indiana. Había visto obras de hierro en los constructivistas rusos, Rodchenko y Malévich, y no sé si Tatlin. Había visto a veces reproducciones de sus obras en revistas alemanas. Así que fue una revelación en cierto modo. Después me enteré de que González había hecho la soldadura para Picasso en aquellas obras de 1928-1929 que se prolongaron hasta 1930, pero en aquel momento no lo sabía, y si se decía en el artículo, estaba en francés y de todos modos no me habría enterado.

Esto parece ser importante, por cierto: volviendo a lo que hablábamos antes, el hecho de que usted y los demás vieran las obras en reproducción sin leer los textos; quizá por eso pudieran servirse de ellas con tanta libertad.

Sí. Y también me ha gustado la idea de que no tenemos historia, que nosotros no tenemos historia del arte ni prestamos atención a los historiadores del arte. Estábamos todos bastante en bruto, pienso.

¿No influyó en usted, en su uso de la chapa metálica, etcétera, no influyó Calder?

No. Yo conocí el trabajo del metal antes de conocer a Calder. Y Calder es uno de nuestros grandes, y anterior en unos cuantos años a todos nosotros. Calder había trabajado bastante en París en los primeros tiempos, aunque sí estudió aquí en Nueva York, en la Arts Students League, según tengo entendido.

¿Alguna vez ha sentido usted la tentación de trabajar con materiales tradicionales, en talla o modelado?

Hago ambas cosas. Modelo en cera y hago bronces por ese sistema, y tallo de vez en cuando; parte de mi primera producción era talla. No soy partidario de desechar ningún método, planteamiento o material. ¡Ah!, y dibujo. Dibujo figuras y cosas así a ratos.

¿Alguna vez dibuja con modelo? ¿Dibuja del natural?

Desde luego. Por razones de estudio y de equilibrio. Dibujo mucho, porque la escultura es un trabajo muy duro, y si le echo diez u once horas al día o más de esfuerzo físico, el trabajo sucio, como si dijéramos, de mi profesión, después me gusta darme un baño y cambiarme de ropa y pasar el resto del día dibujando.

Lo hace usted todo, ¿no es cierto? Me refiero a que ahora podría costearse ayudantes de taller.

Yo no puedo emplear ayudantes de taller, como Mondrian no habría podido emplear ayudantes para pintar las manchas de color plano, o como ni De Kooning ni ninguno de mis amigos puede emplear a nadie para que haga los fondos, aunque fueran de blanco puro. No quieren que haya marcas de otra mano en su obra. Y eso también es del siglo veinte.

Es defensivo en cierta manera, porque se contradice con los avances de esta época. Somos de la poca gente que queda que hace el objeto de principio a fin.

¿No le parece que sería concebible que usted hiciera un modelo y después un ayudante lo sacara en gran formato?

No. Yo ni siquiera hago copias. Si hago una escultura de fundición, saco una y todas las marcas son mías. Yo no apruebo la copia, y no hago ni fabrico copias para ganar más dinero.

Y eso, naturalmente, le une de una manera muy estrecha a los pintores de su generación, ¿no? Me refiero a ese vaivén entre el artista y el material, ese especial énfasis que ahora se le da. Eso le vincula muy estrechamente a Pollock y De Kooning.

Bueno, todos éramos amigos, y yo hablaba con pintores y mi sitio está entre los pintores, en cierto sentido, y todos mis primeros amigos eran pintores porque todos habíamos estudiado juntos. Y yo nunca me vi como otra cosa que pintor porque mi obra nació a través de dar elevación a la superficie, y aplicar color y objetos a la superficie. Algunas de las mayores aportaciones de la escultura al siglo veinte están hechas por pintores. Si no hubiera sido por los pintores, la escultura estaría en una situación muy lamentable.

De las mayores innovaciones en el concepto de escultura, algunas las han hecho Picasso y Matisse. Hubo una serie de cabezas que hizo Matisse, tituladas *Jeannette:* ahí hay algunas innovaciones brillantísimas en el concepto de escultura. La pintura y la escultura no están muy alejadas.

Ése es uno de los grandes descubrimientos del siglo veinte, ¿no es cierto?

Yo espero que lo sea.

Ahora que muchos de ustedes han cosechado un éxito extraordinario y se cotizan muy alto, ¿se notará la diferencia? ¿Se va a poner la cosa más difícil?

¡En absoluto! Eso no ha perjudicado a ninguno de los nuestros. Hombre, quizá bebamos una botella más a la semana o al mes que antes, pero hay incluso muchos de los nuestros que no venden si no les apetece vender, y si han vendido bastante dicen: «Bueno, por este año ya está bien, venderé el año que viene». Cuando entra un dinerillo, se emplea en un estudio mejor, más pintura, quizá un traje nuevo, quizá una fiesta para otros artistas. Somos pocos los que tenemos coche. Yo sigo con mi camión de toda la vida. Muchos artistas no tienen coche. Pero desde luego se gasta en más pintura y telas más grandes. Cinco hombres que yo conozco han pasado a vivir un poco mejor recientemente, han tenido más éxito, y han salido de un piso sin agua caliente para meterse en un estudio bonito, grande, largo. Algunos están haciendo cuadros de veintiséis pies de largo por diez de alto. Bien, pues ése es un hito de liberación maravilloso. Si se hubieran movido por razones mercenarias, ahí perderían porque jamás en la vida van a poder vender un cuadro de veintiséis pies de largo por diez de alto. No encaja en ningún sitio, no tiene absolutamente ninguna aplicación funcional en ninguna parte. Pero es lo que desean hacer, es un gesto de liberación por haber estado tanto tiempo pintando cuadros pequeños en un estudio pequeño con telas pequeñas, y es una declaración de libertad.

Thomas B. Hess, redactor jefe de Art News, *fue el autor de la siguiente entrevista, que tuvo lugar en junio de 1964. Se publicó en el catálogo de la exposición de David Smith inaugurada en octubre del mismo año en la Marlborough-Gerson Gallery.*

Thomas B. Hess: *Usted ha empleado en sus esculturas «objetos encontrados», herramientas y otras cosas recogidas del campo: puntas de arado, viejas cadenas de atalaje.*

David Smith: Ciertamente. Las esculturas que hice en 1933 eran todas objetos encontrados.

¿Qué idea hay detrás del objeto encontrado en su caso? Para los surrealistas era dar un salto metafísico entre la realidad del objeto y la idea de una obra de arte.

Tom, yo no sé qué es «Una Obra de Arte». Cambia en mi vida y cambia en mi manera de mirar. No me produce un especial respeto.

En primer lugar, esas cosas tienen una forma geométrica básica que es ya «encontrada». En una obra reciente hice una sola rueda, y las otras tres las pedí a la Bethlehem Steel Company. Pesan 275 libras cada una. Son piezas ciegas forjadas por Bethlehem para teleféricos de cien toneladas. Se podría decir que son objetos «encontrados». Yo las vi en un catálogo y las escogí porque respondían a una necesidad concreta. Los triángulos, los círculos, las esferas, ¿son «encontrados»? Siempre han existido. Los pintores no se «tropiezan» con temas para un bodegón; los impresionistas no se tropezaban con sus temas. Encontraban sus árboles; escogían sus manzanas; todo eso son «objetos encontrados»: las flores, la fruta, todo.

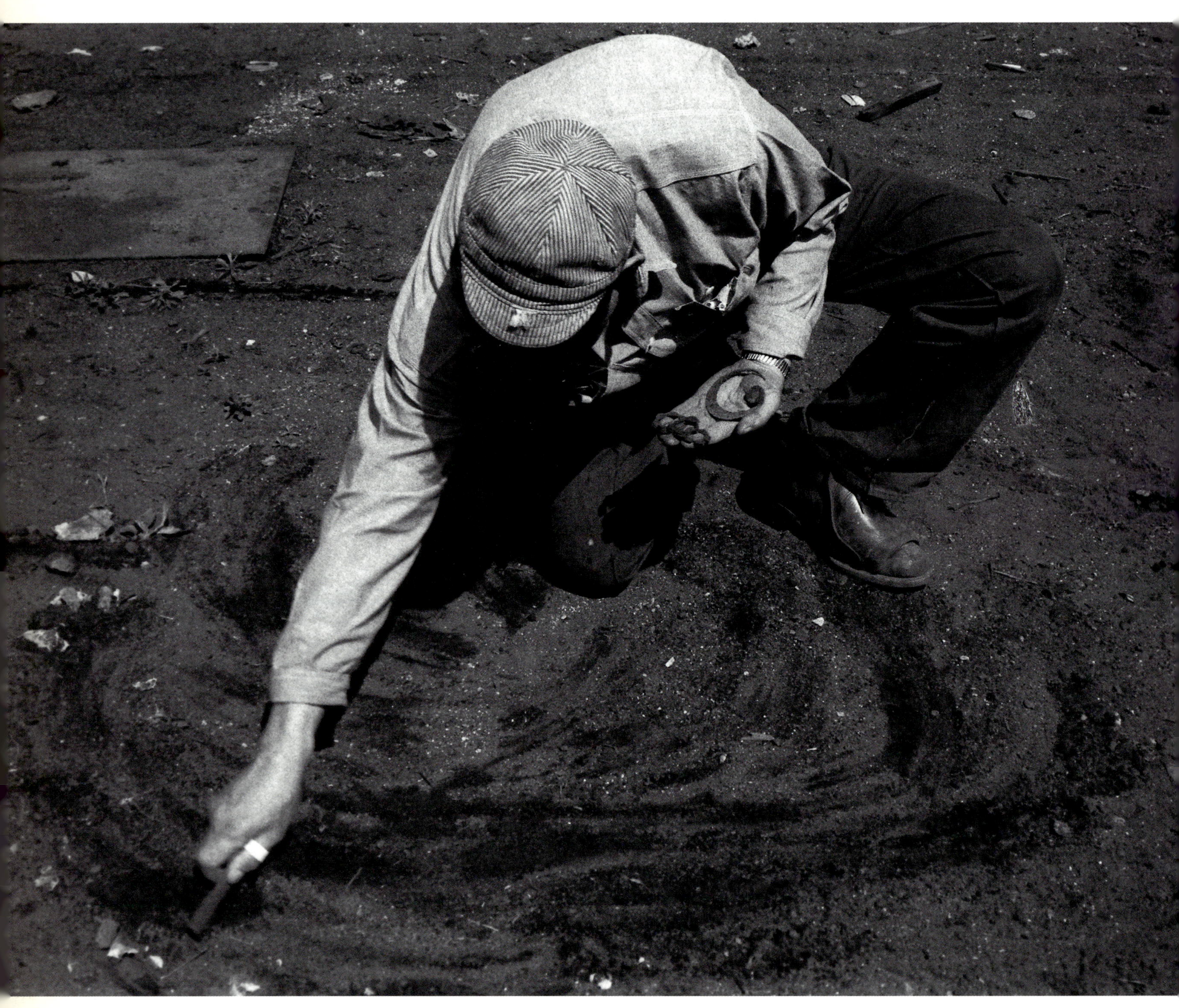

Voltri, 1962. Foto **Ugo Mulas**

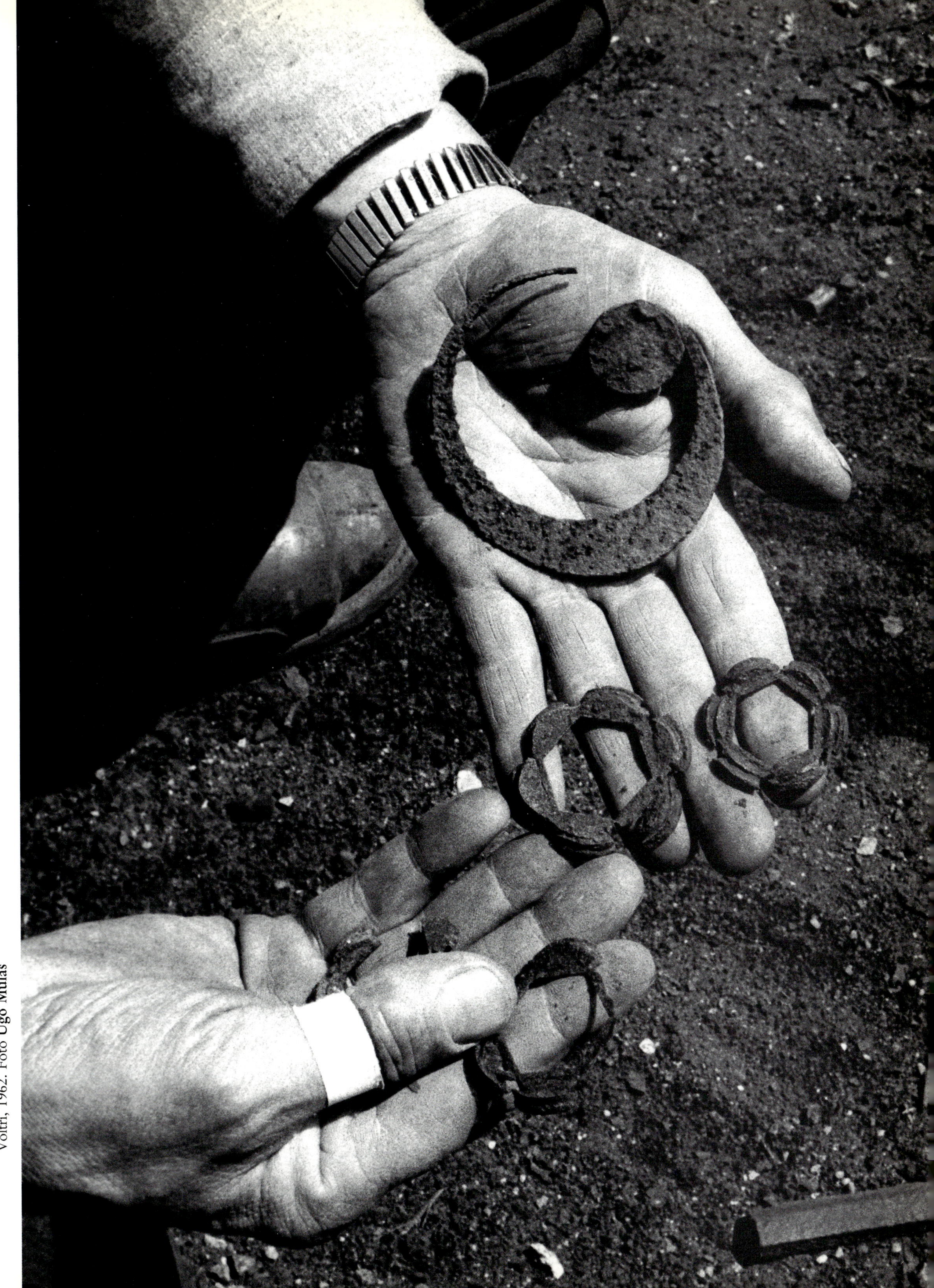

Voltri, 1962. Foto Ugo Mulas

Yo encuentro muchas cosas, pero sólo elijo las que encajan en un hueco que tengo pensado, las que encajan en una relación que necesito, y esa relación tiene cierto carácter geométrico. No se pretende que tengan que ver con el arte. Pero hay cierta relación romántica, en mi mente, con los viejos objetos hechos a mano que han dejado de funcionar.

Lo cierto es que siempre ha escogido cosas que en su día fueron útiles, viejos utensilios desechados; nunca cosas inútiles.

Yo no sé qué son cosas inútiles.

Por ejemplo, en los montones de chatarra hay mucho hierro estampado ornamental.

Yo no podría usar algo que fuera ornamento.

Quiero decir que lo que yo le he visto emplear ha sido siempre una herramienta desechada, o un objeto funcional que con el tiempo ha dejado de ser útil. Pero conserva cierta belleza en términos de su función perdida, lo mismo que un hueso.

Muchos huesos. Efectivamente.

¿Hay entonces una geometría de la nostalgia?

No sé; no me gusta esa palabra. A lo mejor yo no he superado la nostalgia o el sentimiento o ninguna de las cosas inferiores, pero no hay que olvidar, Tom, que cuando escoges un par de aros viejos de hierro del cubo de un carro, son círculos, son soles; todos tienen el mismo radio; todos cumplen la misma relación euclidiana. Tienen además el romance de la función pasada y el nuevo uso. Tienen sentimiento y tienen además la geometría. No hay una respuesta simple...

¿Usted cree que la nostalgia implica sentimentalismo?

Por supuesto; yo estoy lleno de eso. Nací calvinista. ¿Puede haber un calvinista que no sea sentimental?

Al decir nostalgia me refiero a que usted, si coge el cuadro de hierro de un viejo piano desechado y lo inserta en su obra, respeta siempre su integridad como cosa. A diferencia de Duchamp, por ejemplo, que se mofaba de su urinario o su percha. Usted mira sus objetos encontrados con respeto.

Pero es que hay que recordar mi herencia. Cuando yo era niño, sentía una profunda estima por el ferrocarril. Me sentaba a la salida del pueblo para ver pasar los trenes. Me montaba en los trenes, viajaba subido al techo de los furgones. Jugábamos en los trenes y alrededor de las fábricas. Yo jugaba allí lo mismo que jugaba en la naturaleza, por montes y arroyos. Me acuerdo de la primera vez que conduje un coche sentado en las rodillas de mi padre. La verdad es que siempre he tenido en gran estima la maquinaria. No ha sido nunca un elemento ajeno; ha sido parte de mi naturaleza.

La principal imagen de la poesía popular americana es el ferrocarril; llega y se lleva a la gente del pueblo; sus ruidos...

Y no se olvide que he trabajado en fábricas de locomotoras. He estado subido a ese pedazo de máquinas, soldándolas, con la esperanza de hacer un día esculturas así de grandes. Y un día las haré. Creo.

Y la superficie de algunas de sus esculturas: hierro oxidado, herrumbre.

Digamos que me gusta la herrumbre.

La nostalgia de la herrumbre...

Bueno, es recuerdo.

¿Qué era su padre?

Era gerente de una compañía de teléfonos, una compañía independiente. Yo nací en ese ambiente. Entre las primeras cosas que tuve para jugar había teléfonos. Los desmontaba y aprovechaba los imanes. Mi padre era inventor, inventaba cosas eléctricas: cajas de cobro automático que no admitieran monedas falsas, y cosas así. Inventó un gramófono eléctrico antes de que los hubiera en el mercado.

Cuando yo era pequeño todos eran inventores en el pueblo. Debía haber quince marcas de automóviles en Decatur, Indiana; a un par de manzanas de mi casa estaban unos que hacían automóviles en un antiguo pajar. La invención era lo fértil en aquel entonces... Yo recuerdo haber visto pasar avionetas sobre Decatur cuando era niño. Había una, que ahora está en la Smithsonian, que la llamaban la Vin Fizz: Vin Fizz era una marca de mosto que anunciaba la avioneta sobrevolando el pueblo.

Lo malo del tipo americano de inventor es el peligro de quedarse en un Edison de pueblo, de provincia.

Pero una de las ideas que tiene un artista, aunque sea refinado y conozca toda la historia del arte, es una especie de hambre de inocencia. Tiene que trabajar con todo lo que posee. Tiene que enfocarlo todo, todas sus energías, en una sola dirección, con una inocencia como si el arte no hubiera existido hasta que existió él.

¿Con una inocencia que presupone una dosis tremenda de refinamiento y sutileza?

Es también arrogancia. Sabes que no tienes la inocencia de un niño. Pero con tu edad y tu cultura y tu historia, tienes también esa actitud. Yo le concedo a cada artista el derecho de creerse el único artista del mundo, y el más grande.

Hay que suponer que todo artista es también un hombre muy culto. A usted le interesan los medallistas alemanes de los siglos dieciséis y diecisiete, y...

...los sellos griegos y sumerios, y el cubismo, y el barroco, y...

Y quiere tener una biblioteca de libros de arte.

Por supuesto. Me encanta leer libros de arte. Yo quiero saber todo lo que algún hombre haya sabido.

Así que en cuestión de arte no es nada provinciano.

No conozco a ningún artista que sea provinciano...

¿Cuál es su lugar en el arte de vanguardia? Creo que tuvo sus ideas al respecto en los años treinta y cuarenta. No sé si las sigue teniendo. ¿No había entonces cierto aire de entusiasmo?

Sí, yo creo que sí. En los años treinta no teníamos una identidad de grupo. En los cuarenta se desarrolló, cuando Pollock y Motherwell y Rothko exponían, y pareció que formaban una especie de grupo para nosotros, que no lo teníamos en los treinta. Entonces sólo estaban Stuart [Davis], Gorky y Bill [de Kooning], Edgar Levy y pocos más. Andábamos cada uno por su lado, algo así como expatriados en los Estados Unidos y en Nueva York. El estilo dominante era el realismo social, y a nosotros nos rechazaban siempre. Pocas veces se veían obras nuestras en exposiciones, pero desfilábamos en las manifestaciones del Primero de Mayo y apoyábamos todas las causas humanitarias; todos estábamos del lado de los republicanos en España. Hasta los años cuarenta, cuando empezaron a desarrollarse Motherwell y los otros, no pareció haber un grupo de artistas abstractos.

La idea de vanguardia, que entonces parecía arrebatadora, ahora resulta más bien repelente. Claro que en aquella época nadie estaba en el asunto por dinero.

Entonces no aspirabas a vender; aspirabas únicamente al privilegio de exponer. El triunfo estaba en eso. Ninguno de mis conocidos en los años treinta y cuarenta vivía de las ventas. Los artistas enseñaban su obra a otros artistas...

«Tótem» es una palabra recurrente en sus títulos. ¿Tiene usted una idea de la escultura tribal como cosa distinta del folclore?

Un tótem es un «sí». Y un tabú es un «no». Un tótem es una afirmación de un denominador que normalmente recurre.

O sea, que yo podría preguntar: «Señor Smith, ¿está usted haciendo objetos rituales para una nueva religión?».

No. Yo no creo en la religión de nadie. Lo malo son todas las implicaciones sociales que llevan esas palabras. Quiero decir que, a fin de cuentas, la sociedad primitiva tiene tótems y tabúes, y hay tótems y tabúes en nuestra sociedad: el comportamiento de usted en una inauguración del Museum of Modern Art, o cuando se sienta a cenar.

En su escultura, ¿piensa usted en un contenido que incida en relaciones sociales básicas: entre la obra de arte y el espectador, tal vez? Supongamos que hoy el artista trabaja para otros artistas y un puñado de amigos. Pero ¿hay alguna posibilidad de trabajar para un inmenso público imaginario? ¿Sus esculturas podrían ser tótems para una sociedad ideal?

Románticamente, ¡ojalá! Pero yo no las veo aceptadas en la sociedad capitalista actual, ni en la sociedad socialista contemporánea. Las únicas recompensas que me llegan en forma de elogio proceden de otros artistas.

Pero usted hace unas esculturas enormes, muchas tan grandes que no se podrían exponer, como no fuera en el patio de su casa.

Eso forma parte de mi obra. Las voy a hacer tan grandes que no se puedan ni mover.

Muchos artistas americanos trabajan así. Adolph Gottlieb me contaba que está pintando cuadros de catorce pies de alto, y su galería tiene los techos a diez pies...

Es una postura de desafío. Si puedes vivir con lo que vendes, no te doblegas a la óptica de vender. Haces lo que te sale de dentro. Yo diría que en Adolph hay un deseo constitucional, natural, de pintar en grande. Yo conozco a Adolph; las únicas veces que exponíamos en algún sitio en los años treinta, tenían que ser obras que pudiéramos cargar con ellas en el metro, llevarlas nosotros y recogerlas. Y lo único que hacíamos era exponer. No vender.

En realidad, usted no trabaja para otros artistas; trabaja para sí mismo.

Eso es cierto, pero el público son otros artistas. Siempre hay unos cuantos críticos, muy pocos.

¿Pero su obra no tiene la singularidad de que parece plantearse una función social amplia, aunque sea inexistente?

Yo creo que soy un idealista.

¿Cuál es el ideal? Sus tótems son para...

...una sociedad auténticamente socialista, pero yo no conozco ninguna ideología que satisfaga mi ideal teórico. Lo dicho vale para las religiones o cualesquiera ideales sociales. En otras palabras, no estoy con nada ni con nadie.

Había cierta organización social cuando usted era niño en Indiana, y usted tenía sus ideas sobre la maquinaria y los materiales. Y ha instalado en su finca esas enormes esculturas «inútiles», que para mí poseen cierto efecto simbólico: como un libro en un idioma secreto.

El idioma secreto, Tom, es muy sencillo: estoy construyendo las mayores esculturas, los mejores pedazos de escultura que puedo hacer dentro de mis actuales limitaciones, en sentido conceptual y financiero. Si hace unos años hubiera podido construir esculturas a tono con mi idea, habrían tenido veinticinco o treinta pies de alto...

La mayor parte del arte americano de los años treinta y cuarenta, e incluso de los cincuenta, no se llegó a hacer porque los artistas no tenían dinero para realizarlo en mayor formato y más a lo grande. Ahí se quedó lo mejor del arte americano, por nuestra imposibilidad financiera de comprar lo necesario simplemente para hacerlo. Quizá hoy les pase lo mismo a los artistas jóvenes. Quizá les pase lo mismo a todos los artistas, en todas las épocas.

Yo no creo en el concepto de nada. Creo en la convicción del artista. La convicción del artista se palpa. La fuerza de una obra depende más de la convicción del artista que de un concepto.

¿Recuerda el artículo que escribió Elaine de Kooning sobre una de sus esculturas en Art News *en 1951? Creo que la escultura se llamaba* La catedral.

Exactamente, *La catedral.*

Recuerdo que Elaine describía una de las formas como una especie de altar, y sobre ella una figura atravesada por una púa que bajaba...

...una púa eclesiástica.

...y usted puso un poco de plata fundida en la figura, y Elaine citaba sus palabras diciendo que la plata representaba la Pureza. Nadie sería capaz de ver ese detalle sin ayuda, ni deducirlo del título.

Sí. De vez en cuando, haciendo una cosa grande de hierro oxidado, hago un agujero y le pongo un poco de oro, porque me da la gana. No creo que nadie llegue a verlo. Tiene su gracia.

En su obra los detalles son importantes, y usted los inviste de toda clase de significados posibles, significados privados, que se pierden...

Es pública cuando la expongo y privada cuando la hago. Todo el buen arte que yo conozco es bastante privado cuando se hace. Yo busco significados privados en los artistas del Renacimiento. Busco significados privados lo primero de todo.

¿Sigue usted repasando así los detalles?

En unas esculturas sí, en otras no. Las hay que son para ser vistas desde una distancia de quinientos pies, y las hay pequeñas e íntimas, con detalles muy íntimos.

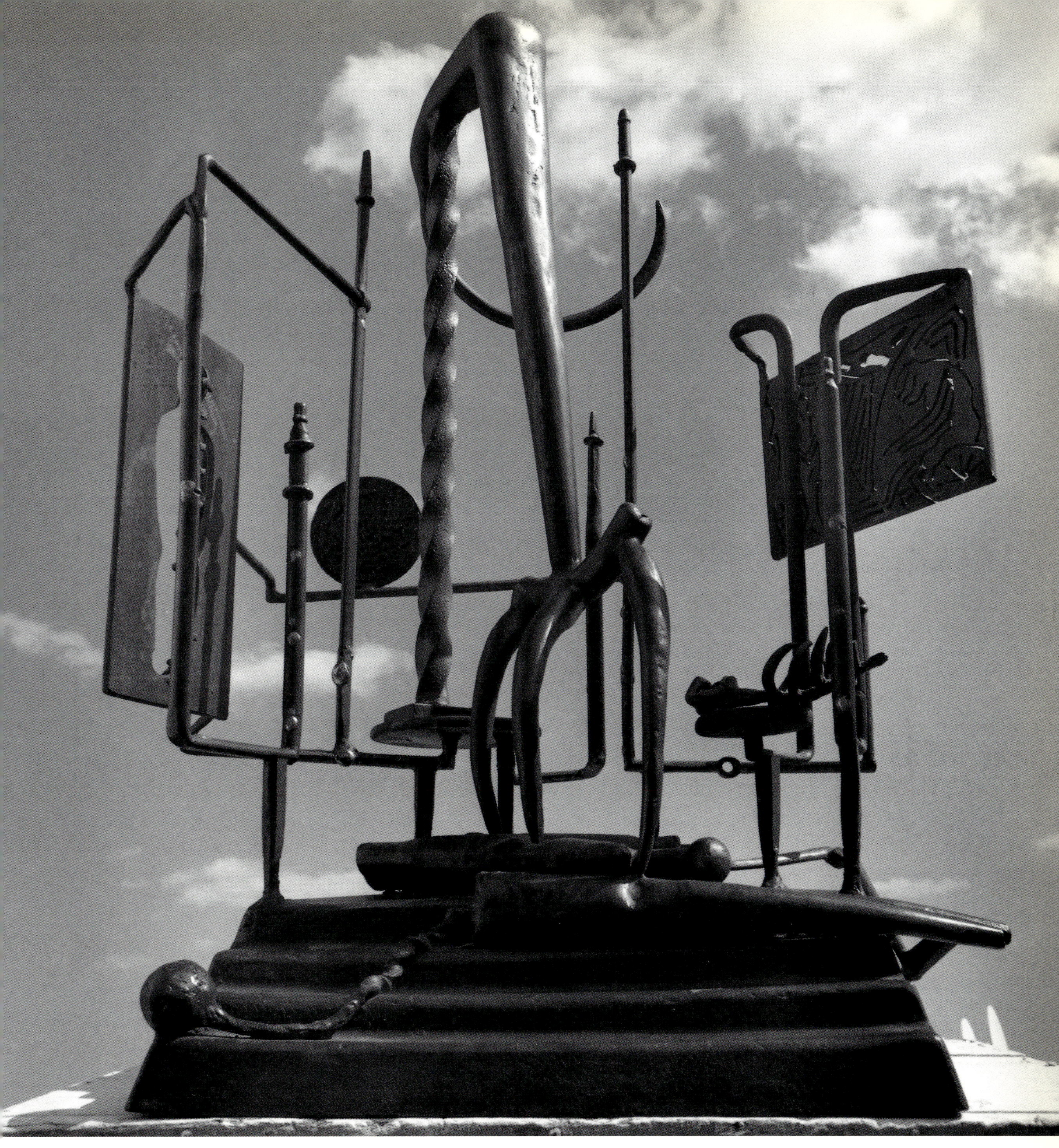

Cathedral, 1950. Foto **Ugo Mulas**

Anoche, por ejemplo. Cuando me fui a dormir estaba haciendo una escultura. Por dos veces me desperté e hice dibujos. Esta mañana me desperté pensándola, y me imagino que pude seguir trabajando dormido. Unas veces trabajo con detalles y otras con declaraciones amplias. No tengo ninguna convicción de que valga más lo uno que lo otro.

Bien, pero la plata que puso para representar la Pureza no la va a ver nadie si usted no se lo dice.

No creo que sea necesario decírselo a nadie.

Sí, pero ¿lo hace?

El conocimiento, la percepción, la visión son tan superiores a toda declaración en palabras, que nada que pueda hacer el artista llega más allá de la visión del espectador.

La plata llegaría.

¿Sabe lo de [en James Joyce] la Gallinita Roja que escarbando sacó una carta? Pues yo me paso la vida escarbando y sacando cartas, y es una de las cosas que me gustan de Joyce. Hay una parte de Joyce en mí, toda mi vida. Leí «Work in Progress» en *transition*. Es una especie de apertura, como la primera vez que vi el cubismo o el constructivismo o De Stijl, o cualquiera de las cosas que vi sin saber nada de ellas. Me encantan cosas que veo y no sé nada de ellas. No entiendo por qué a otras personas no les gustan las cosas de las que no saben nada. Siempre me asombra que yo pueda hacer algo que alguien no entienda. Yo veo todo lo que hay escrito en lo que escriben otros. Escucho música y lo entiendo todo; quiero decir que me gustan John Cage y Morty Feldman, Varèse y Stravinsky...

¿Le he dicho que este año acabo de hacer ciento treinta o ciento cuarenta pinturas con modelo, siempre modelos desnudas? No uso paños. Si hay coño, pongo coño. Y si hay una rajita —en algunas de estas chicas que son tan jóvenes no se ve siquiera una definición—, la pongo, porque pienso que estará ahí, antes o después.

Usted es sencillamente un estilista.

Soy sensualista... Pero no uso boceto cuando hago escultura, normalmente.

Hace dibujos a tiza en el suelo.

¡Ah!, eso cuando tengo problemas.

¿Cómo que no hace bocetos? Usted está siempre dibujando.

Bueno, no es que dibuje sólo de vez en cuando. Hago lo que necesito, Tom, y a veces me parece que estoy más fuerte y hay más posibilidades para la invención si no uso el boceto. Dibujo mucho para dilatar la mente o la visión, pero cuando trabajo intento que sea la obra la que haga su visión particular; yo, mientras, sigo una historia de saber a espaldas de ella.

Ésa es la manera más rebuscada de abocetar... También corrige interminablemente mientras trabaja.

Corrijo a menudo las piezas, y las malas las tiro.

De modo que en su caso la posible espontaneidad ha pasado por el filtro de la disciplina intelectual más rigurosa. El proceso de trabajo es un proceso de escrutinio constante.

¿Escrutinio? Lo vivo. Lo vivo, y las piezas que son problemas las miro y las pienso tres o cuatro veces al día mientras trabajo en otras.

¿Y qué hay de espontaneidad?

Uso todos los métodos o enfoques que necesite. A veces es espontáneo y a veces es estudiado, pensado, y lleva mucho tiempo. Hay esculturas que requieren un par de años antes de la ejecución.

Lo que quiere decir que está constantemente alerta, que es un artista intelectual. Lo concentra todo en la obra y así es como sale el arte.

Sale distinto la mayoría de las veces.

Porque no puede supervisarlo todo. ¿La obra escapa al escrutinio?

Hay un tipo de visión, generalmente, que es una visión meditada; que no quiere decir premeditada. Pero yo más bien lo llamaría continuación. Y a veces lo que necesito es la contradicción respecto al tipo de obra que estoy haciendo.

A veces trabajo con lo que se suele llamar líneas o dibujo. A veces necesito formas cúbicas, grandes, fuertes. A veces necesito una falta de respeto total hacia el material y lo pinto como si fuera un edificio...

¿Se deben respetar los materiales? ¿Para usted «puro» quiere decir «bueno»?

Bastante bueno. Depende de la convicción del que lo esté haciendo. Si hablamos de la pintura de Ad Reinhardt, puro quiere decir bueno.

Usted añade color.

Todavía estoy con eso. He hecho dos esculturas propiamente afinadas entre el color y la forma. Pero llevo pintando la escultura toda la vida. Si vamos a eso, la razón de que me hiciera escultor es que antes fui pintor.

¿Por qué elige siempre colores vivos?

Porque son más difíciles.

¿No sería más fácil empezar con grises?

Sí, sería más fácil plantear el color de una manera suave y monocroma, lo que pasa es que a mí no me habla con la misma fuerza. Podría manejar blancos y negros, pero pienso que necesitaría veinte años para llegar a pintar círculos de colores vivos que me salieran, y en el momento en que me salieran me sentiría acabado; eso estaría acabado. Cuando alcanzas una unidad, tiene que acabar algo.

Yo no veo la razón de que ahora haya legiones de artistas intentando hacer escultura polícroma.

Eso es una palabra fea, «polícroma». ¿Qué diferencia hay entre que la escultura utilice el color y que lo utilice la pintura?

Que al parecer los pintores saben hacerlo y los escultores no.

Pues muy bien, será que no hemos atinado. El día que atinemos, será...

Dos veces...

...doble. Pintura y escultura a la vez; más que cualquiera de las dos.

¿Usted cree que es la pintura lo que domina?

Creo que la reacción y la respuesta del público y de los historiadores están hechas sobre la pintura.

Eso es así desde el siglo diecisiete.

Tom, la escultura ha sido una puta durante muchos siglos. Había que hacerla por encargo. La escultura no era escultura mientras no se fundiera en bronce. Antes de fundirla, el que la pagaba tenía sus reservas y sus especificaciones sobre el contenido.

Pero la escultura moderna brota de la pintura como brota una flor del suelo.

Brotamos del cubismo.

Y Picasso y Matisse...

...están entre los que han hecho sus mayores invenciones a través de conceptos de escultura. Y también con ellos empieza la escultura como una entidad...

¿...absoluta?

...absoluta desde el artista. Pero los procesos reproductivos implican algo más. La escultura está poco considerada porque se ven todo el rato las mismas esculturas. Se vulgarizan y eso reduce el interés. El mundo está lleno de reproducciones de escultura y ésa es una de las cosas que la estropean.

Yo no creo que eso sea muy importante. Si es buena, es buena. Si no...

Sólo es buena cuando sale de la mano y del ojo del artista. Si no, es reproducción.

¿Y los hermosos bronces de Jimmy Rosati?

Eso es diferente. Yo hablo de los museos y los marchantes que hacen bronces.

¿Alguna vez se ha sentido amenazado?

Me sobran ideas; no estoy agotado. Estoy viviendo con diez años de adelanto sobre mi tiempo...

Quiero decir materialmente.

Materialmente tengo miedo de que pase algo, de no tener para comer. Cuando has vivido una Depresión, Thomas, yo creo que eso no lo superas.

Pero su padre tenía dinero y usted creció...

Mi padre era un trabajador...

...sin que le faltara para comer.

Yo crecí sin que me faltara para comer, pero venía de familia de pioneros. Abuelas y abuelos, bisabuela, mi tatarabuela, toda la gente con la que hablaba eran colonos antiguos. Habían tenido que pasar temporadas enteras sin sal, sin harina, sin azúcar, sin cosas así de básicas. Yo procedía directamente de pioneros con el miedo de no sobrevivir, y eso reforzó mi conciencia de la Depresión.

¿Para usted el derroche es un pecado?

¡Justamente! A mí no me gusta tirar el pan...

En una ocasión me dijo que su formación protestante era una desventaja.

Es una formación fatal, pero cada uno se tiene que apañar con lo que tiene. No hay ni bienes ni males. Cuanto más te enfrentes a un desafío, mayor puede ser tu potencial. ¡La única regla es que no haya reglas!

En cierto modo, ¿el sentido de su escultura en conjunto es un «No hay reglas»?

Creo que en el mismo instante en que veo una regla o una instrucción o un método o una introducción al éxito en alguna dirección, me apresuro a dejarlo; o quiero dejarlo.

¿Eso es un estado de insatisfacción?

La idea de satisfacción es como la idea de felicidad: la gran ilusión americana.

¿Es la formación protestante la que ahí habla, retrocediendo ante la satisfacción?

Mi deseo es ser totalmente antiacadémico.

En cierto modo, quiere siempre fracasar.

Ahí es donde está el desafío mayor... la idea protestante americana conduce a la rebelión. Se hace un formato para cambiarlo...

A mí me gusta la escultura al aire libre, y lo más práctico para la escultura al aire libre es el acero inoxidable; las hice y las pulimenté de manera que en un día apagado toman el azul apagado, o el color del cielo a la puesta del sol, el arrebol, dorado como los rayos, los colores de la naturaleza. Y en un sentido particular, he utilizado la atmósfera de una manera reflexiva sobre las superficies. Toman el color del cielo y del entorno, el verde o el azul del agua. Unas están abajo a la orilla del agua y otras junto a la montaña. Reflejan los colores. Están pensadas para el aire libre.

Como un estanque...

...refleja el cielo, cambia de color en cada momento del día. No están pensadas para edificios modernos.

¿Y las esculturas que ha titulado Primo Piano*?*

Toda la acción se desarrolla en el primer piso.

¿Está la base, luego una pausa, luego la acción?

Sí. El título fue una idea secundaria, pero bueno, ahí queda. El piso bajo es donde están los empleados de ventanilla.

Y la acción se desarrolla por encima de la visual. ¿Y los Carros*?*

Tengo tres sobre ruedas. Es una especie de carro antiguo de hierro, sobre cuatro ruedas, con elementos lineales abiertos. Cada sección de dibujo es totalmente independiente, y no encajan entre sí. Simplemente están ahí, rotas.

¿De modo que el carro pasa a ser una especie de campo donde esas cosas existen?

Un campo longitudinal.

Y tuvo usted la idea de...

En realidad le compré esas ruedas a uno que me estaba haciendo dos cañones, cañones que disparan.

¿Para qué quiere usted cañones, para los petirrojos?

No, no pensaba disparar contra ningún petirrojo. El único cañón que tengo es un modelo de la Revolución, que dispara latas de zumo de naranja, de limonada y esa clase de cosas. Todas esas latas las guardo, las lleno de cemento y las disparo.

¿Qué alcance tiene?

¡Huy!, llega hasta una milla, pero con tres onzas de pólvora alcanza entre setecientos y mil pies. Tengo también un cañón de bronce.

¿De esos de señales de club náutico?

Sólo que más grande. Encontraron uno en el lago George, fundido en Escocia y traído durante la guerra contra los franceses y los indios. Al levantar un muelle se encontraron con que debajo había metidos siete cañones antiguos, uno de ellos bastante bien conservado. Un amigo mío le pidió a su hermano que lo dibujara; yo tenía por ahí unos cientos de libras de bronce en lingotes, y me hicieron un cañón de bronce con ruedas de bronce. Pues bien, en mi

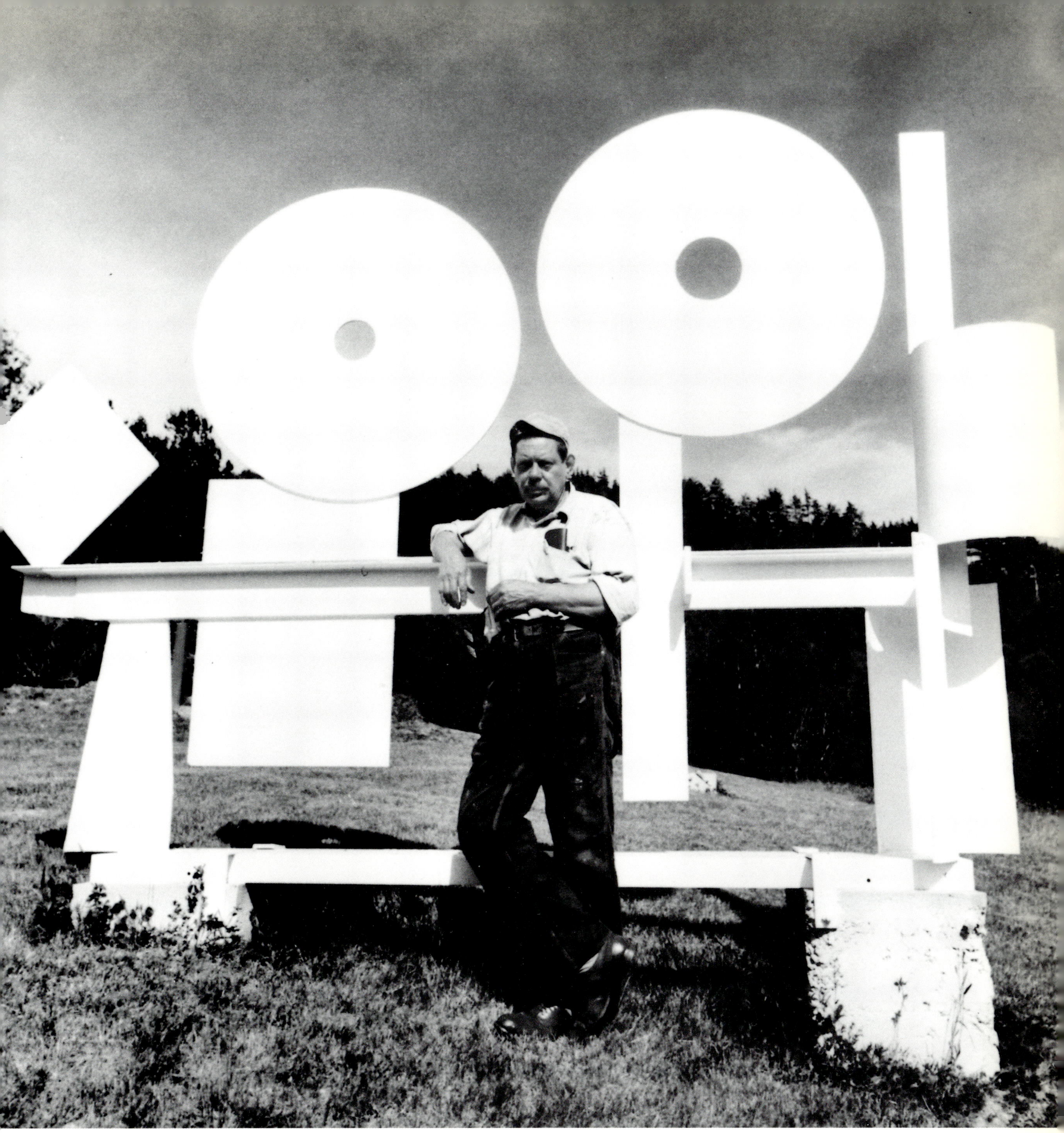

Autorretrato con *Primo Piano*, 1962, Bolton Landing

último *Carro* utilicé tres de las ruedas de bronce que me habían hecho para cañones. Así que es escultura de hierro y lleva ruedas de bronce.

¿En el espacio longitudinal hay «dibujos»?

Forjados grandes. Dibujé una serie de forjados de encargo, unos cuarenta y cinco, y los mandé hacer en Pittsburgh.

¿En acero?

En acero, sí.

Queda como una especie de carro clásico...

...y así se pueden mover y situarlos en el campo. Pesan demasiado para moverlos a mano, y por eso les puse ruedas. Claro está que he empleado mucho la rueda. Que yo recuerde, la idea de la rueda la tomé de los templos hindúes.

¿Esas ruedas de la vida?

Las tallan en la piedra de los templos para representar las procesiones donde sacan copias de los templos por las calles, sobre carros. Son ruedas de piedra tallada. Es una idea fascinante. Yo he estado en el Museo de la Ciencia y la Industria donde hay ruedas cuadradas.

¿Usa usted la magia? Yo recuerdo una pieza, de hace quince años, que tenía un pedestal de acero, y luego un plano dividido en tres secciones, y en cada sección había series de formas, y encima de eso un dibujo en acero.

Eso era una carta... Y eso enlaza con la Gallinita Roja que escarbaba en Joyce... La Gallinita Roja que escarbando destapó la carta.

Una carta de acero.

Sí. Y la carta dice: «Me mandaste llamar». Una cosa muy sencilla. Un mensaje corto y críptico. «Me mandaste llamar». Todas las cartas dicen «Me mandaste llamar», por lo que a mí respecta.

Y hay esculturas con haches y con íes griegas; la verdad es que a usted le han preocupado las letras.

Sí.

Las letras griegas.

Toda clase de griego que no es griego. Parecen griegas y son griegas porque decir «griego» es decir algo que no se entiende. Y en el alfabeto griego no existe ni la hache ni la í griega.

Hay una í griega, pero es un tridente...

Mis íes griegas son tridentes. Jean Xceron era el que me escribía el griego.

Y ha hecho usted algunas grandes esculturas lineales que no son escritura: Australia...

Sí, y *Paisaje del río Hudson;* era cosa de dibujo.

¿Considera el dibujo en términos de escritura?

No hago diferencia entre escribir y dibujar, desde que leí esa parte de Joyce.

¿Hay como un mensaje secreto?

La gallinita sacó escarbando un mensaje secreto.

¿«Te mandé llamar»?

No. «Me mandaste llamar», que es diferente. Eso es lo que yo creo que decía la carta secreta. Nadie sabe qué decía realmente la carta.

Y en su escultura de grandes torres...

...que simplemente brotan de la tierra...

...hay dibujos levantados.

Sí, y es también un reto de ingeniería hacerlas de cien pies de alto. Pero a veces las mías no funcionan bien; no dan la impresión de estar erguidas.

A veces casi amenazan con venirse abajo.

No se diferencian en nada de una torre ligera, pero no parece que vayan a aguantar. Porque las hago estéticamente lo primero. De cuando en cuando meto una línea constructiva por solidez. Trato de incorporar la solidez a la estética.

El único problema que queda es: ¿por qué color?

Es introducir algo de fuera, pero ¿por qué no?

Teniendo el acero, un material tan bello...

¡Mierda!

El acero y el bronce...

Las coloreo. Como son de acero hay que protegerlas, y si hay que protegerlas con una capa de pintura, pues que sea de color. Unas veces niegas la estructura de acero. Y otras veces la haces aparecer con toda su fuerza en la forma que sea. No hay reglas...

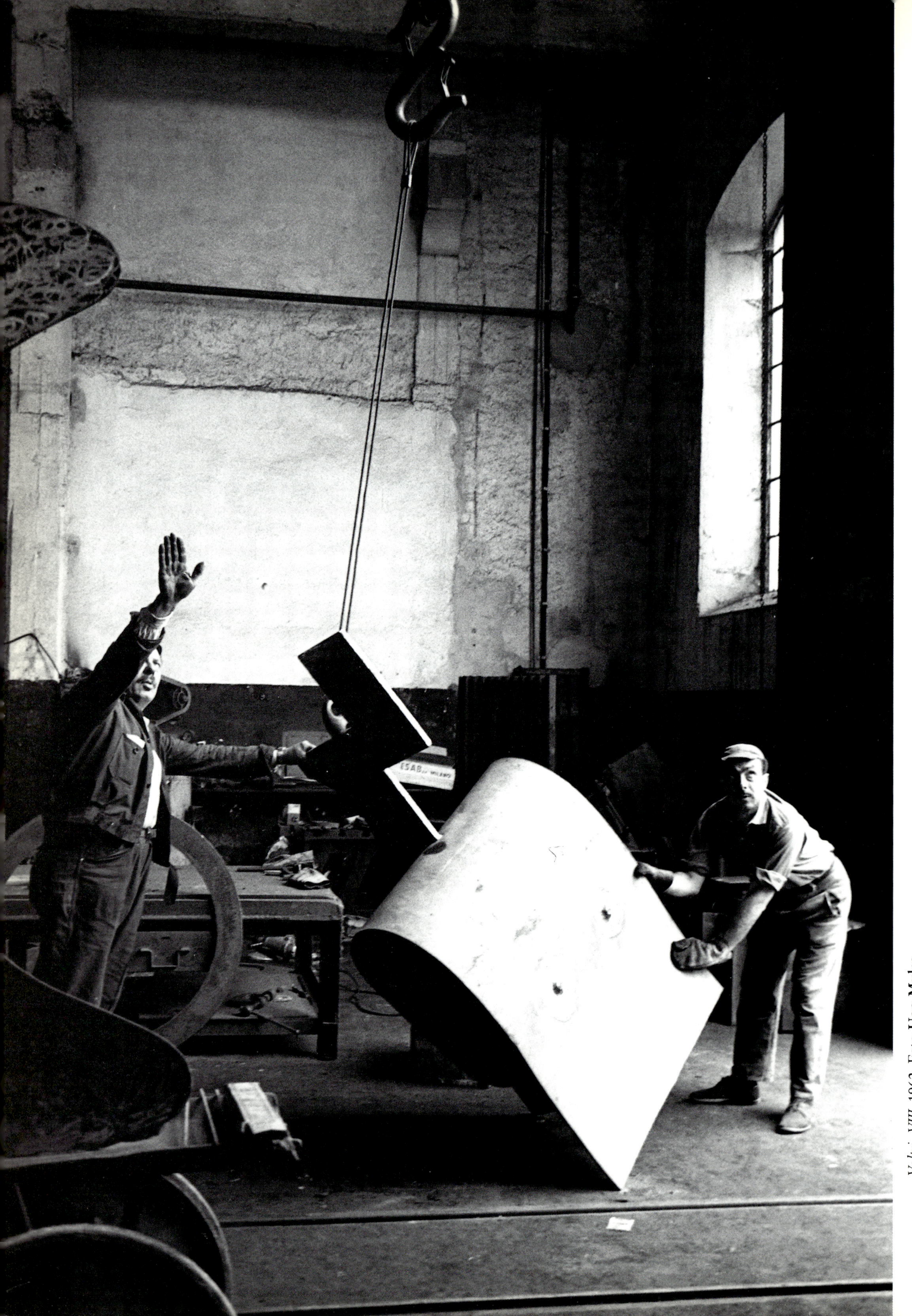

Voltri, VIII, 1962. Foto Ugo Mulas

CARTAS DE DAVID SMITH A ROBERTA GONZÁLEZ

Estas cuatro cartas, las dos primeras escritas en francés, se encuentran en el Archivo del IVAM de Valencia.

Estimada Señora:

La revista *Art News* me ha rogado que escriba un artículo sobre su padre, Julio González, para su publicación del próximo mes de diciembre. He admirado su obra desde 1932 cuando, por primera vez, siendo estudiante, vi una reproducción de su obra escultórica.

En 1934, un amigo, John Graham (pintor rusoamericano y coleccionista) me dio una pequeña cabeza que le había comprado a su padre. Es una de sus primeras máscaras realizada en hierro, más pequeña que una mano, cuya frente está atravesada por unos «hilos» que marcan los rasgos de su fisonomía. La fotografiaré y le enviaré una copia.

En 1936 estuve en París con John Graham. Quisimos visitar a su padre, pero se había mudado. Entonces yo venía de Grecia y me dirigía a la Unión Soviética, en el viaje de regreso no volví a pasar por París. Por desgracia, no llegué a conocerle, con lo cual no habría sido necesario importunarla para la realización de este artículo.

El pintor Herman Cherry me ha prestado los datos que usted le envió en relación con los períodos de la obra de su padre y, además, poseo el catálogo «Amsterdam-Bruselas»; tengo algunas notas traducidas, pero me gustaría hacerle algunas preguntas respecto a asuntos personales e íntimos de los que hablan los artistas, que suelen ser muy diferentes de los informes oficiales de los museos.

Mi deseo es hablar del González artista y escribir como si se tratara de una conversación con otros artistas.

Me dirijo a usted con gran respeto y admiración profunda hacia la obra de su padre. Mis amigos Graham y Xceron fueron a su vez amigos y admiradores de su padre durante mucho tiempo.

Todos los hechos personales e inéditos que usted quiera comunicarme amablemente serán tratados con la máxima consideración y le haré llegar algunos ejemplares de la Revista. Considéreme enteramente a su disposición para cualquier servicio similar que yo pudiese realizarle desde los Estados Unidos, puesto que yo también esculpo en hierro. Le adjunto las preguntas en hojas separadas; le ruego me disculpe por abusar de su generosidad, haré el mejor uso de las respuestas para escribir un artículo que refleje, en su justo valor, la obra del artista y del hombre Julio González.

Me gustaría insistir en un aspecto que los Museos oficiales no suelen tratar:

— ¿Por qué su padre no era apreciado cuando aún vivía? ¿Por qué no se compraban sus obras cuando el dinero de las ventas le habría permitido realizar más esculturas?

— ¿Por qué debe morir un artista para que sea reconocido?

— ¿Por qué los entendidos le ignoraron si los artistas que le conocieron han admirado siempre la obra de su padre?

Sinceramente suyo,   *David Smith*

P r e g u n t a s :

1. ¿Quiénes eran los amigos íntimos de su padre? ¿Con quién hablaba de estética? ¿Frecuentaba especialmente algún café, etc.?

2. Le rogaría que me hablara un poco de su madre, del año en que se casaron y del aprecio que sentía hacia la obra de su esposo. ¿Dónde vivían sus padres? Todo lo que recuerde sobre la devoción de su padre por su arte y sobre la eterna lucha del artista.

¿Cómo se ganaba la vida y cómo obtenía el dinero necesario para comprar su material de escultor?

¿Podría decirme si su padre lo pasó mal en algún momento, sin olvidar que estoy de su lado?

Creo que ha habido cierto paralelismo con mi vida y con mi lucha.

3. ¿Cuántas esculturas ha realizado aproximadamente? ¿Cuántas en hierro?

En una obra de 1936, *Mujer con hoz, Montserrat*, ¿podría adivinarse cierta afinidad política con el Frente Popular? (En 1936 formé parte de la marcha al cementerio «Père-Lachaise» con la Casa de la Cultura de los Artistas.) ¿Mantenía relaciones con ese grupo cultural? Durante la Guerra Civil Española, ¿simpatizaba su padre con los monárquicos? ¿Realizó carteles u otras obras para esta causa?

4. ¿Le gustaba la música? ¿Qué tipo de música?

5. Diría que su padre era un hombre benévolo y tranquilo, un poeta, pero sólo puedo escribir este tipo de cosas si usted me las confirma. Veo eso y mucho más a través de su obra, pero si usted me habla de su carácter podría escribir con mayor legitimidad.

6. ¿Qué podría decirme de sus talleres? (Tamaño de la habitación, tipo de edificio) ¿Y de sus herramientas de trabajo? ¿Empleaba herramientas de gran potencia? ¿Utilizaba un soldador eléctrico o del tipo «arco soldador», como lo llamamos aquí, o por el contrario, realizó toda su obra en hierro con soldaduras de gas y de oxígeno?

7. ¿Los críticos franceses opinaban sobre su obra de buena fe? ¿Han sido muchos los coleccionistas franceses que han comprado obras suyas? ¿Hubo Museos franceses que compraron y expusieron su obra cuando aún vivía?

8. Estoy muy confuso con el período de 1929 a 1931, en el que Picasso realizó esculturas en hierro soldado. Algunos amigos me han dicho: «González soldaba para Picasso», las diferentes informaciones al respecto parecen diferir.

Un catálogo americano afirma que su padre enseñó a Picasso a utilizar la antorcha de soldar. Le ruego que me indique los hechos verdaderos.

¿Fue su padre quien enseñó a Picasso a soldar sus esculturas? ¿Soldaba para Picasso por amistad, o trabajaba para él durante la etapa de escultura en hierro y de construcciones, que abarca el período de 1929 a 1939?

No formulo esta pregunta para analizar la situación, sino para establecer la verdadera relación entre ellos.

9. Si fuera necesario, ¿podría mencionar su nombre?

10. ¿Podría prestarme alguna fotografía para el artículo de *Art News* que no haya sido publicada anteriormente en el catálogo «Amsterdam-Bruselas»?

¿Tiene alguna fotografía familiar de usted con sus padres o de González con sus amigos? Desearía presentar una imagen íntima e inédita de su padre. No quisiera repetir la documentación del catálogo.

Me gustaría ampliar los conocimientos sobre su vida y sobre su obra.

Le prometo tratar con esmero y devolverle todos los documentos que usted quiera confiarme. Y, en caso de que tenga que realizar alguna copia, devolverle el importe y, por supuesto, todos los gastos de envío.

Si fuese tan amable de responder a mis preguntas le quedaría muy agradecido. Haré todo lo posible por la causa de su padre.

David Smith

Madame Roberta González

Areneil, France   4 de noviembre de 1955

Estimada señora:

Le agradezco sinceramente la rapidez y extensión de la información que me ha facilitado. El retraso de mi contestación se debe a la necesidad de buscar una persona para que tradujese esta carta.

Cuidaré las fotografías y se las devolveré en cuanto haya concluido el artículo y los grabados para la revista estén listos.

El artículo se presentará en enero y le enviaré algunos ejemplares. Me esforzaré en mostrar la importancia y la verdad sobre la obra y la vida de su padre.

Adjunta encontrará una fotografía de la pequeña máscara que poseo. Desconozco la fecha en que fue realizada. Su tamaño se aproxima al de la foto. La escultura en plata del museo de Filadelfia fue comprada por A. E. Gallatin en 1933. Su padre donó un dibujo a M. Gallatin, y el pintor americano George L. K. Morris posee un dibujo que compró a su padre, Julio González. Usted, que está al corriente de las obras del Museo de Arte Moderno, debe conocer y aprobar la exposición de pasteles y bronces de la Galería Henry Kleeman.

Un gran número de artistas de Nueva York conocieron a su padre, sobre todo entre 1930 y 1935, época en la que se reunían en el estudio de J. Torres García.

He escrito a Picasso, a Brancusi y a otras personas con la esperanza de poder añadir más datos a lo anteriormente publicado sobre su padre y sobre su obra.

He leído un artículo que elogiaba una exposición de su obra y de sus dotes de artista.

Dentro de un tiempo tendré fotografías de mis obras de 1955 y será para mí un placer enviárselas.

Sinceramente suyo   David Smith

28 de febrero de 1956

Estimada Roberta González:

He recibido su carta. Necesito ayuda para traducirla; entretanto, adjunto sus fotografías y le expreso mi gratitud por su ayuda en el artículo de *Art News*.

He pedido a la revista que le manden unos cuantos ejemplares. No escribí un buen artículo. No soy buen escritor y mucho era especulación sin datos, pero espero que contribuya al prestigio de la obra de su padre y a que su nombre sea más conocido. Cómo lamento que no tuviera esta exposición y estima en vida.

Acabo de volver de Nueva York y de la bella exposición de la obra de su padre. El Museo la ha instalado con lujo y gusto. Está realmente bonita. Todos los artistas de Nueva York, y son muchos, han manifestado admiración y entusiasmo. Pero unos cuantos hemos reconocido siempre el genio y la belleza, la innovación, de González desde 1930. En el caso de John Xceron, desde que conoció a su padre hacia 1927, y escribió acerca de él en el *Boston Transcript* y el *Chicago Tribune* (edición de París).

Me gustó su artículo en el *Arts*. La misma revista va a sacar un artículo sobre mi obra en el número de marzo. Mi exposición en la Willard Gallery se inaugura el 6 de marzo.

Mi referencia a la «Sagrada Familia» y el taller González era especulación. ¿Lo sabría la hermana de su padre? Sigo queriendo enterarme. Pero él desde luego conocía la catedral de Barcelona y le tenía cariño, como al parecer amaba todas las catedrales.

La revista suprimió un último párrafo donde yo resumía su aportación, pero fue por falta de espacio. Me habían pedido 1.500 palabras y yo escribí 2.500.

Confío en que mi admiración quedara patente en todo el texto del artículo.

Gracias, madame Roberta, y que tenga usted éxito en su trabajo.

Fraternalmente,

David Smith

11 de junio de 1956

Estimada Roberta González:

He visitado a Edgar Varese y le di el *Arts* con su artículo. Le agradó mucho. Me enseñó un dibujo que su padre de usted había hecho de su padre, y también un anillo que su padre había hecho para él. El dibujo de González de su padre era un retrato realista, pero no dijo si estaba hecho del natural. Varese puso una grabación en cinta de una obra nueva que era muy bonita. Estaba hecha de sonidos cortados, configurados como formas escultóricas lanzadas y perfectamente situadas en unidades, como yo deseo hacer en escultura. Estaba compuesta a partir de sonidos contemporáneos y partituras que había escrito para orquesta, armoniosamente arreglados.

He escrito a Hilton Kramer pidiéndole que le envíe el *Arts* de marzo que lleva el artículo sobre mi obra. Probablemente le llegará más tarde por correo marítimo.

Me cuesta tiempo que me traduzcan bien su carta. Mi francés es escaso.

John Graham no tiene fotos, ni recuerda a quién vendió o dio las esculturas tempranas de González. La foto que le mandé a usted de la obra que me dio a mí es el único documento que hay de las tres. Mi amigo Graham es un ruso extraño, pintor, coleccionista, escritor, y comerciante que nunca ha llevado cuenta de sus transacciones. En la época en que le compró esas obras a su padre era también amigo de Charcounne y tenía varios cuadros de él. Lamento que no podamos seguir la pista de las otras dos obras, pero si él se acordara o aparecieran le escribiré.

Cuando yo vine a estudiar a Nueva York en 1927, me llegó de pronto tanto arte nuevo: el constructivismo, De Stijl, el cubismo, etc. No estoy seguro de mi primera influencia del hierro. Probablemente fueron las reproducciones en *Cahiers d'Art* de Picasso que su padre había hecho para él. Pero desde luego vi pronto reproducciones de la obra de su padre y me hablaron de él, primero Graham y luego John Xceron.

Andrew Ritchie ha programado una exposición mía en el Modern Museum de aquí a dos años, así que voy a pensar mucho y tratar de resolver esto para el catálogo.

Yo trabajé como soldador, remachador y manejando el hierro en general en la fábrica de automóviles Studebaker antes de venir a Nueva York a estudiar arte. Durante la guerra trabajé como soldador de blindaje en tanques y locomotoras. Hago gran parte de mi trabajo con soldadura eléctrica o de arco. Pero en 1933 empecé con soldadura por gas. Sigo utilizando la de gas para cortar y otras operaciones en las que es más funcional que la eléctrica. Escultores que empleen la soldadura hay aquí a centenares. Yo soy el único soldador eléctrico, que yo sepa. Mi primera soldadura eléctrica fue en 1939. Yo no le doy importancia a esto, no es más que charla del oficio entre artistas.

Claro que me gustaría una exposición en París, pero el coste rebasa mis medios. Tendré que esperar a que mi obra sea lo suficientemente importante para que un museo u otra institución lo organice.

Le he prestado la foto del estudio de su padre (foto que me consiguieron en París, de

Marc Vaux) a mi amigo el escultor Theodore Roszak, que está escribiendo una sección sobre la nueva escultura para la *Enciclopedia Británica*. La va a utilizar junto con obras sueltas de su padre que yo también le mandé para la *Enciclopedia*. Me imagino que hablará de González como el padre de toda la escultura en hierro de este siglo. Cuando se publique se lo comunicaré, y tal vez la pueda conseguir en la U. S. Information Office de París. Quizá tarde varios años en publicarse.

No debería usted subestimar el alto lugar que ocupa la obra de González en la vida artística estadounidense. Ojalá hubiera vivido su padre para disfrutar de la consideración que se le tiene aquí; yo sé que todos le habríamos querido como persona. Yo siento mucho no haber podido localizarle en 1935-1936 cuando Graham quiso llevarme a su estudio. Creo que había dejado París por el nuevo estudio de Arcueil.

He leído acerca de la obra de usted. Mi amigo Herman Cherry me enseñó una crítica, y me agradaría ver fotos, que le devolvería.

Algún día espero vender obras suficientes o recibir una beca para ir a Europa. Entonces espero que podamos vernos; me gustaría ver su obra y conocerla a usted.

En mi reconstrucción de posibilidades en el artículo sobre González, ¿me equivoqué al suponer que debió haber obra de la familia González en la «Sagrada Familia»? ¿La hermana de su padre se acordaría?

Un saludo fraternal,

David Smith

Bolton Landing, 1965. Foto **Ugo Mulas** ▷

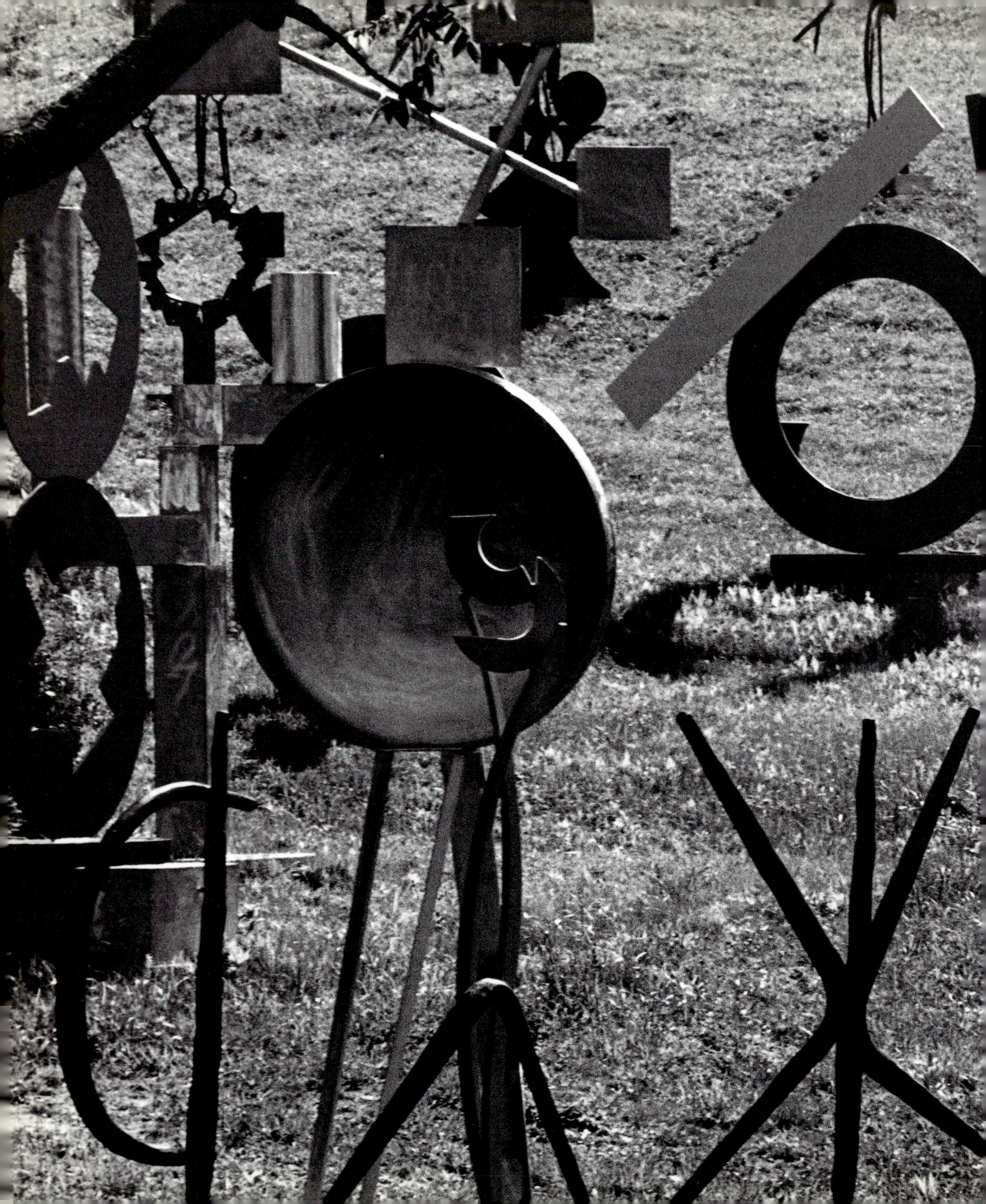

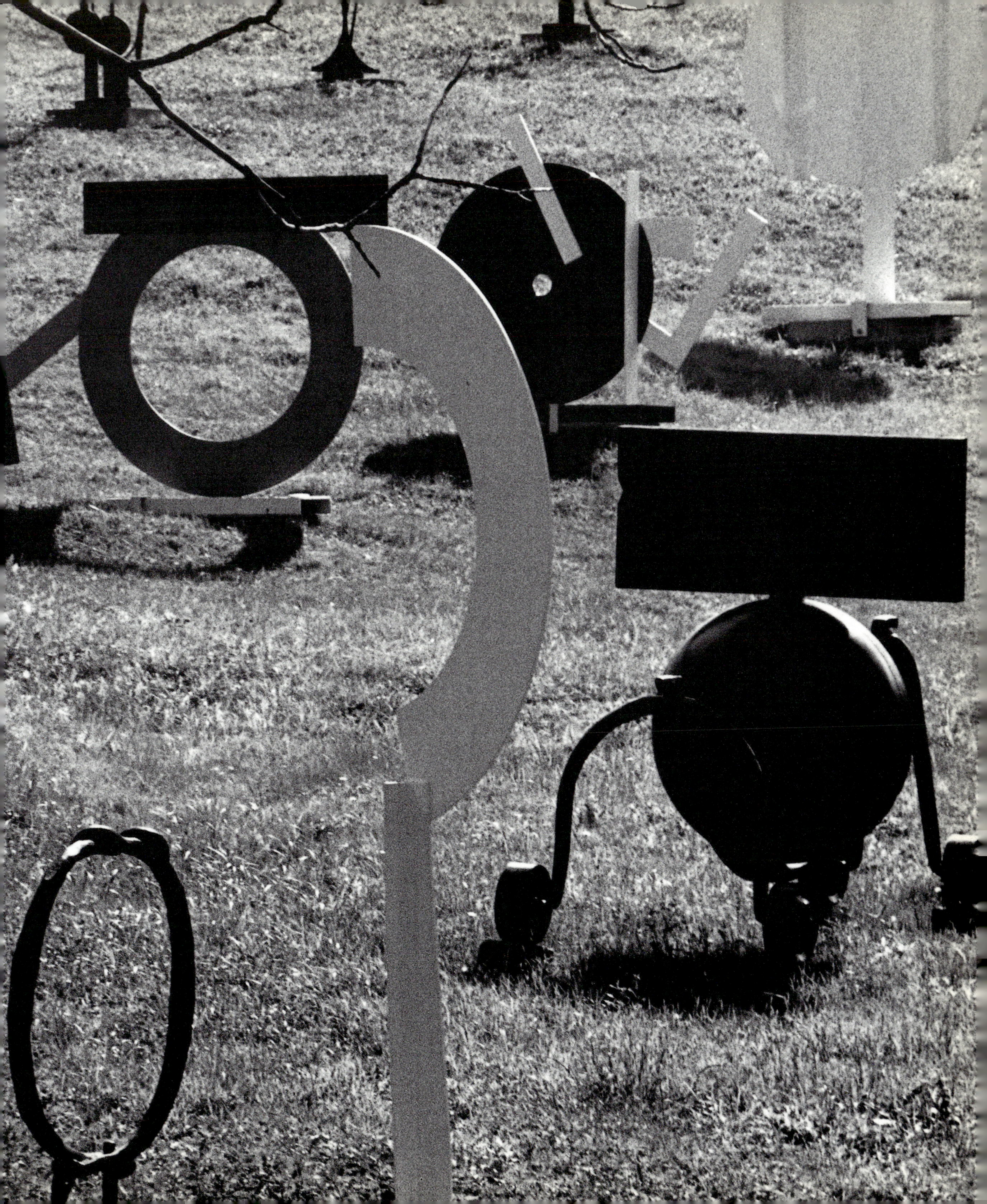

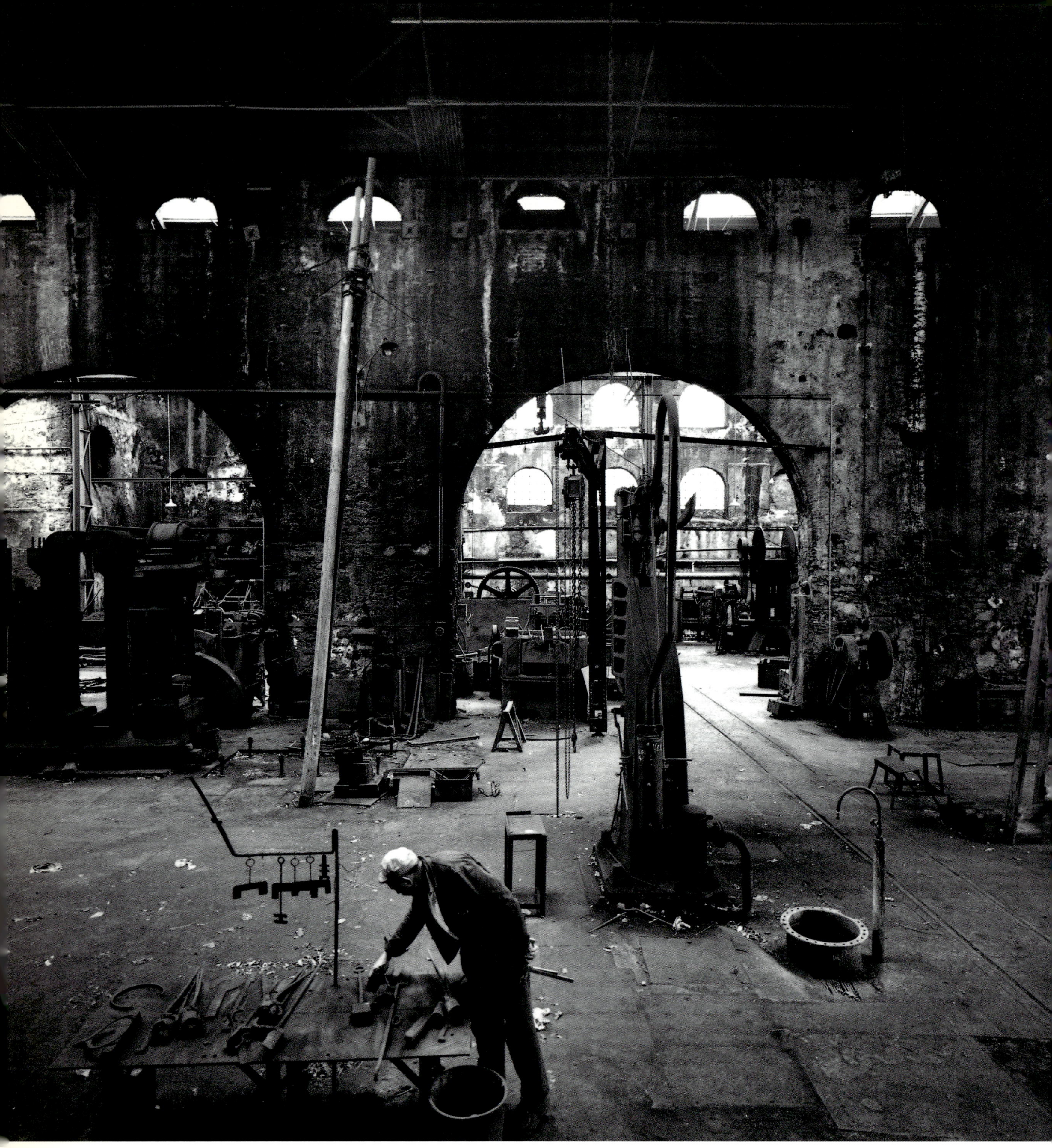

Voltri, 1962. Foto **Ugo Mulas**

RK: Rosalind Krauss, *The Sculpture of David Smith: A Catalogue Raisonné*, Nueva York, 1977

Construcción [Construction], 1932

Madera, alambres, clavos y coral pintados de rojo, azul y amarillo
94 × 41 × 18 cm
RK.8
Colección Candida y Rebecca Smith, Nueva York

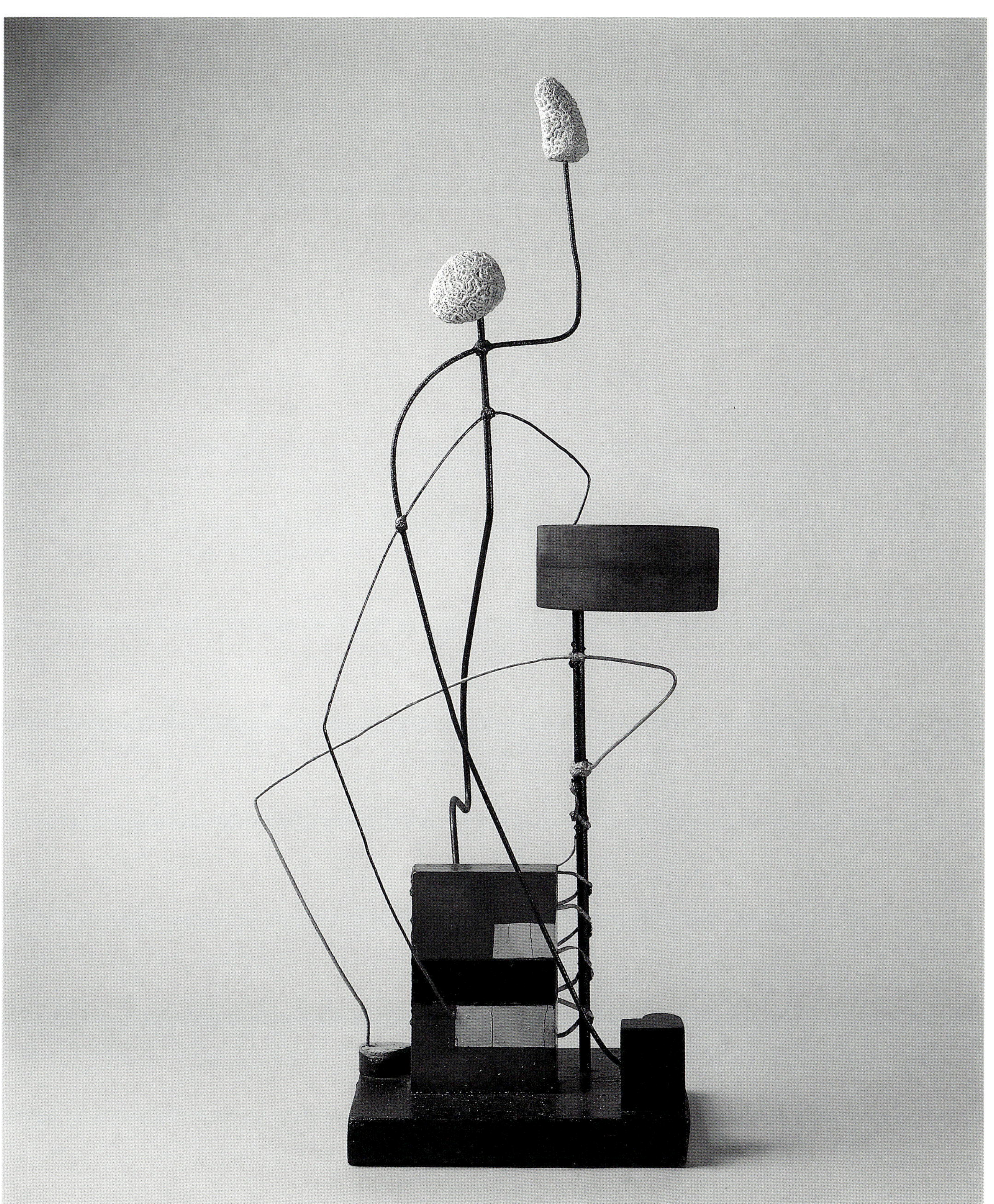

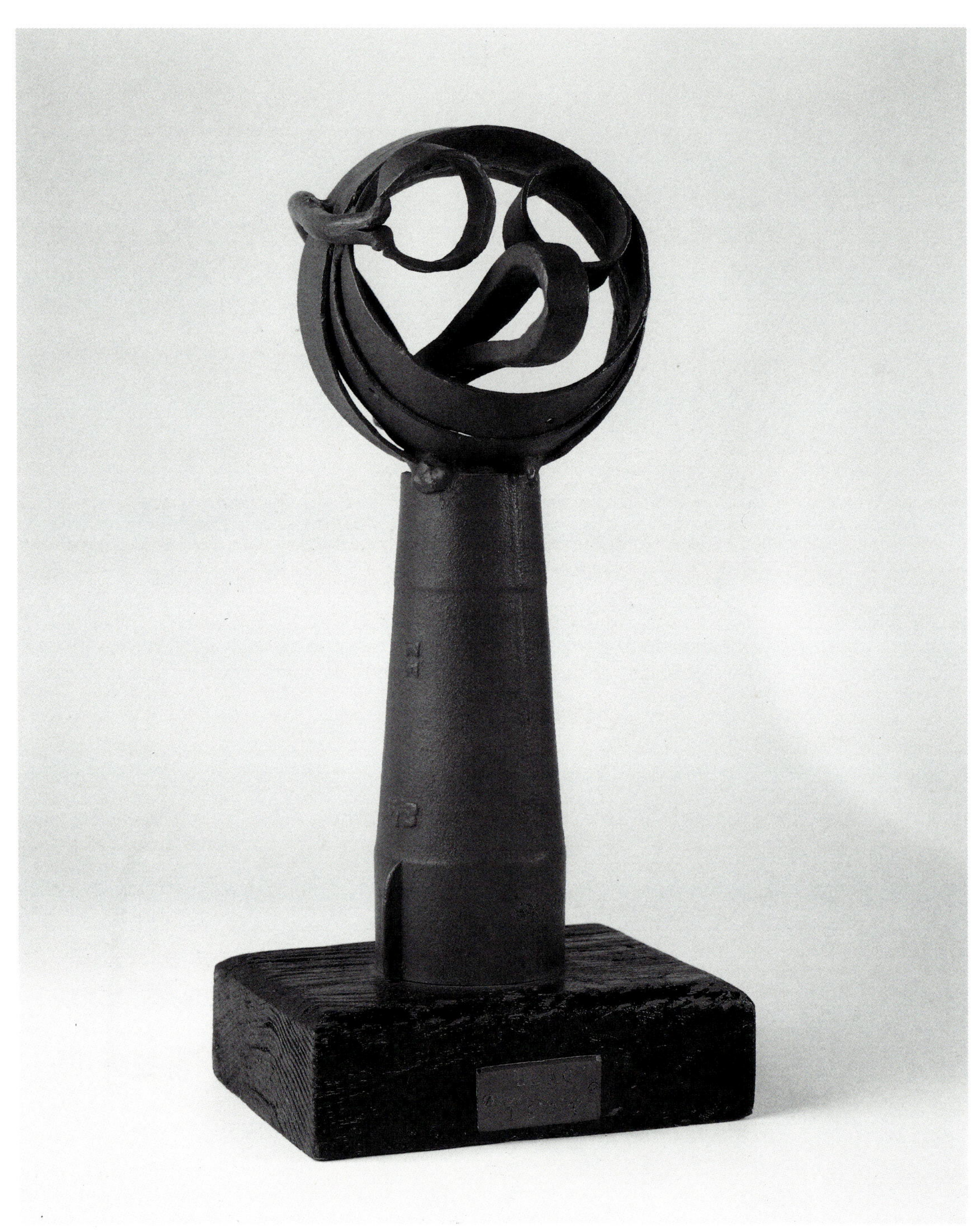

Cabeza agrícola [Agricola Head], 1933

Hierro y acero pintados de rojo
47 × 26 × 20 cm, con base de madera de 8 × 25 × 18 cm
RK.17
Colección Candida y Rebecca Smith, Nueva York

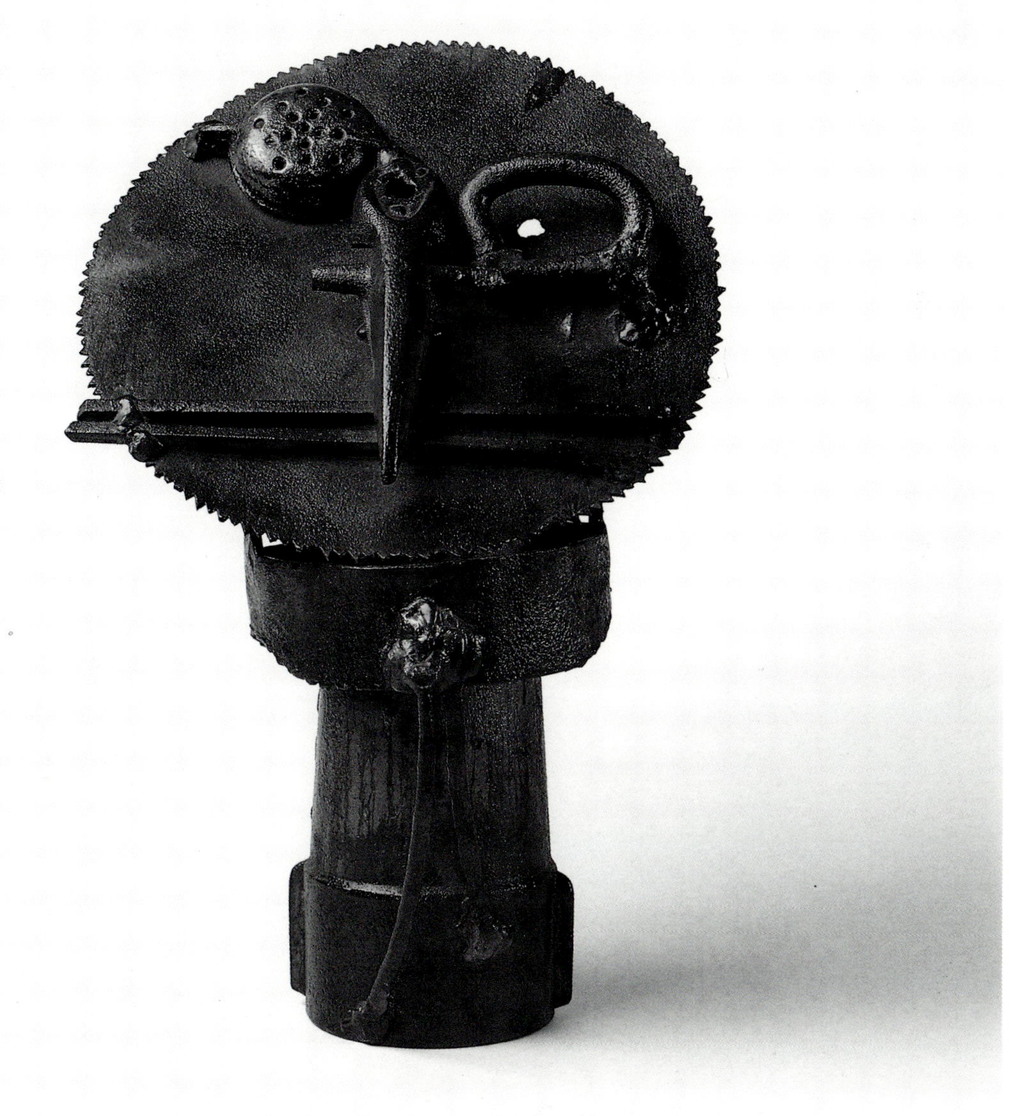

Cabeza de sierra [Saw Head], 1933

Hierro pintado de anaranjado y bronce

$47 \times 30 \times 21$ cm

RK.21

Colección Candida y Rebecca Smith, Nueva York

Figura suspendida (Figura recostada) [Suspended Figure (Reclining Figure)], 1935

Hierro

55 × 70 × 26 cm

RK.41

Osaka City Museum of Modern Art, Osaka

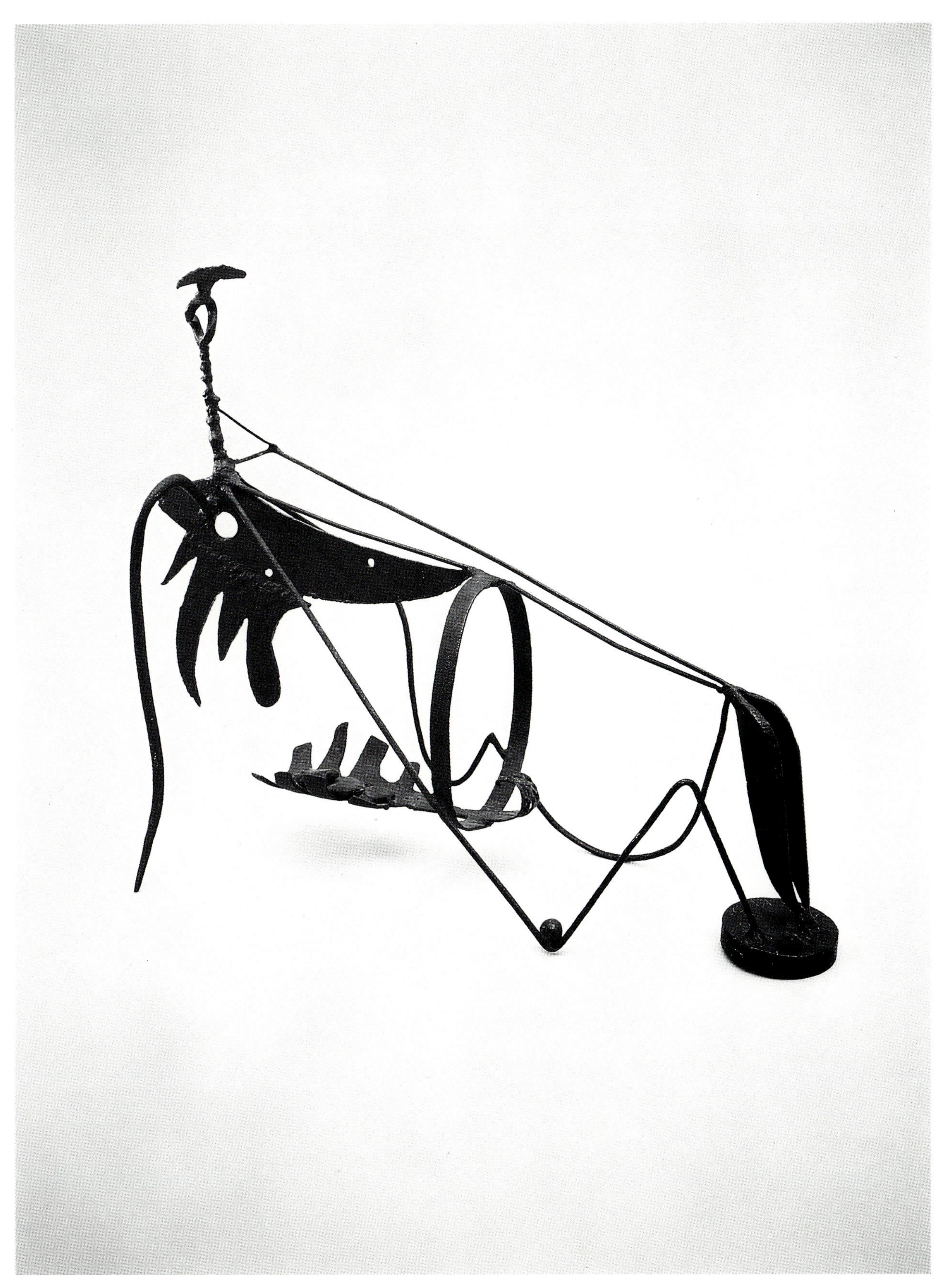

Construcción jugador de billar [Billiard Player Construction], 1937

Hierro y encáustica
44 × 52 × 16 cm
RK.53
Colección Dr. y Mrs. Arthur E. Kahn, Nueva York

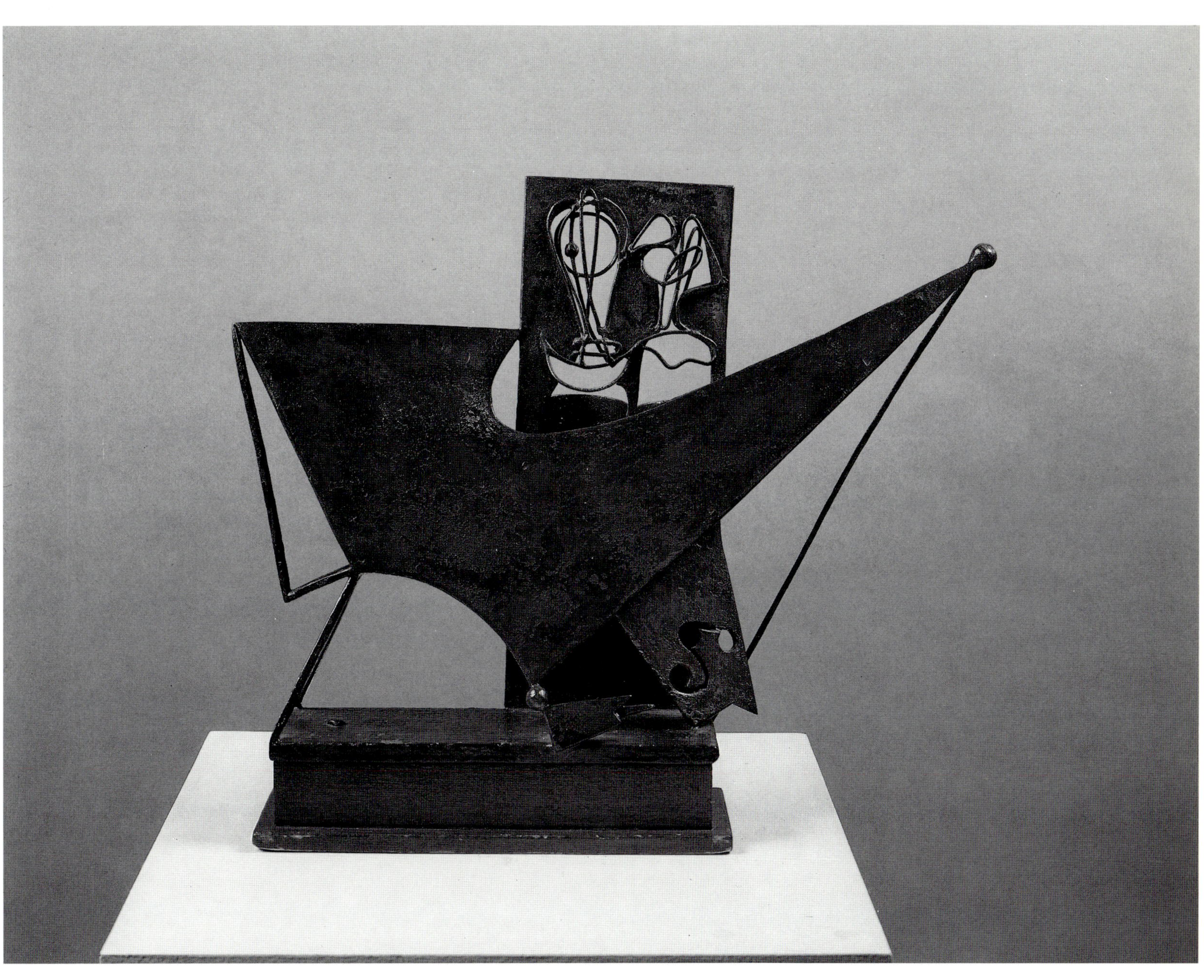

Interior [Interior], 1937

Acero y bronce pintados de rojo de óxido
39 × 66 × 13 cm, con base de madera de 8 × 67 × 13 cm
RK.58
The Weatherspoon Art Gallery, University of North Carolina at Greensboro, Anonymous gift, 1979

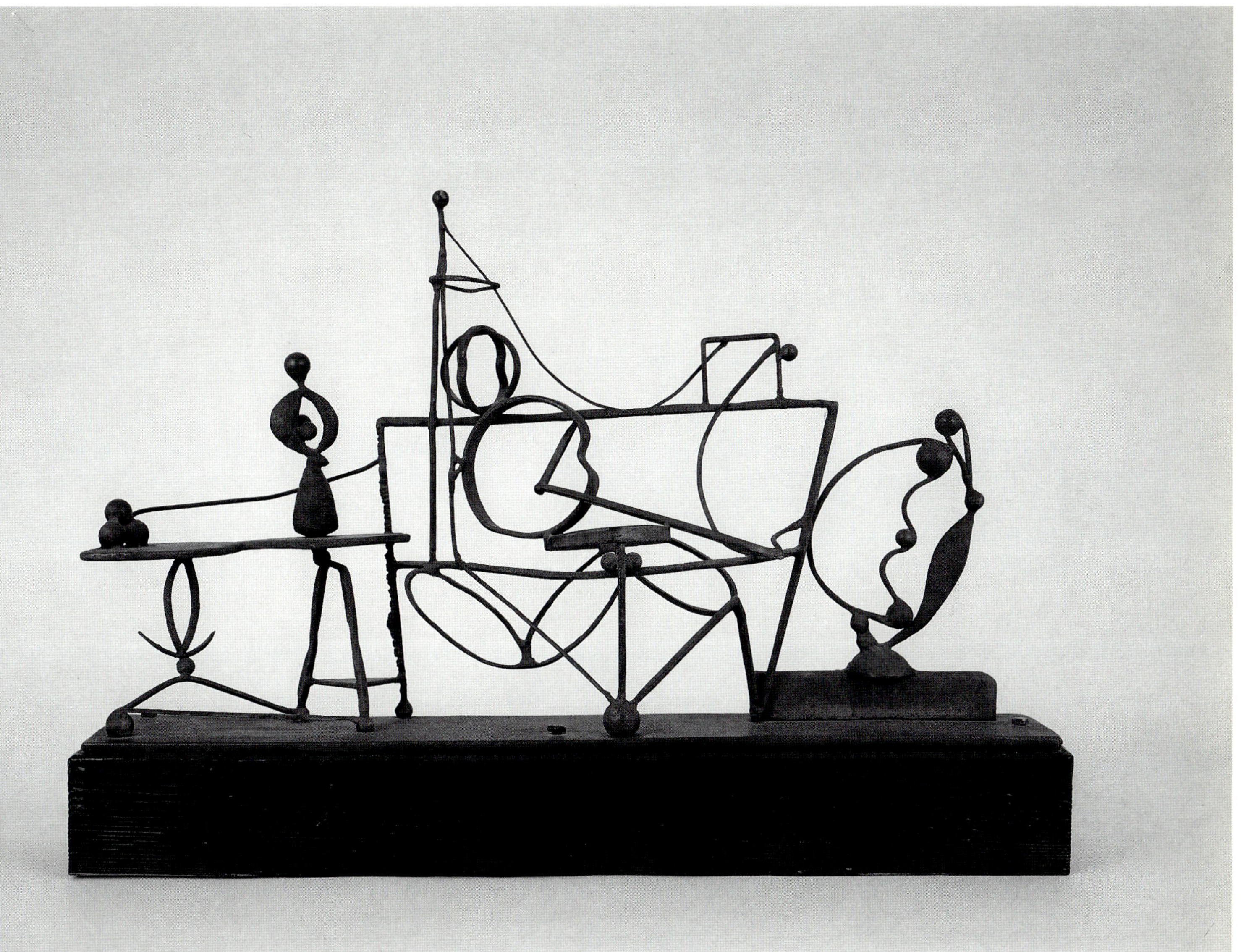

Cubo suspendido [Suspended Cube], 1938

Acero pintado de aluminio
58 × 41 × 51 cm, con base de aluminio de 2 × 35 cm
RK.89
Colección Dr. Henry Grunebaum, Cambridge, Massachusetts

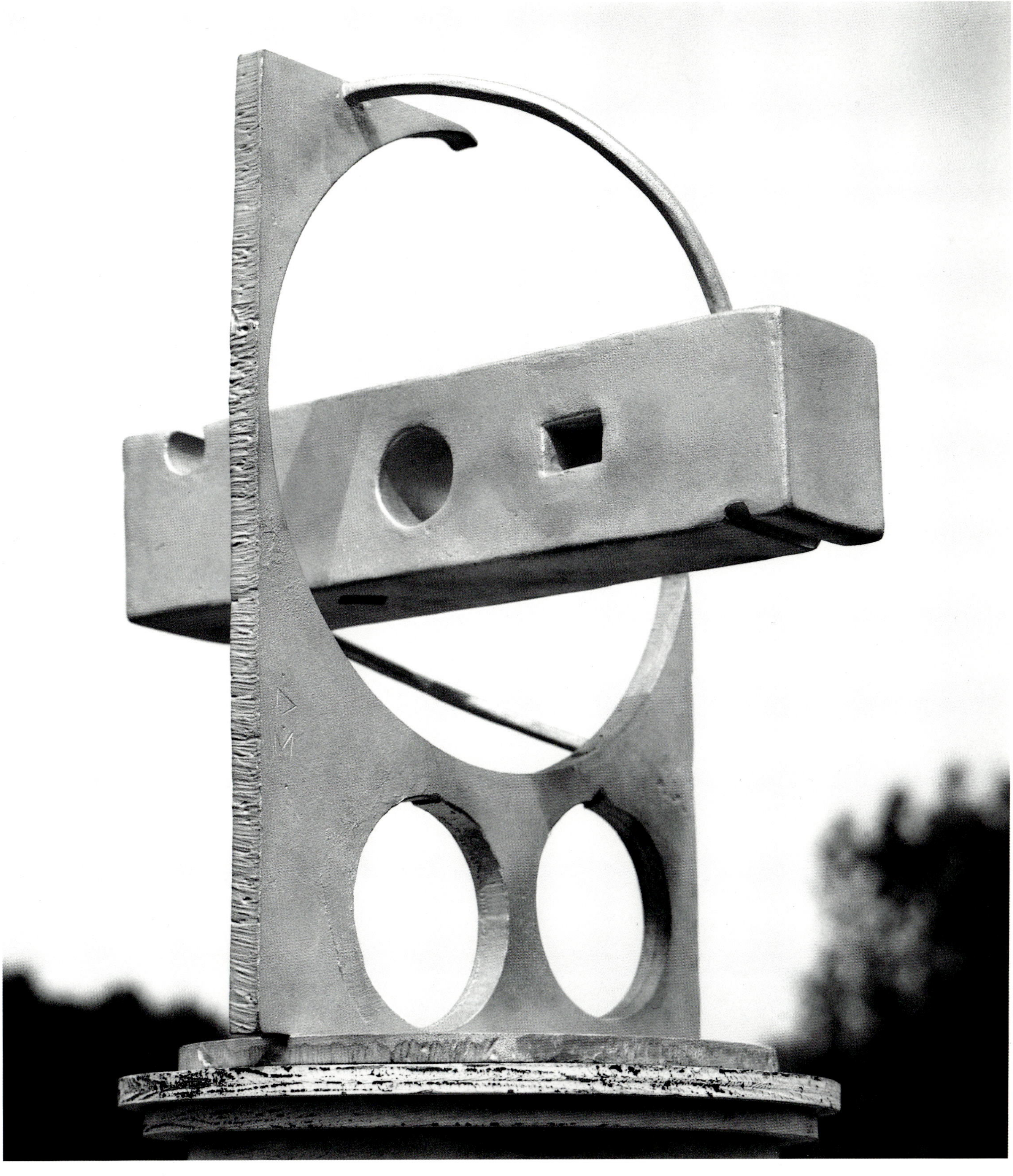

Foto Ugo Mulas

Estructura vertical [Vertical Structure], 1939

Acero con cobre
117 × 85 × 72 cm
RK.128
Colección Candida y Rebecca Smith, Nueva York

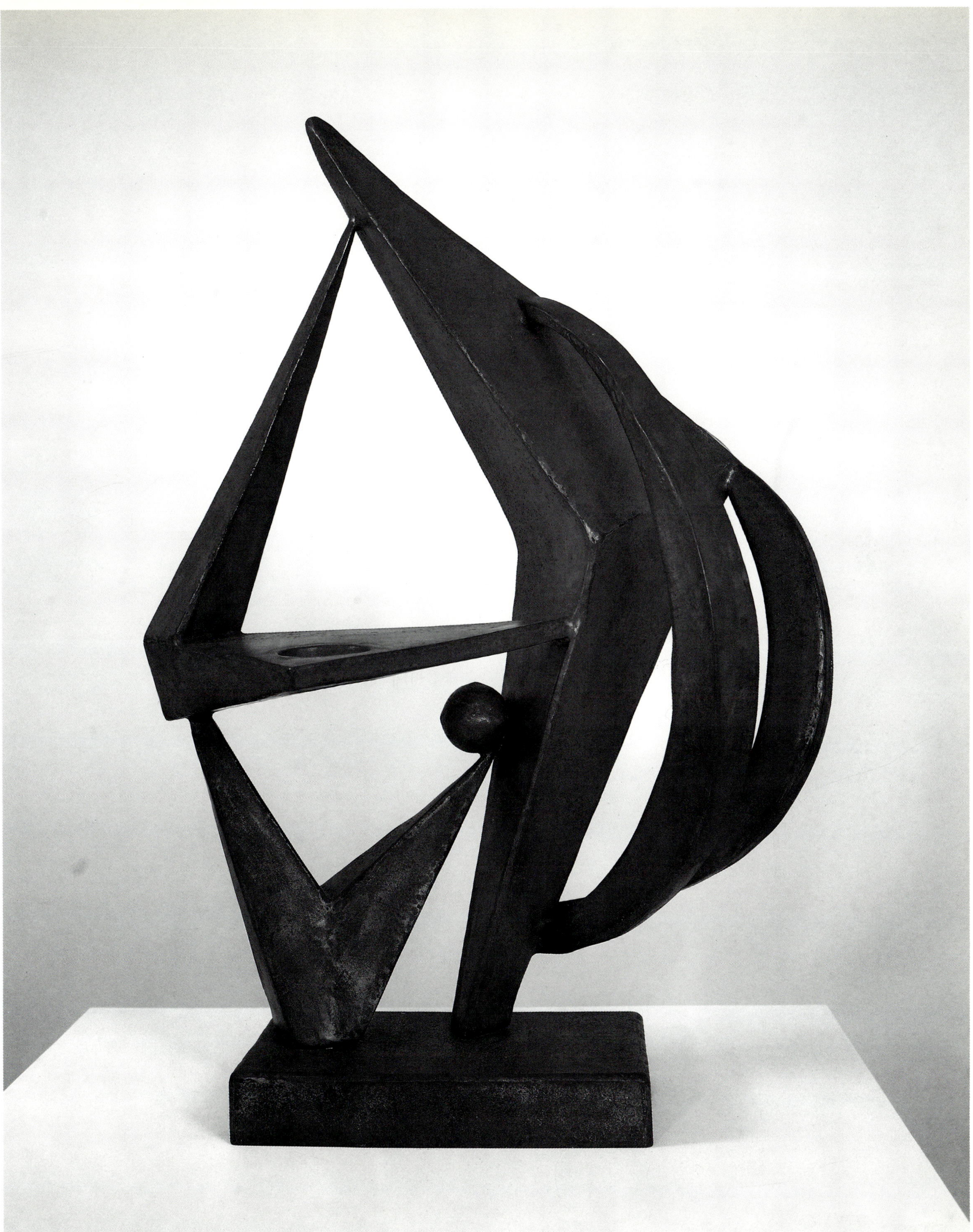

Hogar del soldador [Home of the Welder], 1945 (octubre)

Acero

53 × 44 × 36 cm

RK.180

Tate Gallery, Londres
En préstamo de la colección Candida y Rebecca Smith, Nueva York

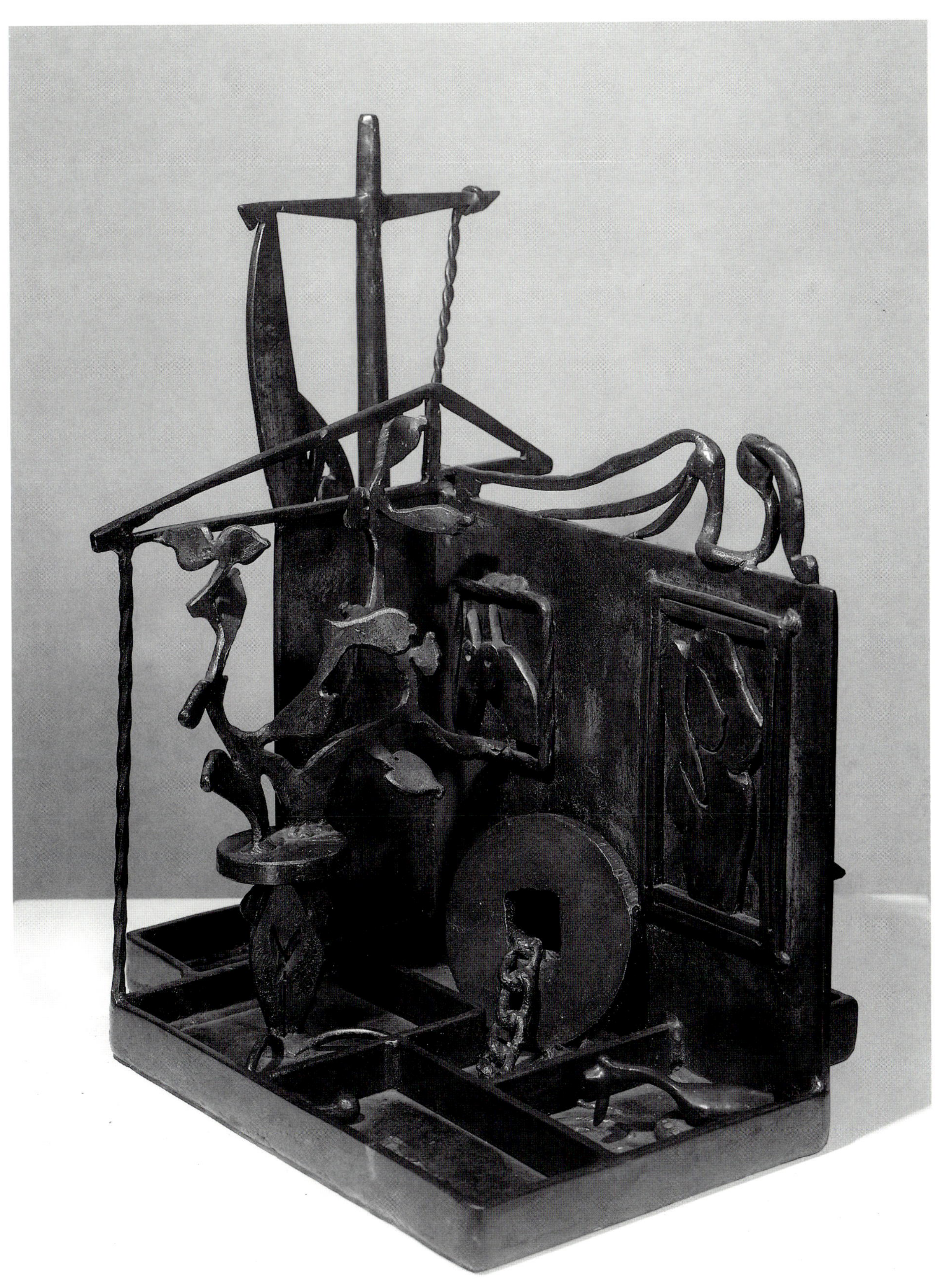

Ave jurásica [Jurassic Bird], 1945

Acero pintado de blanco de zinc
65 × 90 × 19 cm
RK.182
The Edward R. Broida Trust

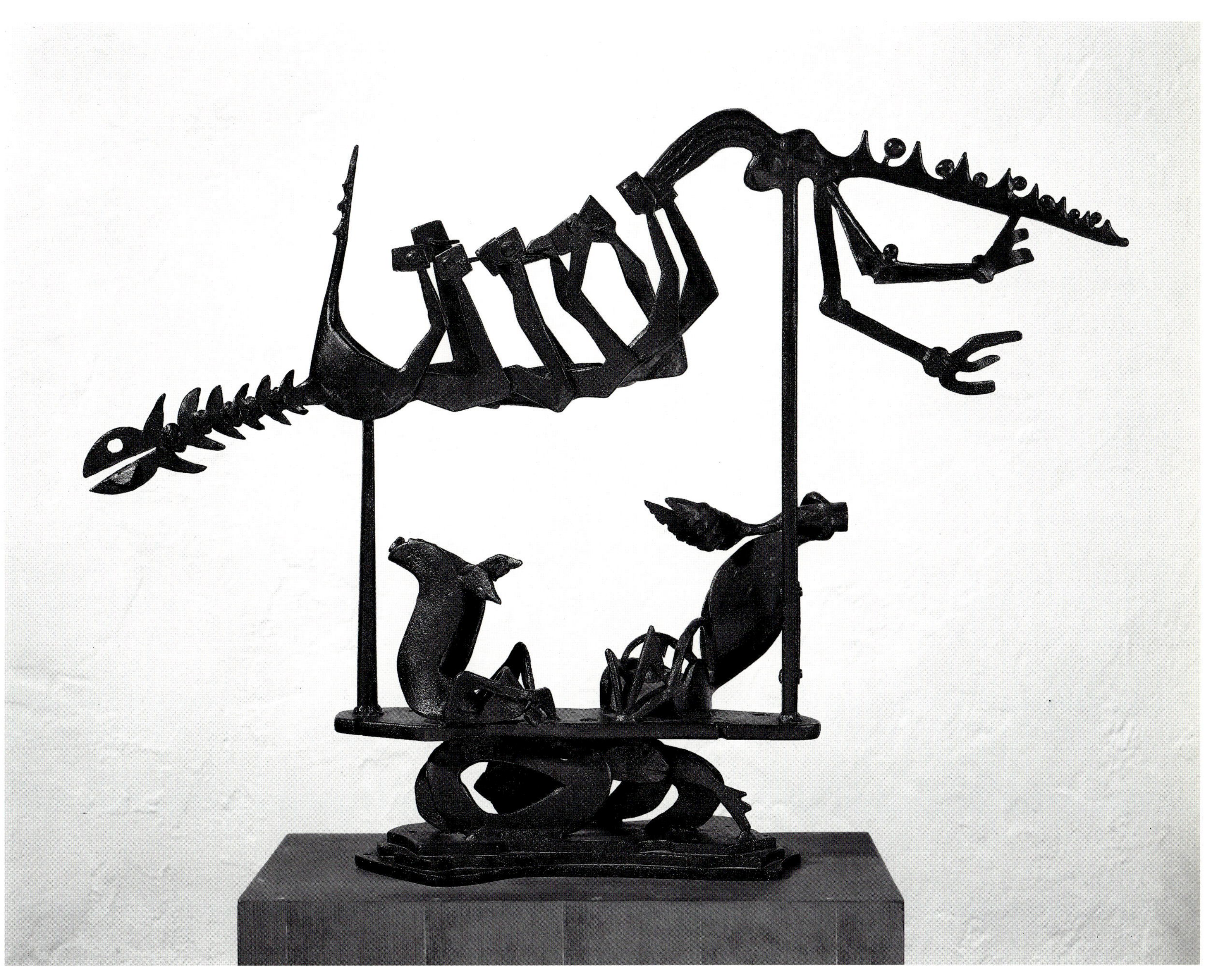

Personaje agresivo [Aggressive Character], 1947

Acero inoxidable y hierro forjado
83 × 10 × 19 cm, con base de madera de 4 × 18 × 21 cm
RK.212
National Gallery of Art, Washington, D. C.
En préstamo de la colección Candida y Rebecca Smith, Nueva York

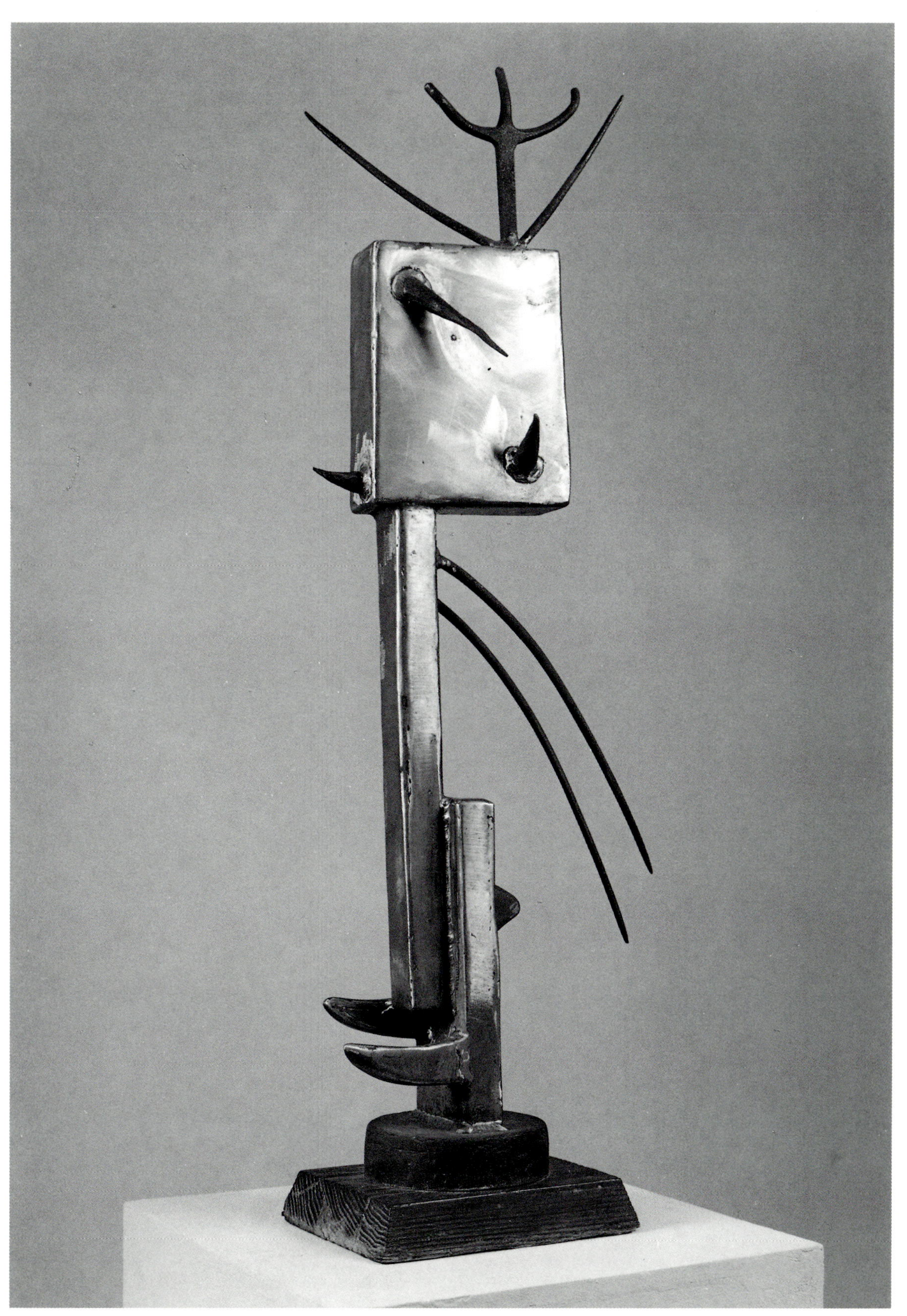

Blackburn, Canto de un herrero irlandés [Blackburn, Song of an Irish Blacksmith], 1949-1950

Acero y bronce

117 × 104 × 62 cm, con base de piedra de 20 × 18 cm

RK.228

Wilhelm Lehmbruck Museum, Duisburg

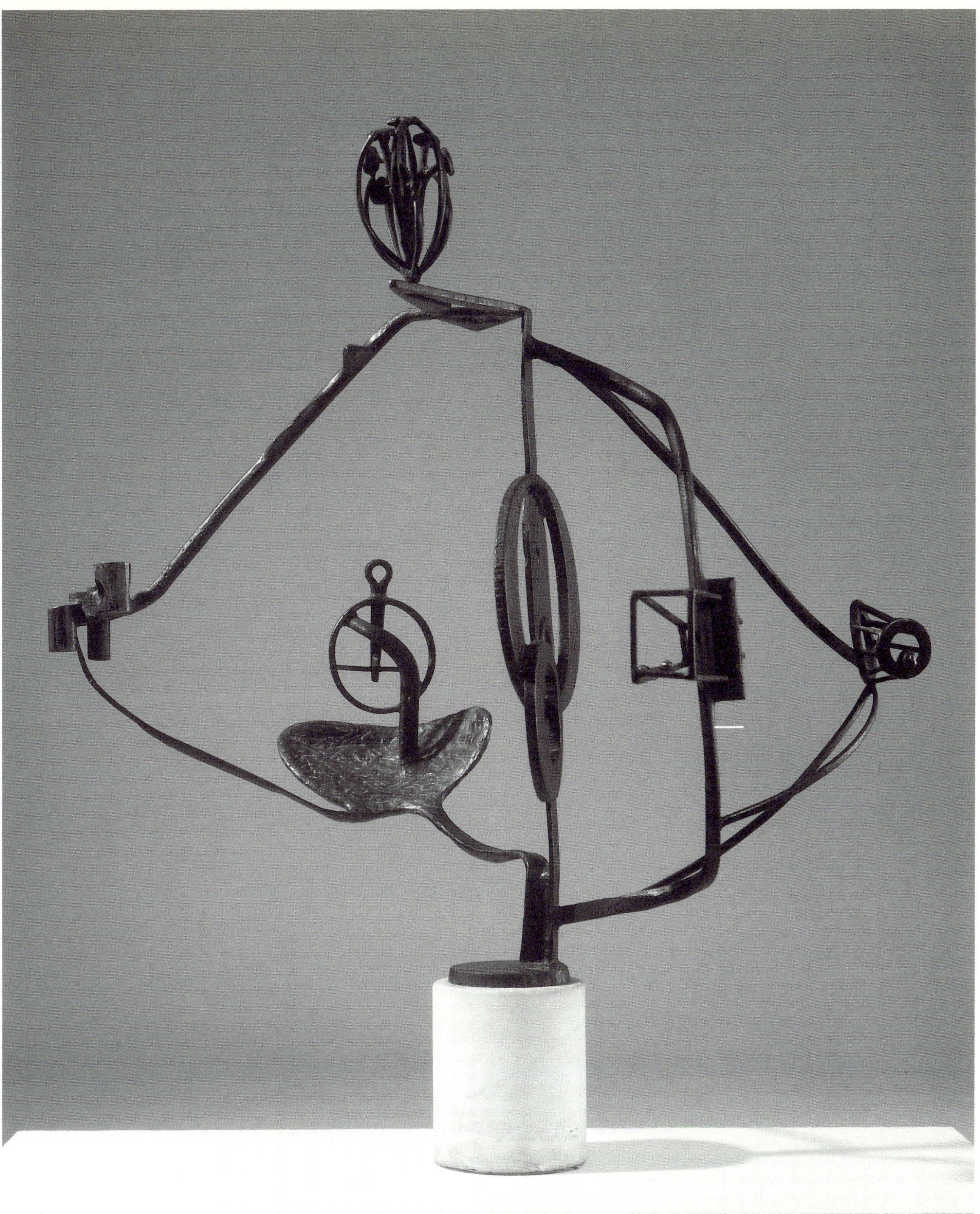

Catedral [Cathedral], 1950

Acero pintado de marrón

87 × 62 × 43 cm

RK.229

Colección particular, cortesía Galería McKee, Nueva York

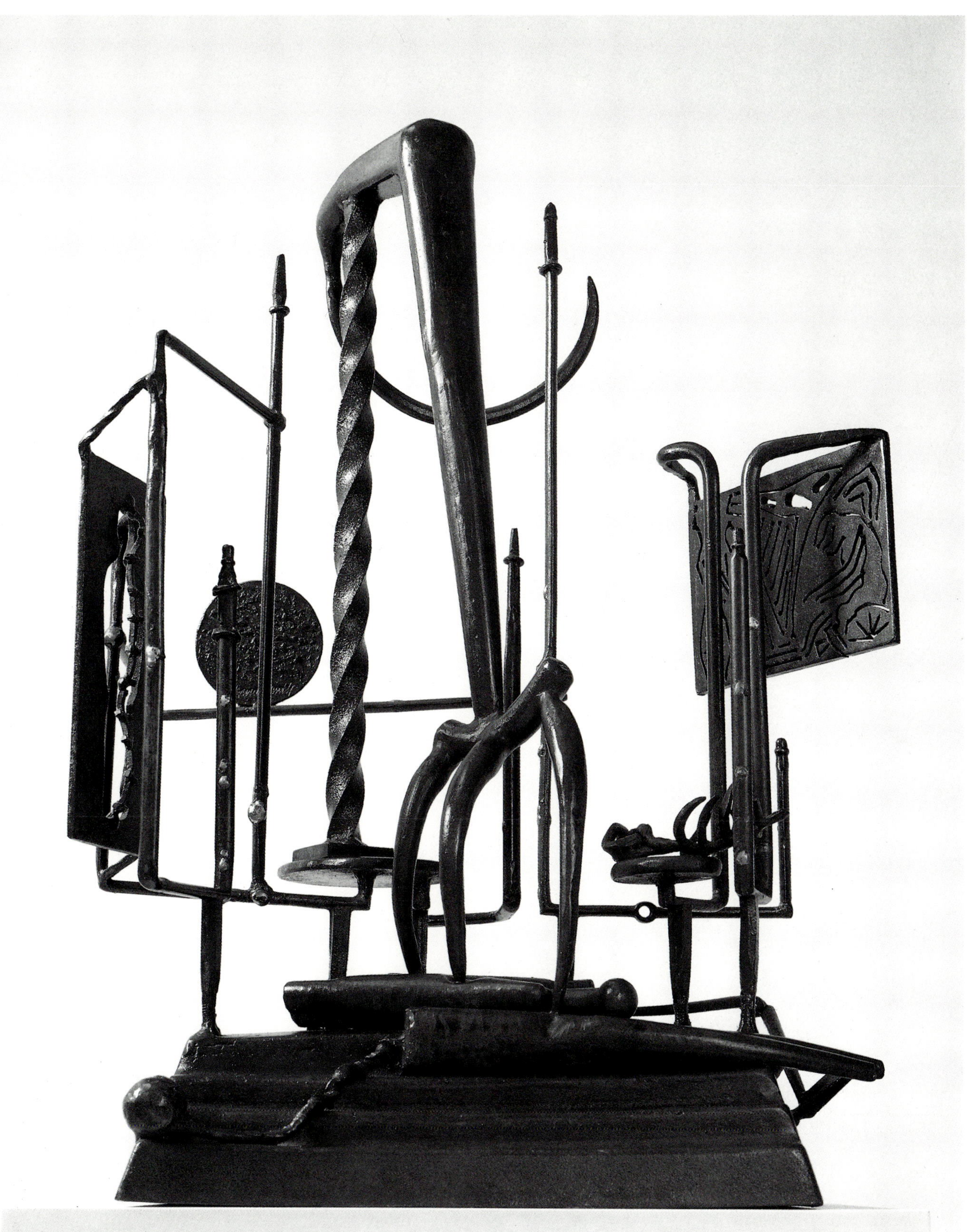

El bosque [The Forest], 1950

Acero pintado de verde y rosa
94 × 99 × 10 cm, sobre base de madera de 3 × 97 × 12 cm
RK.231
Colección Patsy R. y Raymond D. Nasher, Dallas

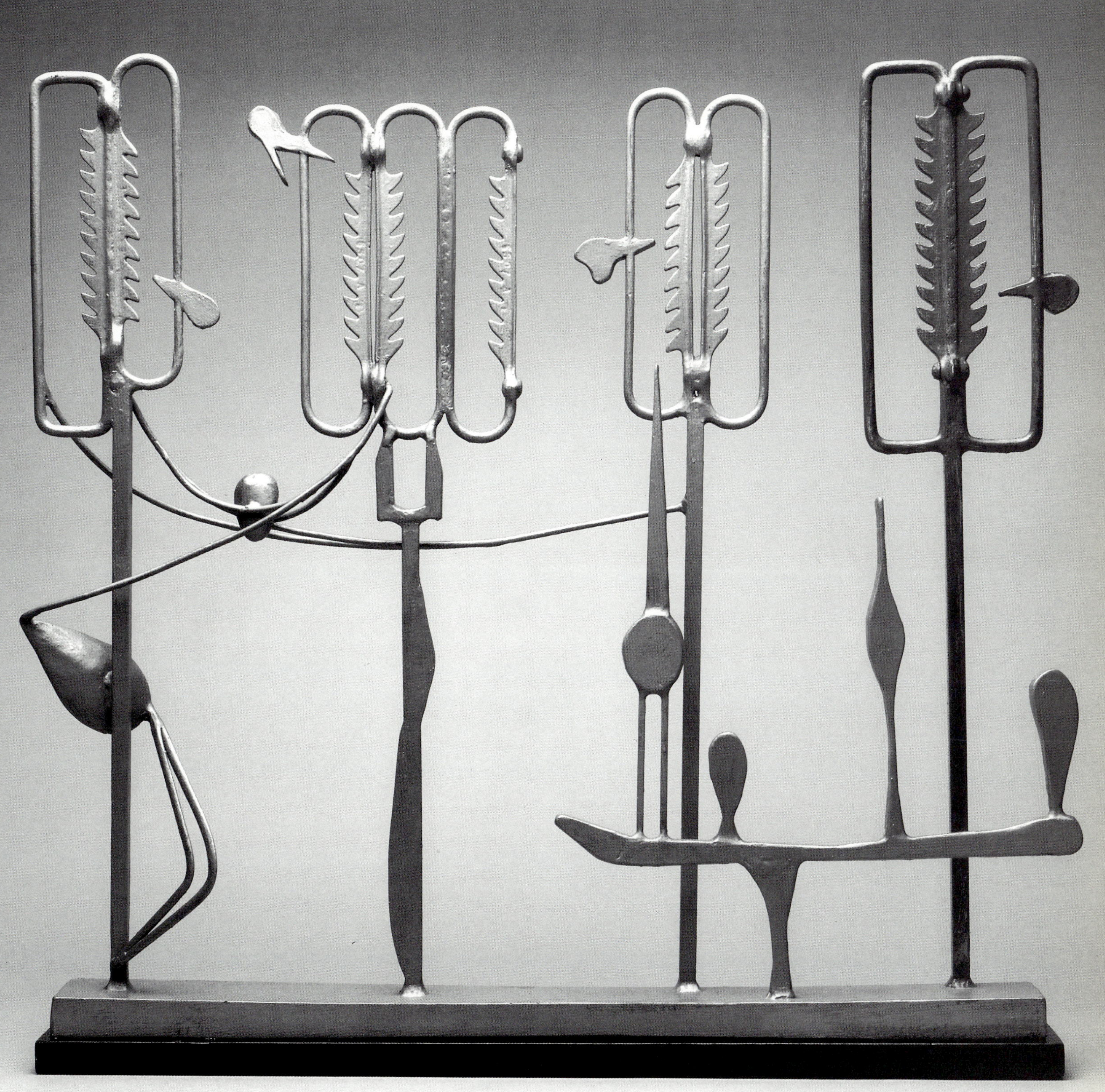

Jaula de estrellas [Star Cage], 1950

Varios metales, soldados y pintados de azul oscuro
114 × 130 × 60 cm
RK.238
The Frederick R. Weisman Art Museum, University of Minnesota, Minneapolis. Purchase John Rood Sculpture Collection Fund

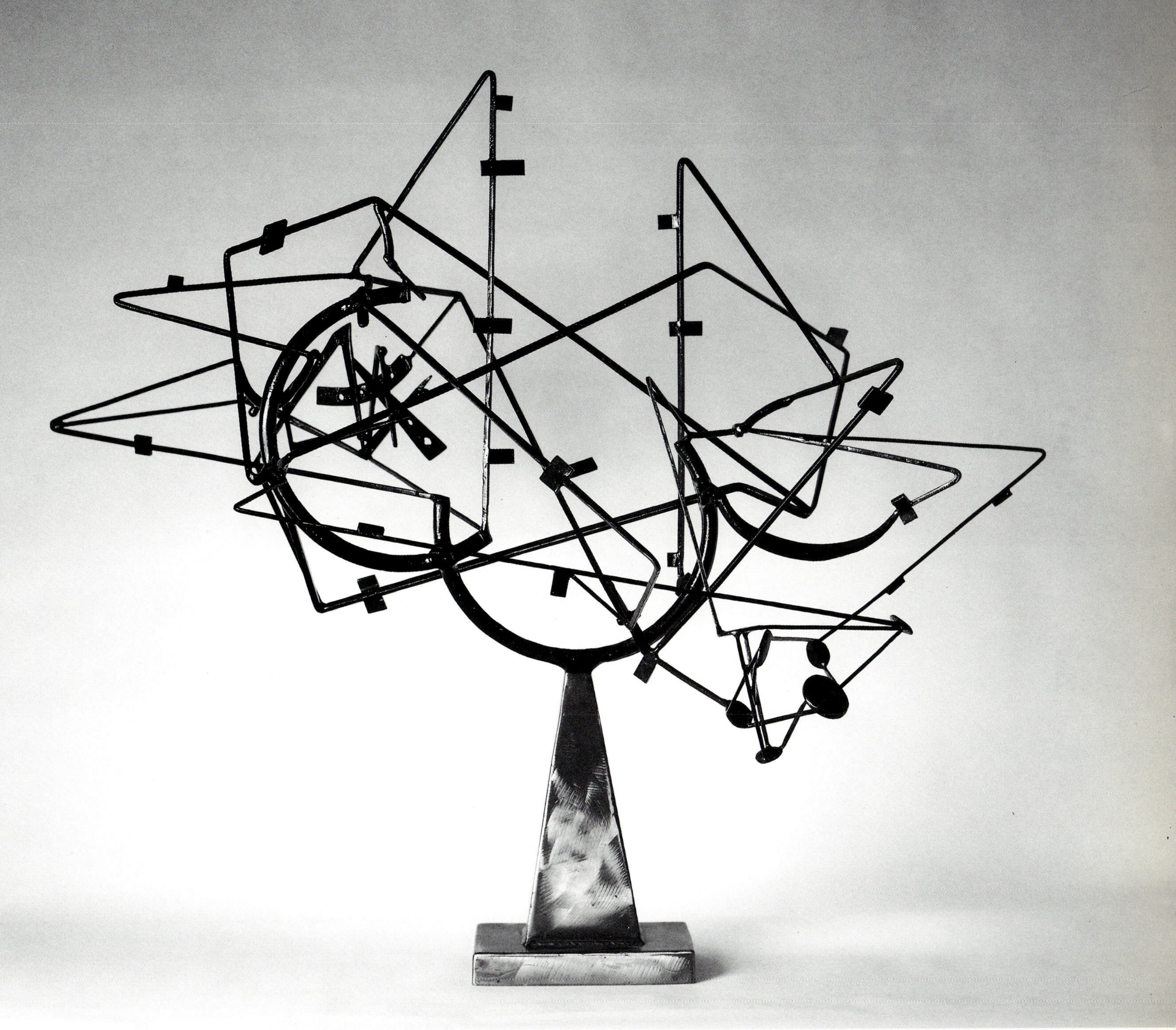

El héroe [The Hero], 1951-1952

Acero pintado
187 × 65 × 30 cm
RK.256
The Brooklyn Museum, Nueva York. Dick S. Ramsay Fund

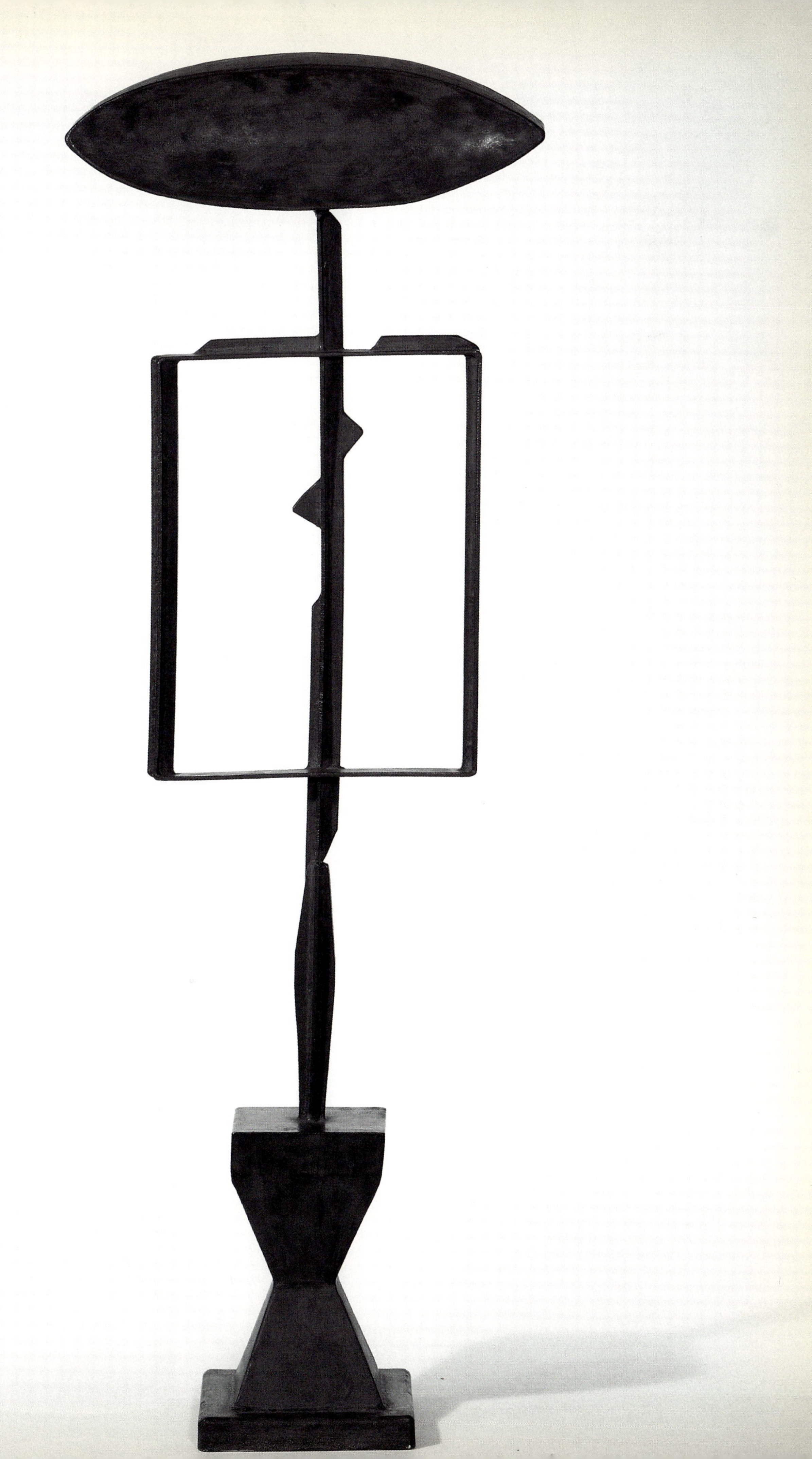

Agricola IX, 1952 (agosto)

Acero

93 × 145 × 50 cm

RK.273

Tate Gallery, Londres

En préstamo de la colección Candida y Rebecca Smith, Nueva York

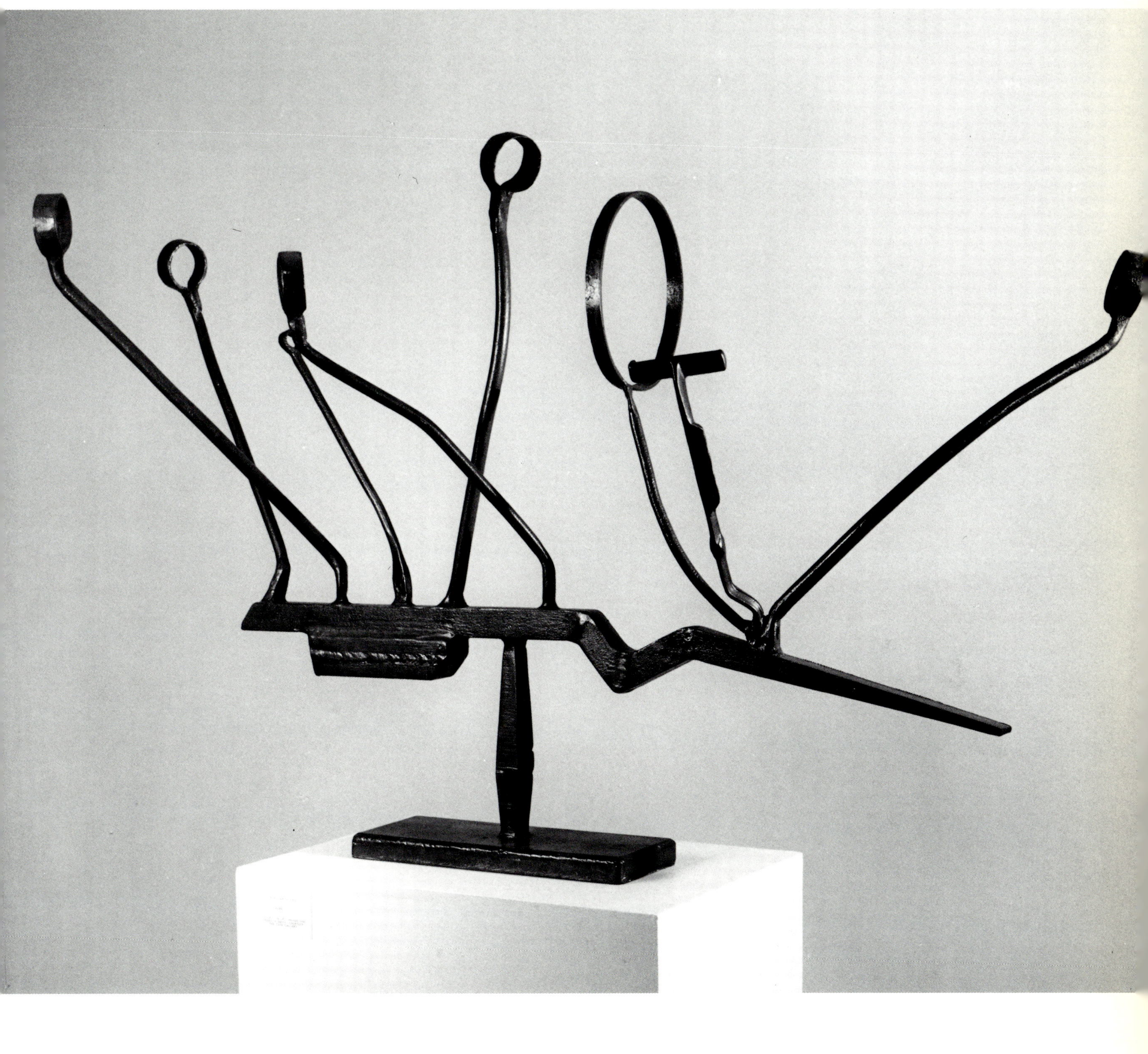

Agricola XIII, 1953 (febrero)

Acero y acero inoxidable
88 × 108 × 30 cm, con base de acero de 4 × 25 × 20 cm
RK.285
Colección Dr. y Mrs. Arthur E. Kahn, Nueva York

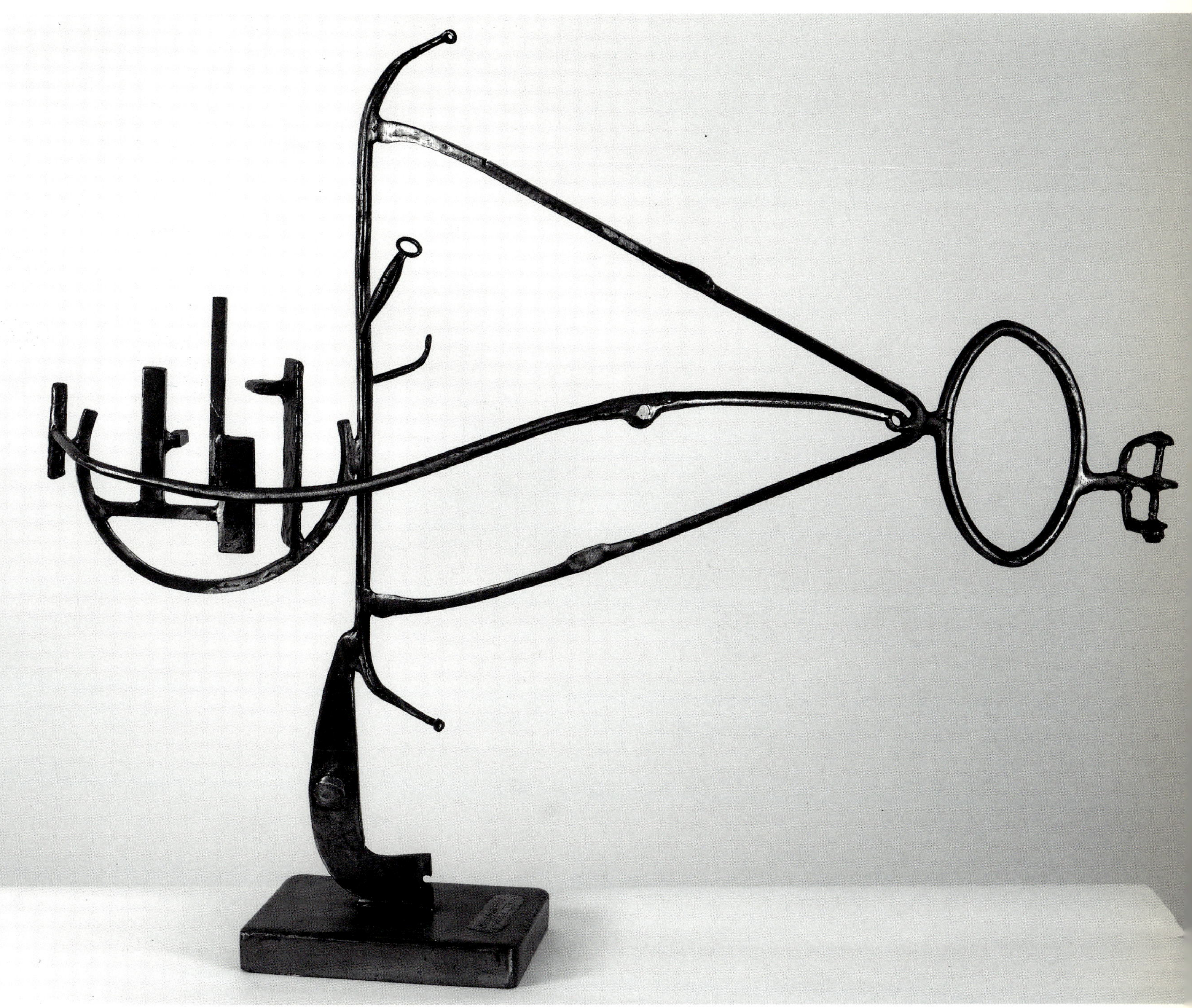

Paralelo 42 [Parallel 42], 1953

Acero

136 × 66 × 48 cm

RK.300

Colección Candida y Rebecca Smith, Nueva York

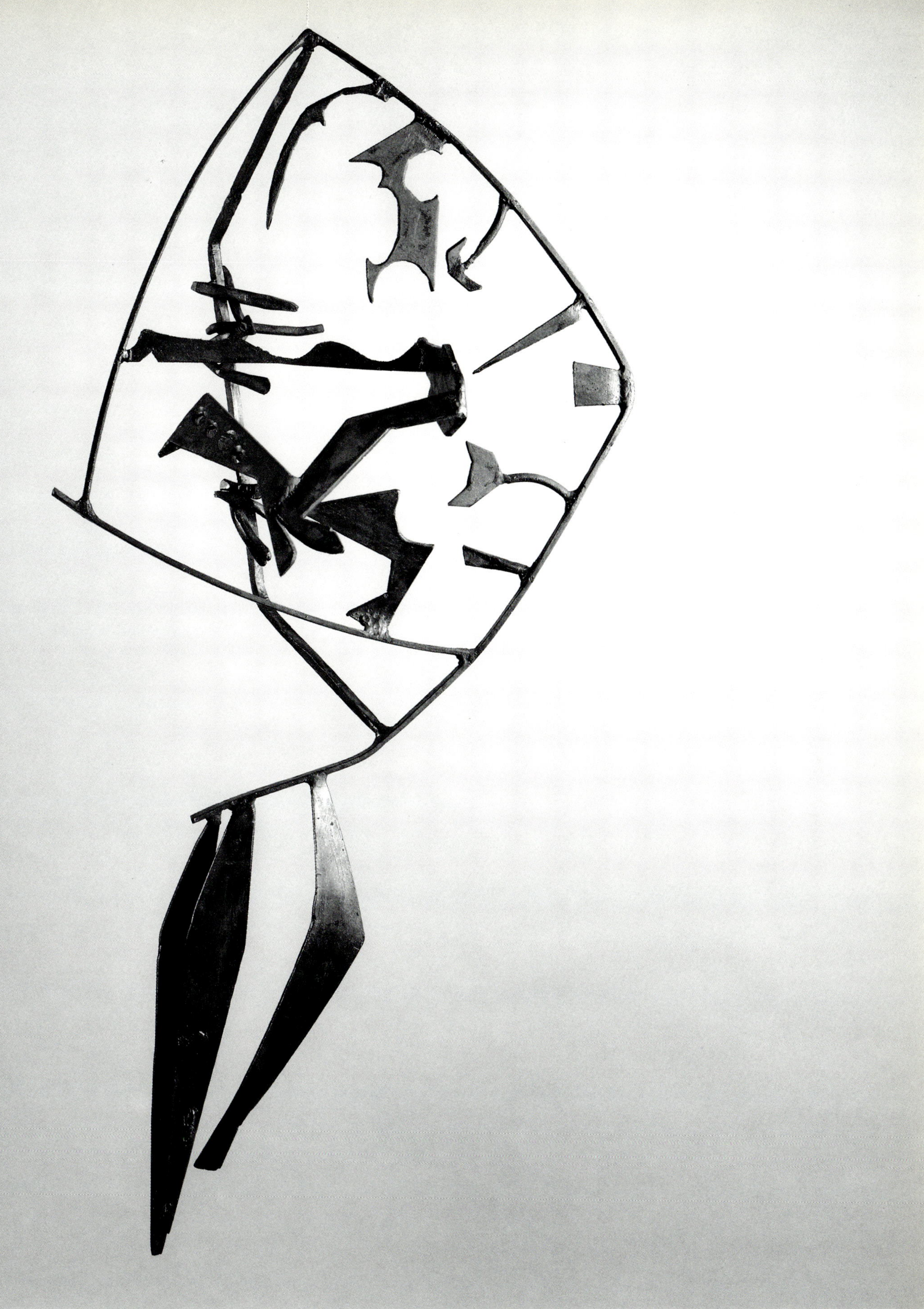

Sin título [Untitled], 1953

Acero

93 × 33 × 5 cm

RK.316

Colección Candida y Rebecca Smith, Nueva York

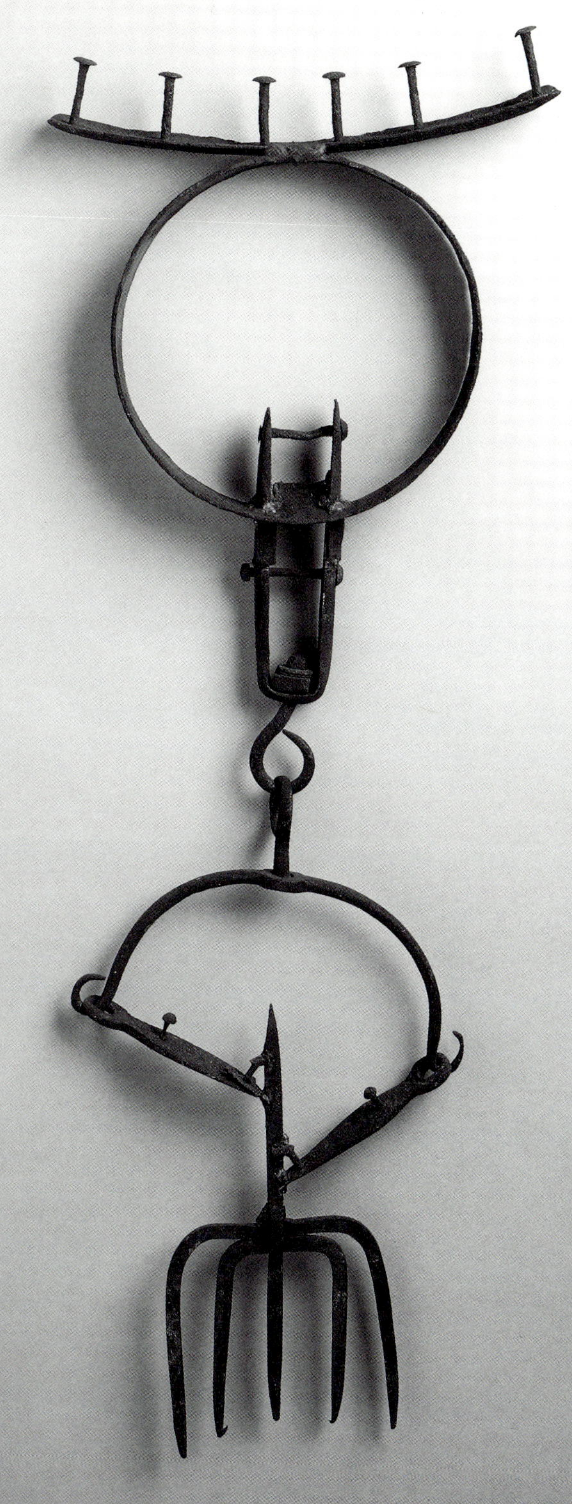

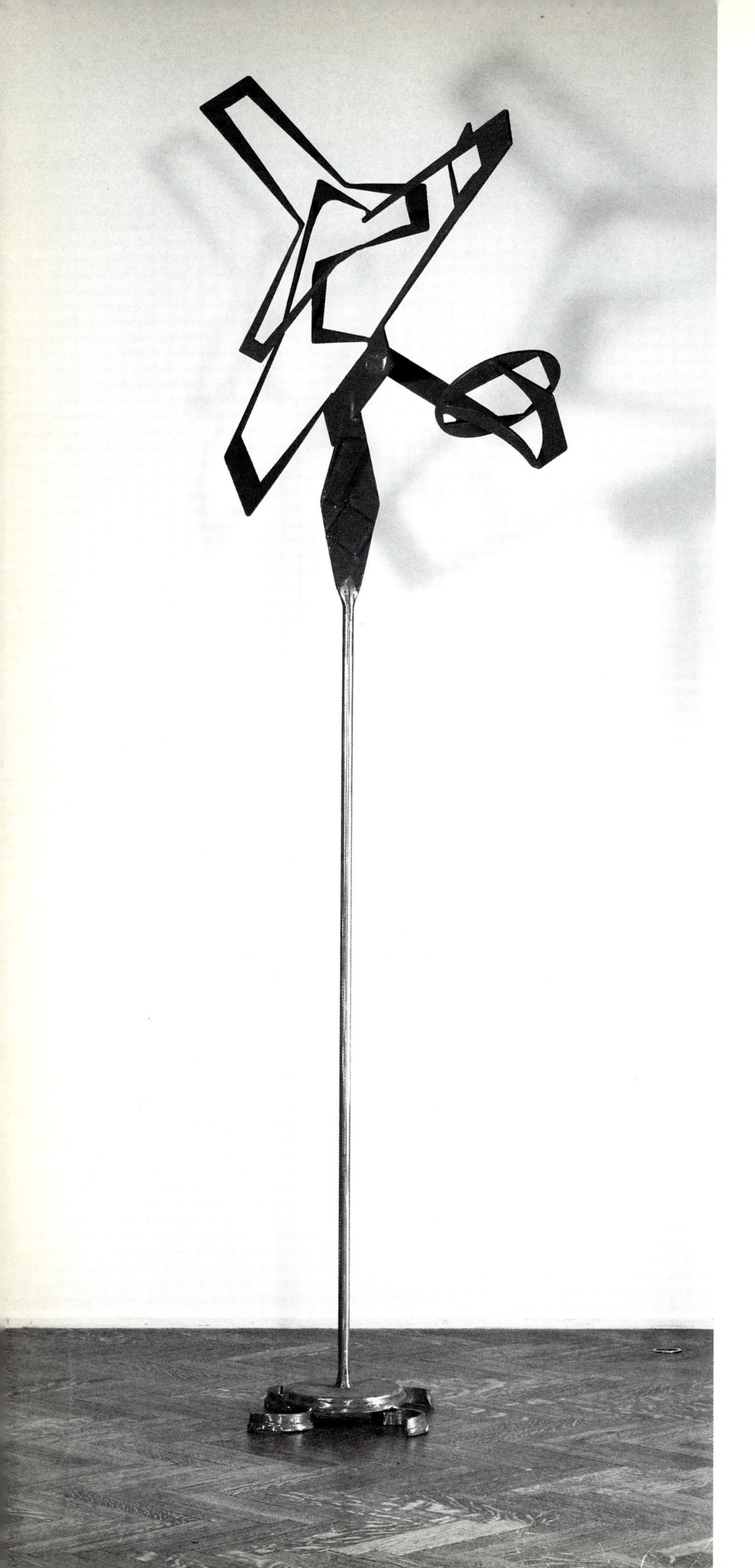

**Construcción sobre puntas de estrella, 1954-1956
[Construction on Star Points]**

Acero inoxidable pintado de rojo de hierro
259 × 102 × 62 cm, con base de acero
RK.322
Colección Candida y Rebecca Smith, Nueva York

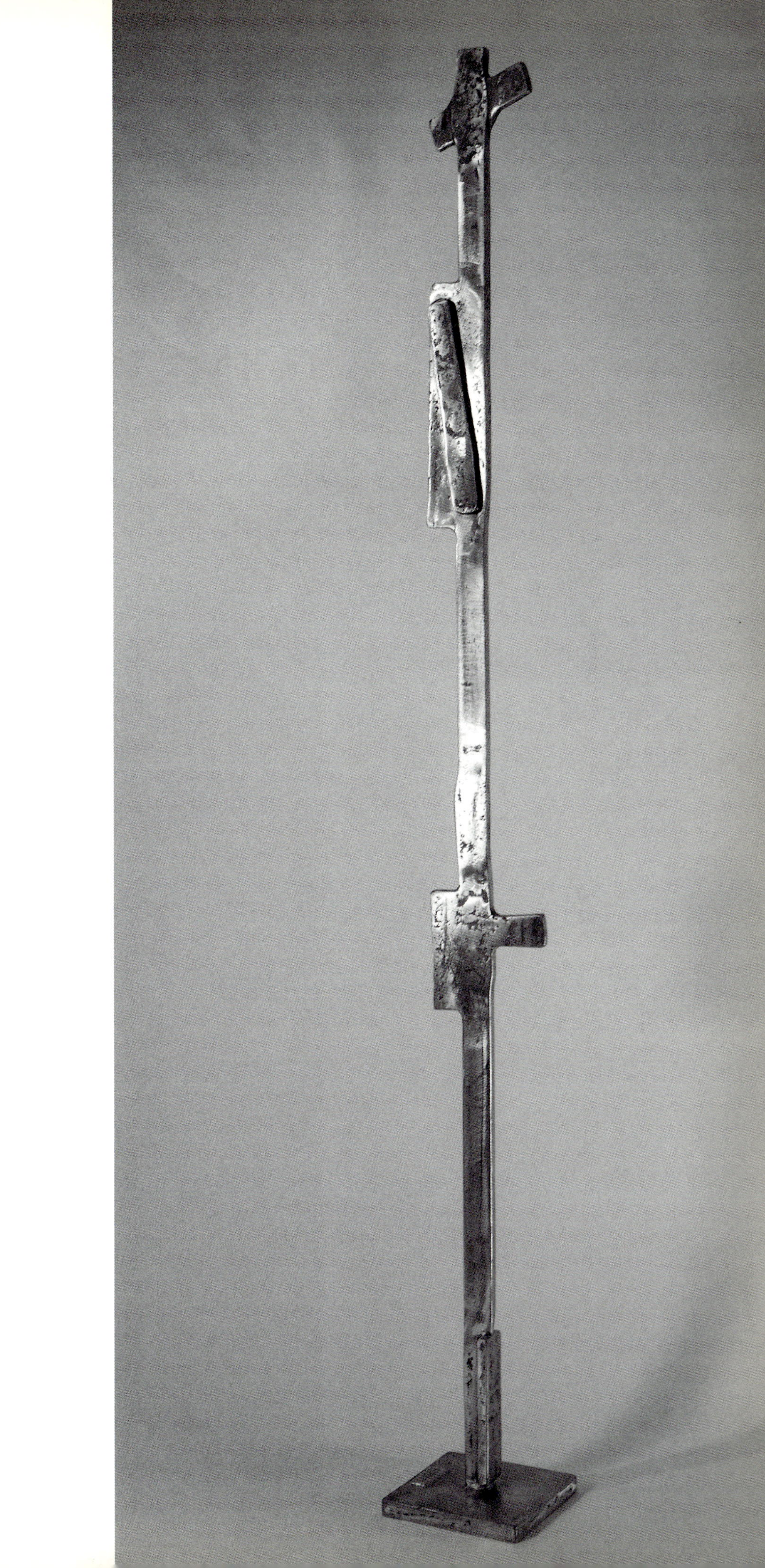

Forjado IV [Forging IV], 1955

Acero inoxidable

206 × 16 × 3 cm, con base de acero de 2 × 21 × 20 cm

RK.336

Colección Candida y Rebecca Smith, Nueva York

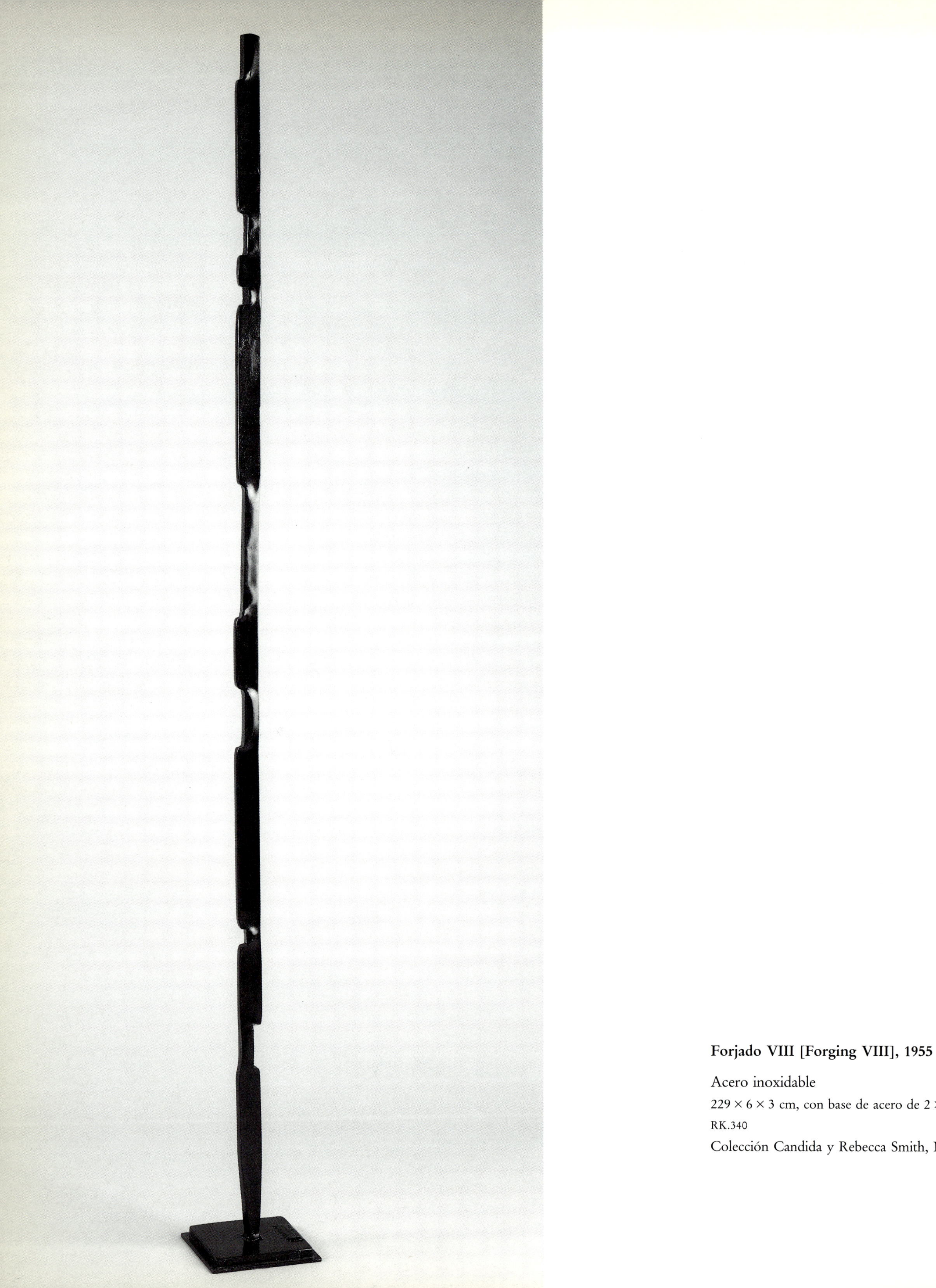

Forjado VIII [Forging VIII], 1955

Acero inoxidable
229 × 6 × 3 cm, con base de acero de 2 × 22 × 20 cm
RK.340
Colección Candida y Rebecca Smith, Nueva York

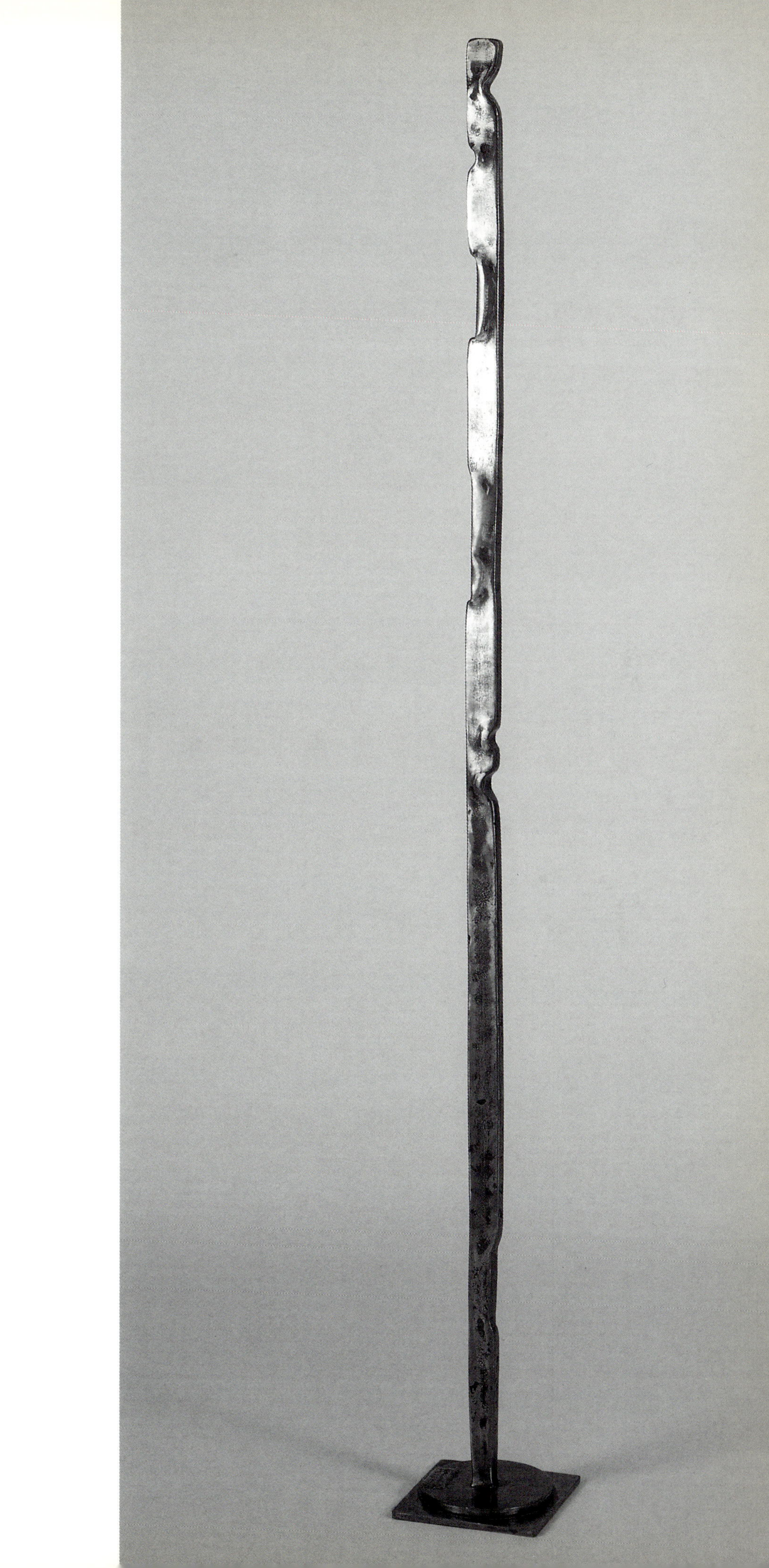

Forjado IX [Forging IX], 1955

Acero inoxidable
184 × 8 × 4 cm, con base de acero de 2 × 19 cm
RK.341
Colección Candida y Rebecca Smith, Nueva York

El muelle del cinco [The Five Spring], 1956

Acero, acero inoxidable y níquel
197 × 91 × 37 cm
RK.366
Tate Gallery, Londres
En préstamo de la colección Candida y Rebecca Smith, Nueva York

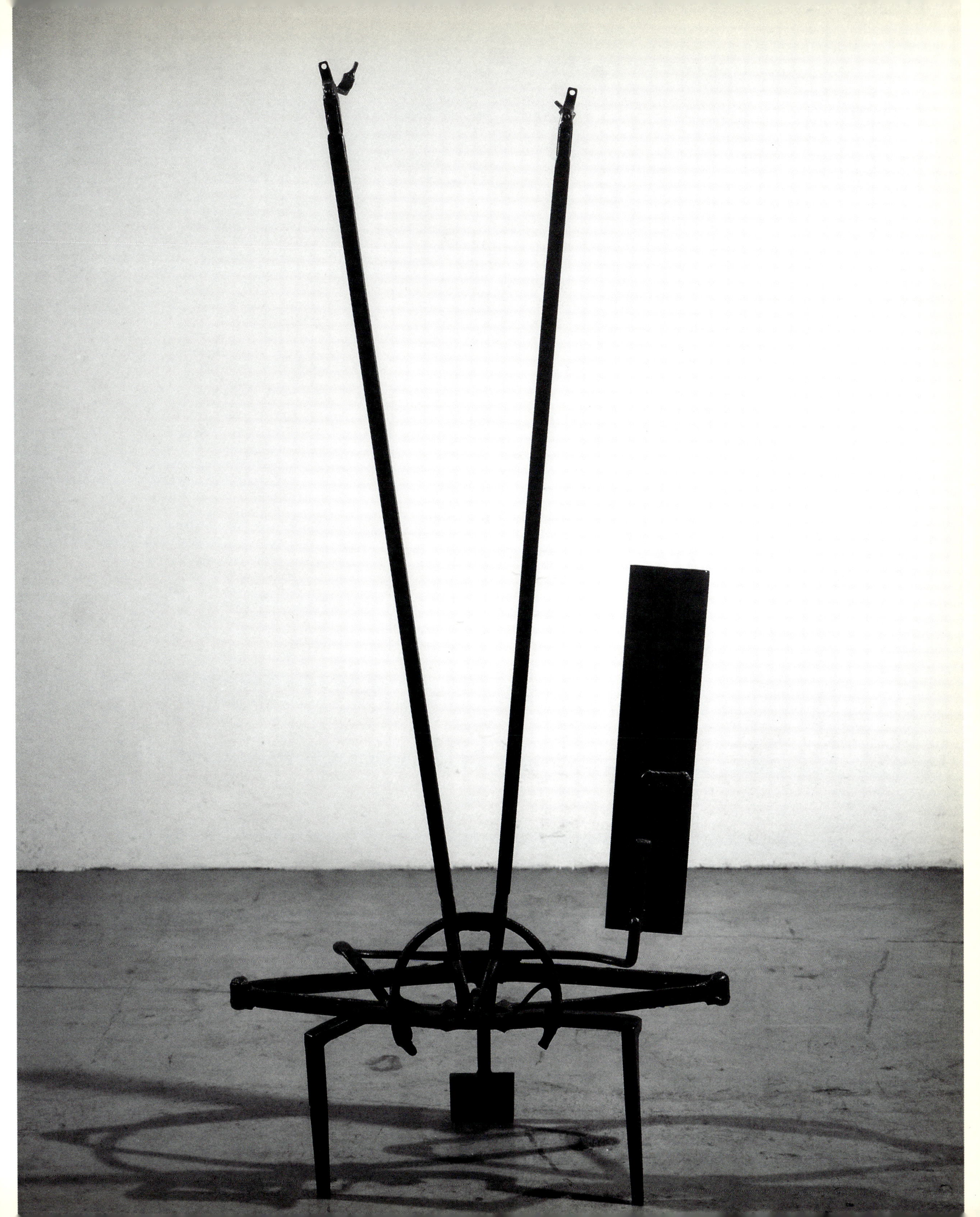

Centinela I [Sentinel I], 1956 (30 de octubre)

Acero

228 × 43 × 57 cm

RK.382

National Gallery of Art, Washington, D. C.

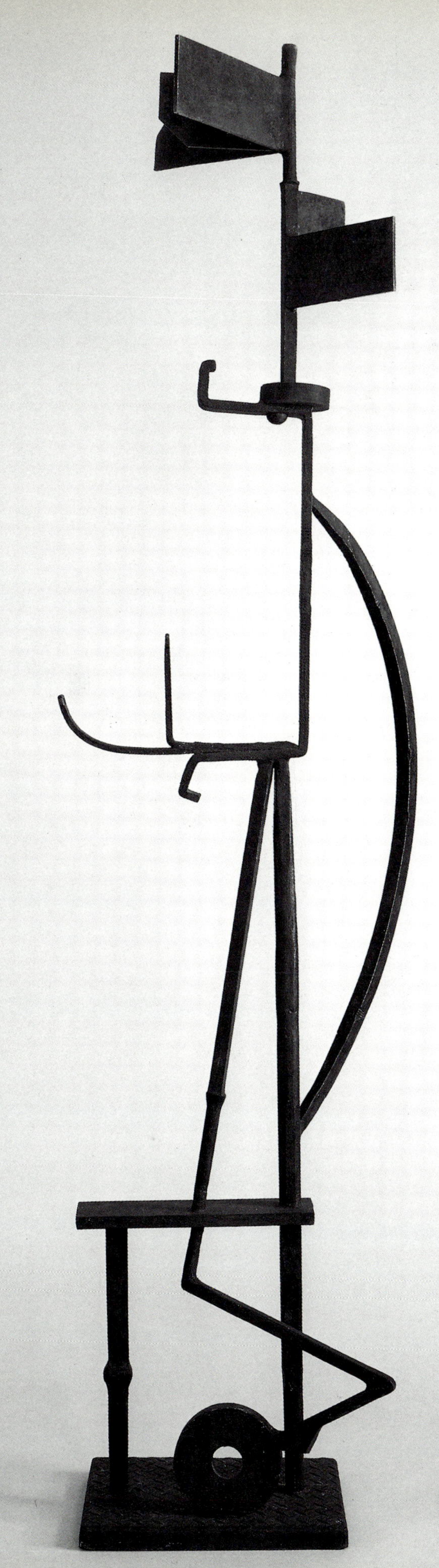

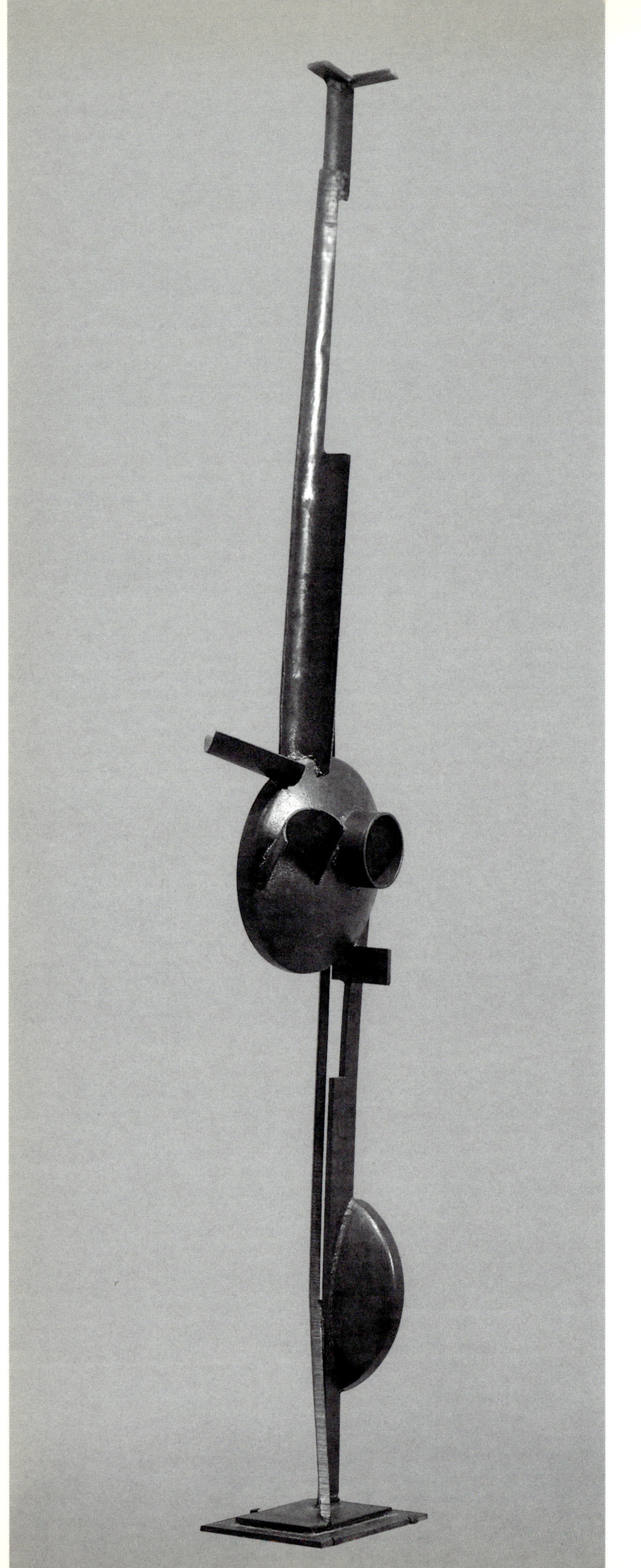

Tanquetótem VI [Tanktotem VI], 1957

Acero pintado de marrón
264 × 33 × 53 cm
RK.435
National Gallery of Art, Washington, D.C.
En préstamo de la colección Candida y Rebecca Smith, Nueva York

Hombre solitario [Lonesome Man], 1957

Plata
71 × 23 × 5 cm
RK.420
Colección Candida y Rebecca Smith, Nueva York

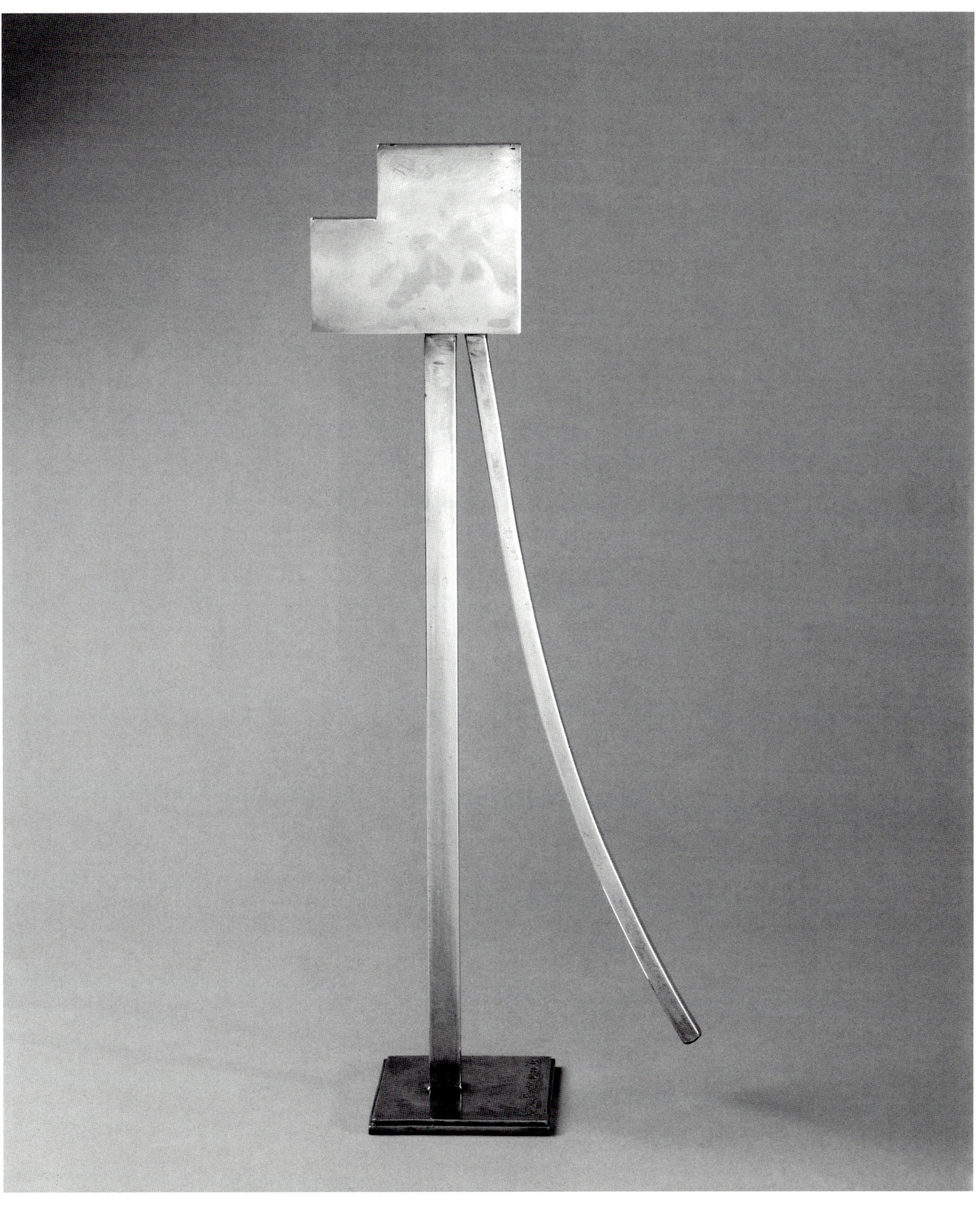

Cuervo IV [Raven IV], 1957

Acero

70 × 83 × 32 cm, con base de acero de 3 × 34 × 19 cm

RK.429

Hirshhorn Museum and Sculpture Garden, Smithsonian Institution, Washington, D. C. Gift of Joseph H. Hirshhorn, 1966

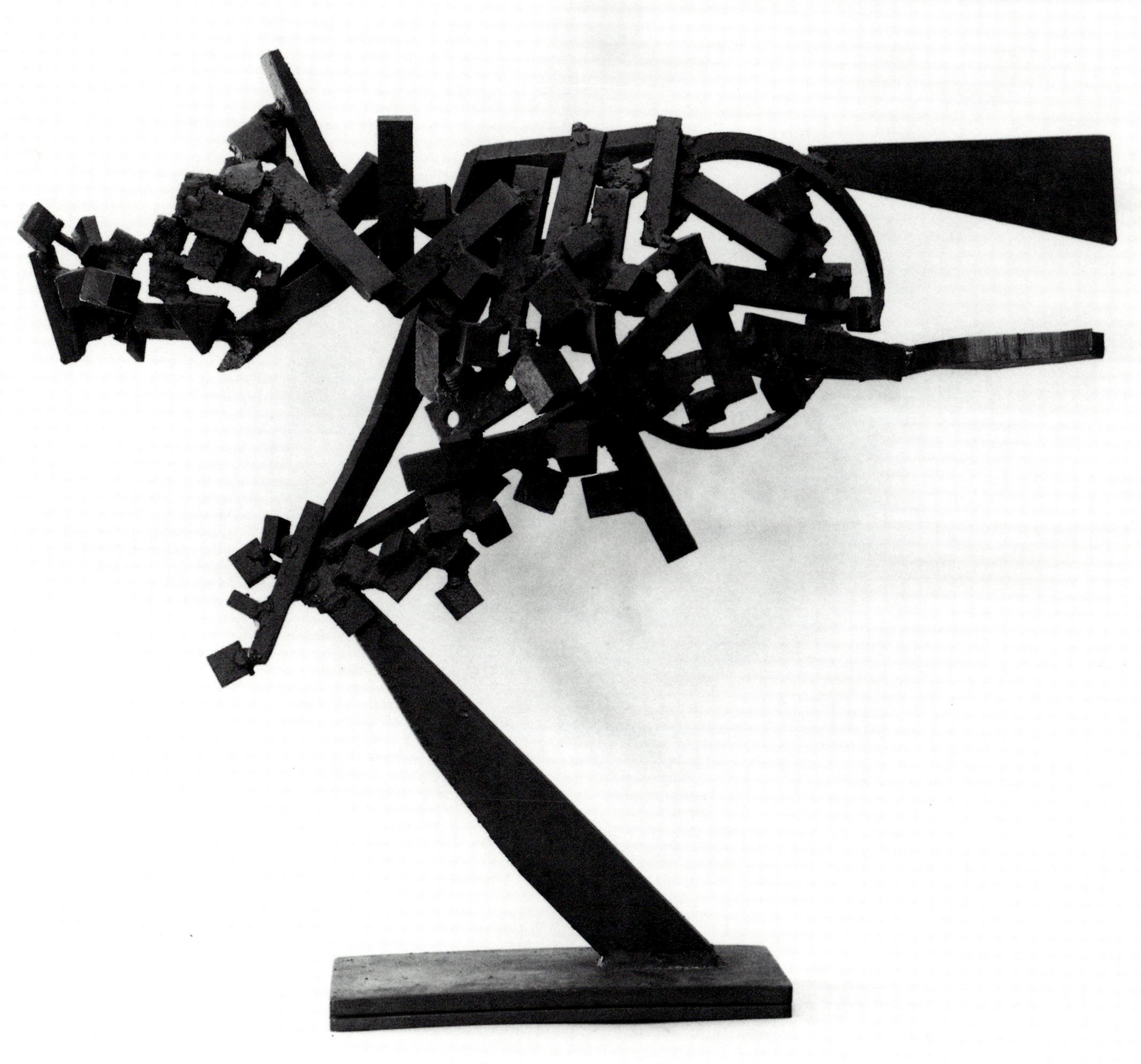

Tanquetótem VII [Tanktotem VII], 1960

Acero policromado

213 × 93 × 36 cm

RK.494

Storm King Art Center, Mountainville, Nueva York. Gift of the Ralph E. Odgen Foundation, 1967

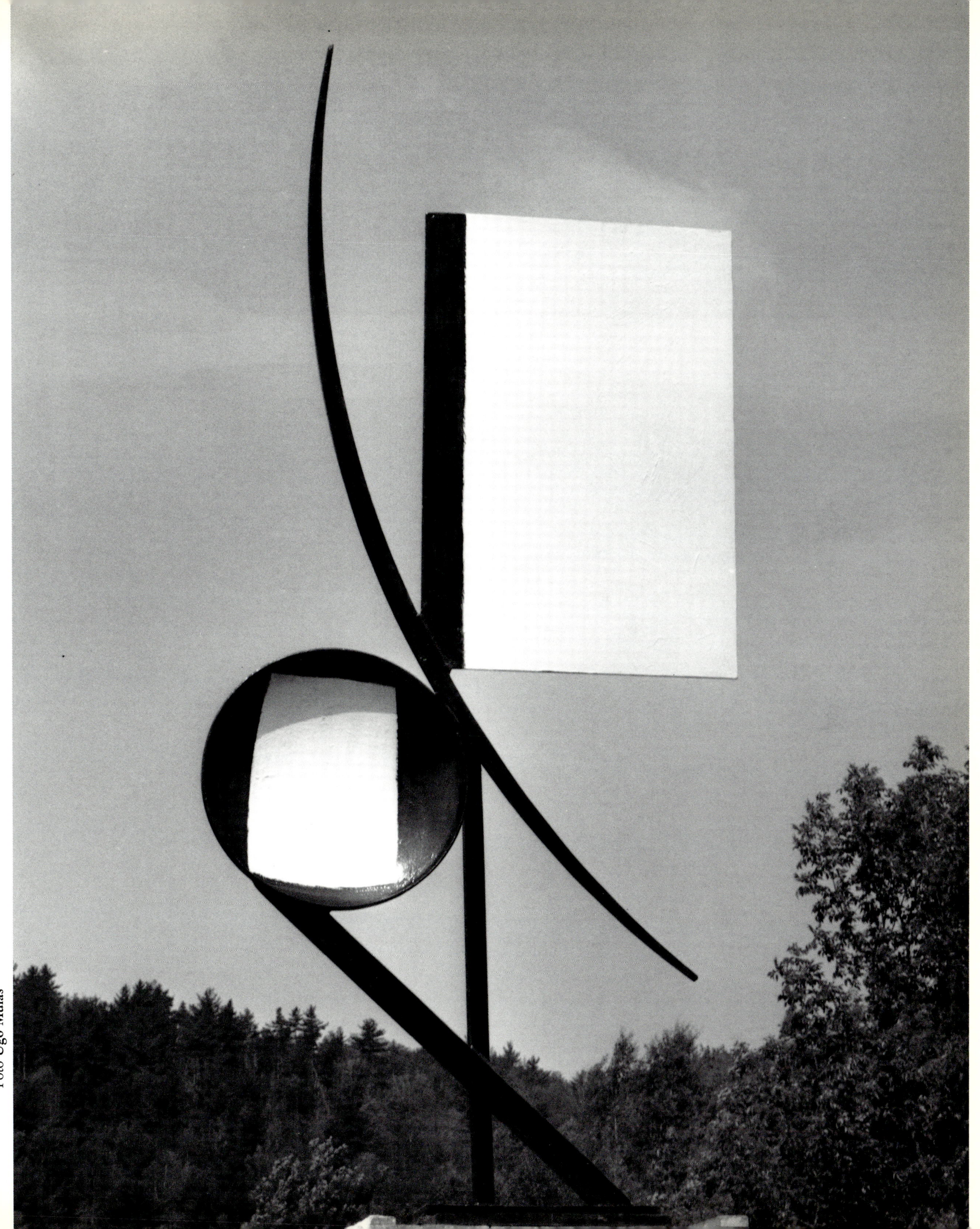
Foto Ugo Mulas

El círculo de Dida sobre un hongo [Dida's Circle on a Fungus], 1961

Acero pintado de azul, negro, amarillo y rosa
253 × 122 × 61 cm
RK.512
Colección Candida y Rebecca Smith, Nueva York

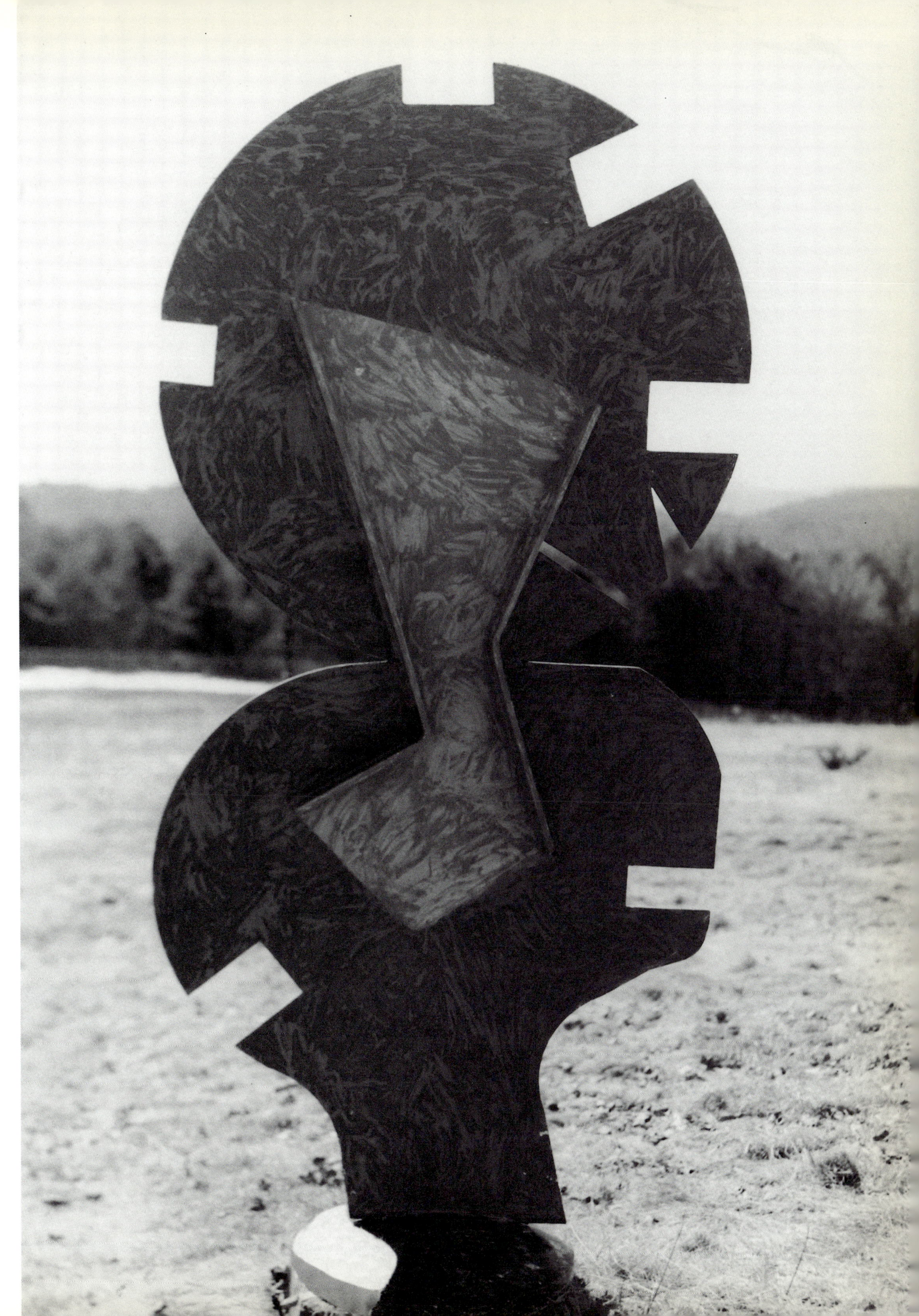

Zig I, 1961

Acero pintado de negro y marrón
245 × 146 × 82 cm
RK.531
Colección Irma y Norman Braman, Miami

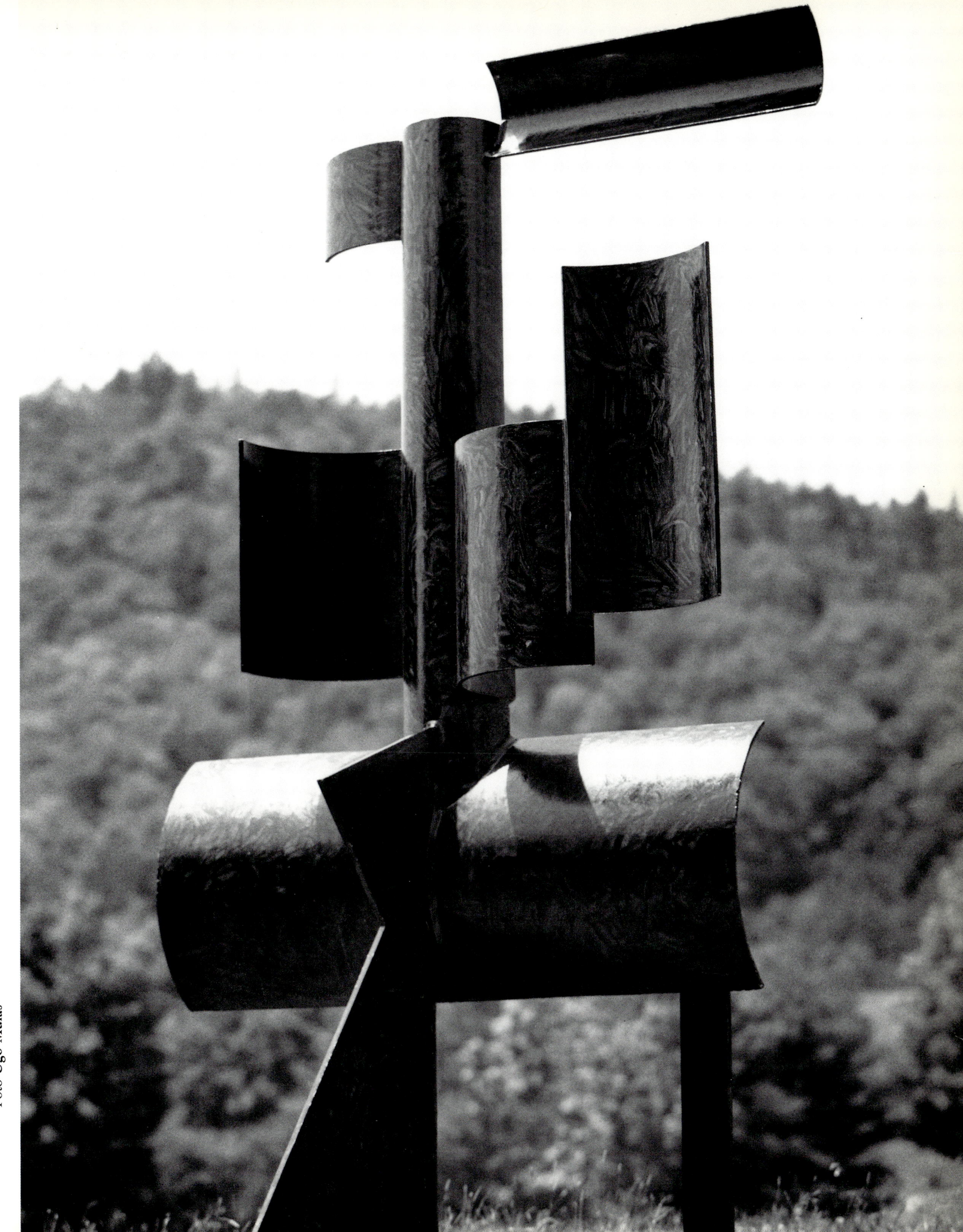

Foto Ugo Mulas

Voltri IV, 1962

Acero
174 × 152 × 37 cm
RK.561
Kröller-Müller Museum, Otterlo

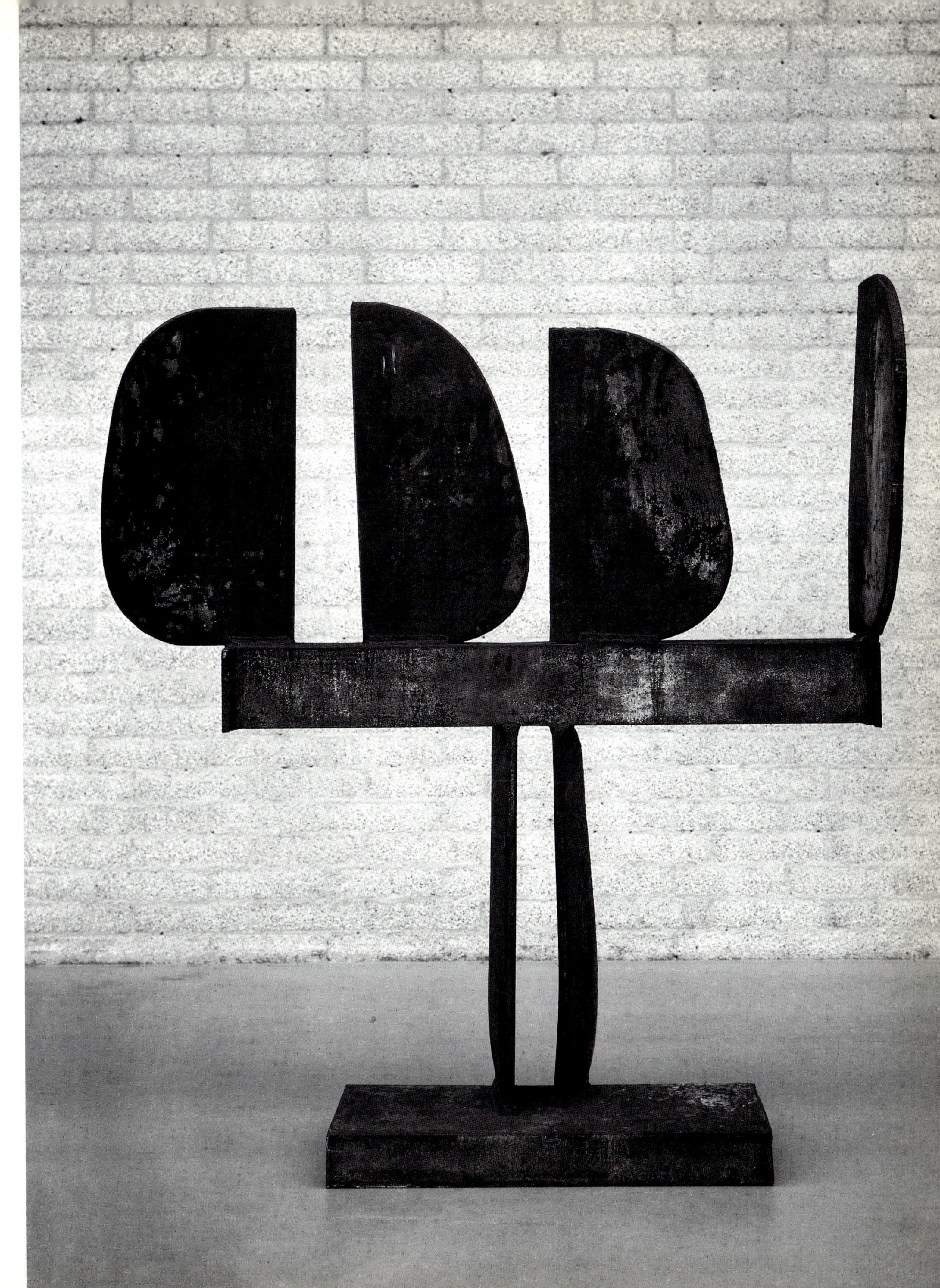

Voltri VI, 1962

Acero

249 × 262 × 65 cm

RK.563

Colección Patsy R. y Raymond D. Nasher, Dallas

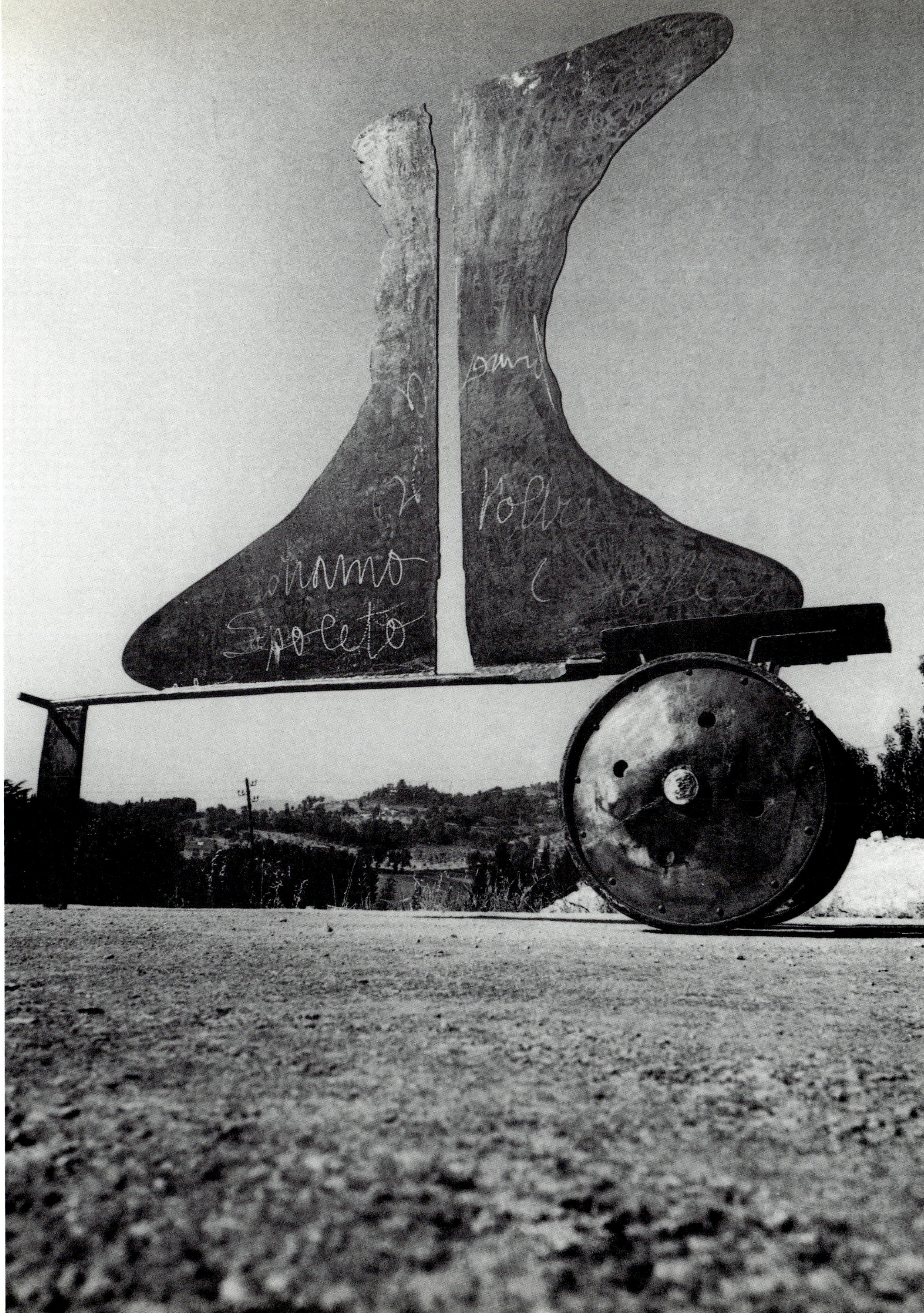

Spoleto

Voltri VII, 1962

Hierro

213 × 311 × 113 cm

RK.564

National Gallery of Art, Washington, D. C. Alisa Mellon Bruce Fund

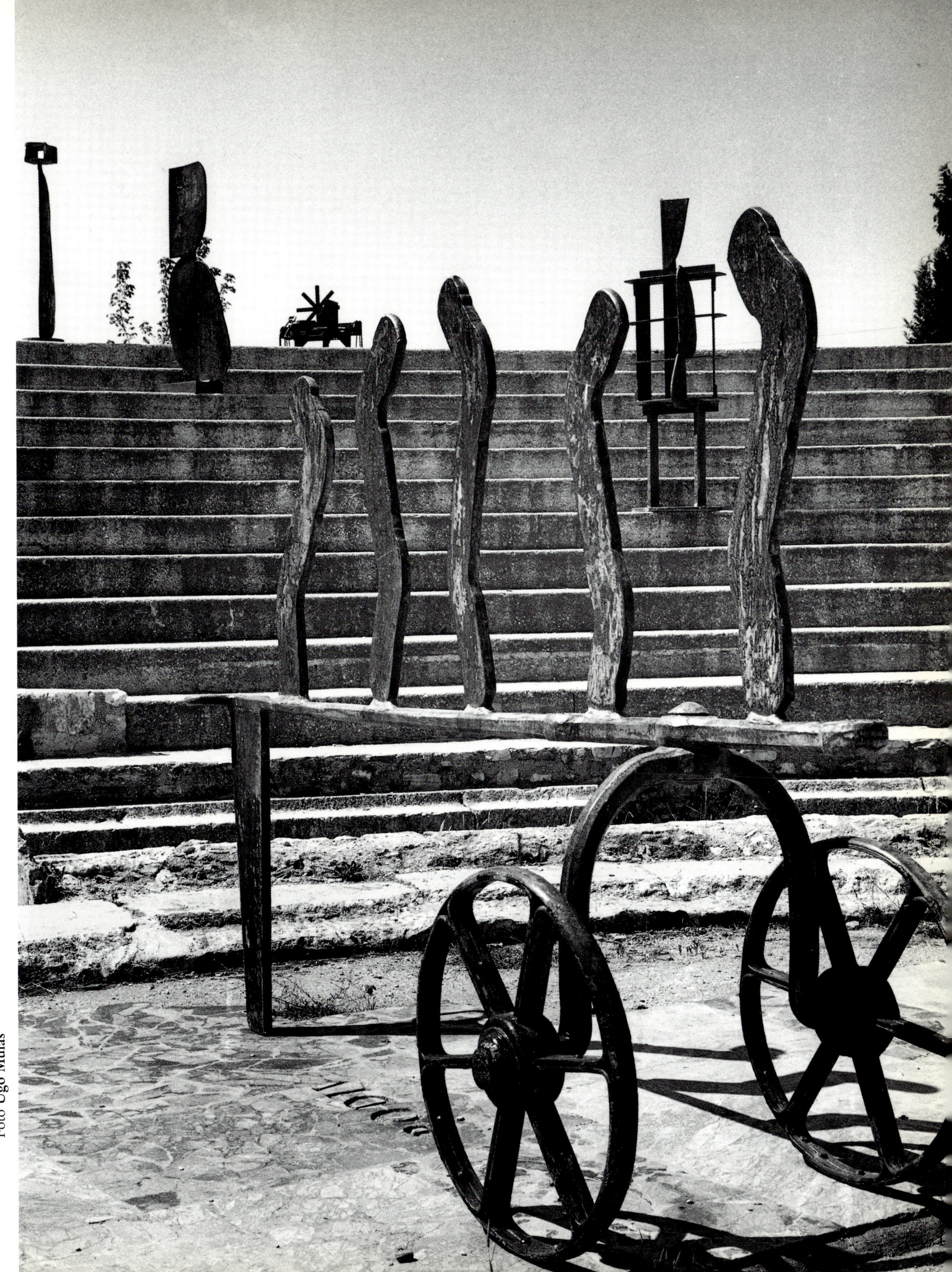

Voltri XV, 1962

Acero

227 × 197 × 58 cm

RK.572

Hirshhorn Museum and Sculpture Garden, Smithsonian Institution, Washington, D. C.

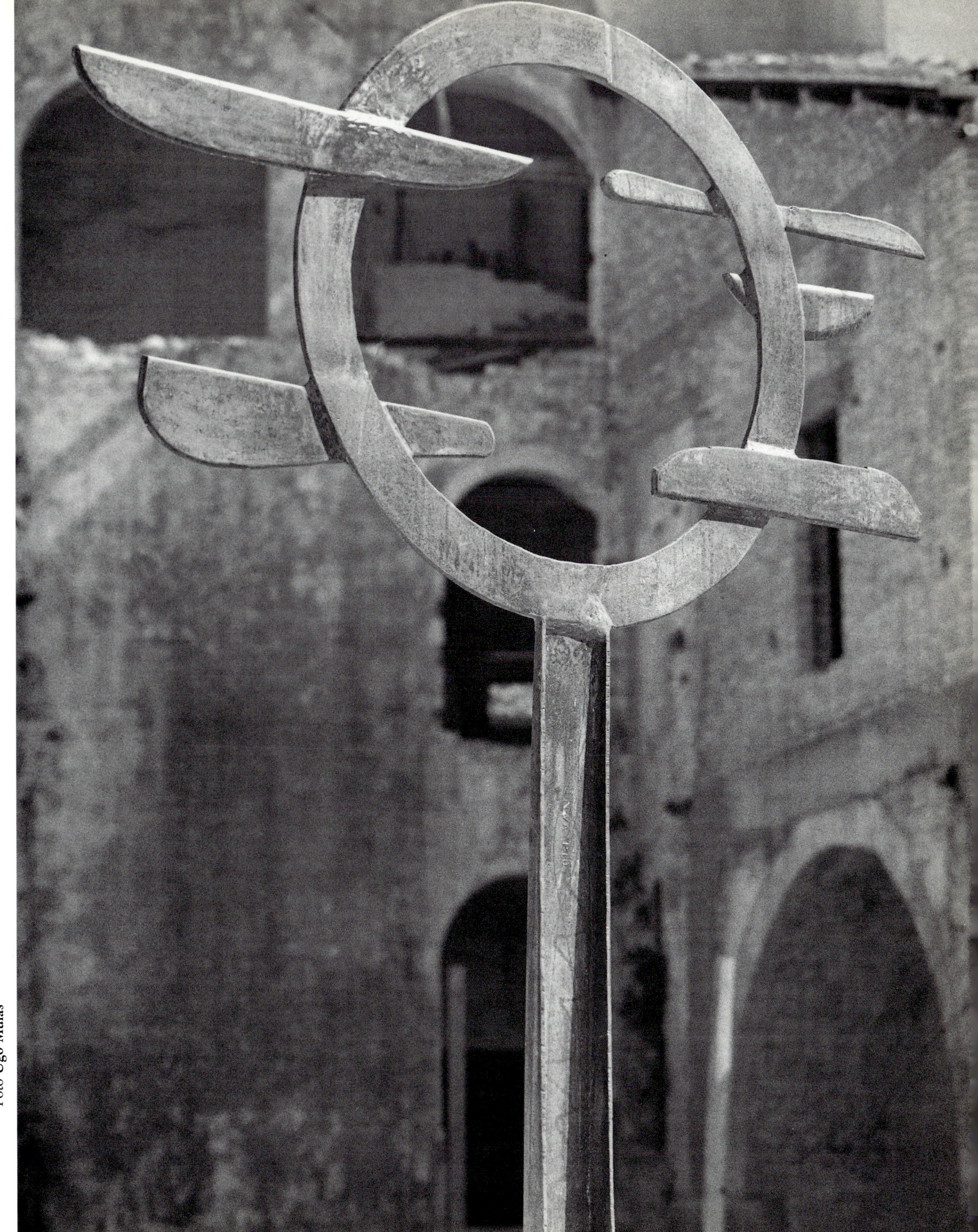

Foto Ugo Mulas

Voltri XVI, 1962

Acero

112 × 102 × 97 cm

RK.573

National Gallery of Art, Washington, D. C.

En préstamo de la colección Candida y Rebecca Smith, Nueva York

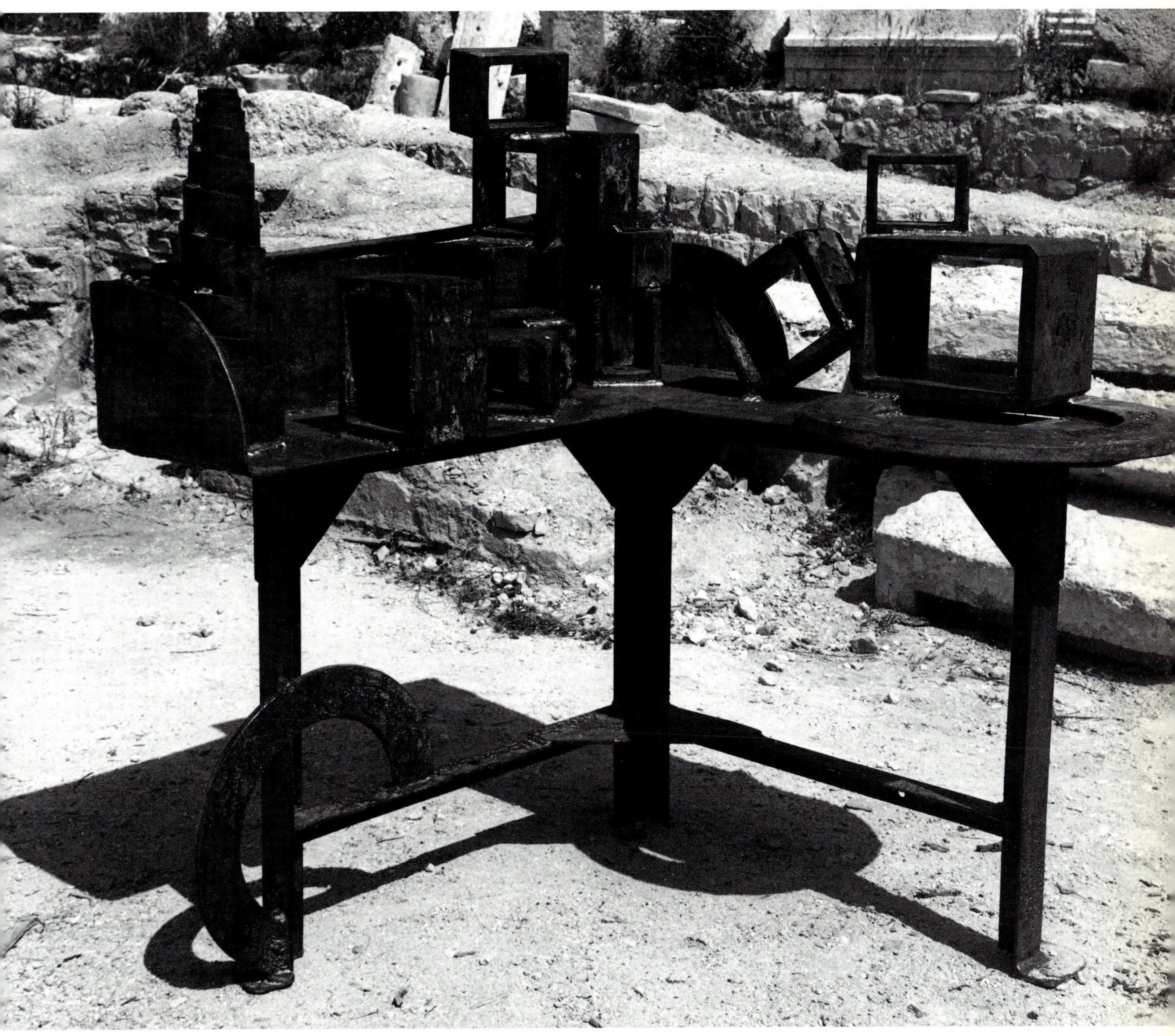

Foto **Ugo Mulas**

Voltri XVII, 1962

Acero

241 × 80 × 76 cm

RK.574

Colección Lois y Georges de Ménil, Nueva York

Foto Ugo Mulas

VB XVII, 1963

Hierro

206 × 36 × 32 cm

RK.601

Colección Candida y Rebecca Smith, Nueva York. Cortesía Knoedler & Co., Nueva York

Zig VII, 1963

Acero pintado de crema, rojo y azul
239 × 269 × 216 cm
RK.627
The Museum of Modern Art, Nueva York. Mrs. Simon Guggenheim Fund (by exchange). Gift of Candida and Rebecca Smith

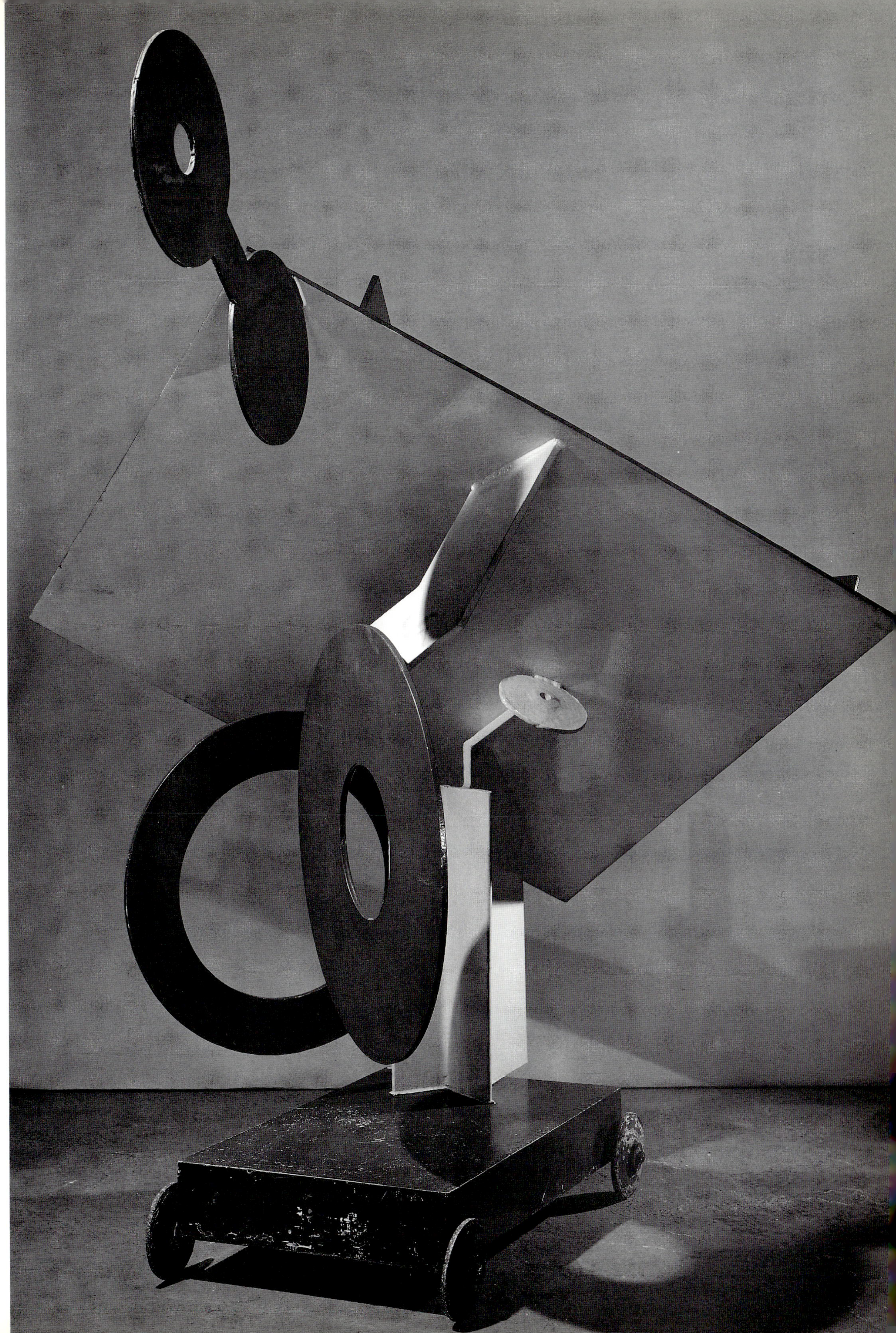

Cubi I, 1963

Acero inoxidable pulido

315 × 88 × 85 cm

RK.649

Colección Detroit Institute of Arts, Detroit, Founders Society Purchase, Special Purchase Fund

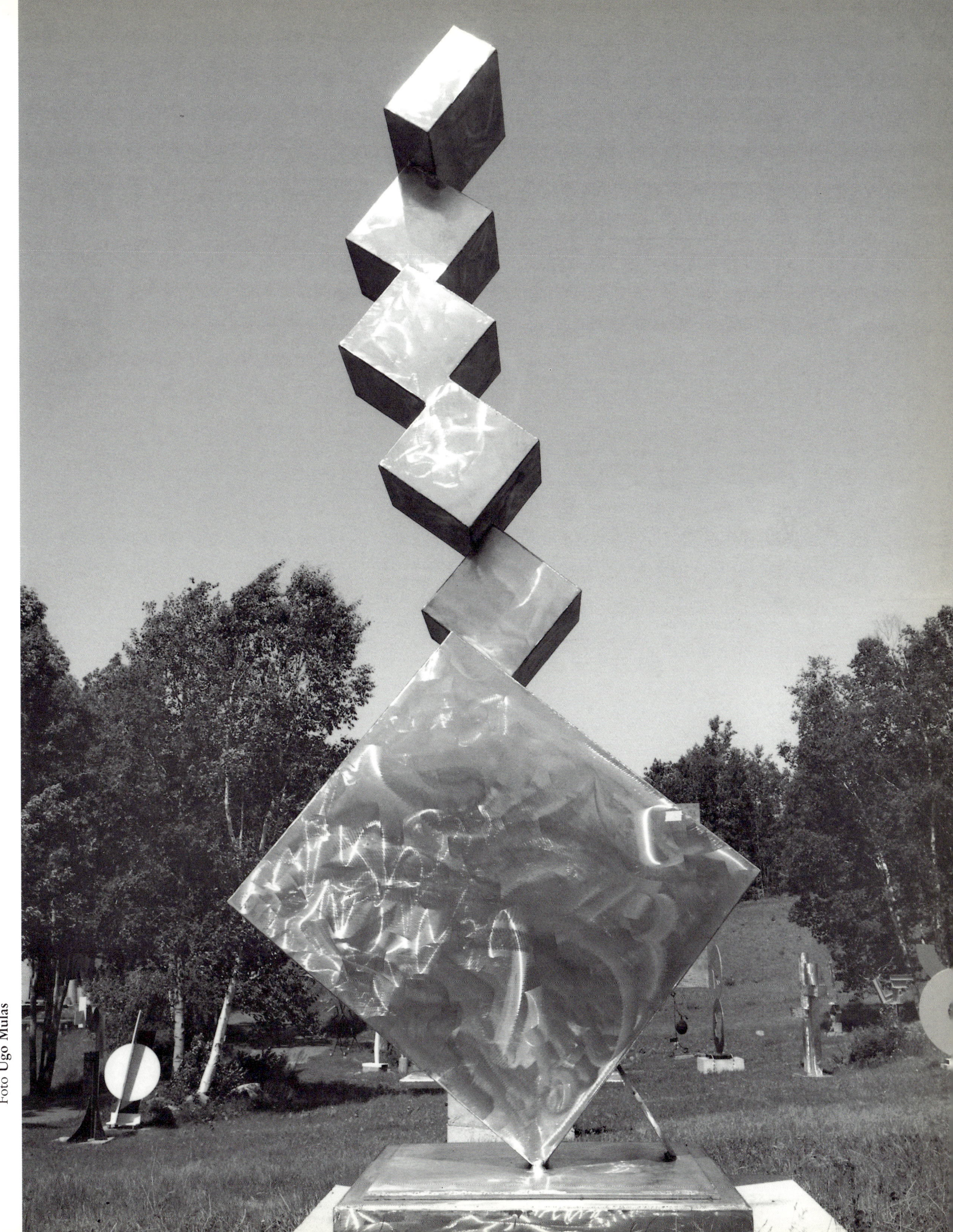

Cubi XIX, 1964

Acero inoxidable
315 × 55 × 53 cm
RK.667
Tate Gallery, Londres

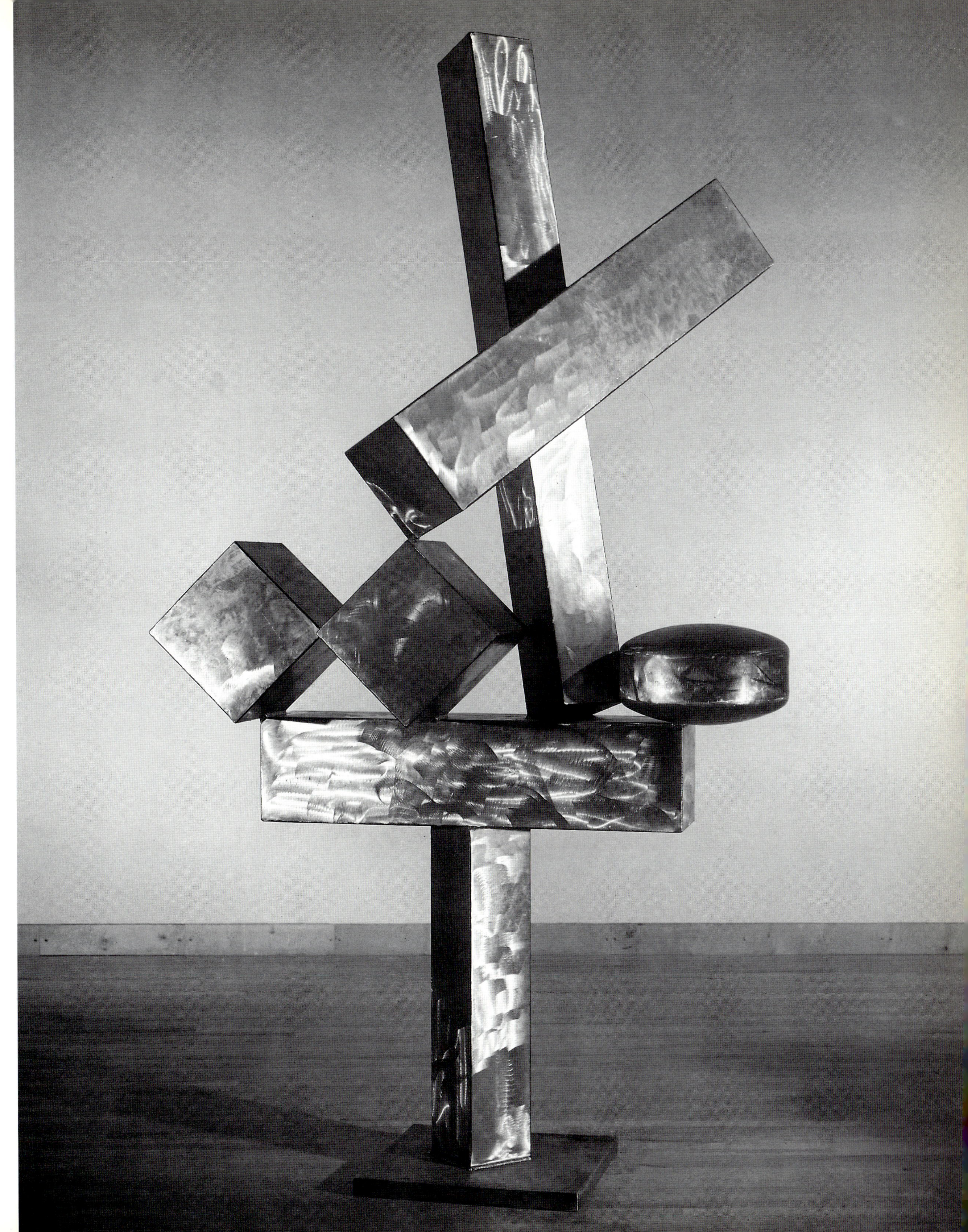

Carro II [Wagon II], 1964

Acero

273 × 283 × 112 cm

RK.639

National Gallery of Art, Washington, D. C.
En préstamo de la colección Candida y Rebecca Smith, Nueva York

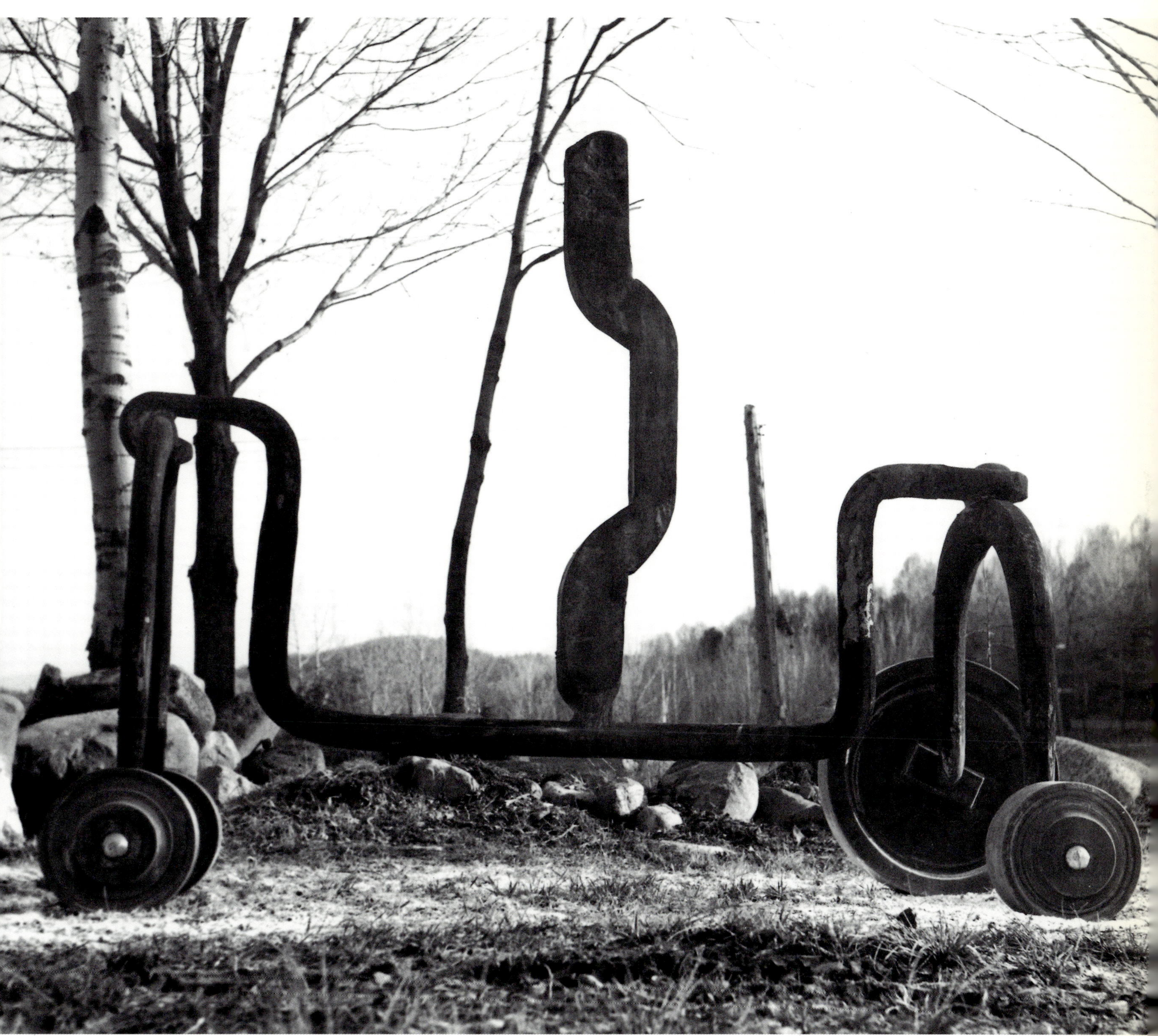

Foto David Smith

Sin título [Untitled], 1965

Acero inoxidable

257 × 304 × 78 cm

RK.648

Colección Candida y Rebecca Smith, Nueva York

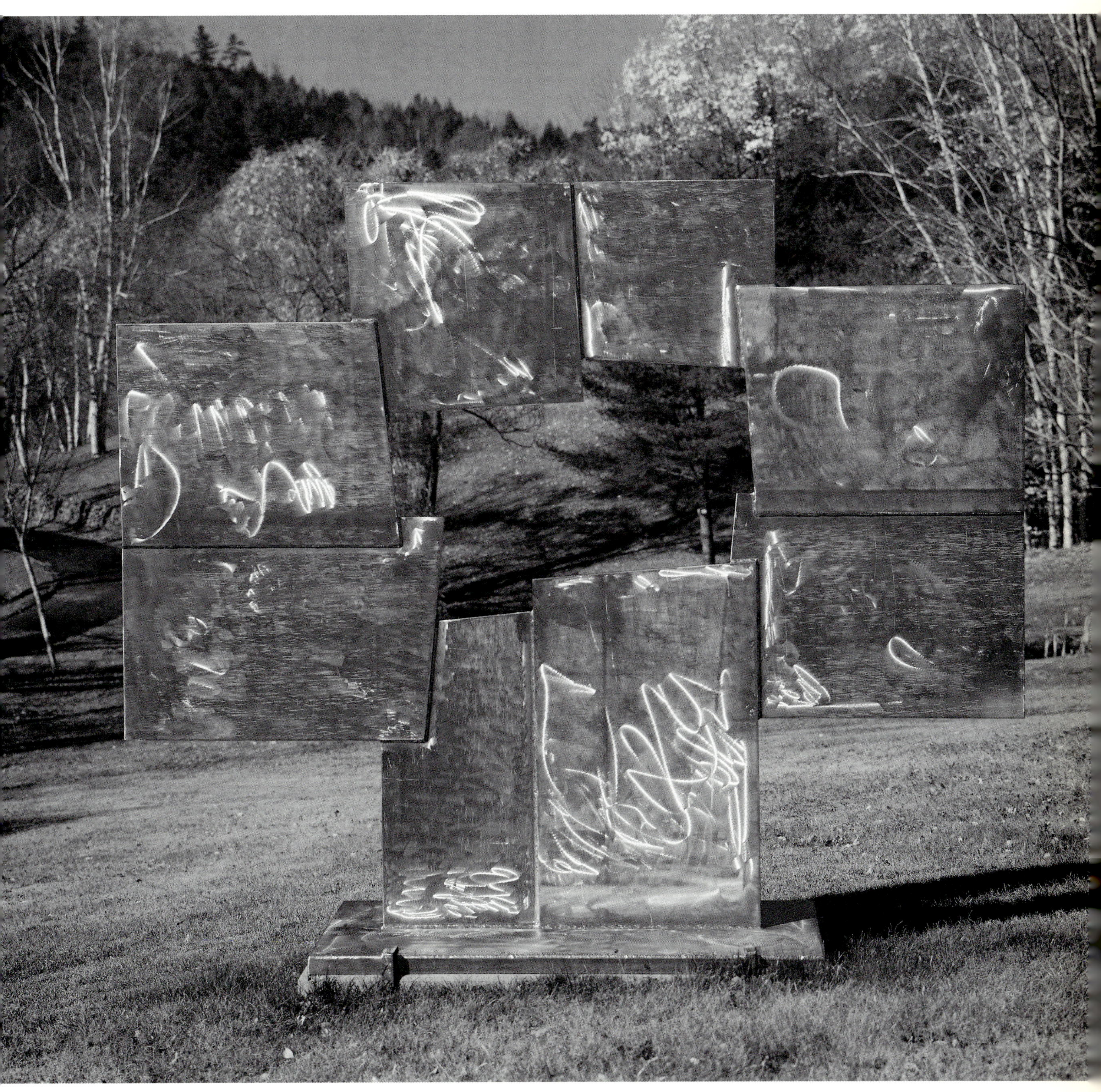

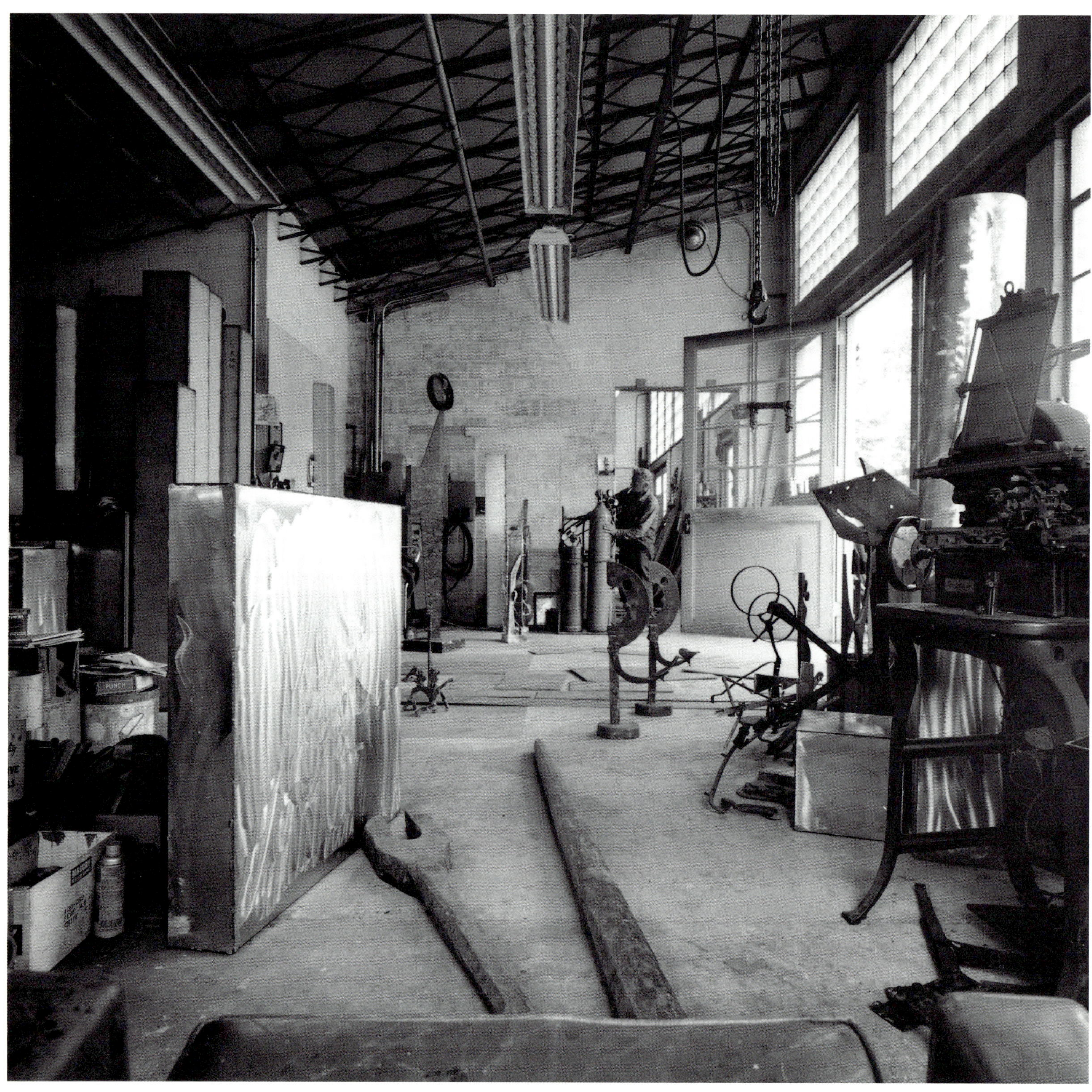

Bolton Landing, 1965. Foto **Ugo Mulas**

CRONOLOGÍA

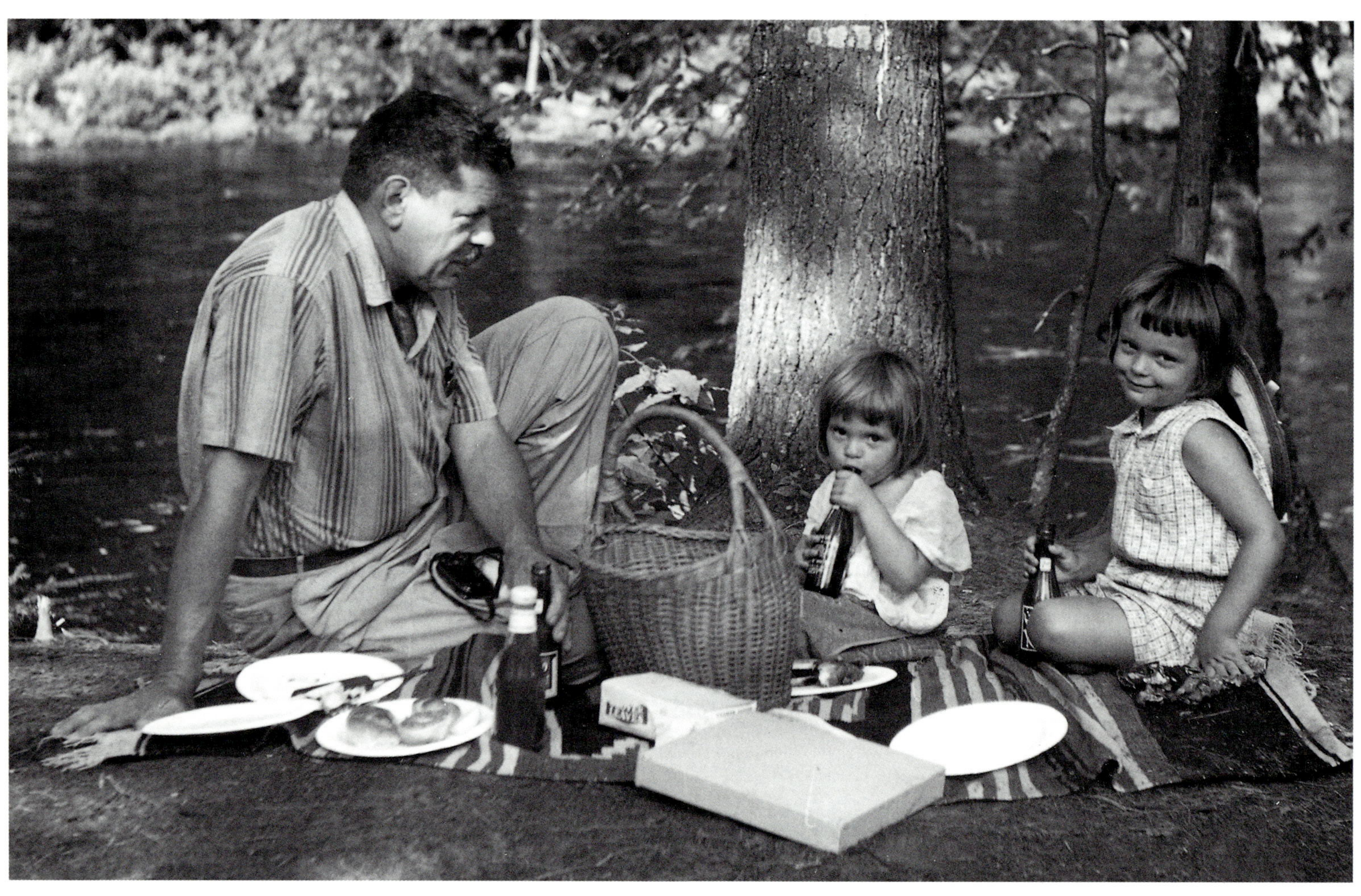

David, Candida y Rebecca Smith, *ca.* 1959. Foto David Smith

1906-1920

David Roland Smith nace el 9 de marzo de 1906 en Decatur (Indiana, Estados Unidos). Su bisabuelo, uno de los primeros colonos del lugar, trabajó algún tiempo como herrero. Su madre, Golda, fue maestra y metodista estricta. Su padre, Harvey Martin Smith, fue ingeniero de teléfonos e inventor ocasional. El 7 de abril de 1911 nació su hermana Catherine.

De niño, a Smith le gusta mirar reproducciones de arte egipcio y sumerio en la *Biblia* de su abuela, un objeto que conservará toda su vida. Fuera de eso apenas tiene contacto directo con las artes visuales: «Yo creo que no había visto un museo ni en Indiana ni en Ohio, sólo algún cuadro oscurísimo con ovejas que había en la biblioteca pública».

1921-1924

1921: La familia se traslada a Paulding (Ohio); Smith tiene quince años. Su padre es gerente y copropietario de la compañía telefónica de Paulding. Allí Smith completa su educación secundaria, sin distinguirse en los estudios, pero sí como dibujante de historietas: ilustra el álbum del instituto. **1923:** Todavía en el instituto, se inscribe en un curso por correspondencia de dibujo de historietas de la Cleveland Art School. **1924, primavera:** Recibe el diploma de segunda enseñanza. **Septiembre:** Se matricula en la Universidad de Ohio en Athens; sólo cursará un año, con calificaciones buenas en las clases de arte y malas en las disciplinas académicas. Más tarde se quejará de que la enseñanza artística del centro no preparaba para ser artista sino profesor de arte.

1925

Verano: Trabaja en la fábrica de automóviles Studebaker de South Bend (Indiana), en el ensamblaje de chasis, «estrictamente para ganar dinero; gané más que nunca». La línea de montaje no existía; cada trabajador desempeñaba varias tareas. Smith trabaja básicamente como remachador, pero también hace soldadura blanda y por puntos y maneja un torno. Después evocará esta experiencia en apoyo de su imagen de artista obrero: «Antes de saber qué era el arte o asistir a una academia, yo conocí bien, trabajando en una fábrica, el acero y las máquinas que se utilizan para forjarlo».

Otoño: Se matricula en la Universidad de Nôtre Dame pero la deja a los quince días, al darse cuenta, de nuevo que no hay cursos de arte. Vuelve a trabajar para Studebaker, no en el montaje de automóviles sino en su agencia financiera.

1926

Trasladado por Studebaker a Washington, se despide poco después para incorporarse a la cooperativa bancaria Morris Plan Bank.

Verano: Asiste a clases nocturnas de poesía en la Universidad de Georgetown (no le gustará la poesía romántica del siglo XIX).

Otoño: El banco le destina a la filial de Nueva York, Industrial Acceptance Corporation. Poco después de instalarse en una pensión cercana a la Universidad de Columbia (417 West 118th Street), pregunta a los dueños dónde puede conocer artistas, y le indican a una joven pintora residente en el mismo edificio, Dorothy Dehner, que estudia en la Art Students League (ASL). Dehner recordará más tarde: «Nos pusimos a hablar antes de la cena y la conversación se prolongó hasta las primeras horas de la mañana. Hablamos de arte y artistas, de religión, de familias, de amigos, de animales, de viajes al extranjero, de poesía y de mil cosas más». Siguiendo su consejo, Smith se matricula en la ASL y asiste a las clases nocturnas de pintura que imparte Richard Lahey.

1927

Otoño: Se matricula en la ASL con horario normal, trabajando para ganar dinero en diversos empleos a tiempo parcial, incluso de taxista durante unas semanas. En la ASL estudia pintura, primero con el americano John Sloan y después con el pintor abstracto checo Jan Matulka, discípulo de Hans Hoffman. De Sloan recibe «cierta dosis de sentimiento; conocer la posición del artista como un rebelde o sublevado contra el *status quo;* por él supe de conos, de cubos y de Cézanne». Trabajador incansable como lo será toda la vida, hace grabados por las noches y los sábados.

Estudiando en la ASL y alojándose en el mismo edificio, Smith y Dehner pasan juntos la mayor parte del tiempo. El día de Nochebuena se casan en el City Hall, y se mudan al centro, al número 15 de Abingdon Square, en Greenwich Village.

1928

Smith sigue asistiendo a la ASL y aprende dibujo con Kimon Nicolaides, que le transmite «un sentido para la sensibilidad en la línea». Suprimido el curso de Matulka en la ASL, Smith recibe de él clases privadas en su ático de la 14th Street; entre sus compañeros están Irene Rice Pereira, Bourgoyne Diller, George MacNeil, Edgar Levy y Lucille Corcos. Smith recordará: «Fue gracias a él, en 1928, como conocí el cubismo y el constructivismo. Entonces se me abrió un mundo... Matulka fue la influencia más notable sobre mi obra». Animado por Matulka, empieza a adherir a la superficie pictórica objetos de madera encontrados o configurados y otros materiales.

Febrero: Empieza a trabajar para el almacén de artículos de deporte A. G. Spalding. **Mayo:** Se enrola en un petrolero que va de Filadelfia por Panamá hasta San Pedro de California. En California se reúne con Dorothy Dehner y pasan el verano juntos, en casa de una tía de Dorothy en Pasadena. En el **otoño** regresa en un petrolero a Bayonne (Nueva Jersey), y vuelve a trabajar para Spalding. Smith y Dehner se trasladan a Brooklyn, donde residirán en varios apartamentos hasta 1940.

1929

Verano: Smith y Dehner pasan un mes en Bolton Landing, cerca del lago George, en los Adirondacks, del estado de Nueva York, como huéspedes de pago de Thomas y Weber Furlong, él tesorero y ella secretaria ejecutiva de la ASL. Enamorados del lugar, compran por mil dólares la Old Fox Farm, una ruinosa alquería colonial de la década de 1820, sin electricidad ni agua corriente, con un terreno de 38 acres. Durante los once años siguientes, hasta 1940, pasarán allí el verano y el otoño: «No teníamos más que un fogón de leña para cocinar, lámparas de petróleo, nada de saneamiento... el agua había que sacarla del pozo... hacer astillas, etcétera...».

Otoño: Vuelta a Nueva York y mudanza a otro piso de Brooklyn.

Diciembre: Smith empieza a trabajar como ilustrador para *The Sportsman Pilot.*

1930

En esta época Smith y Dehner acceden a un círculo más amplio de amigos artistas. Thomas Furlong presenta a Smith a John Graham, emigrado ruso, intelectual y artista, que es además vecino en Bolton Landing. Por medio de Graham, Smith conoce a los importantes pintores de vanguardia Stuart Davis, Jean Xceron, Arshile Gorky y Willem de Kooning. Otros amigos, como Edgar Levy y su esposa Lucille Corcos, Adolph y Esther Gottlieb, Milton y Sally Avery, son vecinos de Brooklyn Heights.

Graham muestra a Smith la revista francesa *Cahiers d'Art,* que ha traído de París. En un número de 1929 Smith ve el Proyecto de escultura que Picasso había diseñado y soldado en 1928 con la ayuda de Julio González. Más tarde evocará el efecto que le produjeron aquellas obras: «Como yo había trabajado en fábricas haciendo partes de automóviles, y había trabajado en el tendido de líneas telefónicas, vi una posibilidad de hacer escultura dentro de una tradición donde ya tenía raíces». Sin embargo, hasta 1933 no empezará a emplear regularmente el soplete. Cultiva un surrealismo abstracto; experimenta con pintura, *collage* y relieves, y se interesa cada vez más por la combinación de construcción y pintura.

Trabaja por las noches maquetando la revista *Tennis.*

Marzo: El linograbado *Interior Farm* es su primera obra incluida en una exposición colectiva, la *Fourth Annual Exhibition of American Block Prints* del Print Club de Filadelfia.

1931

Octubre: Smith y Dehner se embarcan para St. Thomas, en las Islas Vírgenes, donde permanecerán hasta junio de 1932; es su equivalente del viaje de Gauguin a Tahití. Smith recoge pedazos de madera, corales y conchas. Pinta, y arma sus primeras esculturas exentas, construcciones pequeñas de alambre; esculpe su primera escultura en piedra. Hace ensayos fotográficos: una serie de imágenes documentales de la vida en las islas y un grupo de composiciones con corales y conchas, de inspiración surrealista.

1932

Construction (RK.8)

Junio: Regresa a Nueva York y a Bolton Landing. Instala una fragua y un yunque. Hace más construcciones con madera, alambre, piedra, varilla de aluminio, metal soldado y materiales «encontrados», entre ellos corales traídos de las Islas Vírgenes, p. ej. en *Construction*.

Otoño: Se muda a otro piso de Brooklyn Heights, en State Street. Vuelve a trabajar en Spalding. Empieza a soldar esculturas de metal con soplete oxiacetilénico, en un cuarto del piso de Brooklyn; pero saltan chispas que caen sobre dibujos y visillos, y Dorothy tiene que ir detrás con una regadera para apagar los pequeños incendios constantes.

1933

Agricola Head (RK.17); *Saw Head* (RK.21)

Primavera y verano: En Bolton Landing; con el equipo de soldar de un mecánico de automóviles de la zona, Smith hace sus primeras esculturas exentas de metal soldado, *Chain Head* (RK.18), *Saw Head* y *Agricola Head;* talla esculturas en madera.

Otoño: Se compra un mono de soldador y un soplete oxiacetilénico.

Vende por primera vez una escultura, a Mrs. Lois Wright, coleccionista y amiga de John Graham. Expone por primera vez un cuadro,

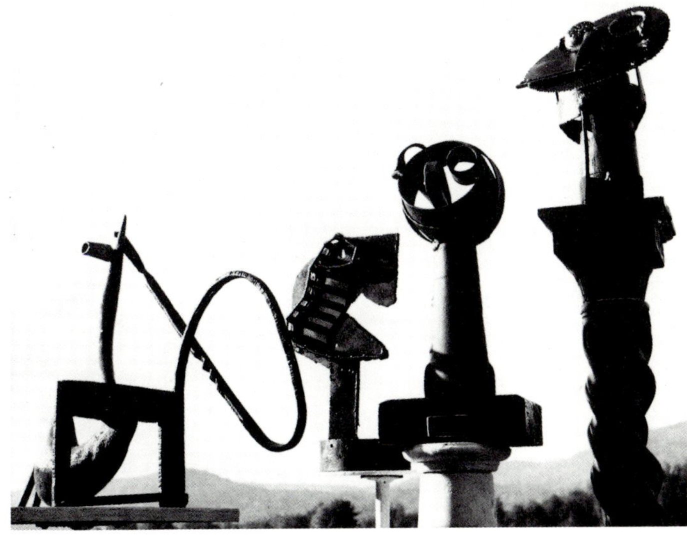

De izquierda a derecha: *Swung Forms,* 1937; *Chain Head,* 1933; *Agricola Head,* 1933; *Saw Head,* 1933. Foto David Smith

un paisaje de las Islas Vírgenes sin título, en el escaparate de la ACA Gallery.

John Graham le paga por hacer bases para la colección de arte africano que Graham ha reunido para Frank Crowninshield, entonces director de *Vanity Fair.* Smith tiene las piezas en su casa mientras hace las bases; las fotografía y ayuda a catalogar la colección.

1934

Descubre en el Navy Pier de Brooklyn la Terminal Iron Works, una forja de calderería y accesorios navales perteneciente a dos irlandeses, Buckhorn y Blackburn. Entra, conoce a Blackburn y alquila sitio para trabajar allí; será su taller principal hasta 1940.

Presenta esculturas de metal soldado (quizá *Agricola Head* y *Saw Head*) en una exposición colectiva de las Julien Levy Galleries. Levy, marchante conocedor de la vanguardia, encuentra extrañas las obras; le preocupa que las partes adheridas con goma de mascar se desprendan.

Recibe de Graham una escultura de Julio González, una *Máscara* de hacia 1927. Ve esculturas soldadas de Pablo Gargallo en la Brummer Gallery de Nueva York.

Durante la Depresión trabaja para varios programas de ayuda

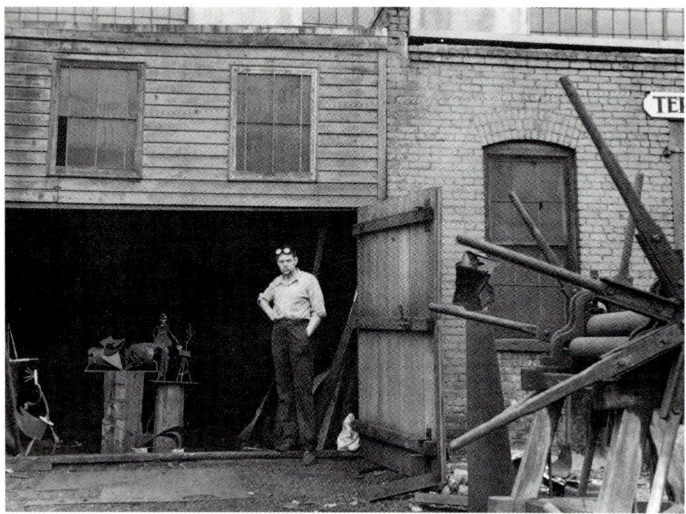

Terminal Iron Works, Brooklyn, *ca.* 1934. Foto Archives of American Art, Smithsonian Institution, Washington, D. C.

gubernamentales. **Marzo (a julio de 1935):** Se incorpora a la Temporary Emergency Relief Administration, un programa estatal de trabajo para los desempleados precursor de la Works Progress Administration, en calidad de técnico auxiliar supervisor de la instalación de murales en edificios públicos.

Octubre: Se une al comité de artistas que propugnan la creación de un centro de arte municipal.

1935

Suspended Figure (RK.41)

Primavera: Se suma a la convocatoria de un congreso de artistas americanos para febrero de 1936.

Centra su producción en la escultura, sin dejar de dibujar y pintar. Escribirá después: «[John Xceron] me había convencido antes de que dejara la pintura y me dedicara sólo a la escultura, pero no lo hice inmediatamente».

Octubre (a julio de 1936): Se embarca rumbo a París, donde permanece un mes y ve «el último Picasso recién salido del caballete»; trabaja en el estudio de William Hayter. Recordará después que las presentaciones de John Graham, que estaba en París comprando arte primitivo para Crowninshield, le abrieron todas las puertas. Visita

Bruselas. **Invierno:** Viaja a Grecia. En Atenas alquila un estudio (26 Joseph Monferatu), ensaya la fundición de bronce, toma muestras de color de esculturas antiguas y estudia en la American School of Archeology. Viaja por Grecia y visita Creta.

1936

Zarpa del Pireo rumbo a Marsella, con escalas en Nápoles y Malta, donde visita el hipogeo neolítico; regresa a París. A comienzos de mayo visita Londres: estudia el arte egipcio y las monedas y los sellos sumerios en el British Museum. Se embarca para un viaje de turismo de veintiún días a Leningrado y Moscú. Ve la gran colección del Museo de Arte Moderno Occidental, con obras de Matisse, el primer Cézanne y Picasso. Conoce a la ex esposa e hijos de John Graham.

4 de julio: Vuelve a Nueva York. «Por inhóspita que fuera Nueva York para mi obra, mi vida, mi destino y mis materiales estaban aquí. Desde luego renuncié a la idea de expatriarme jamás, y en vista de ello me puse a trabajar en serio». Pasa el verano en Bolton Landing, trabajando con constancia pero obstaculizado por la falta de electricidad: tiene que «bajar la obra al picadero de Bradley para hacer el trabajo de pulimento y con maquinaria eléctrica en la herrería de allí».

Finales del otoño: Vuelve a Nueva York; se muda a otro piso de Brooklyn Heights. Por estas fechas hace sus primeras piezas de cera modelada para fundir en bronce.

John Graham le cita en su *Systems and Dialectics of Art* como uno de los pintores jóvenes que se destacan en los Estados Unidos (junto a Jan Matulka, Milton Avery, Stuart Davis, Max Weber, Willem de Kooning, Edgar Levy, Boardman Robinson y S. Shane).

1937

Billiard Player Construction (RK.53); *Interior* (RK.58)

Febrero: Trabaja para el Departamento del Tesoro, supervisando la realización e instalación de murales en estafetas de correos.

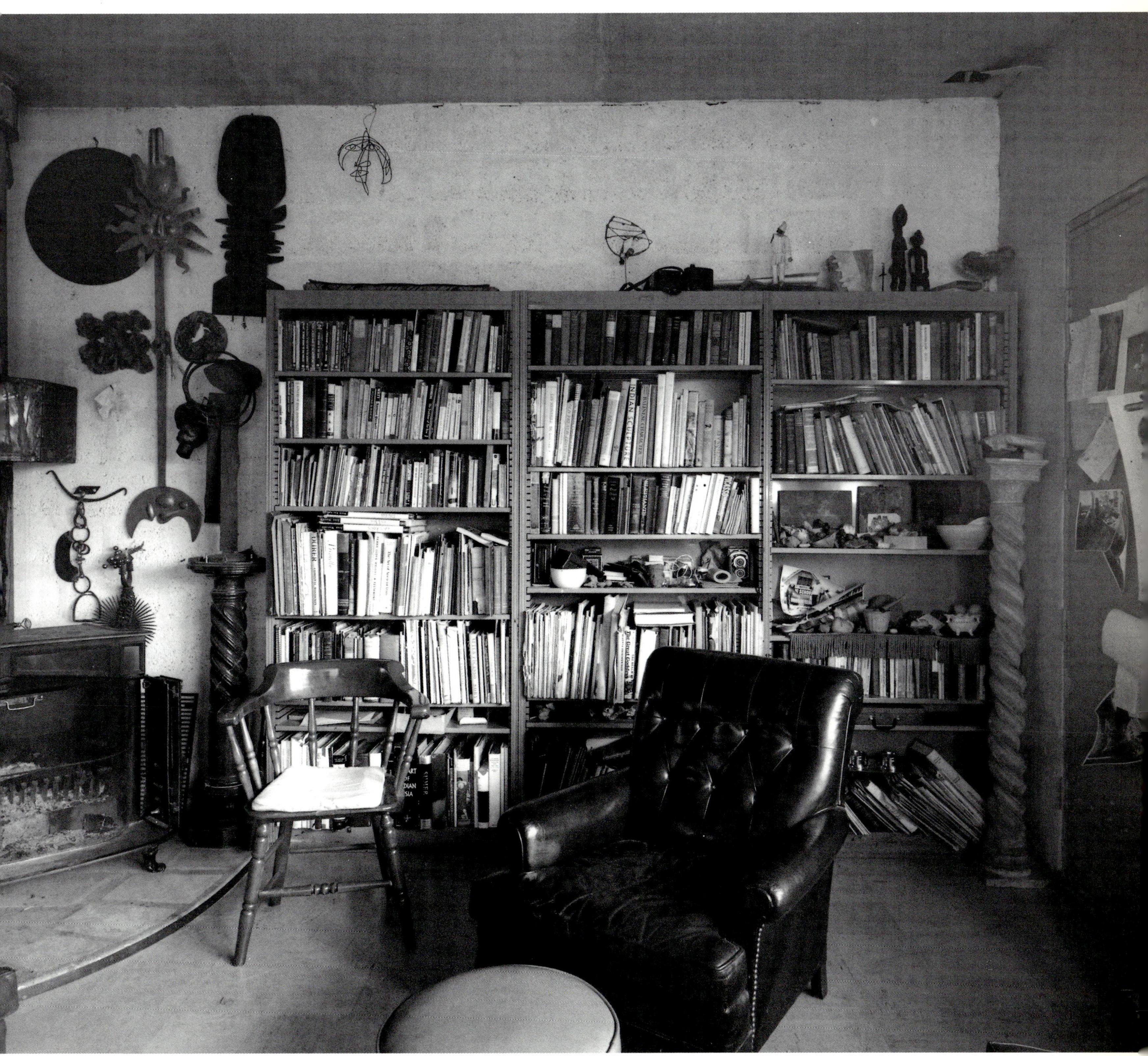

Por medio de Clement Greenberg conoce a la pintora Helen Frankenthaler. A petición de Smith, Robert Motherwell escribe la introducción para el catálogo de su exposición de este año en la Willard Gallery.

Verano: Participa por primera vez en una exposición colectiva en Europa, la *International Open-Air* del parque Middelheim de Amberes.

Noviembre: Dorothy Dehner se marcha, y Smith se queda solo en la casa nueva.

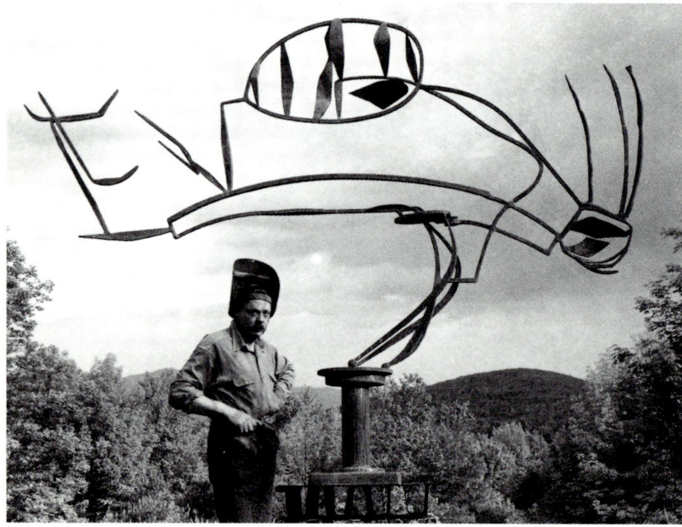

Autorretrato con *Australia,* 1951

1951

Australia (RK.245); *The Hero,* 1951-1952 (RK.256)

Le renuevan la beca Guggenheim. En este año hace veintidós esculturas.

Mayo: Crea *Hudson River Landscape,* inspirado en dibujos hechos durante sus desplazamientos en tren al Sarah Lawrence College; realiza su ambición de hacer un «mural en acero».

Cambia su método de trabajo; empieza a hacer series de obras continuadas a lo largo de muchos años. La primera es la de *Agricolas,* que llegará a abarcar diecisiete esculturas, la última realizada en 1957.

Le presentan al joven pintor Kenneth Noland, con quien más tarde mantendrá una amistad estrecha.

Septiembre: Se publica en *Art News* el artículo de Elaine de Kooning «David Smith Makes a Sculpture», en torno a la obra *Cathedral.*

Octubre: Participa con *Star Cage* en la *I Bienal de São Paulo.*

1952

Agricola IX (RK.273)

Hace veintitrés esculturas. Comienza los *Tanktotems.* En esas diez obras, escalonadas entre 1952 y 1960, utiliza cubiertas prefabricadas de calderas, cóncavas y convexas, que encarga por catálogo. Diez años después trabaja aún en la serie: «Sigo trabajando en ellos y no los pienso dejar hasta el día que me muera; es decir, mientras lo cóncavo y lo convexo sigan siendo un misterio».

Diciembre: Concluye el proceso de divorcio de Dorothy Dehner.

1953

Agricola XIII (RK.285); *Parallel 42* (RK.300)

Enero: Aumenta su reconocimiento: la revista *Art News* señala su exposición de 1952 en la Willard-Kleeman Gallery como una de las diez mejores del año.

Primavera: Retoma la enseñanza, como artista invitado durante un semestre con estudio propio, en el departamento de arte de la Universidad de Arkansas en Fayetteville. **6 de abril:** Contrae matrimonio con Jean Freas.

Abril: Participa con seis esculturas en la exposición itinerante *Twelve Modern American Painters and Sculptors,* organizada por el Museum of Modern Art, que va en 1953 a París, Zurich, Düsseldorf y Estocolmo, y en 1954 a Helsinki y Oslo.

Habla en congresos y centros académicos.

1954

Construction on Star Points, 1954-1956 (RK.322)

4 de abril: Nace su primera hija, Rebecca (Eve Athena Allen Katherine Rebecca). Hace una escultura en plata, *Birthday,* para la firma

Towle Silversmiths de Newburyport (Massachusetts), con destino a la exposición itinerante *Sculpture in Silver from Islands in Time*, patrocinada por la American Federation of Arts.

Junio: Participa en la *XXVII Bienal de Venecia* dentro de una exposición organizada por el Museum of Modern Art, *2 Painters, 3 Sculptors*. Viaja a Venecia como delegado en el Primer Congreso Internacional de las Artes Plásticas convocado por la UNESCO; visita también Francia.

Julio: Recibe el encargo de una barandilla de escalera para G. David Thompson, de Pittsburgh (Pensilvania).

Empieza a instalar esculturas con carácter permanente en el campo de Bolton Landing, alrededor de su casa y taller. Probablemente la primera fue *Agricola I*, cuya instalación se filmó en 1954.

Septiembre (a junio de 1955): Profesor invitado en el Departamento de Bellas Artes de la Universidad de Indiana en Bloomington.

1955

Forging IV (RK.336); *Forging VIII* (RK.340); *Forging IX* (RK.341)
En Bloomington aprende técnicas de forja del herrero Leroy Borton, que ha trabajado para un taller de aceros local; hace la serie *Forging* en su forja eléctrica. Más tarde titulará una obra *History of Leroy Borton* (1956) en su honor. **Verano:** Escribe: «Las verticales... empezaron el año pasado y sigo con ellas; surgieron como lo opuesto a las horizontales que hice en el 51 y el 52».

Julio: Le disgusta perder un encargo del hotel Hilton frente a José de Rivera; había contado con ese ingreso para costear un gran pedido de acero inoxidable.

Verano: Regresa a Bolton Landing. **12 de agosto:** Nace su segunda hija, Candida (Candida Kore Nicolina Rawley Helène). **Septiembre:** Acepta hacer un artículo sobre Julio González para *Art News*. En los años medios y últimos de la década de 1950 le visitan Jackson Pollock, Lee Krasner y Willem de Kooning.

Otoño: Da clases en la Universidad de Mississippi en Oxford.

1956

The Five Spring (RK.366); *Sentinel I (October 30)* (RK.382)

Febrero: Se publica en *Art News* su texto «González: First Master of the Torch», homenaje coincidente con la retrospectiva de González en el Museum of Modern Art.

Marzo: Exposición individual en Willard; no se vende ninguna obra. Smith pone fin a su relación con la galería.

Abril a junio: Vive con su familia en Nueva York, en el piso de Herman Cherry en Cooper Square. Frecuenta a Pollock, De Kooning, Franz Kline, Mike Goldberg y artistas más jóvenes como Kenneth Noland.

14 de agosto: Fallece Jackson Pollock.

Hace una nueva serie de placas de bronce. **Octubre:** Comienza la serie *Sentinel*, altas estructuras verticales en las que utiliza viguetas industriales.

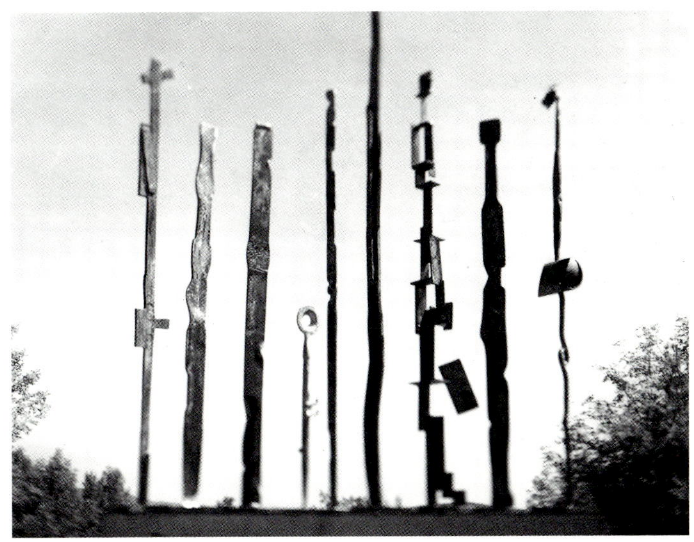

Serie *Forging*, 1955. Foto David Smith

1957

Lonesome Man (RK.420); *Raven IV* (RK.429); *Tanktotem VI* (RK.435)

Septiembre: Dirigida por Sam Hunter, se inaugura en el Museum of Modern Art una exposición retrospectiva de veinticinco años de su producción (1932-1957), que da a conocer su escultura a un público más amplio; aun así sigue vendiendo poco.

El Art Institute de Chicago le encarga el diseño de la medalla Mr. and Mrs. Frank C. Logan.

Utiliza por primera vez ruedas fabricadas para uso comercial (véase *Sentinel III*, 1957).

Abril: Lee libros recientes de Jean Leymarie y John Rewald sobre el impresionismo.

Noviembre: Hace un gran pedido de acero inoxidable a U.S. Steel. Hace dibujos preparatorios para *Tanktotem VI* y *Tanktotem VII*.

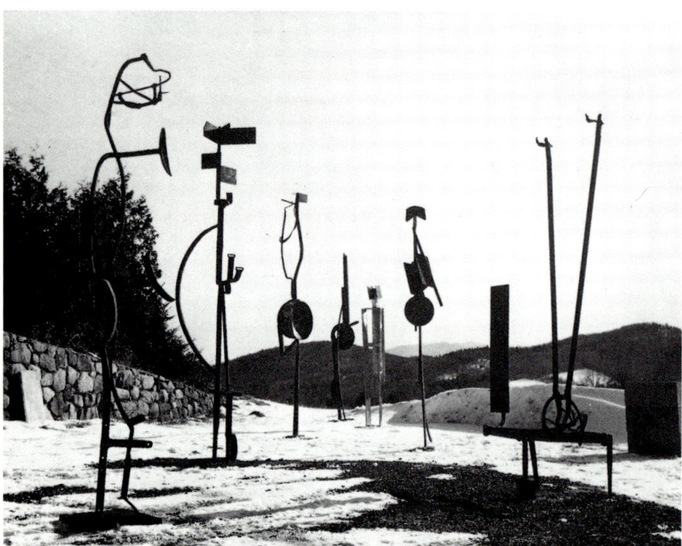

Esculturas 1956-57. Foto David Smith

1958

Mayo: Asiste a la inauguración de la exposición de Barnett Newman en el Bennington College de Vermont, y declara un «nuevo aprecio hacia Barney y su revolución».

Junio: Representa a los Estados Unidos en la *XXIX Bienal de Venecia* formando parte de la exposición colectiva *Lipton, Rothko, Smith & Tobey;* una de las obras expuestas es *The Five Spring*.

Desarrolla una técnica de estarcido que invierte la relación tradicional entre figura y fondo; con ella empieza a hacer dibujos con esmalte a pistola sobre papel y lienzo.

Emplea la que será su última gran innovación técnica, el pulimento del acero inoxidable sin pintar con una lijadora circular, para las últimas piezas de la serie *Sentinel* (concluida en 1961) y para los *Cubis*. Las superficies, brillantemente reflectantes, están pensadas para el aire libre. Se separa de Jean Freas.

1959

Enero: La Ford Foundation le niega una beca.

Verano: Expone en la *Documenta II* de Kassel. **Septiembre:** Representa a los Estados Unidos en la *V Bienal de São Paulo*, con *Lonesome Man* y otras piezas.

Octubre y noviembre: «En furia acabadora, he acabado unas diez en los dos últimos meses».

Clement Greenberg le presenta al joven escultor británico Anthony Caro. Caro le visita en Bolton Landing, y la visión directa de sus obras y de sus métodos de trabajo le impulsa a acometer la escultura de metal soldado.

Comienza la serie *Albany*, de esculturas pequeñas en acero pintado de negro.

1960

Tanktotem VII (RK.494)

Enero: La Ford Foundation vuelve a negarle una beca.

Febrero: Número especial de la revista *Arts* dedicado a la obra de Smith, con comentarios del artista y un ensayo de Hilton Kramer, así como fotografías que muestran su método de disponer las formas sobre el suelo antes de unirlas con soldadura. Exposición individual en la nueva French & Company Gallery (dirigida por Clement Greenberg); una de las obras expuestas es *Tanktotem VI*. **Noviembre:** Primera exposición individual en la Costa Oeste, en la Everett Ellin Gallery de Los Ángeles; una de las obras es *Maiden's Dream*.

1961

Dida's Circle on a Fungus (RK.512)

Trabaja con planos de acero inoxidable y soldadura de arco (eléctrica): *Sentinel*. Comienza la serie *Zig* (de «zigurat»), composiciones de formas curvas y rectas; los elementos mayores son secciones longitudinales de cilindros huecos. Continúa, en la relación entre espacios convexos y cóncavos, la exploración de la serie *Tanktotem*. Las superficies pintadas dan una particular complejidad a muchas de las obras de esta serie.

Pasa un tiempo con Helen Frankenthaler y Robert Motherwell en la colonia de artistas de Provincetown (Massachusetts). Entre los amigos más allegados en esta época están también Herman Cherry, Clement Greenberg y Kenneth Noland. Concluye el proceso de divorcio de Jean Freas.

Verano: Rebecca y Candida le acompañan en Bolton Landing; hace *Dida's Circle on a Fungus*.

Octubre: Expone los *Zigs I-V* en la *Pittsburgh International Exhibition of Contemporary Painting and Sculpture* del Carnegie Institute. Rehusa el tercer premio del certamen, declarando su oposición por principio al sistema de premios y sugiriendo que la dotación de un millar de dólares se destine a adquirir una obra de arte para el museo. Comienza la serie *Cubi*, en acero inoxidable, con *Cubi IX*.

1962

Voltri IV (RK.561); *Voltri VI* (RK.563); *Voltri VII* (RK.564); *Voltri XVI* (RK.573); *Voltri XVII* (RK.574)

Mayo: Invitado por el gobierno italiano, viaja a Voltri, cerca de Génova, a hacer una escultura para el *IV Festival de los Dos Mundos* de Spoleto. La idea original era seguir trabajando en acero inoxidable, pero al ofrecérsele acceso a cinco fábricas abandonadas y la colaboración de seis ayudantes hace veintisiete esculturas en treinta días, empleando una combinación de objetos encontrados *in situ* y formas creadas a partir de herramientas y piezas abandonadas, incluidos cuatro vehículos que serán precursores de los *Wagons* de 1964 (*Voltri VII* y *Voltri XVIII*).

Julio: Regresa a Bolton Landing.

Octubre: Comienza la serie *Circle* policromada, objetos de escala humana que reflejan el contexto contemporáneo de la pintura *color field* en

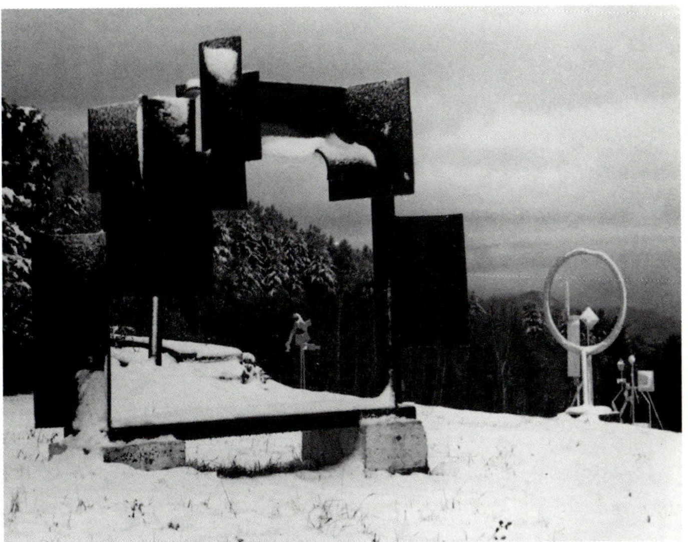

Zig III, 1961. Foto David Smith

general, y de la obra de Kenneth Noland en particular. **Diciembre (a marzo de 1963):** Series *Voltron* y *Voltri-Bolton*, veinticinco esculturas con materiales enviados en gran cantidad de Italia a Bolton Landing.

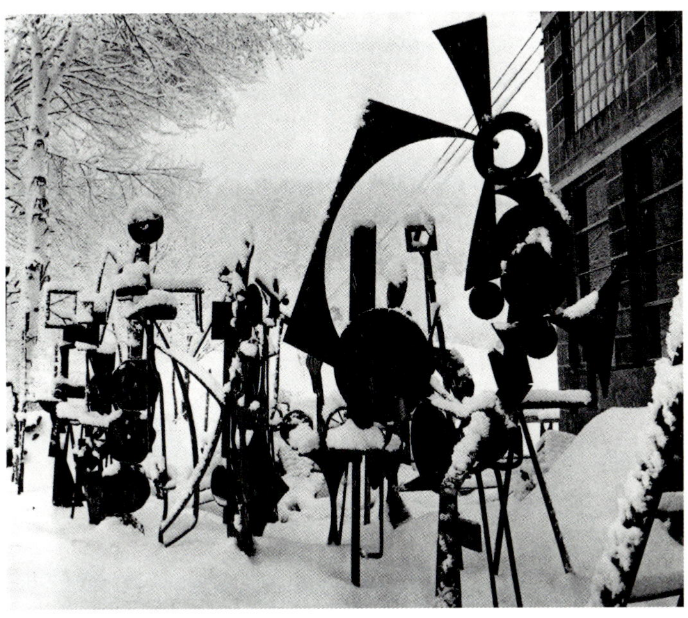

Bolton Landing, 1963. Foto David Smith

1963

Zig VII (RK.627); *Cubi I* (RK.649)

Septiembre: Hace las pequeñas *Menands* pintadas.

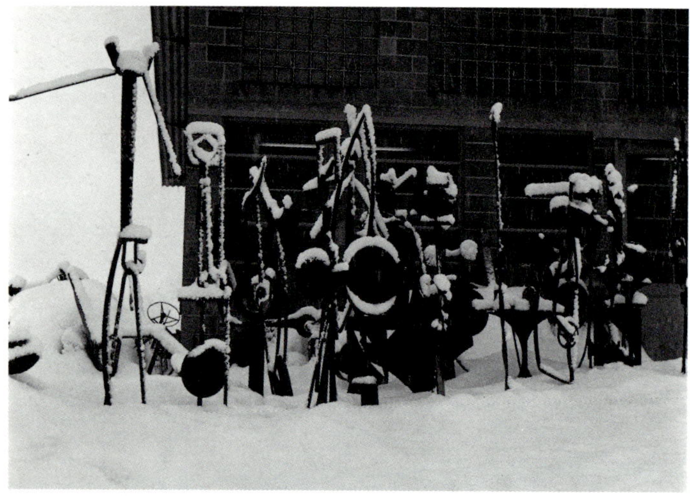

Bolton Landing, 1963. Foto David Smith

Octubre: Da clases en el Bennington College de Vermont, un día a la semana.

Empieza a trabajar en los *Wagons,* de los que llegará a hacer tres; las partes grandes se hacen en una fundición industrial de Pensilvania.

1964

Cubi XIX (RK.667); *Wagon II* (RK.639)

Recibe la medalla a la creación artística de la Universidad Brandeis.

Verano: Expone *Cubi I* en la *Documenta 3* de Kassel.

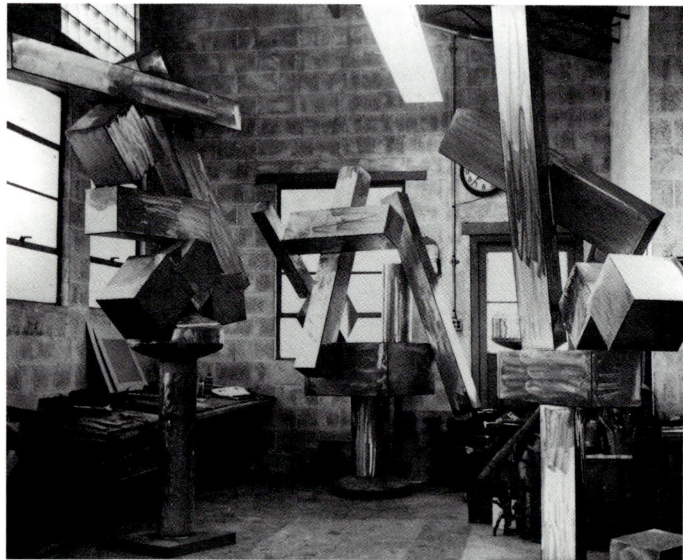

Serie *Cubi,* 1964. Foto Archives of American Art, Smithsonian Institution, Washington, D. C.

Octubre: Primera exposición individual en la Marlborough-Gerson Gallery, con ocho *Cubis,* dos *Zigs* y varias *Menands.* Entrevista con Frank O'Hara en WNTD-TV: «David Smith: Welding Master of Bolton Landing».

Es invitado por Cleve Gray a hacer una edición limitada de una pieza de cerámica para *Art in America,* con David Gil, del alfar Bennington Potters.

1965

Untitled (RK.648)

Febrero: Es designado miembro del National Council on the Arts por el presidente Johnson.

Trabaja activamente en la preparación de una retrospectiva en el Los Angeles County Museum, que se inaugurará en noviembre con el título *David Smith: A Memorial Exhibition.*

Sigue trabajando en *Cubis, Circles y Wagons.*

23 de mayo: Su camión vuelca cuando se dirigía a una recepción tras dar una conferencia en el Bennington College. Smith muere esa noche.

Junio: *Cubi XIX* es incluido en la exposición *United States: Sculpture of the Twentieth Century,* organizada por el Museum of Modern Art, que viaja a París, Berlín y Baden-Baden.

Cronología establecida por **Joan H. Pachner**

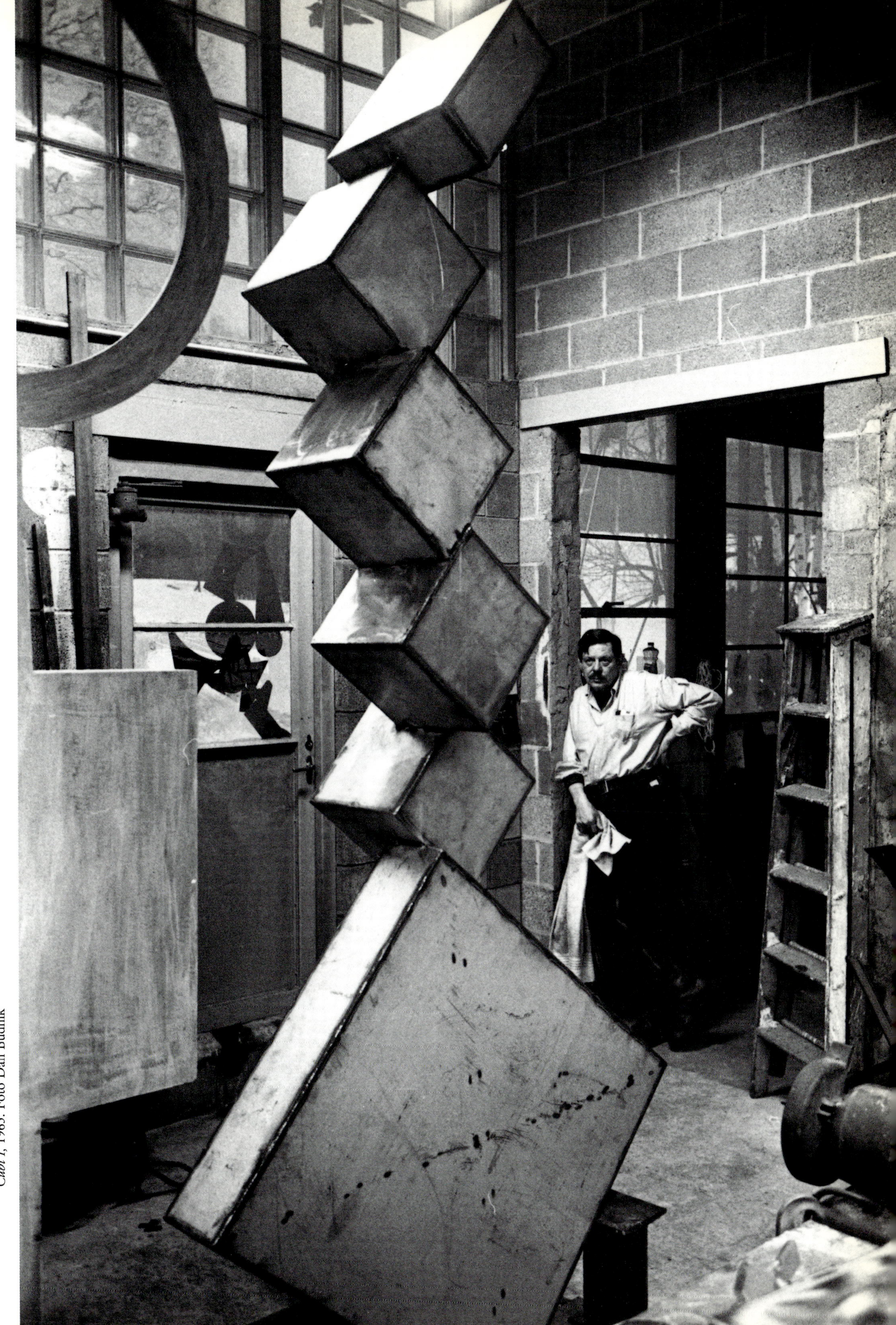

Cubi I, 1963. Foto Dan Budnik

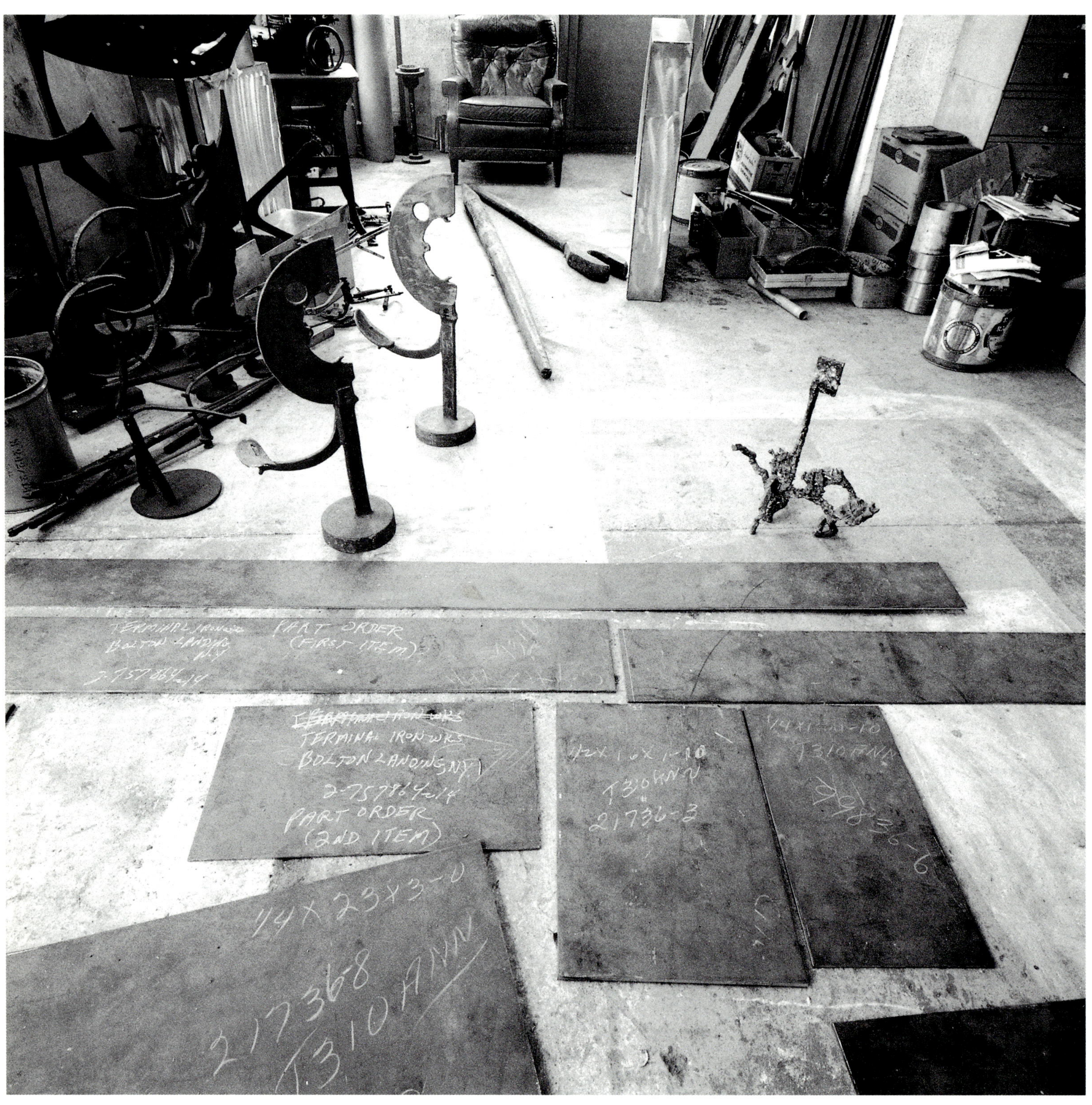

Estudio de Bolton Landing, 1965. Foto **Ugo Mulas**

EXPOSICIONES

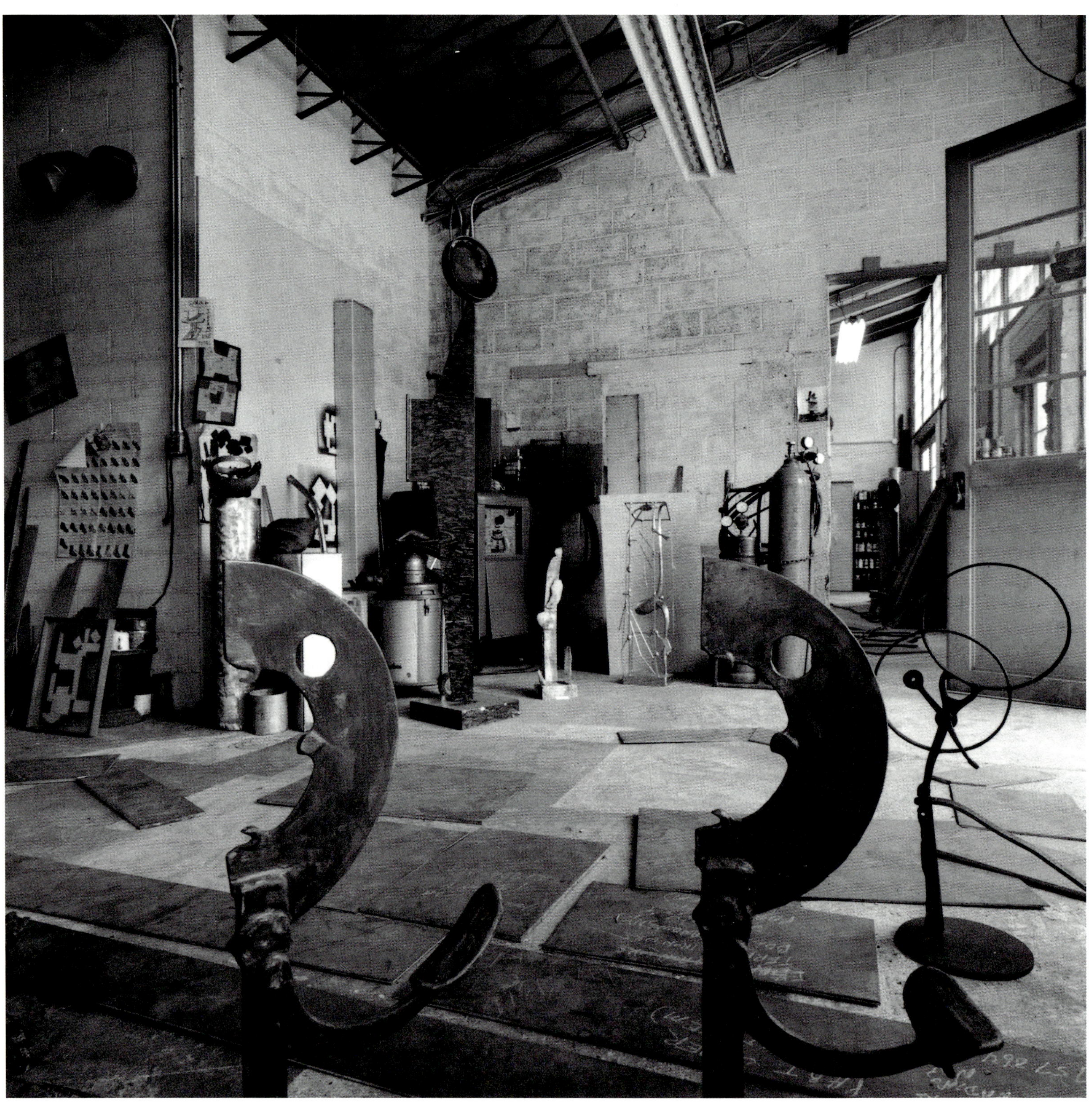

Estudio de Bolton Landing, 1965. Foto **Ugo Mulas**

1938

David Smith Steel Sculpture. East River Gallery, Nueva York

1940

David Smith. Neumann-Willard Gallery, Nueva York

Medals for Dishonor by David Smith. Willard Gallery, Nueva York

David Smith. Saint Paul Gallery and School of Art, Saint Paul, Minnesota; University Gallery, University of Minnesota, Minnesota

1941

The Esoteric and Fanciful. The University Gallery, University of Minnesota, Minneapolis

Medals for Dishonor. Kalamazoo Institute of Art, Kalamazoo, Michigan

Medals for Dishonor. Walker Art Center, Minneapolis, Minnesota

1942

David Smith. Skidmore College, Saratoga Springs, Nueva York

Jewelry by David Smith. Willard Gallery, Nueva York

1943

David Smith. Willard Gallery, Nueva York

1946

The Sculpture of David Smith. Buchholz Gallery and Willard Gallery, Nueva York

David Smith. Skidmore College, Saratoga Springs, Nueva York

David Smith. American Association of University Woman, Biennial Convention, Baker Hotel, Dallas, Texas. Itinerante por (1946-49): Gary Public Library, Gary, Indiana; Fort Wayne Civic Theater, Fort Wayne, Indiana; Worcester Pressed Steel Museum, Worcester, Massachusetts; Indiana State Teachers College, Terra Haute, Indiana; East Central State College and Public Library, Ada, Oklahoma; City Library, Logan, Utah; Provo Public Library, Provo, Utah; Butler Institute of Art, Youngtown, Ohio; Roosevelt College, Chicago, Illinois; Michigan State College, East Lansing, Michigan; Junior Gallery, Louisville, Kentucky; Grinnell College, Grinnell, Indiana; Shorter College, Rome, Georgia; Alabama Polythecnics Institute, Auburn, Alabama

1947

David Smith. Munson-Williams-Proctor Institute, Utica, Nueva York

Sculpture & Drawings by David Smith. Skidmore College, Saratoga Springs, Nueva York

David Smith Sculpture 1946-1947. Willard Gallery, Nueva York

1948

David Smith. Medals for Dishonor. Allen R. Hite Institute, University of Louisville Library, Louisville, Kentucky

1950

David Smith. Willard Gallery, Nueva York

1951

David Smith. Willard Gallery, Nueva York

David Smith. Bennington College, Bennington, Vermont

1952

David Smith. Sculpture & Drawings (Four Soldiers — A Sculpture in Iron by David Smith). Willard Kleemann Gallery, Nueva York

Sculpture & Drawings — David Smith. Walker Art Center, Minneapolis, Minnesota

David Smith. Williams College of Art, Williamstown, Massachusetts

1953

David Smith — New Sculpture. Kootz Gallery, Nueva York

David Smith. University of Arkansas, Fayetteville, Arkansas

Drawings, Paintings, Sculptures by David Smith. The Art Department, Catholic University of America, Washington, D. C.

David Smith. Portland Art Museum, Portland, Oregón

David Smith. Philbrook Art Center, Tulsa, Oklahoma

David Smith — Drawings. Willard Gallery, Nueva York

1954

David Smith. Willard Gallery, Nueva York

David Smith: Sculpture, Drawings, Graphics. Contemporary Arts Center, Cincinnati Art Museum, Cincinnati, Ohio

1956

David Smith — Sculpture and Drawings 1954-1956. Willard Gallery, Nueva York

1957

David Smith. Museum of Modern Art, Nueva York

Sculpture by David Smith. Fine Arts Associates, Nueva York

Smith: Sculptures in Silver. Widdifield Gallery, Nueva York

1959

David Smith (Drawings). The New Gallery, Bennington College, Bennington, Vermont

David Smith — Paintings & Drawings. French & Company, Inc., Nueva York

David Smith — 25 Sculptures, U.S. Representation. V Bienal de São Paulo, Museu de Arte Moderna, São Paulo

1960

David Smith — Sculpture. French & Company, Inc., Nueva York

David Smith — Sculpture and Drawings. Everett Ellin Gallery, Los Angeles, California

1961

David Smith. Department of Fine Arts, Carnegie Institute, Pittsburgh, Pensilvania

David Smith — Recent Sculpture. Otto Gerson Gallery, Nueva York

David Smith. Museum of Modern Art, Nueva York. Itinerante por: Memorial Art Gallery, Rochester; Lamont Art Gallery, Philips Exeter Academy, Exeter, New Hampshire; Hayden Gallery, Massachusetts Institute of Technology, Cambridge, Massachusetts; The Phillips Collection, Washington, D. C.; Art Association of Indianapolis, John Herron Museum of Art, Indianapolis, Indiana; Wadsworth Atheneum, Hartford, Connecticut; Mitchell Gallery, Southern Illinois University, Carbondale, Illinois; Witte Memorial Museum, San Antonio, Texas

1963

David Smith. A Decade of Drawings 1953-1963. Balin/Traube Gallery, Nueva York

Drawings by David Smith. Museum of Modern Art, Nueva York. Itinerante por: State University College, Plattsburgh, Nueva York; Bowling Green State University, Bowling Green, Ohio; University of Manitoba, Winnipeg; Northern Michigan University, Marquette, Michigan; Mankato State College, Mankato, Minnesota; State University of New York, Oswego, Nueva York; J. B. Speed Art Museum, Louisville, Kentucky; Paterson State College, Wayne, Nueva Jersey; Green Mountain College, Poultney, Vermont; Madison Art Association, Madison; University of Detroit, Detroit; Skidmore College, Saratoga Springs, Nueva York; Wichita State University Campus Activities Center, Kansas; Fresno State College, Fresno, California

1964

David Smith — Sculpture and Drawings. Institute of Contemporary Art, University of Pennsylvania, Filadelfia

David Smith. The Hyde Collection, Glens Falls, Nueva York

David Smith. Marlborough-Gerson Gallery, Nueva York

1965

David Smith — A Memorial Exhibition. Los Angeles County Museum of Art, Los Angeles, California

David Smith 1906-1965. The Hyde Collection, Glens Falls, Nueva York

1966

David Smith 1906-1965. Museum of Modern Art, Nueva York. Itinerante por: Rijksmuseum Kröller-Müller, Otterlo; Tate Gallery, Londres; Kunsthalle, Basilea; Kunsthalle, Nuremberg; Wilhem-Lehmbruck-Museum, Duisburg

David Smith — A Retrospective Exhibition 1906-1965. Fogg Art Museum, Harvard University, Cambridge, Massachusetts; Washington Gallery of Modern Art, Washington, D. C.

1967

David Smith. Eight Early Works 1935-1938. Marlborough-Gerson Gallery, Nueva York

1968

David Smith 1906-1965 — Small Sculptures of the Mid-Forties. Marlborough-Gerson Gallery, Nueva York

1969

David Smith. Solomon R. Guggenheim Museum, Nueva York. Itinerante por: Dallas Museum of Fine Arts, Dallas, Texas; Corcoran Gallery of Art, Washington, D. C.

1971

Sculpture by David Smith in the Storm King Art Center Collection. Storm King Art Center, Mountainville, Nueva York

1972

David Smith: 23 Related Sculptures, Drawings, Paintings. Fogg Art Museum, Harvard University Cambridge, Massachusetts

1973

David Smith of Bolton Landing: Sculpture and Drawings. The Hyde Collection, Glens Falls, Nueva York

David Smith: Drawings. M. Knoedler & Company, Nueva York

1974

David Smith (1912-1965). M. Knoedler & Company, Nueva York

1975

David Smith: Drawings 1952-1963. Dart Gallery, Chicago, Illinois

1976

David Smith: Small Sculptures. M. Knoedler & Company, Nueva York

David Smith: Paintings. M. Knoedler & Company, Nueva York

David Smith. Storm King Art Center, Mountainville, Nueva York

David Smith: Zeichnungen. Staatsgalerie Stuttgart, Stuttgart. Itinerante por: Nationalgalerie, Berlín; Wilhelm-Lehmbruck-Museum, Duisburg

1977

David Smith. M. Knoedler & Company, Nueva York

1978

David Smith. M. Knoedler & Company, Nueva York

1979

David Smith 1906-1965. Wichtige Zeichnungen aus dem Nachlass. Galerie Wentzel, Hamburgo

David Smith/Robert Motherwell. Museo de Arte Contemporáneo, Caracas

David Smith: The Hirshhorn Museum and Sculpture Garden Collection. Hirshhorn Museum and Sculpture Garden, Washington, D. C.

The Prospect Mountain Sculpture Show: An Homage to David Smith. Lake George Art Project, Lake George, Nueva York

David Smith: Sculpture, Drawings and Paintings. Fogg Art Museum, Harvard University Cambridge, Massachusetts

David Smith: The Drawings. Whitney Museum of American Art, Nueva York

David Smith. Prometheus Makler Gallery, Filadelfia, Pensilvania

David Smith: Bedeutende Zeichnungen aus dem Nachlass des Amerikanischen Bildhauers (1906-1965). Hans Strelow Gallery, Düsseldorf

1980

David Smith. Drawings with Color. M. Knoedler & Company, Nueva York.

1981

David Smith: The Formative Years — Sculptures and Drawings from the 1930s and 1940s. The Edmonton Art Gallery, Edmonton. Itinerante por: Seattle Art Museum, Seattle; Winnipeg Art Gallery, Winnipeg; Art Gallery of Hamilton, Hamilton; Art Gallery of Windsor

David Smith: Drawings for Sculpture 1954-1964. Mekler Gallery, Los Angeles, California

David Smith: Five Sculptures in the Courtyard. Fogg Art Museum, Harvard University Cambridge, Massachusetts

David Smith: Drawings. Klonaridis, Toronto

David Smith: Spray Paintings and Works on Paper. M. Knoedler & Company, Nueva York

1982

David Smith: Drawings. Janie L. Lee Gallery, Houston, Texas

David Smith. Drawings for Sculpture. Storm King Art Center, Mountainville, Nueva York

David Smith: Painter, Sculptor, Draftsman. Hirshhorn Museum and Sculpture Garden, Washington, D. C.

David Smith. National Gallery of Art, Washington, D. C.

1983

David Smith: Workbook Drawings for Sculpture (1954-1964). Milwaukee Art Museum, Wisconsin

David Smith: Sculpture, Painting, Drawing. M. Knoedler & Company, Nueva York

David Smith: Spray Paintings, Drawings, Sculpture. Arts Club of Chicago, Chicago, Illinois

David Smith. Washburn Gallery, Nueva York

1984

David Smith. Drawings for Sculpture, 1954-1964. Jeffrey Hoffeld & Co., Inc., Nueva York

David Smith: Selected Drawings, 1946-1960. Nielson Gallery, Boston, Massachusetts

1985

David Smith: Sprays from Bolton Landing. Anthony d'Offay Gallery, Londres

The Drawings of David Smith. International Exhibitions Foundations, Washington, D. C. (institución organizadora). Itinerante por: The Oklahoma Museum of Art, Oklahoma City, Oklahoma; St. Louis, Missouri; Little Rock, Arkansas; Fort Worth, Texas; Poughkeepsie, Nueva York; Utica, Nueva York; Beaumont, Texas; Baton Rouge, Los Angeles; Seattle, Washington; Santa Barbara, California; Portland, Oregón; Claremont, California; Kansas City, Missouri

1986

David Smith. Hans Strelow, Dusseldorf

David Smith: Skulpturen und Zeichnungen. Kunstsammlung Nordrhein-Westfalen, Düsseldorf. Itinerante por: Städtische Galerie im Städelschen Kunst-Institut, Fráncfort; Whitechapel Art Gallery, Londres

David Smith. Drawing and Sculpture. M. Knoedler & Company, Nueva York

1988

David Smith: Sculpture and Drawings. Akira Ikeda Gallery, Tokio

David Smith: Drawings of the Fifties. Anthony d'Offay Gallery, Londres

1990

David Smith Nudes: Drawings and Paintings from 1927-1964. M. Knoedler & Company, Nueva York

David Smith: Drawings and Sculpture (A Component of the Fourth Australian Sculpture Triennial). Heide Park and Art Gallery, Melbourne, Australia

David Smith: Works on Paper. Margo Leavin Gallery, Los Angeles, California

David Smith: Paintings into Sculpture. Washburn Gallery, Nueva York

1991

David Smith: Works on Paper 1953-1961. Salander-O'Reilly Gallery, Nueva York

David Smith: Medals for Dishonor, 1937-1940. Organizada por el Henry Moore Center for the Study of Sculpture, Leeds. Itinerante por: Imperial War Museum, Londres; The Museum of Modern Art, Oxford; Leeds City Art Gallery, Leeds; Arnolfi Gallery, Bristol; Matthew Marks Gallery, Nueva York

1992

David Smith: Sculpture and Drawings. M. Knoedler & Company, Nueva York

1994

David Smith. Organizada por el International Sculpture Center, Washington, D. C. y el Contemporary Sculpture Center, Tokio. Itinerante por: Sezon Museum of Art, Tokio; Shizuoka Prefectural

Museum of Art; The Museum of Modern Art, Shiga; Kawamura Memorial Museum of Art, Chiba

David Smith: Medals for Dishonor. Matthew Marks Gallery, Nueva York

1995

David Smith: Inspiration of Music. Joan Washburn Gallery, Nueva York

To and From the Figure. M. Knoedler & Company, Nueva York

David Smith in Italy. PradaMilanoArte, Milán

David Smith: To and From the Figure. Akira Ikeda Gallery, Tokio

David Smith. Galerie Piltzer, París

1996

David Smith. IVAM, Centre Julio González, Valencia; Museo Nacional Centro de Arte Reina Sofía, Madrid

Exposiciones colectivas

1930

Fourth Annual Exhibition of American Block Prints. The Print Club of Philadelphia, Filadelfia, Pensilvania

1932

ACA Gallery, Nueva York

1933

Feragil Galleries, Nueva York

1934

Winter Exhibition of Paintings. Academy of Allied Arts, Nueva York

Julian Levy Gallery, Nueva York

1936

Julian Levy Gallery, Nueva York

1937

Boyer Galleries, Nueva York

1938

American Abstract Artists' Annual Exhibition of Non-Representational Art. Fine Arts Galleries, Nueva York

American Artists' Congress — Second Annual Membership Exhibition. John Wanamaker, Nueva York

Summer Group Showing of Painters and Sculptors. Onya La Tour Gallery, Nueva York

Thirty-Seventh Exhibition, Municipal Art Society of New York. Municipal Art Galleries, Nueva York

1939

Third Annual Exhibition of Paintings, Sculpture and Prints by American Abstract Artists. Riverside Museum, Nueva York

Exhibition of Contemporary American Art. World's Fair, Nueva York

United American Sculptors Exhibition. New School for Social Research, Nueva York

ACA Gallery, Nueva York

WPA. Federal Art Gallery, Nueva York

1940

Twelve Sculptors. Bonestell Gallery, Nueva York

Exhibition of American Sculpture of Today. Buchholz Gallery, Nueva York

The Saint Paul Gallery and School of Art, Saint Paul, Minnesota; University Gallery, University of Minnesota, Minneapolis

1941

Sculptors' Guild Traveling Exhibition. Albany Institute of History & Art, Albany, Nueva York

Contemporary U.S. Sculpture. Buchholz Gallery, Nueva York

Annual Exhibition of Sculpture, Watercolors, Drawings and Prints. Whitney Museum of American Art, Nueva York

Third Outdoor Sculpture Exhibition. Sculptor's Guild, Village Square, Nueva York

Artists of the Upper Hudson — 6th Annual Exhibition. Albany Institute of History & Art, Albany, Nueva York

Anti-War Show. Congress of American Artists. Hotel Commodore, Nueva York

15 American Sculptors. Museum of Modern Art, Nueva York. Itinerante por: Rochester Memorial Gallery, Rochester; Pennsylvania

State University, University Park, Pensilvania; College of William and Mary, Williamsburg, Virginia; Isaac Delgado Museum of Art, Nueva Orleans; San Francisco Museum of Art, San Francisco, California; University of Chicago, Chicago, Illinois; Mt. Holyoke College, South Hadley, Massachusetts; Swarthmore College, Swarthmore, Pensilvania; University of Minnesota, Minneapolis, Minnesota; Munson-Williams-Proctor Institute, Utica; Indiana University, Bloomington, Indiana

20th Century Sculpture & Constructions. Museum of Modern Art, Nueva York. Itinerante por: Montclair Art Museum, Montclair; Honolulu Academy of Arts, Honolulu, Hawaii; Vassar College Art Gallery, Poughkeepsie, Nueva York; University of Minnesota, Minneapolis, Minnesota; Cincinnati Modern Art Society, Cincinnati, Ohio; Skidmore College, Saratoga Springs, Nueva York

Seventy Five Selected Prints/Small Sculptures. Buchholz Gallery, Nueva York

1942

Art & Commerce. Willard Gallery, Nueva York

Fourth Outdoor Sculpture Exhibition — Sculpture of Freedom. Sculptors' Guild, International Building, Rockefeller Center, Nueva York

Annual Exhibition of Contemporary American Art — Sculpture, Paintings, Watercolors, Drawings and Prints. Whitney Museum of American Art, Nueva York

Artists for Victory. Metropolitan Museum of Art, Nueva York

7th Annual Exhibition — Artists of the Upper Hudson. Albany Institute of History and Art, Albany, Nueva York

1943

American Sculpture of Our Time. Buchholz-Willard Gallery, Nueva York

American Drawing — Annual III. Albany Institute of History and Art, Albany, Nueva York

Art Begins at Home —1943— The Addison Gallery Gift Plan. Addison Gallery of American Art, Phillips Academy, Andover, Massachusetts

Annual Exhibition of Contemporary American Art. Whitney Museum of American Art, Nueva York

7 Years. Willard Gallery, Nueva York

1944

9th Annual Exhibition — Artist of the Upper Hudson. Albany Institute of History and Art, Albany, Nueva York

Art in Progress. Museum of Modern Art, Nueva York

Annual Exhibition of Contemporary American Art. Whitney Museum of American Art, Nueva York

1945

Annual Exhibition of Contemporary American Sculpture, Watercolors and Drawings. Whitney Museum of American Art, Nueva York

Recent Works by American Sculptors. Buchholz Gallery, Nueva York

10th Annual Exhibition — Artists of the Upper Hudson. Albany Institute of History and Art, Albany, Nueva York

Ten Masterpieces of Art. Crandall Public Library, Glens Falls, Nueva York

1946

Annual Exhibition of Contemporary American Sculpture, Watercolors and Drawings. Whitney Museum of American Art, Nueva York

Sculpture 1946. The Clay Club Sculpture Center, Nueva York

Origins of Modern Sculpture. City Art Museum of St. Louis, St. Louis, Missouri

11th Annual Exhibition — Artist of the Upper Hudson. Albany Institute of History and Art, Albany, Nueva York

Sixth Annual Exhibition of Paintings and Sculpture by Members of the Federation of Modern Painters and Sculptors. Wildenstein Gallery, Nueva York

Skidmore College, Saratoga Springs, Nueva York

Yale University Art Gallery, New Haven, Connecticut

St. Paul Gallery School of Arts, St. Paul, Minnesota

1947

Exhibition of Modern Sculpture. Howard University Gallery of Art, Founders Library, Washington, D. C.

Selections from the Marion Willard Collection. Willard Gallery, Nueva York

142nd Annual Exhibition of Paintings & Sculpture. Pennsylvania Academy of the Fine Arts, Filadelfia, Pensilvania

57th Annual Exhibition of Contemporary Art. University of Nebraska, Morrill Hall, Nebraska Art Association, Lincoln, Nebraska

47th Annual Exhibition of Contemporary American Sculpture, Watercolors and Drawings. Whitney Museum of American Art, Nueva York

Abstract and Non-Objective Sculpture. Sculptors Gallery, Clay Club Sculpture Center, Nueva York

Abstract and Surrealist American Art, Fifty-eighth Annual Exhibition of American Painting and Sculpture. Art Institute of Chicago, Chicago, Illinois

Munson-Williams-Proctor Institute, Utica, Nueva York

1948

Annual Exhibition of Contemporary American Sculpture, Watercolors and Drawings. Whitney Museum of American Art. Nueva York

Sculpture at the Crossroads. Worcester Art Museum, Worcester, Massachusetts

10th Outdoor Sculpture Exhibition. Sculptor's Guild, Nueva York, Kleeman Gallery, Nueva York

Abstract — Surrealist. Art Institute of Chicago, Illinois

1949

Sculpture Group. Willard Gallery, Nueva York

Annual Exhibition of Contemporary American Sculpture, Watercolors and Drawings. Whitney Museum of American Art, Nueva York

Third Sculpture International Exhibition. Philadelphia Museum of Art, Filadelfia, Pensilvania

Modern Sculpture. Virginia Museum of Fine Arts, Richmond, Virginia

19th and 20th Century Sculpture. American University, Washington, D. C.

1950

Annual Exhibition of Contemporary American Sculpture, Watercolors and Drawings. Whitney Museum of American Art, Nueva York

International Exhibition of Sculpture in the Open Air. Middelheim Park, Amberes

Post-Abstract Painting 1950 — France & America. Provincetown Art Association, Provincetown, Massachusetts

Works of Art Belonging to Alumnae. Smith College Museum, Northhampton, Massachusetts

Midwesterner College Art Conference, Sculpture by Panel Members. J. B. Speed Art Museum, University of Louisville, Louisville, Kentucky

Carvers, Modelers, Welders: A Selection of Recent American Sculpture. Museum of Modern Art, Nueva York. Itinerante por: University of Delaware, Newark, Delaware; Columbia Museum of Art, Carolina del Sur; University of Georgia, Athens, Georgia; Nashville-The Parthenon, Nashville; Iowa State Teachers College, Cedar Falls, Iowa; Evansville Public Museum, Evansville, Indiana

1951

Tradition & Experiment — An Exhibition of Modern Sculpture. Watkins Memorial Gallery, The American University, Washington, D. C.. Itinerante por: Department of Fine Arts, University of Pittsburgh, Pittsburgh, Pensilvania; Gran Rapids Art Gallery, Grand Rapids, Michigan; Henry Gallery, University of Washington, Seattle, Washington; School of Architecture & Allied Arts, University of Oregon, Eugene, Oregón; San Francisco Museum of Art, Civic Center, San Francisco, California; The Kansas City Art Institute, Kansas City, Missouri; Philbrook Art Center, Tulsa, Oklahoma; Norton Gallery & School of Art, West Palm Beach, Florida; J. B. Speed Art Museum, Louisville, Kentucky

Abstract Painting & Sculpture in America. Museum of Modern Art, Nueva York

Artists of Upstate New York. Munson-Williams-Proctor Institute, Utica, Nueva York

Annual Exhibition of Contemporary American Sculpture, Watercolors and Drawings. Whitney Museum of American Art, Nueva York

Contemporary Painting and Sculpture. Indiana University, Bloomington, Indiana

6-30 Purchase Exhibition. Cincinnati Art Museum, Cincinnati, Ohio

34 American Artists. University of Minnesota, Minneapolis

60th Annual American Exhibition — Painting and Sculpture. Art Institute of Chicago, Illinois

I Bienal de São Paulo. São Paulo, Brasil

American Sculpture 1951. Metropolitan Museum of Art, Nueva York

Benninton College, Benninton, Vermont

Margaret Brown Gallery, Boston, Massachusetts

1952

147th Annual Exhibition of Painting and Sculpture. The Pennsylvania Academy of the Fine Arts, Filadelfia, Pensilvania

The Artists' Vision. Des Moines Art Center, Des Moines, Iowa

Annual Exhibition of Contemporary American Sculpture, Watercolors and Drawings. Whitney Museum of American Art, Nueva York

12th Annual Exhibition. Art Institute of Chicago, Chicago, Illinois

Exhibition: Welded Sculpture. Sculpture Center, Nueva York

New Shapes and New Forms. Nieman-Marcus Exhibition of Contemporary Sculpture, Dallas, Texas

Sculpture of the Twentieth Century. Philadelphia Museum of Art, Filadelfia. Itinerante por: Art Institute of Chicago, Chicago, Illinois; Museum of Modern Art, Nueva York

Williams College Museum of Art, Williamstown, Massachusetts

Margaret Brown Gallery, Boston, Massachusetts

1953

Contemporary American Painting and Sculpture. Portland Art Museum, Portland, Oregón

Nebraska Art Association — Sixty-Third Annual Exhibition. University Galleries, University of Nebraska, Lincoln, Nebraska

Contemporary American Painting and Sculpture. University of Illinois, Urbana, Illinois

Annual Exhibition of Contemporary American Sculpture, Watercolors and Drawings. Whitney Museum of American Art, Nueva York

The Classic Tradition in Contemporary Art. Walker Art Center, Minneapolis, Minnesota

Twelve Modern American Painters and Sculptors. Museum of Modern Art, Nueva York. Itinerante por: Musée National d'Art Moderne, París; Kunsthaus, Zurich; Kunstsammlungen der Stadt, Düsseldorf; Liljevalchs Konsthall, Estocolmo; Taidehalli-Konsthallen, Helsinki; Kunstnernes Hus, Oslo

Initial Exhibition Summer 1953. The Museum of Art of Ogunquit, Ogunquit, Maine

First Biennal Exhibition — American Paintings and Sculpture. Museum of Cranbrook, Academy of Art, Bloomfield Hills, Minnesota

Exhibition of American Painting and Sculpture. Portland Art Museum, Portland, Oregón

New Acquisitions. Whitney Museum of American Art, Nueva York

Margaret Brown Gallery, Boston, Massachusetts

University of Arkansas, Fayetteville, Arkansas; Philbrook Art Center, Tulsa, Oklahoma

1954

One Hundred and Forty-Ninth Annual Exhibition of Painting and Sculpture. Pennsylvania Academy of Arts, Filadelfia

Annual Exhibition of Contemporary American Sculpture, Watercolors and Drawings. Whitney Museum of American Art, Nueva York

2 Painters/3 Sculptors. USA Pavilion, XXVII Biennale de Venezia, Venecia

Le Dessin Contemporain aux Etats-Unis. Musée National d'Art Moderne, París

61st American Exhibition — Painting and Sculpture. Art Institute of Chicago, Chicago, Illinois

64th Annual Exhibition. Nebraska Art Association, University of Nebraska, Lincoln, Nebraska

Plastic and Graphic Expressions by Modern Sculptors. Museum of Art, University of Michigan, Ann Arbor, Michigan

The Roy and Marie Neuberger Collection of Modern American Painting and Sculpture. Whitney Museum of American Art, Nueva York

1955

Annual Exhibition of Contemporary American Sculpture, Watercolors and Drawings. Whitney Museum of American Art, Nueva York

Three Contemporary Sculptors. San Francisco Museum of Art, San Francisco, California

Third Annual Exhibition. The Museum of Modern Art of Ogunquit, Ogunquit, Maine

A Selection of Contemporary American Sculpture. The University Gallery of Minnesota, Minneapolis, Minnesota

Skidmore College, Saratoga Springs, Nueva York

1956

The Figure in Contemporary Sculpture. Munson-Williams-Proctor Institute, Utica, Nueva York; Rochester Memorial Art Gallery, Rochester, Nueva York

Annual Exhibition of Contemporary American Sculpture, Watercolors and Drawings. Whitney Museum of American Art, Nueva York

Sculpture-Stone, Clay and Metal — By Eight Contemporaries. The Gallery Katonah Village Library, Katonah, Nueva York

Exposition internationale de sculpture contemporaine. Musée Rodin, París

American Sculpture Today. Virginia Museum of Fine Arts, Richmond, Virginia

Monumentality in Modern Sculpture. Contemporary Art Museum, Houston, Texas

1957

62nd American Exhibition — Painting and Sculpture. Art Institute of Chicago, Chicago, Illinois

Irons in the Fire — An Exhibition of Metal Sculpture. Contemporary Arts Museum, Houston, Texas

Sculpture 1880-1957. Fine Arts Associates, Nueva York

20th Century Moderns. Albany Institute of History and Art, Albany, Nueva York

Leo Castelli Gallery, Nueva York

1958

Nature in Abstraction. Whitney Museum of American Art, Nueva York. Itinerante por: The Phillips Gallery, Washington, D. C.; Fort Worth Art Center, Fort Worth, Texas; Los Angeles County Museum, Los Angeles, California; San Francisco Museum of Art, San Francisco, California; Walker Art Center, Minneapolis, Minnesota; City Art Museum of St. Louis, St. Louis, Missouri

Contemporary American Sculpture. USA Pavilion, World Fair, Bruselas

American Federation of Art Exhibition. World House, Bruselas

Painting-Sculpture: A Decade in Review: England-France-Italy-United States. De Cordova Museum, Lincoln, Massachusetts

Lipton, Rothko, Smith and Tobey. USA Pavilion. XXIX Biennale de Venezia, Venecia

Paintings. Watercolors. Sculpture. Fine Art Associates, Nueva York

The Human Image. Museum of Fine Arts, Houston, Texas

Annual Exhibition of Sculpture, Paintings, Watercolors and Drawings. Whitney Museum of American Art, Nueva York

1958 Pittsburgh International Exhibition of Contemporary Painting and Sculpture. Department of Fine Arts, Carnegie Institute, Pittsburgh, Pensilvania

Some Contemporary Works of Art. The Cleveland Museum of Art, Cleveland, Ohio

1959

The Museum and Its Friends: Eighteen Living American Artists Selected by the Friends of the Whitney Museum. Whitney Museum of American Art, Nueva York

Sculpture in Our Time — Collected by Josep H. Hirshhorn. Detroit Institute of Arts, Michigan

Recent Sculpture USA. Museum of Modern Art, Nueva York. Itinerante por: Denver Art Museum, Denver, Colorado; The Art Center, Tucson, Arizona; Los Angeles County Museum, Los Angeles,

California; City Art Museum of St. Louis, St. Louis, Missouri; Museum of Fine Arts, Boston

Paintings Sculpture. Fine Art Associates, Nueva York

Documenta II. Kassel

Living American Artists. American Federation of Arts, Project Elai, Jerusalem, Tel Aviv, Haifa

Summer Gallery Exhibition — Paintings and Sculpture. French Company, Nueva York

V Bienal de São Paulo. São Paulo, Brasil

Sculpture & Sculptors Drawings. Fine Art Associates, Nueva York

Winter Gallery Exhibition — Paintings and Sculpture. French Company, Nueva York

1960

New Sculpture Now. Smith College Museum of Art, Northhampton, Massachusetts

Aspects de la sculpture américaine. Galerie Claude Bernard, París

Annual Exhibition 1960 — Sculpture & Drawings. Whitney Museum of American Art, Nueva York

Selections: Painting, Sculpture. Otto Gerson Gallery, Nueva York

John and Dorothy Rood Collection. Walker Art Center, Minneapolis, Minnesota

Kane Memorial Exhibition of Direct Metal Sculpture. Providence Art Club, Providence, Rhode Island

1961

Twentieth Century American Art. Art Center, Kalamazoo Institute of Art, Kalamazoo, Michigan

The Art of Assemblage. Museum of Modern Art, Nueva York. Itinerante por: The Dallas Museum of Fine Arts, Texas; San Francisco Museum of Art, California

Mechanism and Organism — An International Sculpture Exhibition. The New School for Social Research, Art Center, Nueva York

Pittsburgh International Exhibition of Contemporary Painting & Sculpture. Department of Fine Arts, Carnegie Institute, Pittsburgh, Pensilvania

Spotlight on Sculpture 1880-1961. Otto Gerson Gallery, Nueva York.

Treasures of Chicago Collectors. Art Institute of Chicago, Chicago

Contemporary Trends in Painting and Sculpture. Kresge Art Center, Michigan State University, East Lansing, Michigan

1962

Introductions 1935-1948. Willard Gallery, Nueva York

Geometric Abstraction in America. Whitney Museum of American Art, Nueva York

Continuity and Change — 45 American Abstract Artists. Wadsworth Atheneum, Hartford, Connecticut

Annual Exhibition — Contemporary Sculpture & Drawings. Whitney Museum of American Art, Nueva York

IV Festival dei due mondi. Anfiteatro romano, Spoleto, Italia

Art Since 1950. Fine Arts Pavillion, World's Fair, Seattle, Washington

Modern Sculpture from the Hirshhorn Collection. The Solomon R. Guggenheim Museum, Nueva York

Monumental Sculpture. Otto Gerson Gallery, Nueva York

1963

US Government Art Projects: Some Distinguished Alumni. Museum of Modern Art, Nueva York. Itinerante por: Allen Memorial Art Museum, Oberlin College, Oberlin, Ohio; Mercer University, Macon, Georgia; University of Nevada, Reno, Nevada; Tacoma Art League, Tacoma, Washington; Washington Gallery of Modern Art, Washington, D. C.; State University of New York, Oswego, Nueva York; Pomona College, Claremont, California

66th Annual American Exhibition — Directions in Contemporary Paintings and Sculpture. Art Institute, Chicago, Illinois

Sculpture in the Open Air. Battersea Park, USA representation at the County Council Exhibition, Londres

Sculptors of Our Time. Washington Gallery of Modern Art, Washington, D. C.

Contemporary European and American Painting and Sculpture. Walker Art Center, Minneapolis, Minnesota

Artist and Maecenas — A Tribute to Curt Valentin. Marlborough-Gerson Gallery, Nueva York

Lettering by Hand. Museum of Modern Art, Nueva York. Itinerante por Estados Unidos, organizada por el programa internacional del Museum of Modern Art, Nueva York

1964

'54-'64 Paintings and Sculpture of a Decade. Tate Gallery, Gulbenkian Foundation, Londres

Between the Fairs: Twenty Five Years of American Art 1939-1964. Whitney Museum of American Art, Nueva York

Documenta III. Kassel

The Friends Collection. Whitney Museum of American Art, Nueva York

A Century of American Art. Adelphi University, Garden City, Long Island, Nueva York

Art Since 1889. University of New Mexico, Albuquerque, Nuevo México; Wellesley College, Wellesley, Massachusetts

1965

1965 Kane Memorial Criticis' Choice: Art since World War II. Providence Art Club, Providence, Rhode Island

Sculpture of the Twentieth Century. Museum of Fine Arts, Dallas, Texas

Festival of the Arts. White House, Washington, D. C.

United States: Sculpture of the Twentieth Century. Organizada por el Museum of Modern Art, Nueva York. Itinerante por: Musée Rodin, París; Deutsche Gesellschaft für bildende Kunst, Kunstverlag, Berlín; Staatliche Kunsthalle, Baden-Baden

7 Sculptors. Institute of Contemporary Art, Filadelfia

20th Century Painting and Sculpture from Connecticut Private Collections. Wadsworth Atheneum, Hartford, Connecticut.

1966

Twentieth Century Sculpture. University Art Museum, The University of New Mexico, Albuquerque, Nuevo México

Seven Decades: 1895-1965. Crosscurrents in Modern Art. Public Education Association, Nueva York

Fifty Years of Modern Art. Cleveland Museum of Art, Cleveland, Ohio

Art of the U.S. 1670-1966. Whitney Museum of American Art, Nueva York

The Hilles Collection. Boston Museum of Fine Arts, Boston, Massachusetts

1967

International Exhibition of Contemporary Sculpture. Expo 67, Montreal

American Sculpture of the Sixties. Los Angeles County Museum of Art, Los Angeles, California; Philadelphia Museum of Art, Filadelfia

Dix ans d'art vivant 55-65. Foundation Maeght, Saint Paul de Vence

Sculpture: A Generation of Innovation. Art Institute of Chicago, Illinois

Guggenheim International Exhibition 1967. Solomon R. Guggenheim Museum, Nueva York. Itinerante por: Art Gallery of Ontario, Toronto; The National Gallery of Canada, Ottawa; Montreal Museum of Art, Montreal

The Helen W. and Robert M. Benjamin Collection. Yale University Art Gallery, New Haven, Connecticut

1968

Dada, Surrealism and Their Heritage. Museum of Modern Art, Nueva York. Itinerante por: Los Angeles County Museum, Los Angeles, California; Art Institute of Chicago, Illinois

Opening Exhibition. National Gallery of Fine Arts, Washington, D. C.

Documenta IV. Kassel

The Art of The Real: USA 1948-1968. Museum of Modern Art, Nueva York. Itinerante por: Grand Palais, París; Kunsthaus, Zurich; Tate Gallery, Londres

The 1930's: Painting and Sculpture in America. Whitney Museum of American Art, Nueva York

Twentieth Century Sculpture: Walker Art Center. Walker Art Center, Minneapolis, Minnesota

Art and Artists and Sarah Lawrence Through 40 Years. Riverside Museum, Nueva York

1970

Noguchi, Rickey, Smith. Indiana University Art Museum, Bloomington, Indiana

1971

Six Sculptors and Their Drawings. Fogg Art Museum, Harvard University, Cambridge, Massachusetts

11ᵉ Biennale Antwerpen. Openluchtmuseum, Middelheim, Amberes.

1973

19 Sculptors of the 40's. Art Galleries, University of California, Santa Barbara, California

1974

The Great Decade of American Abstraction: Modernist Art 1960 to 1970. Museum of Fine Arts, Houston, Texas

Less is More: The Influence of the Bauhaus on American Art. The Lowe Art Museum, University of Miami, Florida.

Monumenta: A Biennial Exhibition of Outdoor Sculpture. Newport, Rhode Island

Sculpture in Steel. Edmonton Art Gallery, Edmonton

Sculptors and Their Drawings: Selections from the Hirshhorn Museum and Sculpture Garden. Lyndon Baynes Johnson Library, Austin, Texas

Twentieth Century Monumental Sculpture. Marlborough Gallery, Nueva York

From Reliable Sources: An Exhibition of Letters, Photographs, and Other Documents from the Collection of the Archives of American Art, Smithsonian Institution. Commemorating the Twentieth Anniversary of Founding the Archives. Archives of American Art, Smithsonian Institution, Washington, D. C.

1976

7 + 5: Sculptors in the 1950's. The Art Galleries, University of California, Santa Barbara, California; Phoenix Art Museum, Phoenix, Arizona

New Works in Clay by Contemporary Painters and Sculptors. Everson Museum of Art, Siracusa, Nueva York

200 Years of American Sculpture. Whitney Museum of American Art, Nueva York

Sculpture in the Field. Storm King Art Center, Mountainville, Nueva York.

A Selection of American Art: The Skowhegan School 1946-1976. Institute of Contemporary Art, Boston, Massachusetts

Second Williams College Loan Exhibition: In Celebration of the 50th Anniversary of the Williams College of Art and in Honor of President W. Chandler and Professor S. Lane Faison, Jr. Williams College, Williamstown, Massachusetts

Three Hundred Years of American Art in the Chrysler Museum. Chrysler Museum at Norfolk, Norfolk, Virginia

Works on Paper 1900-1960: From Southern California Collections. Pomona College, Claremont, California

1977

American Sculpture, Folk and Modern. The Queens Museum, Nueva York

Graham, Gorky, Smith and Davies in the Thirties. Bell Gallery, Brown University, Providence, Rhode Islands

American Drawing 1927-1977. Minnesota Museum of Art, Saint Paul, Minnesota

1978

American Art at Mid-Century: The Subjects of the Artists. National Gallery of Art, Washington, D. C.

Masters of Modern Sculpture. Marlborough Gallery, Inc., Nueva York

1979

Drawings and Sculptures: Noguchi, Calder, Smith. Storm King Art Center, Mountainville, Nueva York

The Prospect Mountain Sculpture Show: An Homage to David Smith.
Lake George Arts Project, Nueva York

1980

Julio González, David Smith, Anthony Caro, Tim Scott, Michael Steiner: Sculpture. Galerie de France, París; Kunsthalle, Bielefeld; Haus am Waldsee, Berlín

Skulptur im 20. Jahrhundert. Wenkenpark, Basilea

Memories of Jan Matulka, 1890-1972. Smithsonian Institute Press, Washington, D. C.

1981

Sculpture du XX siècle: 1900-1945. Fondation Maeght, Saint Paul de Vence

Westkunst-Zeitgenössische Kunst seit 1939. Recinto ferial, Colonia

Drawing Adquisitions 1978-1981. Whitney Museum of American Art, Nueva York

Sculptors Drawings over Six Centuries 1400-1950. Agrinde Publications, Nueva York

1983

Abstract Painting and Sculpture in America 1927-1944. Museum of Art, Carnegie Institute, Pittsburgh, Pensilvania. Itinerante por: San Francisco Museum of Modern Art, San Francisco, California; The Minneapolis Institute of Art, Minneapolis, Minnesota; Whitney Museum of American Art, Nueva York

American Still Life 1945-1983. Contemporary Arts Museum, Houston, Texas. Itinerante por: Albright-Knox Art Gallery, Buffalo, Nueva York; Columbus Museum of Art, Ohio; Neuberger Museum, State University of New York at Purchase; Portland Art Museum, Oregón

Modern Art in the West: Guggenheim. Tokyo Metropolitan Teien Art Museum, Japón

Sculpture: The Tradition in Steel. Nassau County Museum of Fine Art, Roslyn, Nueva York

The Modern Drawing. Museum of Modern Art, Nueva York

Abstract Painting and Sculpture in America 1927-1944. Museum of Art, Carnegie Institute, Pittsburgh, Pensilvania. Itinerante por: San Francisco Museum of Modern Art, California; The Minneapolis Institute of Arts, Minnesota; Whitney Museum of American Art, Nueva York

Gottlieb/Motherwell/David Smith. M. Knoedler & Co., Inc. Nueva York

1984

Skulptur im 20. Jahrhundert. Merian Park, Basilea

Sculptor's Drawing 1910-1980: Selections from the Permanent Collection. Whitney Museum of American Art, Nueva York

American Sculpture. Three Decades. Seattle Art Museum, Seattle, Washington

Dorothy Dehner and David Smith. Zimmerli Art Museum, Rutgers, New Brunswick, Nueva Jersey.

1985

Transformations in Sculpture: Four Decades of American and European Art. Solomon R. Guggenheim Museum, Nueva York

1986

Qu'est ce que la Sculpture Moderne? Musée National d'Art Moderne, Centre Georges Pompidou, París

The Machine Age in America 1918-1941. Brooklyn Museum, Brooklyn, Nueva York.

Abstract Expressionist Prints. Associated American Artist, Nueva York

The Interpretive Link: Abstract Surrealism into Abstract Expressionism — Works on Paper 1938-1948. Newport Harbor Art Museum, Newport Beach, California. Itinerante por: Whitney Museum of American Art, Nueva York; Walker Art Center, Minneapolis

1987

A Century of Modern Sculpture: The Patsy and Raymond Nasher Collection. Dallas Museum of Art, Texas. Itinerante por: National Gallery of Art, Washington, D. C.; Centro de Arte Reina Sofia, Madrid; Forte di Belvedere, Florencia; Staatsgalerie Moderner Kunst, Múnich

Creativity in Art and Science, 1860-1960. Cleveland Museum of Art, Cleveland, Ohio

Made in the Sixties. Whitney Museum of American Art, Nueva York

The Ebsworth Collection: American Modernism 1911-1947. St. Louis Art Museum, Saint Louis, Missouri; Honolulu Academy of Arts, Hawai; Museum of Fine Arts, Boston

1988

From the Southern Cross: A View of World Art, ca. 1940-1988. The Australian Biennale, Art Gallery of New South Wales y Pier 2/3, Sydney; National Gallery of Victoria, Melbourne

Convulsive Beauty: The Impact of Surrealism on American Art. Whitney Museum of American Art; Fairfield County, Stamford, Connecticut

1989

Drawings and Sketchbooks in the Collection of the Archives of American Art. Smithsonian Institution, Washington, D. C.

1991

Image and Likeness: Figurative Works from the Permanent Collection of The Whitney Museum of American Art. Whitney Museum of American Art, Nueva York

1992

Sculpture. Waddington Galleries, Londres

1993

Picasso and the Age of Iron. Solomon R. Guggenheim Museum, Nueva York; Fort Worth Museum of Art, Fort Worth, Texas

American Art in the 20th Century: Painting and Sculpture 1913-1993. Royal Academy y Saatchi Collection, Londres

1994

Another Dimension: Paintings by Sculptors. John Weber, Nueva York

1995

In Two Worlds: The Graphic Work of Modern Sculptors. Mead Art Museum, Amherst College, Amherst, Massachusetts

BIBLIOGRAFÍA

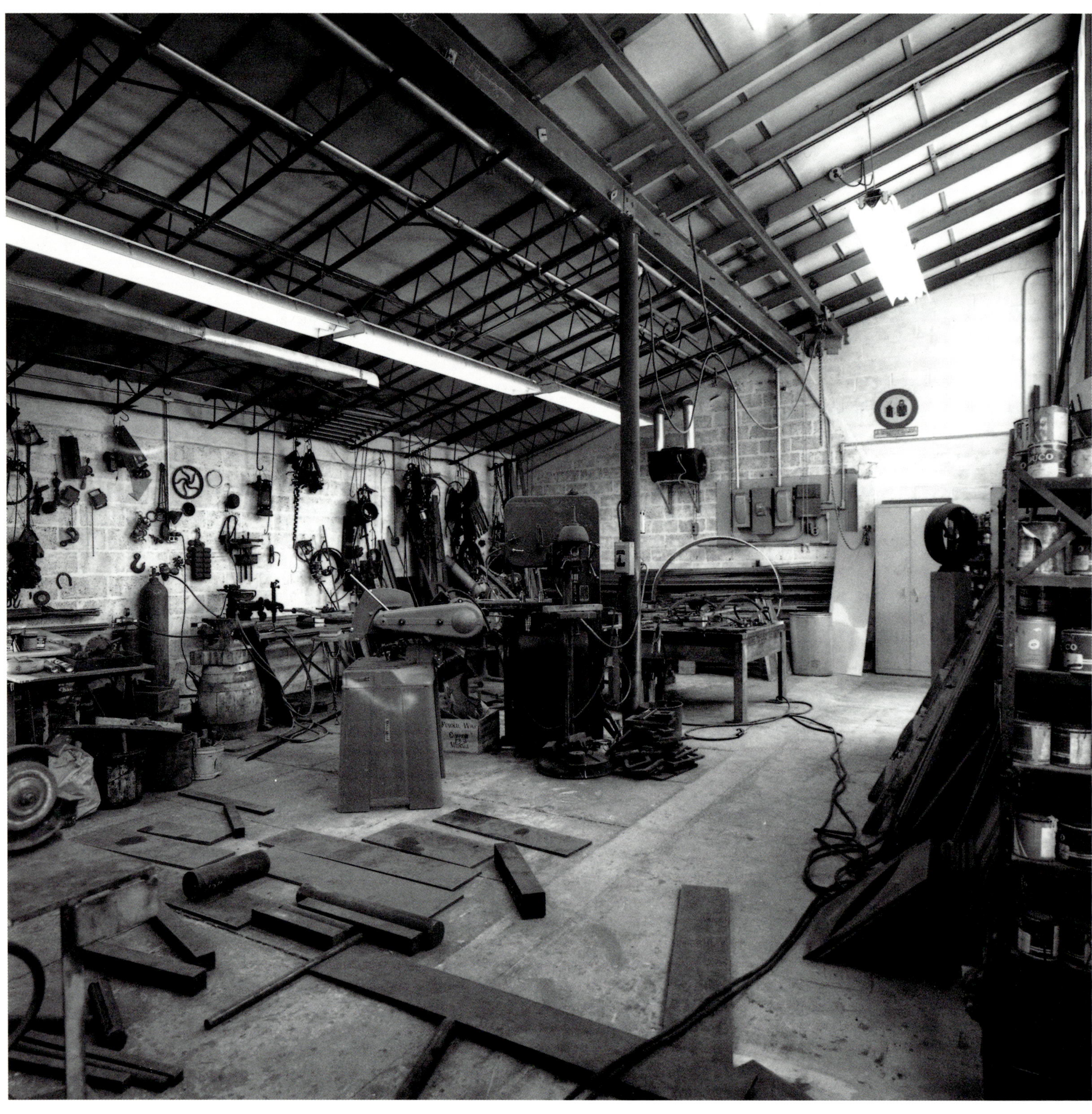

Estudio de Bolton Landing, 1965. Foto **Ugo Mulas**

Escritos del artista

1940

Smith, D.: «Abstract Art», *The New York Artist,* 1/5-6. Fragmentos de la conferencia pronunciada en el Forum of Abstract Art en el Labor Stage, Nueva York, por la United American Artists

Smith, D.: «Sculpture: Art Forms in Architecture — New Techniques Affect Both», *Architectural Record,* 88, octubre, pp. 77-80

Smith, D.: «Medals for Dishonor», cat. Willard Gallery, Nueva York

1947

Smith, D.: «The Landscape; Spectres Are; Sculpture Is», *David Smith Sculpture 1946-1947,* cat. Willard Gallery, Nueva York

Smith, D.: «I Have Never Looked at a Landscape», *Possibilities 1,* invierno, pp. 25-26

Smith, D.: «The Sculptor's Relationship to Museum, Dealer, and Public», conferencia pronunciada en First Woodstock Conference of Artists, Woodstock, Nueva York, 29 agosto

1948

Smith. D.: «The Golden Eagle. A Recital; Robinhood's Barn», *Tiger's Eye,* 1/4, junio, pp. 81-82

1950

Smith, D.: «The Teaching of Sculpture», conferencia pronunciada en el Midwestern College Art Conference, University of Kentucky, Louisville, Kentucky, 27 octubre

1951

Smith, D.: «H's, Y's, Birdsheads, The Letter», *David Smith,* cat. Willard Gallery, Nueva York

Smith, D.: «Foreword — (Apology of a Juryman)», *Fifth Annual Area Exhibition,* cat. Corcoran Gallery of Art Bulletin 4, febrero

1952

Smith, D.: «The Language is Image», *Arts and Architecture,* 69, febrero, pp. 20-21, 33-34. Publicación de la conferencia pronunciada en Bennington College, Bennington, Vermont, 11 noviembre 1951

Smith, D.: Conferencia leída en el Portland Museum of Art, Portland, Oregón, 23 marzo

Smith, D.: «The Sculptor and His Problems», conferencia pronunciada en Conference of Artists, Woodstock, Nueva York, 23 agosto

Smith, D.: «Who Is the Artist? How does He Act?», *Everyday Art Quarterly,* Walker Art Center, Minneapolis, n.º 23, invierno, pp. 16-21. Reeditado en parte en **Greenberg, C.:** «America Takes the Lead 1945-1965», *Art in America* 53, agosto septiembre 1965, pp. 108-129

Smith, D.: Declaraciones en «The New Sculpture. A Symposium», Museum of Modern Art, Nueva York

1953

Smith, D.: Declaraciones en «Twelve Modern American Artists and Sculptors», cat. Museum of Modern Art, Nueva York

Smith, D.: Declaraciones en «Symposium: Art and Religion», *Art Digest 28,* diciembre, pp. 8-11, 31-32

Smith, D.: «Economic Support of Art in America Today», conferencia pronunciada en la American Federation of Artists Conference, Corning, Nueva York, 30 octubre

1954

Smith, D.: «Thoughts on Sculpture», *College Art Journal* XIII, invierno, pp. 96-100

Smith, D.: «Second Thoughts of Sculpture», *College Art Journal* XIII, primavera, pp. 203-207

Smith, D.: «The Attitudes Toward Tradition of the Contemporary Artist», conferencia pronunciada en Woodstock Conference of Artists, Woodstock, Nueva York, 6 agosto

Smith, D.: «What makes a Student Good?», conferencia pronunciada en Midwestern Art Conference, Indiana University, Bloomington, Indiana, abril

Smith, D.: «Drawing», conferencia pronunciada en Sophie Newcomb College, Nueva Orleans, Louisiana, 21 marzo

1956

Smith, D.: «González: First Master of the Torch», *Art News* 54, febrero, pp. 34-37, 64-65

1957

Smith, D.: «Sculpture and Architecture», *Arts Magazine,* mayo, p. 20

Smith, D.: «False Statements», *Arts Magazine,* junio, p. 7

Smith, D.: Carta al editor disputando la autenticidad de unas declaraciones atribuidas a él por Rodman Selden, *Arts* 31/9, junio

Smith, D.: «Alcoa Foundation Lecture», pronunciada en Rensselaer Polytechnic Institute, Troy, Nueva York, noviembre

1958

Smith, D.: «Is Today's Artist With or Again the Past?», *Art News,* septiembre, p. 38

1960

Smith, D.: «Notes on My Work», *Arts Magazine,* febrero, pp. 44-49

Smith, D.: «A Protest Against Vandalism», *Arts Magazine,* junio, p. 5

1961

Smith, D.: Declaraciones en «Sculpture Today», *The Whitney Review,* Nueva York

1964

Smith, D.: Facsímil de una carta a David Sylvester en **Carandente, G.:** *Voltron,* Institute of Contemporary Art, Filadelfia

1968

Smith, D.: *David Smith by David Smith,* Cleve Gray (ed.), Rinehart and Winston, Nueva York

Smith, D.: «Memories to Myself», *Archives of American Art Journal* VIII, abril

1969

Smith, D.: «Notes for David Smith Makes a Sculpture», *Art News* 67, enero, pp. 46-48, 56

1973

Smith, D.: *David Smith,* McCoy (ed.), Praeger, Nueva York. (Recopilación de los textos más relevantes del artista. Incluye también cartas y entrevistas)

1979

Smith, D.: «Words by David Smith», *Artforum* 18, diciembre, pp. 26-27

Entrevistas

1940

Watson, E.: «From Studio to Forge: An Interview», *American Artist,* IV/3

1957

Rodman, S.: *Conversations with Artists,* Devin Adair, Nueva York, pp. 126-130

1962

Kuh, K.: «David Smith», en *The Artist's Voice: Talks with Seventeen Artists,* Harper and Row Publishers, Nueva York, pp. 219-234

1964

Hess, Thomas B.: «The Secret Letter. An Interview with David Smith, June 1964», en *David Smith,* cat. Marlborough-Gerson Gallery, Nueva York

Sylvester, D.: «David Smith. Interview», *Living Arts* I/3, abril. Entrevista realizada en 1961

1965

Baro, G. (ed.): «Some Late Words from David Smith», *Art International 9,* octubre, p. 47-51

Sylvester, D.: «David Smith. Interview», *Museumsjournaal,* II

Monografías y libros

1971

Krauss, Rosalind E.: *Terminal Iron Works. The Sculpture of David Smith.* The MIT Press, Cambridge, Massachusetts

1972

Marcus, S. E.: *The Working Methods of David Smith.* Columbia University, Nueva York. (Tesis doctoral)

1977

Krauss, Rosalind E.: *The Sculpture of David Smith, A Catalogue Raisonné.* Gatland Pb, Nueva York-Londres

1983

Marcus, S. E.: *David Smith. The Sculpture and His Work.* Cornell University Press, Ithaca, Nueva York-Londres

1984

Rikhoff, J.: *David Smith, I Remember.* Loft Press, Glens Falls, Nueva York

Wilkin, K.: *David Smith.* Modern Masters Series, Abbeville Press, Nueva York

Catálogos de exposiciones individuales

1940

Medals for Dishonor, textos de William Blake y Christina Stead, Willard Gallery, Nueva York

1946

The Sculpture of David Smith, texto de Wilhem R. Valentiner, Buchholz Gallery and Willard Gallery, Nueva York

1950

David Smith, texto de Robert Motherwell, Willard Gallery, Nueva York

1952

David Smith, Sculpture and Drawings, prefacio de Howard Nemerov, Willard Gallery, Nueva York

David Smith, Sculpture and Drawings, texto de Wilhem R. Valentiner, Willard Gallery-Kleeman Gallery, Nueva York

1954

David Smith: Sculpture, Drawings, Graphics, texto de Robert H. Luck, Contemporary Arts Center, Cincinnati, Ohio

1957

David Smith, texto de Sam Hunter, *Museum of Modern Art Bulletin,* n.º 25, Nueva York

1960

David Smith, Sculpture and Drawings, texto de Everett Ellin, Everett Ellin Gallery, Los Angeles

1961

David Smith: Recent Sculpture, texto de Sam Hunter, Otto Gerson Gallery, Nueva York

1964

Voltron, texto de Giovanni Carandente, Institute of Contemporary Art, University of Pennsylvania, Filadelfia

David Smith: Sculpture and Drawings, introducción de Clement Greenberg, Institute of Contemporary Art, University of Pennsylvania, Filadelfia

1965

David Smith: A Memorial Exhibition, texto de Hilton Kramer, Los Angeles County Museum of Art, Los Angeles

1966

David Smith 1906-1965, introducción de Frank O'Hara, Museum of Modern Art, Nueva York

David Smith 1906-1965: A Retrospective Exhibition, texto de Jane Harrison, Fogg Art Museum, Harvard University, Cambridge

1967

David Smith: Eight Early Works 1935-1938, texto de Rosalind E. Krauss, Marlborough-Gerson Gallery, Nueva York

1968

David Smith (1906-1965): Small Sculpture of the Mid-Forties, texto de Rosalind E. Krauss, Marlborough-Gerson Gallery, Nueva York

1969

David Smith, texto de Edward F. Fry, Solomon R. Guggenheim Museum, Nueva York

1971

Sculpture by David Smith in the Storm King Art Center Collection, texto de Una E. Johnson, Storm King Art Center, Mountainville, Nueva York

1973

David Smith of Bolton Landing, textos de Dorothy Dehner y James K. Kettlewell, The Hyde Collection, Glens Falls, Nueva York

1976

David Smith: Zeichnungen, texto de Stephan von Wiese, Staatsgalerie, Stuttgart

1979

The Prospect Mountain Sculpture Show: An Homage to David Smith, textos de Irving Sandler y Dorothy Dehner, Lake George Art Project, Lake George, Nueva York

David Smith: The Hirshhorn Museum and Sculpture Garden Collection, texto de Miranda McClintic, Smithsonian Institute Press, Washington, D. C.

David Smith: The Drawings, texto de Paul Cummings, Whitney Museum of American Art, Nueva York

David Smith/Robert Motherwell, texto de Dore Ashton, Museo de Arte Contemporáneo de Caracas, Venezuela

1980

David Smith: Sculpture and Drawings, texto de Catherine Lampert, Arts Council of Great Britain, Londres

1981

David Smith: The Formative Years, Sculptures and Drawings from the 1930s and 1940s, texto de Karen Wilkin, Edmonton Art Gallery, Edmonton

David Smith: Drawings for Sculpture 1954-1964, introducción de Adam Mekler y Gerald Nordland, Mekler Gallery, Nueva York

1982

From the Life of the Artist: A Documentary View of David Smith, texto de Garnett McCoy, Archives of American Art, Smithsonian Institute Press, Washington, D. C.

David Smith: Drawings for Sculpture: 1954-64, introducción de Gordon J. Hazlitt, Storm King Art Center, Mountainville, Nueva York

David Smith: Painter, Sculptor, Draftsman, texto de Edward Fry y Miranda McClintic, Hirshhorn Museum and Sculpture Garden, Washington, D. C.

David Smith, texto de E. A. Carmean, National Gallery of Art, Washington, D. C.

1985

The Drawings of David Smith, texto de Clark Trinkett, Oklahoma Museum of Art, Oklahoma City, Oklahoma

David Smith: Sprays from Bolton Landing, texto de W. Ameringer, Anthony d'Offay Gallery, Londres

1986

David Smith — Skulpturen und Zeichnungen, texto de Jörn Merkert, Prestel Verlag, Múnich, 1986

1990

David Smith: Works on Paper, texto de Eleanor Green, Margo Leavin Gallery, Nueva York

1995

David Smith in Italy, introducción de Miuccia Prada y Patricio Bertelli, textos de Candida Smith, Carmen Giménez y Giovanni Carandente, PradaMilanoArte, Ediciones Charta, Milán

Catálogos de exposiciones colectivas

1951

Abstract Painting & Sculpture in America, texto de Andrew Carnduff Ritchie, Museum of Modern Art, Nueva York

1957

Sculpture 1880-1957, texto de Herman Cherry, Fine Arts Association, Nueva York

1958

David Smith, texto de Sam Hunter, XXIX Biennale de Venezia, Venecia

1959

V Bienal de São Paulo, texto de Sam Hunter, São Paulo

Documenta II, texto de Eduard Trier, Kassel

1965

Sculpture of the Twentieth Century, texto de Merril Rueppel, Museum of Fine Arts, Dallas, Texas

1966

Twentieth Century Sculpture, texto de Coke Van Deren, University Art Museum, The University of New Mexico, Albuquerque, Nuevo México

1967

American Sculpture of the Sixties, edición de Maurice Tuchman, Los Angeles County Museum of Art, Los Angeles, California

1968

The 1930's: Painting and Sculpture in America, texto de William C. Agee, Whitney Museum of American Art, Nueva York

Twentieth Century Sculpture, texto de Martin Friedman, Walker Art Center, Minneapolis, Minnesota

1970

Noguchi, Rickey, Smith, texto de Daniel Mato, Indiana University Art Museum, Bloomington, Indiana

1971

Six Sculptors and Their Drawings, texto de Jeanne L. Wasserman, Fogg Art Museum, Harvard University, Cambridge, Massachusetts

The Biennale Antwerpen, texto de L. Craeybeck, Openluchtmuseum, Middelheim, Amberes

1974

The Great Decade of American Abstraction: Modernist Art 1960 to 1970, texto de E. A. Carmean, Museum of Fine Arts, Houston

Monumenta: A Biennial Exhibition of Outdoor Sculpture, edición de Sam Hunter, Newport, Rhode Island

Sculptors and their Drawings..., texto de Cynthia Jaffee McCabe, Lyndon Baynes Johnson Library, Austin, Texas

1976

220 Years of American Sculpture, texto de Tom Armstrong, Whitney Museum of American Art, Nueva York

Three Hundred Years of American Art in the Chrysler Museum, texto de Dennis Anderson, Chrysler Museum at Norfolk, Norfolk, Virginia

A Selection of American Art: The Skowhegan School 1946-1976, texto de Allen Ellenzweig, Institute of Contemporary Art, Boston, Massachusetts

Second Williams College Loan Exhibition..., texto de S. Lane Faison, Williams College, Williamstown, Massachusetts

New Works in Clay by Contemporary Painters and Sculptors, texto de Ronald Kutcha, Everson Museum of Art, Siracusa, Nueva York

1977

Works on Paper 1900-1960: From Southern California Collections, texto de Frederick S. Wight, Pomona College, Claremont, California

American Drawing 1927-1977, texto de Paul Cummings, Minnesota Museum of Art, Saint Paul, Minnesota

1978

American Art at Mid-Century: The Subjects of The Artists, texto de E. A. Carmean, National Gallery of Art, Washington, D. C.

1980

Skulptur im 20. Jahrhundert, texto de Reinhold Hohl, Wenkenpark, Basilea

Memories of Jan Matulka, texto de Dorothy Dehner, Smithsonian Institute Press, Washington, D. C.

1981

Sculptors Drawings over Six Centuries 1400-1950, texto de Colin Eisler, Agrinde Publications, Nueva York

Westkunst-Zeitgenössische Kunst seit 1939, texto de Laszlo Glozer, Recinto ferial, Colonia

Sculpture du XXe siècle: 1900-1945, texto de Jean-Louis Prat, Fondation Maeght, Saint Paul de Vence

1983

Abstract Painting and Sculpture in America 1927-1944, edición de John R. Lane y Susan C. Larsen, texto de Karen Wilkin, Carnegie Institute, Pittsburgh, Pensilvania

1984

Skulptur im 20. Jarhundert, texto de Laszlo Glozer, Merian Park, Basilea

Sculptor's Drawings 1910-1980: Selections from the Permanent Collection, texto de Paul Cummings, Whitney Museum of American Art, Nueva York

1985

Transformations in Sculpture: Four Decades in American and European Art, texto de Diane Waldman, Solomon R. Guggenheim Museum, Nueva York

1986

The Interpretive Link: Abstract Surrealism into Abstract Expressionism — Works on Paper 1938-1948, texto de Paul Schimmel, Newport Harbor Art Museum, Newport Beach, California

Abstract American Prints, texto de Stephen Long, Associated American Artists, Nueva York

Qu'est-ce que la sculpture moderne?, introducción de Dominique Bozo, texto de Margit Rowell, Centre Georges Pompidou, Musée National d'Art Moderne, París

1987

A Century of Modern Sculpture: The Patsy and Raymond Nasher Collection, textos de Elizabeth Frank, Nan Roshental, Steven A. Nash y Robert Rosenblum, Dallas Museum of Art, Dallas, Texas

Creativity in Art and Scene, texto de Edward B. Henning, Cleveland Museum of Art, Cleveland, Ohio

The Ebsworth Collection: American Modernism, 1911-1947, introducción de James D. Burke, textos de Charles E. Buckley, William C. Agee, John R. Lane

1988

Made in the Sixties, texto de Karl Willers, Whitney Museum of American Art, Nueva York

1989

Drawings and Sketchbooks in the Collection of the Archives of American Art, textos de Margarett Kinzer, Liza Kirwin, Smithsonian Institution, Washington, D. C.

1993

Picasso and the Age of Iron, introducción de Carmen Giménez, textos de Dore Ashton y Francisco Calvo Serraller, Solomon R. Guggenheim Museum, Nueva York

Artículos en obras generales

1949

Motherwell, R. y **Reindhart, A.:** *Modern Artists in America*, Wittenborn Gallery, Schultz, Nueva York

1952

Ritchie, A. C.: *Sculpture of the Twentieth Century*, The Museum of Modern Art, Nueva York

1957

Rodman, S.: *Conversations with Artists*, Devin Adair, Nueva York

1959

Hunter, S.: *Sculpture for an Iron Age*, Dell, Nueva York

Seuphor, M.: *Plastik unseres Jahrhunderts. Wörterbuch der Modernen Plastik*, DuMont, Colonia

1960

Henning, E. B.: *Paths of Abstract Art*, Cleveland Museum of Art, Cleveland, Ohio

Trier, E.: *Figur und Raum. Die Skulptur des 20. Jahrhunderts*, Gebr. Mann Verlag, Berlín

1961

Greenberg, C.: *Art and Culture*, Beacon, Boston, Massachusetts

1964

Johnson, U.: *20th Century Drawings, Part II: 1940 to the Present*, Shorewood Publishers, Nueva York

Read, H.: *A Concise History of Modern Sculpture*, Frederick A. Praeger, Nueva York

1965

Goodrich, Ll. y Baur, J. I. H.: *American Art of the Century*, Praeger, Nueva York

1967

Licht, F.: *Sculpture, 19th and 20th Century (A History of Western Culture)*, Michael Joseph, Londres

Rickey, G.: *Constructivism: Origins and Evolution*, George Braziller, Nueva York

1968

Ashton, D.: *Modern American Sculpture*, Harry N. Abrams, Nueva York

Bazin, G.: *The History of World Sculpture*, New York Graphic Society, Greenwich, Connecticut

Burnham, J.: *Beyond Modern Sculpture: The Effects of Science and Technology on the Sculpture of This Century*, George Braziller, Nueva York

Kozloff, M.: «David Smith», en *Renderings Critical Essays on a Century of Modern Art*, Simon and Schuster, Nueva York

1969

Goldwater, R.: *What is Modern Sculpture?*, Museum of Modern Art/ New York Graphic Society, Nueva York/Greenwich, Connecticut

Hammacher, A. M.: *The Evolution of Modern Sculpture: Tradition and Innovation*, Harry N. Abrams, Nueva York

1970

Kelly, J. J.: *The Sculptural Idea*, Burgess Publishing Co., 2.ª ed. Minneapolis, Minnesota

Levy, M.: *Drawing and Sculpture*, Walker and Co., Nueva York

1971

Grahams, J. y Epstein Allentuck, M.: *Systems and Dialectics on Art*, The John Hopkins Press, Baltimore, Maryland/Londres

Motherwell, R.: «David Smith — Erinnerungen» en *Bilder und Collagen 1967-1970*, Galerie im Erker, St. Gallen

1973

Burnham, J.; Harper, Ch., y Burnham, J. B.: *The Structure of Art*, edición revisada, Georges Braziller, Nueva York

Geselbracht, R. H.: *The Two New Worlds: The Arts and The Inspiration of Nature in the Twentieth Century* (tesis doctoral), University of California, Santa Barbara, California

McKinzie, R.: *The New Deal for Artists*, Princeton University Press, Princeton, Nueva Jersey

O'Connor, Francis V. (ed.): *Art for the Millions: Essays from the 1930s by Artists and Administrators of the WPA Federal Art Project*, New York Graphic Society, Greenwich, Connecticut

1974

Merillat, H. Ch.: *Modern Sculpture: The New Old Masters*, Dodd, Mead and Co., Nueva York

Tucker, W.: *Early Modern Sculpture*, Oxford University Press, Nueva York

1975

Andersen, W.: *American Sculpture in Process 1930/1970*, New York Graphic Society, Boston, Massachusetts

Arnason, H.: *History of Modern Art*, Harry N. Abrams, Nueva York

O'Hara, F.: *Art Chronicles 1954-1956*, George Braziller, Nueva York

1976

Cummings, P.: *American Drawings: The 20th Century*, The Viking Press, Nueva York

Stebbins, T. E. Jr.: *American Master Drawings and Watercolors: A History of Works on Paper from Colonial Times to the Present*, Harper & Row Publishers, Nueva York

Strachan, W. J.: *Towards Sculpture: Maquettes and Sketches from Rodin to Oldenburg,* Thames and Hudson, Londres

1977

Krauss, R. E.: *Passages in Modern Sculpture,* The Viking Press, Nueva York

Wittkower, R.: *Sculpture, Processes and Principles,* Harper & Row Publishers Inc., Nueva York

1981

Thomas, K. y **De Vries, G.:** *DuMont's Künstlerlexikon von 1945 bis zur Gegenwart,* 3.ª ed., Dumont, Colonia

1983

Elderfield, J.: *The Modern Drawing,* The Museum of Modern Art, Nueva York

1984

Rubin. W. (ed.): *Primitivismus in der Kunst des 20. Jarhunderts,* Prestel Verlag, Múnich

1985

Rosenberg, H.: *Art and Other Serious Matters,* University of Chicago Press, Chicago, Illinois

1987

Feldman, E. B.: *Varieties of Visual Experience,* Harry N. Abrams, Inc., Nueva York

Lucie-Smith, E.: *Sculpture since 1945,* Oxford Phaidon, Oxford; Universe Books, Nueva York

Plante, M.: «The Fifties Legacy: Towards a New Aesthetic», en *Definitive Statements: American Art 1964-1966*

Stadler, I.: *Contemporary Art and its Philosophical Problems,* Prometheus, Buffalo, Nueva York

1991

Wheeler, D.: *Art Since Mid-Century; 1945 to the Present,* The Vendome Press, Nueva York

1992

Franc, H. M.: *An Invitation to See 150 Works from the Museum of Modern Art,* Museum of Modern Art, Nueva York

1994

Geldzahler, H.: *Making It New: Essays, Interviews and Talks,* Turtle Point Press

Selección de artículos en revistas y periódicos

1940

McCausland, E.: «David Smith Abstract Sculpture in Metal», *Springfield Republican,* 31 marzo

1943

Greenberg, C.: Crítica de la exposición «American Sculpture of Our Time» en Willard and Buchholz Galleries, Nueva York, *The Nation,* 23 enero

1946

Greenberg, C.: Crítica de la exposición «Sculpture of David Smith» en Willard and Buchholz Gallery, Nueva York, *The Nation,* 26 enero

1947

Greenberg, C.: Crítica de la exposición «Whitney Annual» en Whitney Museum of American Art, Nueva York, *The Nation,* 5 abril

———: Crítica de la exposición «David Smith» en Willard Gallery, Nueva York, *The Nation,* 19 abril

———: «Present Prospects of American Painting and Sculpture», *Horizon,* octubre

1948

Valentiner, W. R.: «Sculpture by David Smith», *Arts and Architecture,* agosto

1949

Greenberg, C.: «The New Sculpture», *Partisan Review,* XVI/6, junio

1950

Beam, L.: «David Smith», *Journal of the American Association of University Woman,* XLIII, primavera

1951

De Kooning, E.: «David Smith Makes a Sculpture», *Art News,* septiembre

1953

Cherry, H.: «David Smith», *Número,* n.º 3, mayo-junio

1954

Geist, S.: «A Smith as Draftsman», *Art Digest,* XXVIII, 1 enero

1955

Cooke, H. L.: «David Smith», *I 4 Soli: Rassegna d'Arte Attuale,* Turín, enero-febrero

1956

Ashton, D.: Crítica de la exposición en Willard Gallery, Nueva York, *Arts and Architecture,* LXXIII/6, junio

Goosen, E.: «David Smith», *Arts,* XXX, marzo

Greenberg, C.: «David Smith», *Art in America,* LXIX, invierno

1957

Ashton, D.: Crítica de la exposición retrospectiva en el Museum of Modern Art, Nueva York, *Arts and Architecture,* LXXIV/12, diciembre

Porter, F.: «David Smith: Steel into Sculpture», *Art News,* LVI, septiembre

1959

Goosen, E.: «The End of the Object», *Art International,* III/8

Navareta, E. A.: «New Sculpture of David Smith», *Art in America,* XLVI/4, invierno

1960

Ashton, D.: Crítica de la exposición en la French and Company, Nueva York, *Art and Architecture,* LXXVII/4, abril

————: «New American Sculpture», *XXᵉ siècle,* XXII/12, febrero

Kramer, H.: «The Sculpture of David Smith», *Arts Magazine,* XXXIV, febrero

1961

Dorfles, G.: «David Smith: A Lesson in Modernity», *Metro,* n.º 4-5

O'Hara, F.: «David Smith: The Color of Steel», *Art News,* LX/8, diciembre

1962

Ashton, D.: Crítica de la Exposición Internacional de Pintura y Escultura Contemporánea en Pittsburgh, 1961, *Arts and Architecture,* LXXIX/2, febrero

Kramer, H.: «David Smith: Stencils for Sculpture», *Art in America,* L/4, invierno

1963

Rubin, W.: «David Smith», *Art International,* diciembre

1964

Greenberg, C.: «David Smith's New Sculpture», *Art International,* VIII/4, mayo

Jacobs, J.: «David Smith Sculpts for Spoleto», *Art News Annual,* XXIX

Judd, D.: «In the Galleries: David Smith», *Arts Magazine,* diciembre

Kramer, H.: «David Smith's New Work», *Arts,* XXXVIII, marzo

Sylvester, D.: «New York Takeover», *The Sunday Times,* 26 abril

1965

Ashton, D.: «David Smith», *Arts and Architecture,* febrero

————: «American Sculpture in Paris», *Studio International,* noviembre

Baro, G.: «David Smith (1906-1965)», *Arts Yearbook,* n.º 8

Greenberg, C.: «America Takes the Lead», *Art in America,* LIII/4, mayo

Motherwell, R.: «David Smith: A Major American Sculptor», *Vogue,* CXLV/3, 1 febrero

Rose, B.: «Looking at American Sculpture», *Artforum,* III/5

Sylvester, D.: «A Man to Join the Ranks of Gorky and Pollock», *The Sunday Times,* 26 abril

1966

Baro, G.: «David Smith: The Art of Wholeness», *Studio International,* CLXXII, agosto

Burr, J.: «London Galleries: Man of Iron and Steel at the Tate Gallery», *Apollo,* LXXXIV/55, septiembre

Causey, A.: «Sculpture's Debt to the Machine», *Illustrated London News,* 3 septiembre

Coates, R. M.: «Monument», *New Yorker,* 7 noviembre

De Kooning, E.: «David Smith Makes a Sculpture», *Arts News,* L/5, septiembre

Kozloff, M.: «David Smith at the Tate», *Artforum,* noviembre

Schneede, U. M.: «USA-Plastik in Europa», *Artis,* XVIII/10

————: «David Smith: Anlässlich seiner ersten Retrospektive in Europa», *Das Kunstwerk,* octubre

Smith, D.: «A Personal Portfolio: Photographs by Dan Budnik and Ugo Mulas», *Art in America,* enero/febrero

1967

Claus, J.: «Dürer macht's möglich», *Die Zeit,* 3 febrero

Cone Harrison, J.: «David Smith», *Artforum,* junio

Schurr, G.: «Continental Dispatch: Duisburg: David Smith», *Connoisseur,* mayo

1968

Bannard, W. D.: «Cubism, Abstract, Expressionism, David Smith», *Artforum,* VI/8, abril

McCoy, G.: «The David Smith Papers», *Archives of American Art Journal,* VIII/2, abril

1969

Alloway, L.: «3-D David Smith and Modern Sculpture», *Arts Magazine,* febrero

Andreae, C.: «Smith: Sculpture as Identity», *Christian Science Monitor,* abril

Butler, J. T.: «The American Way with Art: David Smith Retrospective Exhibition», *Connoisseur,* julio

Fabri, R.: «David Smith Retrospective. Finger painting in Transparent Oils», *Today's Art,* mayo

Genauer, E.: «Questions about a Sculpture Show», *International Herald Tribune,* 20 marzo

Krauss, Rosalind E.: «The Essential David Smith», *Artforum,* VII, febrero

Nodelman, S.: «David Smith», *Art News,* LXVII/10, febrero

Smith, M. A.: «Smith's Sculpture Linked to Painting», *Gleaner & Journal,* Henderson, Nueva York, 13 abril

————: «Sculptor Smith's Entire Career Encompassed in Show», *The Journal,* Flint, Michigan

————: «Current Guggenheim Exhibition Shows David Smith's Stages», *Asbury Park Evening/Sunday Press,* Asbury, Nueva York, 20 abril

————: «Exhibit Traces Development of Painter-Sculptor», *Battle Creek Enquirer & News,* Battle Creek, Michigan, 20 abril

————: «Painting-Sculpture Linkage Seen In Guggenheim Show», *The Sun,* Baltimore, 7 mayo

«Smith Retrospective To Open at Museum», *The Dallas Morning News,* Dallas, 22 junio

«David Smith Retrospective at the Guggenheim Museum», *Bulletin of the Guggenheim Museum,* Nueva York

1970

Alloway, D.: «Monumental Art at Cincinnati», *Arts Magazine,* noviembre

Kramer, H.: «Episodes from the Sixties», *Art in America,* enero-febrero

1971

Tucker, W.: «Four Sculptors, Part 4: David Smith», *Studio International,* CLXXXI, n.º 929, enero

1974

Budnik, D.: «Issues and Commentary: David Smith: A Documentation», *Art in America,* LXII/5, octubre-noviembre

Fuller, P.: «Smith's Original Greenbergs», *Arts Review,* 18 octubre

Herrera, H.: «David Smith: Robustly Physical, Unabashedly Lyrical», *Art News,* LXXIII/10, diciembre

Janszky Michaelsen, K.: «The One Rule Is That There May Be No Rules», *Arts Magazine,* octubre

Kramer, H.: «Altering of Smith Work Stirs Dispute», *The New York Times,* 13 septiembre

Krauss, Rosalind E.: «Changing the Work of David Smith», *Art in America,* septiembre-octubre

1975

Echter, M. S.: «The Artist's Estate», *Truts & Estates,* junio

1976

Davis, H. y Yard, S.: «Some Observations on Public Scale and Sculpture», *Arts Magazine,* enero

Frackman, N.: «Arts Reviews», *Arts Magazine,* junio

Genauer, E.: Crítica de la exposición «Paintings» en Knoedler & Company, Nueva York, *New York Post,* 8 mayo

————: Crítica de la exposición «Paintings» en Knoedler & Company, Nueva York, *Newsday,* 10 mayo

Halder, J.: «David Smith: Zeichnungen», *Das Kunstwerk,* XXIX/2, marzo

Kramer, H.: «David Smith», *The New York Times,* 30 abril

Russell, J.: «David Smith's Art is the Best Revealed in Natural Settings», *Smithsonian,* vol. 7, n.º 12

Sloane, L.: «Valuing Artist's Estates: What Is Fair?», *Art News,* abril

1977

Dehner, D.: «Medals for Dishonor: The Fifteen Medallions of David Smith», *Art Journal,* invierno

Loercher, D.: «The Anatomy of Ideas», *The Christian Science Monitor,* 2 mayo

Raynor, V.: «Art: Drawing with Metal», *The New York Times,* 2 diciembre

1978

Frackman, N.: «Arts Review» (exposición en la Knoedler Gallery, Nueva York), *Arts Magazine,* febrero

Rubin, W.: «Brief», *Art in America,* mayo-junio

Shirey, D. L.: «Sculptures as Grand as all Outdoors», *The New York Times,* 12 noviembre

1979

Donadio, E.: «David Smith's Legacy: The View from Prospect Mountain», *Arts Magazine,* diciembre

Gibson, E.: «David Smith», *Arts International,* XXII/9, febrero

Glueck, G.: «David Smith's Art on Way to Europe», *The New York Times,* 16 abril

Gray, C. (ed.): «David Smith (1906-1965): A tribute», *Art in America,* LIV/I, enero-febrero

Kozloff, M.: «David Smith at the Tate», *Artforum,* V/3, noviembre

Kramer, H.: «Art: David Smith, Master Draftsman», *The New York Times,* 7 diciembre

————: «From Russian Modernists to David Smith», *The New York Times,* 30 diciembre

Whelan, R.: «David Smith», *Art News,* febrero

1980

Feaver, W.: «Pointers on Paper», *The Observer,* Londres, 25 mayo

Januszczak, W.: «David Smith», *The Guardian,* Londres, 20 mayo

McEwen, J.: «Another Dimension», *Spectator,* 24 mayo

Murry, T.: «David Smith», *Arts Magazine,* junio

Packer, W.: «David Smith», *The Financial Times,* Londres, 20 mayo

Robertson, B.: «David Smith», *Harpers & Queen,* Londres, mayo

Schjeldahl, P.: «Anxieties of Eminence», *Art in America,* septiembre

Shepherd, M.: «The Big Draw», *The Sunday Telegraph,* Londres, 11 mayo

————: «Art: Big Ocean, Small Splash», *In London,* 16 mayo

Spiess, W.: «Zwei Plasiker — Zwei Schmiede», *Frankfurter Allgemeine Zeitung,* 9 julio

Taylor, J. R.: «Controlled Frenzy on the Brink of Abstraction», *The Times,* Londres, 6 mayo

Vaizey, M.: «A Burst of Emotion from the Great Out-Doors», *The Sunday Times,* Londres, 4 mayo

1981

Ashbery, J.: «Back to the Drawing Board», *Newsweek,* 6 abril

Bourbon, D.: «Sculptors' Drawings Over Six Centuries, The Drawings Center, New York City; through June 20», *Vogue,* abril

Brown, E. A.: «Sculptors' Drawings», *Arts Magazine,* junio

Dellamora, R.: «The Sculpture and Drawings of David Smith: 1933-1950», *Arts Magazine,* noviembre-diciembre

Enright, R.: «Premonitions of Menace», *Macleans Magazine,* septiembre

Kansas, M.: «David Smith: Paradox of Sex», *Vanguard,* verano

Kramer, H.: «The Continuing Dialogue Between Paintings and Sculptures», *The New York Times,* 5 mayo

Ratcliff, C.: «The Whitney Makes History», *Saturday Review,* octubre

Russell, J.: «Spray Paintings and Works on Paper by David Smith», *The New York Times,* 4 diciembre

1982

Brown, J.: «Showing off Smith», *The Washington Post,* 4 noviembre

Hale, N.: «David Smith's Hardware Unhampered by Freud», *Art/World,* mayo-junio

Nochlin, L.: «People Are Talking About... Art: Standing Sculpture on its Head», *Vogue,* diciembre

Pachner, J.: «David Smith: The Formative Years», *Arts Magazine,* junio

Russell, J.: «Sculpture: David Smith», *The New York Times,* 30 abril

1983

Artner, A. G.: «Show Find Another Aspect of David Smith's Artistry», *Chicago Tribune,* 24 junio

Brenson, M.: «Art: Twenty Years of David Smith Painting», *The New York Times,* 7 octubre

Glueck, G.: «Sculptors on Paper and a Gallery on the Move», *The New York Times,* 25 septiembre

———: «Steel Has Won a Place in Sculpture», *The New York Times,* 20 noviembre

Greenberg, C.: «Le Chant du Forgeron», *Connaissance des Arts,* febrero.

Hughes, R.: «Iron Was In His Name», *Times Magazine,* 31 enero

Kirili, A.: «Virgins and Totems», *Art in America,* octubre

Kramer, H.: «Art: David Smith in Washington», *The New Criterion,* I/5, enero

Larson, K.: «The Other David Smith», *New York Magazine,* 31 octubre

Silver, J.: «The Classical Cubism of David Smith», *Art News,* febrero

Smith, R.: «Old Timers as New Comers», *The Village Voice,* 4 octubre

Storr, R.: «David Smith — Heroic or Protean?», *Art in America,* octubre 1983

Tighe, M. A.: «Journal: The Evolving Mastery of David Smith», *House and Garden,* enero

Tomkins, C.: «The Art World», *The New Yorker,* 18 julio

Tuchman, P.: «In Detail: David Smith and *Cubi XXVII*», *Portfolio Magazine,* enero-febrero

1984

Bois, Y-A.: «La Pensée Sauvage», *Art in America,* LXXIII/4, abril

Brenson, M.: «David Smith: Sculpture, Paintings and Drawings of the 1950's», *The New York Times,* 23 noviembre

Carrier, D.: «American Apprentices: Thirties Abstraction», *Art in America,* febrero

De Kooning, E.: «A Stroke of Genius», *Horizon,* mayo

Glueck, G.: «Art: The Sculpture of the New York School», *The New York Times,* diciembre

———: «Art: American Still Life with Accent on the Life», *The New York Times,* julio

Jones, R. y Daniesl, K.: «Poetry and the Visual Arts», *Poetry East,* primavera-verano

Lubar, R. S.: «Metaphor and Meaning in David Smith's *Jurassic Bird*», *Arts Magazine,* Nueva York, septiembre

Pachner, J.: «Theodore Roszak and David Smith: A Question of Balance», *Arts Magazine*, febrero

Smith, R.: «Abstraction Then, for Now», *Voice*, 31 julio

Wilkin, K.: «David Smith & Anthony Caro», *Harper's Bazaar*, marzo

1985

Fenton, T.: «Smith and Surrealism», *Update*, VI/1, enero/febrero

Ratcliff, C.: «Domesticated Nightmares», *Art in America*, mayo

Silverthorne, J.: «The Third Dimension: Sculpture of The New York School», *Artforum*, mayo

1986

Beaumont, M. R.: «David Smith», *Arts Review»*, XXXVIII, diciembre

Müller, H.: «Zum Werk von David Smith», *Tendenzen*, XXVII/155, julio-septiembre

Peltier, P.: «Qui est moderne?», *Arts Magazine*, n.º 37

Winter, P.: «David Smith», *Kunstforum International*, LXXXIV, junio-agosto

Zimmer, W.: «David Smith», *The New York Times*, 24 octubre

1987

Applebaum, A.: «David Smith», *Artforum*, XXV/8, abril

Cooke, L.: «David Smith: Sculpture and Drawings», *The Burlington Magazine*, febrero

Kirwin, L.: «Visual Thinking», *Archives of American Art Journal*, XXVII/1, julio

Stonyer, A.: «Transparency and Reflection in Sculpture and Architecture», *Structurist*, n.º 27-28

1989

Gerstler, A.: «David Smith: The Sculptor and His Drawings», *The New Criterion*, abril

Kinzer, M. y Kirwin, L.: «Drawings and Sketchbooks in the Colection of the Archives of American Art», *Drawing*, X, enero-febrero

Kramer, H.: «Modern Art at the National Gallery», *The New Criterion*, abril

1990

Brenson, M.: «David Smith's Nudes Come Out of Hiding», *The New York Times*, 22 abril

Duigan, F.: «David Smith», *Cover*, mayo

Gerstler, A.: «David Smith: Margo Leavin Gallery», *Artforum*, abril

Kimmelman, M.: «Art, Too, Finds a Summer Home Outside Manhattan», *The New York Times*, 24 agosto

Kramer, H.: «Neglected by New York Museums, Smith Rescued by Gallery Show», *The New York Observer*, 26 noviembre

Krauss, R. E.: «Bachelors», *October*, N.º 52, primavera

Wilkin, K.: «David Smith: The Sculptor and His Drawings», *The New Criterion*, VIII

1991

Batchelor, D.: «Medals for Dishonor», *Artscribe (U.K.)*, n.º 88, septiembre

Beaumont, N. R.: «Medals for Dishonor», *Arts Review*, XLIII, mayo

Criqui, J. P.: «De visu (le regard du critique)», *Cahiers du Musée National d'Art Moderne*, París, otoño

Lipman, J.: «Recalled Encounters: Memorable Meetings with Artists and Collectors», *Archives of American Journal*, XXXI/1

Smith, R.: «David Smith and A. R. Penck», *The New York Times*, 29 septiembre

1992

Wilkin, K.: «At the Galleries», *Partisan Review*

1993

Kimmelman, M.: «When Iron Became Clay for Sculptors», *The New York Times*, 19 marzo

Kramer, H.: «It's No Mirage: Beauty Invades the Guggenheim», *The New York Observer*, 12 abril

Hughes, R.: «The Iron Age of Sculpture», *Time Magazine*, CXLI, mayo

1994

Kirili, A.: «David Smith: The Cult of the Solar Nude», *Sculpture*, mayo-junio

Kramer, H.: «Smith's Genius Confirmed, but Will the Met Take Notice», *The New York Observer*, 19 diciembre

1995

Corvi-Mora, T.: «David Smith at PradaMilanoArte», *Art in America*, septiembre

Cotter, H.: «David Smith's Anti-Medals», *The New York Times*, 6 enero

Karmel, P.: «Art in Review: David Smith: The Inspiration of Music», *The New York Times*, 3 marzo

Kramer, H.: «Medals for Freedom», *Art and Antiques*, febrero

Mac Adam, A.: «David Smith: Knoedler», *Art News*, septiembre

Mastropasqua, L.: «David Smith: PradaMilanoArte», *Art News*, septiembre

Unger, M.: «David Smith at Harvard», *Art New England*, octubre-noviembre

Vogel, C.: «A Subdued Start to Spring Auctions», *The New York Times*, 3 mayo

CRONOLOGÍA DE UGO MULAS

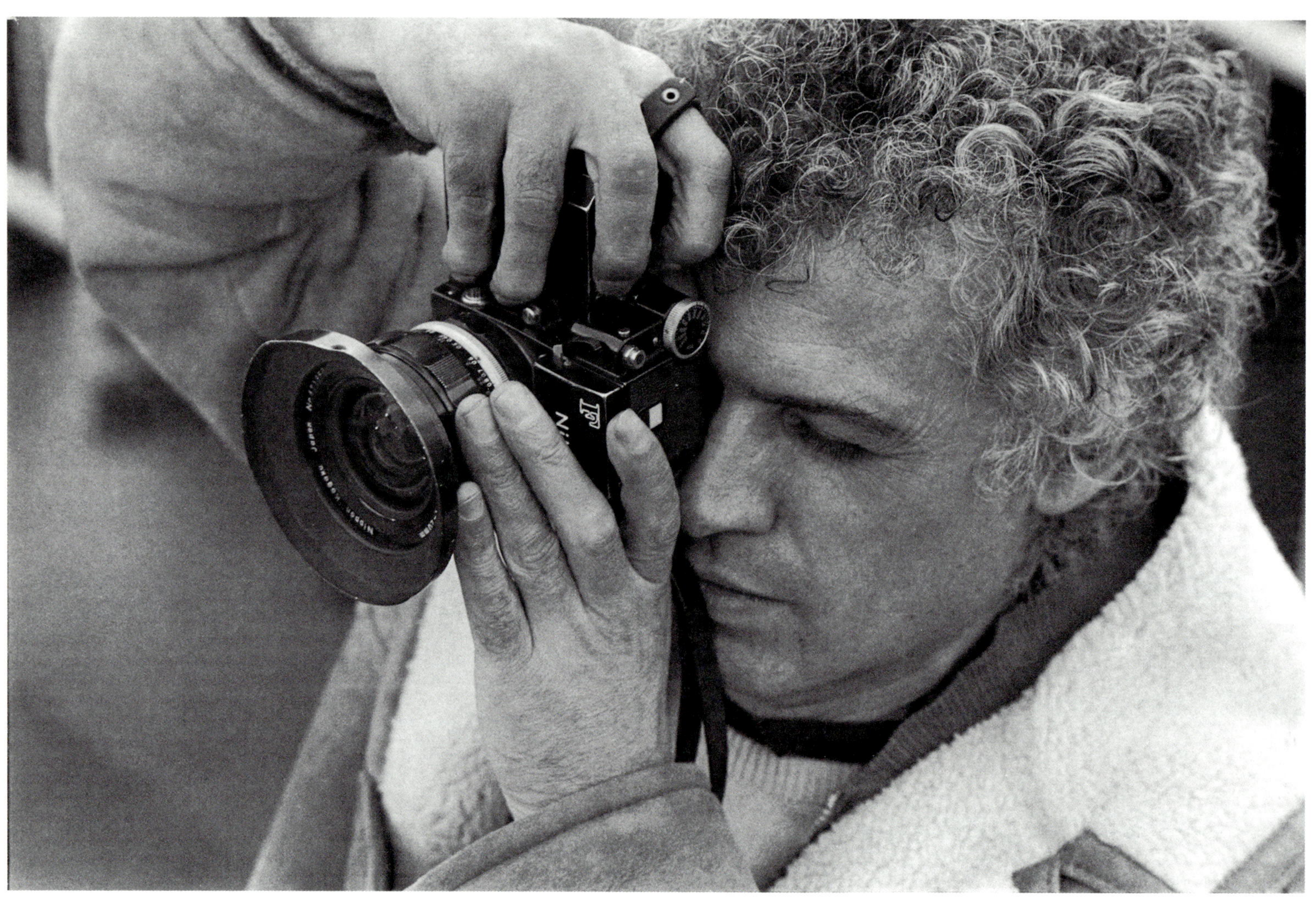

Ugo Mulas, 1970-1971. Foto Giuseppe Pino. Colección Archivo Ugo Mulas, Milán

1928

Nace el 28 de agosto en Pozzolengo, localidad cercana a Desenzano del Garda (Brescia). Realiza sus estudios secundarios (rama de letras) en Desenzano.

1948-1952

Se matricula en la Facultad de Derecho de Milán, pero abandona antes de licenciarse para asistir a los cursos en la Academia de Bellas Artes de Brera. Frecuenta el Bar Giamaica, en Via Brera, lugar de reunión de artistas e intelectuales. Se despierta su interés por la fotografía.

1954-1958

Inicia su actividad profesional como fotógrafo en la *Bienal de Venecia* colaborando con su amigo, el periodista y fotógrafo, Mario Dondero. Durante este período fotografía los poblados de chabolas, la estación y los suburbios de Milán. Se gana la vida haciendo reportajes y fotografías publicitarias y de moda para revistas y periódicos, pero sigue interesándose principalmente por el mundo del arte. Hasta 1972 realizará fotografías de la *Bienal de Venecia*, captando acontecimientos tan importantes como la concesión del Premio a Alberto Giacometti en 1962, o el éxito de los artistas americanos en 1964. Comienza su colaboración con Giorgio Strehler en el Piccolo Teatro de Milán.

1960

Realiza, junto con Giorgio Zampa, numerosos reportajes en Europa para la revista *L'Illustrazione Italiana.* Trabaja también para *Settimo Giorno*, la *Rivista Pirelli*, *Novitá (Vogue)*, *Domus* y *Du.* Colabora con los departamentos de publicidad de las firmas Pirelli y Olivetti.

1962-1964

Fotografías de la exposición de escultura al aire libre de Spoleto (1962); David Smith en su estudio de Voltri (1962); Alexander Calder en Spoleto y en Saché, Turena (1962), y en su estudio de Roxbury, Connecticut (1964).

Fotografías para la colección de poemas de Eugenio Montale *Ossi di Seppia (Huesos de sepia)*. Conoce a Alan Salomon, a Leo Castelli y a muchos artistas americanos en la *Bienal* de 1964.

Viaja a Nueva York en 1964, 1965 (Bolton Landing) y 1967, llevando a cabo durante esos años un excepcional trabajo de documentación sobre el ambiente artístico neoyorquino (Jasper Johns, Rauschenberg...).

De la colaboración entre Giorgio Strehler y Ugo Mulas nace un modelo de fotografía teatral acorde con los principios del distanciamiento brechtiano. La puesta en escena de *La vita di Galileo (Vida de Galileo)* en 1964 da buena fe de ello.

1969

Fotografías para la escenografía de la ópera de Benjamin Britten *Otra vuelta de tuerca*, basada en la novela homónima de Henry James y representada bajo la dirección de Puecher en la Piccola Scala de Milán (1969), y para *Woyzeck*, ópera de Alban Berg inspirada en el drama de Georg Büchner y representada, también bajo la dirección de Puecher, en el Teatro Comunale de Bolonia.

1970-1972

Cae gravemente enfermo.

Inicia la serie de fotografías *Le Verifiche (Verificaciones)*.

1973

Muere el 2 de marzo en Milán.

Carmen Giménez
Prologue

Like Julio González, his immediate predecessor, David Smith has also taken a long time to win the international critical acclaim he undoubtably deserves. At the turn of the century, however, nobody seems to have any further doubts about the capital importance of these two artists in the development of twentieth-century sculpture. Both were prolific and inspired in the first place by the powerful and temperamental genius of Picasso, who was originally responsible for the idea of «drawing in space» and creating a sculpture with metal mesh made of soldered iron, from which González and Smith were able to develop their mature work. Without the specific contribution by each of them, we could not talk today of iron sculpture as an essential episode in contemporary art.

This episode was illustrated in the exhibition *Picasso and the Age of Iron* that I had an opportunity to put on at the Guggenheim Museum in New York in the Spring of 1993. Although five artists were selected for this exhibition: Picasso, González, Giacometti, Calder and Smith, because they were the ones directly responsible for the new sculptural conception of iron between approximately 1925 and 1940, it was made clear both to me and those who collaborated with me in this experience that the dramatic key to this admirable group lay in the dialogue between Julio González and David Smith. This was not only because they both made iron their central theme, enabling them to develop comparatively more all the creative possibilities implicit therein, but also because, in a successive and temporary way, both were able to extract the sacred and profane side of artistic iron metallurgy.

Somehow, ascertaining the value of this dialogue between González and Smith has made me think since then that this is an essential and passionate theme for a monographic exhibition. In the meantime, the place where it was urgent to make Smith's work known was Spain — González's country and where some of his works have exceptionally been acquired, enabling him to be well represented in our public collections. Precisely on account of this, it is particularly meaningful that the public should get to know directly the works of his successor and best interpreter, the one who understood González when almost everyone else ignored him and the one who passed on his supreme lesson, after the Second World War, in the country which since then has been the capital of the international avant garde and therefore has contributed decisively to his universalisation.

With this I am not trying to say that David Smith was a mere disseminator of González's work, but rather the one who, as a result of an intimate and deep understanding of his work, continued and transformed it; in short, he gave it new life.

Furthermore, apart from these general aesthetic considerations, the approach in this Smith exhibition, which is the first organised in Spain, is based in the first place on a retrospective chronological review that spans the entire course of his creative development, from the beginning of the thirties, when he decided to become a sculptor after seeing the sculptures by Picasso and González in the famous magazine *Cahiers d'Art*, until the year of his death. In the second place, I have tried to include his most representative works in the exhibition and the nuclei of strength that determined the artistic development of the American sculptor. This second aspiration was limited only by the natural factors, difficult to calculate, that are involved in an exhibition of sculptures. Added to the fragility that normally makes loans difficult, were the weight and monumental nature of the exhibits. In any event, I am convinced that the final result makes it possible to get a very respectable knowledge of Smith's entire career as an artist and, most of all, his outstanding merit within the history of twentieth-century sculpture.

In this spirit, it can be explained why this retrospective is accompanied by the wonderful photographic work of the Italian Ugo Mulas, done when David Smith participated in the 1962 Spoleto Festival. This was perhaps the most artistically decisive episode in his creative career, as it constituted its climax. Ugo Mulas did not limit himself to relating what Smith did during the month he was feverishly working in Italy, but was able to interpret the result, visualising for posterity the wonderful group of twenty-eight monumental sculptures that Smith and his assistants made at the surprising speed of almost one a day in the abandoned Voltri factory, which legitimately lent its name to the series.

Finally, it must be mentioned that I have also endeavoured to ensure that the exhibition's catalogue will reflect the current state of critical research on Smith, who, although today is universally appreciated as he deserves, is still the subject of debate regarding how he must be interpreted. This is why there are two long essays in this catalogue, each one of which is an attempt to determine what is *European* and what is *American* in Smith's work. I think this is something that will help us to better understand both his work and influence.

Michael Brenson
An American Sculptor

Introduction
Almost single-handedly, David Smith changed the nature of sculpture in America, giving it a passion, a seriousness — and an identity — it did not have before. With his vision and courage and his exquisite esthetic gifts, he paved the way for Donald Judd, Richard Serra and many other American sculptors who elaborated upon his formal and conceptual innovations and accepted his challenge to work and act in ways that would assure that sculpture and sculptors in America would

be treated with respect. Before Smith, sculpture was a marginal activity; after him, it was an essential part of the American imagination.

Smith could not have had such a monumental effect on American sculpture if he had not been a heroic figure. He was a large, powerful man who used objects and materials that could be enormously awkward and heavy. He was a legendary worker who drew and constructed in his studio well into and sometimes through the night. From 1940 until his death in 1965, at the age of 59, he lived in Bolton Landing, in the Adirondacks Mountains, in a northern wilderness just as unsparing as the Maine landscapes that inspired great American painters like Winslow Homer, John Marin and Marsden Hartley, all of whom were, like Smith, drawn to raw, rugged, pristine American nature in which life was reduced to the bare essentials and people had to earn everything they would get.

In the kind of hills that tend to make sculpture seem superfluous, Smith welded into being and populated his fields with a staggering array of metaphorical constructions that seemed entirely at home under the variable skies and on the rolling earth. In Bolton Landing, Smith changed the scale and ambition of American sculpture and transformed it into a dramatic event. To participate in a Smith is to walk around it and encounter its radically different points of view, its elegant flows and abrupt shifts in weight and direction, its internal struggles and ease with light, its windows and portals through which the immensity and power of space is not only seen but also embraced. Smith's sculptures are battles, games, thresholds, workshops, performances, sacrifices, celebrations, rituals. To engage them is to encounter an ecstatic, generous, conflicted self exploring its own complexity and desire and attuning them to the grand and wildly fluctuating rhythms of the north country land and sky. It is also to encounter the first modernist sculpture with an American syntax, an American personality, an American face — the first sculpture made in America that is both international and American.

Of Smith's knowledge of European modernism there can be no doubt. In 1926, when he was 20, he studied painting at the Art Students League in New York City with the Czech Cubist painter Jan Matulka. Around 1930 he met John Graham, an influential Russian-born artist and intellectual well informed about developments in Europe. It was Graham who showed Smith the issue of the French avant-garde art magazine *Cahiers d'Art* where Smith first saw the open iron constructions Pablo Picasso made in collaboration with Julio González, which suggested to him the possibilities of developing a sculptural language with an industrial material he had become familiar with in a factory job — steel.

Picasso's versatility and almost unbroken stream of production, and his ability to transform aggression and rage from a potentially destructive force into a wellspring of productive energy haunted Smith. He knew something equivalent to Picasso's creative freedom had to enter American art if it was ever going to do justice to its own energy and potential and, in the process, emerge from the shadow of Europe. But Smith also felt a temperamental affinity with González's

slower, more measured inventiveness. Smith's sculpture combines something of the boundless uninhibited curiosity that makes Picasso a force of nature with the introspection and candor that make González's work intimate and personal.

Smith was one of the first American sculptors to understand the radical political and psychological implications of Cubism and Surrealism. His sculptural commitment to multiple points of view («There seems to be no way to project what the work will look like from another angle,» the art historian Rosalind E. Krauss wrote of a 1936 Smith steel construction)[1] reflected his belief in America as a dynamic democracy in which any single viewpoint, no matter how convincing, had to find a way to accommodate other ways of seeing. It also reflected his awareness that a human being can have not just one but several selves. He was a creature with multiple sides — outgoing and self-protective, tender and tyrannical, learned and scatological — and believed all of them had to be developed in his work if it was going to have the autonomy and breadth it needed.

Smith also grasped the importance of the other essential European modernist sculptors. He learned a great deal from Auguste Rodin, who worked with his materials and processes and vocabulary of forms with a technical and sensual freedom that may be unprecedented in sculpture. He admired Constantin Brancusi, whose influence is apparent in Smith's sculptures of birds, and in his resistance to gravity and mass and indeed to anything that could prevent his sculptures from moving outward, toward the world, away from their center. In addition, Smith looked long and hard at Alberto Giacometti's Surrealist tableaux in which the airy constructions invented by Picasso and González were transformed into sculptural theaters in which space roamed freely and all kinds of feelings and ideas could play.

Smith's attentiveness to the achievements of very different artists is a reflection of his extraordinary artistic openness. So is his involvement with many ways of making art, including approaches to painting and drawing he invented, like applying enamel to canvas with an ear syringe as he unleashed his responses to voluptuous female nudes in the 60's. He tapped many kinds of sources, finding as much validity in popular as he did in «high» sculpture. He made work inspired by musical instruments, by Mozart, by tools, by discarded metal, by the northern lights, by tracks in the snow, by pinups, by the trusting exuberance of his daughters, Rebecca and Candida. No American sculptor before Smith was more voraciously curious and more determined to make room in his work for all aspects of the world in which he lived. As much if not more than Brancusi and other European modernists, abstraction, for him, was a means of including, a way of establishing a language in which all the components of his own — and what he could understand as the American — identity could be acknowledged, developed and, in some way, brought together.

From October 1935 to July 1936, Smith made his first and most crucial trip to Europe. He visited Paris, where he studied briefly with Stanley William Hayter, the English painter and printmaker who made line drawing in etching and engraving a path to the unconscious. He also visited Greece, Italy, Russia and England. When he returned to the United States, he was determined not to be one more artist emulating European culture. He wanted to be an American artist who would help develop a culture that could rival that of Europe by doing justice to its fluidity, feistiness and pragmatism, and by building on its own spiritual traditions and frontier myths.

«I challenge everything and everybody,» Smith said. «And I think that is what every artist has to do. The minute you show a work, you challenge every other artist. And you have to work very hard, especially here. We don't have the introduction that European artists have. We're challenging the world.»[2]

In an insightful appreciation, Edward F. Fry, who organized the Smith retrospective at the Solomon R. Guggenheim Museum in 1969, wrote: «David Smith is in many ways the great exemplar of the modern artist in America. Coming from provincial and puritanical roots, he mastered European art — probably with greater thoroughness than any of his contemporaries — without losing his identity and his relation to his own culture».[3]

What makes Smith's sculpture American is the subject of this essay.

Steel

Smith was born and raised in Decatur, in north-central Indiana near the Ohio border. His father, Harvey Martin Smith, was a telephone engineer and part-time inventor. His mother, the former Golda Stoler, was a schoolteacher and strict Methodist who «expected her son to share that devotion. Church attendance on Sunday was mandatory, and dancing, gambling, drinking, and discussion of sex were forbidden.»[4] In this strict atmosphere of discipline, self-reliance, resourcefulness and restraint, art was looked on with suspicion. If it was going to be recognized within this world as a worthy profession, it had to be identified with discipline, usefulness and labor.

In New York in the early 1930's, steel had no association with art. It was detached from what Smith saw as the preciosity of materials like clay and wood. Because of its identification with the Iron Age, it was, for Smith, associated with the dawn of civilization. It was associated with the American romance with railroads and automobiles, and with that faith in mobility and progress built into the American dream. It was also identified with industry and construction and perhaps with the labor movement, whose emerging automobile workers' and longshoremen's unions helped inspire progressive thinkers in the 30's to imagine a political system that could overcome the kinds of social and economic inequities plaguing America in the wake of the Great Depression.[5] Perhaps most of all, steel was identified with the vitality and promise of the present, the American moment. «Let us not cite history,» Smith said. «Our logic and time is now.»[6]

Smith's experience with steel began when he was young. When he dropped out of Ohio University in 1925, he worked in a Studebaker car factory, which led him to declare later: «I worked in metal before I studied painting.»[7] In 1934 he rented space in a metalworking shop on the Brooklyn Navy Pier called Terminal Iron Works; he would later put its initials, TIW, on his mailbox in Bolton Landing. During World War II, he assembled tanks and locomotives in an upstate New York factory about an hour from his home, a job that continued to bolster an image of himself that the art historian Joan Pachner describes in this catalogue's biography as «a factory worker-artist.» When he went to Voltri, Italy, in 1962 to make sculpture for the Spoleto Festival, the acceptance, as well as the physical aid, of the worker-assistants was essential to his amazing productivity there — 27 sculptures in 30 days.

If steel implied the common man and the laborer, it also implied a connection with function. Occasionally Smith described his sculptures in terms of machines. «My method of shaping material or arriving at form has been as functional as making a motor car or a locomotive,» Smith wrote. «The equipment I use, my supply of material, come from what I learned in the factory, and duplicate as nearly as possible the production equipment used in making a locomotive. I have no aesthetic interest in tool marks, surface embroidery, or molten puddles. My aim in material function is the same as in locomotive building: to arrive at a given functional form in the most efficient manner.»[8]

Smith's need to connect his sculpture to the Protestant Middle America he came from is understandable in more than personal, family terms. In the first part of this century, the most important artists in America were outsiders. Major painters like Arthur Dove, Hartley and Marin were loners whose isolation was partly due to the American Puritan suspicion of the artist as an effeminate wastrel and misfit. As long as American artists did not in some way undermine this suspicion, art, no matter how good, would remain peripheral.

Smith was part of the Abstract Expressionist generation that fought to establish a place for the artist in America. Artists like Jackson Pollock, Barnett Newman and Franz Kline shared Smith's macho, hard-drinking swagger and blue-collar language and dress. These artists created a new image of the artist that Middle America could not easily ignore or dismiss — that of a tough-talking, no-nonsense man of the people who might throw whisky in your face or knock you down if you did not treat him with respect. With this Abstract Expressionist generation, art became man stuff. With all its complexity of feeling and thought, and all the anxiety and doubt that helped energize it, Abstract Expressionism had unmistakable sweep and verve. «Culture and the ideal of perfection is the refinement which belongs to gentle men — art is the raw stuff which comes from the vitality, labor of aggressiveness by men who got that way fighting for survival,» Smith said.[9] This virile image could not be created by artists meticulously applying paint to small canvases on easels. Nor could it have been created by a sculptor using materials like bronze, clay or wood, which fit expectations, and therefore American suspicions, of what art was and who artists were.

If steel was identified with American types and American myths, it also, of course, brought with it extraordinary sculptural potential. Forging allowed for an extremely physical interplay between sculptor and material. Welding made it possible to challenge all existing sculptural languages. Smith could attach a thin arc to a solid rectangle at any angle and make it stick. He could build out and out from a central core and the projecting volumes would not fall. He could assemble and combine all kinds of found and created objects. He could build lines that would electrify space. In short, with steel, Smith could bang, caress, stretch out and dream. He could make sculpture that would cling to the ground, survey the land, or climb toward the stars.

In addition, steel had associations as complex and contradictory as Smith himself. It is both a constructive and destructive material. If it was the material of railroads and skyscrapers, it was also the material of weapons. «Possibly steel is so beautiful,» he said, «because of all the movement associated with it, its strength and functions... Yet it is also brutal: the rapist, the murderer and death-dealing giants are also its offspring.» [10] And as solid and permanent as it seemed to be, it was also susceptible to the elements, so that it can seem organic. «I am slightly pleased when I see rust on stainless material,» Smith said, «the soft acid stain which denotes either contamination of iron from the grinding wheel or lack of balance in the alloy, or possibly it states philosophically that the stainless is not wholly pure and has a susceptibility as do humans, to the stain of avowed purpose to the actual.» [11]

Just as important, steel enabled Smith to resist, as effectively as Picasso, González, Giacometti and the Constructivists had resisted before him, the tradition of the monolith. As long as sculpture was conceived primarily in terms of contained mass, it could not possibly compete with the increasing freedom of painting and the radical possibilities opened up by collage, nor could it do justice to the accelerating velocity of modern life and the changes in perception brought about by increasing movement through the air and across the globe. Smith expressed his opposition to the monolith again and again. «I do not accept the monolithic limit in the tradition of sculpture,» he said. «Sculpture is as free as the mind, as complex as life.» [12]

The hold of the monolith could not be broken unless the making and the experience of sculpture ceased to depend upon the hand. If the touch of the sculptor was essential to the production of the work, the response of the viewer and the content of the sculpture would continue to depend upon a sense of vitality *inside* the material. The organic abstractions of Jean Arp, Henry Moore and others that seem to need the hand of the viewer for completeness depend upon the seductiveness of interior volumes, which sustains the tradition of sculpture as monolithic mass. If sculpture was going to gain the openness, autonomy and respect Smith wanted it to have — and if it was going to make creative use of the ambivalence about touch that is part of American Puritanism — it had to appeal less to the hand than to the eye. «I think sculpture along with any art is strictly a visual response,» Smith said. «Touch for me was a matter of physical labor on my part, and I don't touch, I touch with the eye.» [13]

Steel enabled Smith to make sculpture that was extremely physical, unfailingly concrete, and yet indifferent to the human hand. He worked steel with gestures, with impulses, with his whole body, but with gloves and hammers and fire. His hand shaped his work without touching it. Partly as a result, with all their physical vitality and seductiveness, Smith's sculptures do not appeal to the hand. If you touch them, they rarely reveal anything more about themselves than they do to the eye, and they may even seem to pull back. This indifference or resistance to the hand of the viewer means the sculptures are capable of retaining their autonomy in a way that is comparable to painting, whose intellectual authority depends upon its ability to exist in a conceptual realm. Smith's sculpture suggests labor, *and* it is a home for ideas. It is remarkably sophisticated in its understanding of age-old sculptural concerns like surface, edge, solid and void, but it also argues for sculpture as a medium with no inherent limits. Without steel, the Smith revolution would not have been possible.

Space

One of the clearest distinctions between Smith and the European modernists who influenced him is in the experience of space. It hardly needs pointing out how constricted space is in Europe compared with the United States. The sense of the infinity and godliness of space in the paintings of the German Romantic Caspar David Friedrich is rare in European art. In almost all the spatial innovations in European modernism — in Post-Impressionism, German Expressionism, Fauvism, Cubism, Suprematism, De Stijl and Surrealism — space is flattened and compressed. Even when vast space is implied, as in the Surrealist landscapes of Salvador Dalí and Yves Tanguy, there is almost never a sense of enough space; it is always at a premium. When space is encouraged to flow around and through the iron constructions of Picasso and González, the esthetic sensation depends less on the movement of space than on the power of the metal lines and shapes determining its movement. Throughout European modernism, space has extraordinary vitality and punch, but it almost never suggests expansiveness and freedom.

It is instructive to consider the space in the Surrealist and post-World War II sculptures of Giacometti, who may be the great poet of space in 20th-century European art. In the 1932-33 *Palace at 4 A.M.,* space is pulled into the spindly construction and allowed to circulate though it. After World War II, space does not circulate around the vertical scaffolding of Giacometti's figures; it presses against them. Space moves in against the standing women and walking men. The figures have all they can do to hold their own. The power of Giacometti's postwar space has to do with the enormous pressure it exerts. It puts human beings in their place. If Giacometti's space is god, this god has an Old Testament character in its aggressive, ritualistic, oracular nature that demands to be heeded all the time.

Smith is the first sculptor to do justice to the sense of vast American space that helped determine the expansiveness of Abstract Expressionist painting. In his sculpture, space is not pressure. It always has enough room to move. Just as important, space in Smith's constructions usually has a softness and goodness that is more New Testament in its feeling. It is not an expression of the wild, Darwinian side of nature that is often suggested by the dramatic conflicts within and among Smith's sculptural forms but rather of the godliness of nature that so many American artists experienced in big American spaces — particularly Thomas Cole, Frederic Edwin Church and other painters of the mid-19th century who worked in the Hudson River Valley in upstate New York.

Space is the one element Smith's postwar sculptures reach out to unequivocally, the one force they want to please and be approved by. In the open works from 1950, such as *Blackburn: Song of an Irish Blacksmith*, *Cathedral* and *The Letter*, space is welcome to settle in, move around, make itself at home within the steel armatures. The great 1951 *Australia*, stretching and blooming on its thin pedestal, seems like a ritualistic dance of sacrifice and transformation performed not just for the viewer but also for the watchful eye of space. The 1951 *Hudson River Landscape* and 1952 *Agricola VIII* do not so much seem to frame space as to be pregnant with it: it is as if the one force Smith was determined both to touch and be touched by in these works was space. The hand and body of the viewer may not be welcome to physically enter these sculptures but the body of space is.

In Smith's work, space is free. Its movement may be concentrated and directed but it is not obstructed, and it is encouraged to move in and out and all over the sculptural surfaces. Look at the three *Circles* from 1962. Each is a flat ring of painted steel to which two long flat steel rectangles, or, in one instance, an arc, is welded. The most powerful sculptural presence in each of the sculptures is not steel but space. The space that gathers and moves though the circular openings in the hearts of the sculptures seems to have a greater density, a greater mass – a greater reality — than the steel. But if space is pulled into the circle, it also keeps stretching beyond it. When the *Circles* are lined up in a row, space snaps into circular shape and yet continually breaks out and expands into the room, or environment, around them. Here and in many of Smith's other postwar sculptures, space is its own source, its own creator. It has mass, weight, body, but it is also limitless, beyond confinement, without beginning, middle or end.

In the *Cubis* from the 1960's, Smith developed a way of working with space unprecedented in American art. His stainless steel cubes, rectangles and cylinders retain a sense of hollowness; space seems contained within these boxes. At the same time, space outside these containers has free movement. The burnished surfaces both pull space in, magnetizing it, and reflect it, pushing it out, refusing to trap it, presenting surfaces that space and light can dart off, as well as passageways in and around forms that allow space to explore and play. The result is an extraordinary dialogue between space stored and space unleashed, volume established and weight dissolved, interiority acknowledged but exteriority asserted. In Smith's sculpture, space is desired and held but it is not imprisoned and it is never owned.

Even when a work is loaded with conflict, its relationship with space is clear and decisive. *Cubi X*, from 1963, is almost an orgy of misfittedness. Squares and rectangles are welded to the two main cubes, turned on one edge and arranged like diamonds, at angles so odd that the sculpture seems willfully perverse. The perception of the work from the front, where it expands into space, is wildly different than it is from the sides, where it collapses into one plane. The associations inspired by the images are extremely disjunctive. The L shape formed by the relationship of the two rectangles at the bottom of the sculpture suggests both a carefree running child and the sinister goose step of a soldier. The way two small rectangles and one small square seem wedged into the central diamond shapes makes the sculpture suggest a Saint Sebastian, or Watteau's melancholy *Gilles*. But the sculpture is so active in its unpredictable, discontinuous movements, and so insistent on the freedom of the space around it, that it looks out more than in and becomes a statement not just of apprehension and pain but also of optimism, energy and wit.

Smith's openness to space is essential to his ability to make work that, unlike monolithic sculpture, is clearly more dynamic than still, more centrifugal than centripetal, more engaged with functioning effectively every day than with dwelling in the dark night of the soul, where Smith periodically resided, or with celebrating the miraculous organicism of nature. Smith understood and incorporated the kind of melancholy that is so important to the lyric poetry of a European modernist like Georges Braque, but he also resisted it, refusing to allow the character of his work to be defined by the kind of introspection condemned as wasteful and self-indulgent by Puritan pragmatism, throwing the weight of his sculpture toward action, projecting it beyond its interiority, into the present and future.

Smith did not want to belong to others. He was defiant in his refusal to let critics, historians or dealers decide his perception of himself or his art. «The work is a statement of identity, it comes from a stream,» he said in one of his most famous statements, «it is related to my past works, the 3 or 4 works in process and the work yet to come. I will accept your rejection but I will not consider your criticism any more than I will concerning my life.» [14]

He believed sculpture could not realize its potential if sculptors tried to please others. It was *they* who had to decide. «Artists have won battles of independence, and become fortified by great numbers, that they no longer feel the need to be loved,» Smith said. «Their opinion, without organization or method, eventually determines art taste.» [15]

But Smith *did* want to please space. If he could convince it to respond to his call, it would be easier for him to resist the need for human approval. Space leans against and settles onto the edges and surfaces and within the concavities of his works. It circulates easily in and through his shapes, exploring and enchanting them, partaking of them but not belonging to them, expressing their intimacy with them but remaining bigger and beyond them. Space is Smith's true sculptural mistress. His sculptures want to be seen by viewers but they want to be known and caressed by space. They belong to space. Because space responds so favorably, the responses of other people were relatively unimportant, and Smith's place in nature was secure.

This ability to make sculptures that offer themselves to space and perform in the grandness of an American nature was a crucial step in the movement of sculpture into the big spaces of America by artists of the next generations. Michael Heizer's *Double Negative* in the Nevada desert, Walter de Maria's *Lightning Field* in nearly uninhabited plains of New Mexico, Charles Ross's *Star Axis*, in the New Mexico hills, which is conceived to track the movements of the North Star and, in the process, measure the wobble of the Earth, and James Turrell's reshaping of Roden Crater, an extinct volcano in Arizona, are extensions of the relationship between sculpture and space that became part of American sculpture with Smith.

Attitude and class

Before Smith's postwar triumph, it had been possible for 20th-century sculptors in America like Elie Nadelman, John Flanagan, Paul Manship and Gaston Lachaise to gain audiences and patrons and inspire critical praise, but their achievements could not command attention and respect. Smith believed that sculpture had something indispensable to say about liberation, truth and the power of the poetic imagination, but that without commanding respect its message could not be heard. To gain that respect, sculptors had to establish the criteria by which they would be evaluated, and they had to stop being concerned with what society thought of them.

Sculptors also had to refuse to be seduced by other moments in time. «I believe that my time is the most important in the world,» Smith said. «That the art of my time is the most important art. That the art before my time has no immediate contribution to my esthetics since that art is history explaining past behaviour, but not necessarily offering solutions to my problems. Art is not divorced from life. It is dialectic. It is ever changing and in revolt to the past. It has existed from the minds of free men for less than a century. Prior to this the direction of art was dictated by minds other than the artist for exploitation and commercial use. That the freedom of man's mind to celebrate his own feeling by a work of art parallels his social revolt from bondage. I believe that art is yet to be born and that freedom and equality are yet to be born.» [16]

For Smith, sculpture was part of a struggle that had to be waged with all his rigor, anger, honesty and imagination, without sentimentality, and without courting critical praise and material success. Making sculpture was a life and death matter. It was a way of working, a way of thinking, a way of being. It was a metaphor for the freedom and knowledge human beings were fighting for, and for the ability to resist power one does not agree with and propose an alternative way of organizing experience. It demanded clarity, ambition and total commitment. It required sculptors to take full responsibility for what had been done to them and who they were.

Smith brought a new attitude into American sculpture. He sometimes had the bluntness characteristic of statements by one of his great friends, the abstract painter Stuart Davis, who, like Smith, could combine great refinement and violent anger. A similar bluntness characterized the talk of some of the Social Realists of the 1930's, whose identification of art with progressive politics helped set the tone for the absoluteness and zeal of the Abstract Expressionists. When Smith spoke about his art, he was unapologetic. He might listen closely to artist friends like Robert Motherwell, Herman Cherry and Kenneth Noland, but he kept his own counsel and made his opinion law.

The tough-guy stance Smith was capable of adopting in order to command respect was to some degree shaped by class. He came of age in the 20's and 30's, when Marxism was admired in many prominent New York artistic circles and class *was* the enemy for many politically conscious artists. He made many remarks suggesting a visceral belief in an inherent link between the traditional notions of art he despised and the middle and upper classes. Describing his assumptions about art when he was young, he wrote that «genuine oil painting was some highly cultivated act, that came like the silver spoon.» [17] On another occasion, he wrote: «There is something quite middle class about ancient art in museums.» [18] He also said: «What do you want from bronze — to perpetuate the ruling class connotation idols — that if it's bronze it's art.» [19] Identifying with working people and believing in fundamental links between art institutions and the upper classes, it is not surprising that he could write: «I feel a belligerence to museums, critics, art historians, aesthetes and the so called cultural forces in a commercial order.» [20]

Smith believed that established definitions of art were formed by people and institutions with power and money, and that they were hopelessly removed from what makes art necessary and vital. Almost everything in his work represented an attempt to separate himself and his sculpture from being associated with the middle and upper classes. His use of materials, his interest in popular subjects, his life in the hills, went hand in hand with a blunt, in-your-face, occasionally bullying attitude that could surface at any time. This roughness, this explosiveness, this defiance of manners, served to dissociate him from the middle and upper classes and associate him more with the working class, which according to prevailing doctrine in the progressive circles in which he ran in the 30's carried with it the potential for a more genuine, honest and revolutionary way of thinking and being. In the struggle for freedom in which the artist was a warrior, the remarkably cultivated Smith could assume a rawness, maleness and directness that is, even now, identified with a truer, more real America.

In his art and in his behavior, Smith was almost defiantly unpretentious. While respecting his upbringing in his adherence to values like hard work and self-reliance, he also defied his upbringing in his prodigious attack against inhibition and repression. He wanted «to push beauty to the very edge of rawness... to shove it as far as possible toward that precipitous edge where beauty balances but does not topple over the edge of the vulgar.»[21] Although his sculpture is filled with tenderness and generosity and a keen awareness, in a work like *The Hero,* that he had a feminine side, it almost always communicates a sense of strength and toughness. «I now know that sculpture is made from rough externals by rough characters or men who have passed through all polish and are back to the rough again.»[22] When he said that «America is producing masterpieces» he proudly characterized these particularly American masterpieces as «virile, aggressive.»[23]

One of the words Smith liked to use that never appears in an artistic discourse is «belligerence.» «It takes belligerent conviction to make art,» he said.[24] The word suggests a hostile manner. It also suggests warlike struggle. For Smith, making sculpture and being a sculptor *were* forms of combat. He believed his sculpture *was* a fight for survival against the greed, dishonesty and exploitation that had produced the Depression and two World Wars.[25] In order to have a chance to sustain this combat, he had to mobilize and integrate all his intellectual, emotional and physical resources. If he got distracted, if he weakened, if he got seduced by fame and money, he could not win.

To Smith's highly sophisticated mind, the esthetic experience of belligerence could be extremely complex. While belligerence can communicate resistance, stubbornness and rage, each of the responses that contributes to the dominant response can be themselves composed of a great many responses, some of which have nothing to do with hostility and aggression. Behind or within belligerence, there can be, for example, hurt, defensiveness and pain, as well as resilience and determination. Smith wanted his sculpture to offer an experience of belligerence in all its social and psychological complexity. «In contemporary work,» he said, «force, power, ecstasy, structure, intuitive accident, statements of action dominate the object. Or they power the object with belligerent vitality.»[26]

The belligerent vitality of Smith's sculpture is easy to sense in his steel lines. To feel the speed and juice of the line in *Hudson River Landscape* as it rises and flows and quiets down within the dynamism of the sculptural architecture is to feel the kind of irresistible ecstatic energy Smith was after. To experience the mo-

vement of the lines of *Australia* is to feel an irrepressible life force moving through them that is physical and sensual, conceptual and organic. The characteristic Smith line is strong, assertive and erotic, and it cannot be denied. Partly as a result of its emotionally inclusive power, Smith's sculptures radiate conviction about what they are, and where they are, and their right to a place in the world. They say to viewers: I am not property. I belong in the world, to the world, and to myself. I will show you my strengths and weaknesses, my certainties and doubts, but I will not let you or anyone else define or own me.

It is important now, long after a macho attitude in Minimalist sculpture embodied by Serra, Judd and Carl Andre became the target of criticism by feminists and others, to remember how necessary Smith's attitude was in the 40's and 50's when sculpture was still a marginal activity in America. The battle for sculptural respect Smith fought has now largely been won. If he had not fought it the way he did there would have been no chance of victory. In order to make sculpture that did justice to himself and to the needs of art in his time, he had to be capable of slipping into the persona of a character out of the prairies, forges and docks, one that could bring into sculpture an awareness of a struggling working-class America that could not be excluded from the American sculptural landscape. Whether people liked Smith or not, it was hard to ignore him. He let American culture know that making sculpture was a matter of utmost seriousness, and that being a great sculptor involved the kind of all-out battle for imagination and responsibility that has to be fought again and again.

Existential vitality

But any discussion of materials, space and attitude can only begin to explain the experience of Smith's sculpture and why, unlike the work of other prominent American sculptors influenced by Cubism and Surrealism, like David Hare, Theodore Roszak and Seymour Lipton, artists still need to think about it.

Smith's sculpture has an extraordinary existential vitality. It is not an adornment or decoration, not an object of contemplation or delectation, but a drama that still seems to be happening in the present, to be unfolding as we encounter it, and yet also to be pushing beyond itself into a future in which it will be no less urgent. Like a «drip» painting by Pollock, or an equally ritualistic landscape by Clyfford Still, it is a challenge, a risk, a predicament and a revelation. To follow its edges and surfaces, and engage the spaces around and through it, is to participate in a sculptural event shaped by the extremes of Smith and nature and by the joys and terrors of the human soul.

The conviction of Smith's sculptural present depends upon the immediacy of every aspect of his work. Like the other Abstract Expressionists, Smith was interested in the speed of creation. Ideas could gestate slowly or quickly as he drew and painted, or composed with shapes on the floor, but once he found the sculptural arrangement he wanted he could stand the forms up and weld them in an instant. We still seem to be encountering them at the moment they arose. The *Agricolas*, *Zigs*, *Cubis*, *Voltris*, *Tanktotems*, *Wagons*, *Sentinels* and *Voltri-Boltons*, indeed so many of the post-1950's works, have a suddenness that is rare in sculpture and roughly comparable to the sense of immanence in Picasso's paintings. Thirty years after his death, many of Smith's images seem, only just this second, to have been born.

Another reason for this immediacy is that Smith personalized every aspect of his working process. Everything in his sculpture has a personal animism. Steel and welding were linked to machines and workers and the progressive's idealization of the common man. After the war, Smith tended to conceive his sculptures in terms of families: this could mean working on several sculptures at the same time, or creating in series, or arranging his sculptures like processional soldiers and priests on the hills alongside his studio and home. There is very little in the sculpture that does not have an essential link to Smith's affective life. Even the rectangles of the *Cubis* could be inspired by liquor boxes that carried with them memories of good friends and good times.

In addition, every inch of a Smith sculpture seems to have been personally known. In *Voltri VII,* each edge of the forged verticals, each bump of the spoked wheels, each surface of the vertical and horizontal armature on which the five ghostly presences seem lost in mourning or dance, has been activated by a body and mind that knew exactly how to animate them so that everything seems at a different stage of emerging. Even when Smith's sculptures are composed of found objects, even when the found objects are junk, they become sheets and circuits of energy when they enter Smith's sculptural world.

Just as important to their aura of immediacy is their sense of availability. For all the assertiveness and self-confidence of the sculptures, many of their forms seem to be waiting for someone or something to take hold of them, or direct them, or reinvent them. Not only is the chariot in *Voltri VII* ready to be hitched up, but the five presences on display seem ready to be bought like slaves or plucked like fruit. Throughout the *Voltri* series, there is a sense not only that Smith had just encountered the cubes and tools and placed them on the work tables, but that they can be used.

But they can't, and in the tension between availability and distance, the way Smith's dramas function begins to be clear. The sculptures have an integrity and autonomy that removes them from us and makes them the property only of themselves and space. They hold out the invitation of physical participation, but they are more like machines with the power to use us. While the readiness of the forms draws us in, their magic gives them the ability to preside over us. The works pull us in, then take us over, leading us through a ceremony or ritual. At the point where we sense that everything is alive and something is happening within the work, something can begin happening to us.

This ceremony asks us to put ourselves in a state of openness and risk. It encourages us not just to notice the unpredictability and discontinuity of many of the relationships within Smith's work but to live them. To follow them on a journey filled with impulsiveness, contrariness and threat that Smith engineers by attaching one form to another near an edge; by lifting volumes off the vertical bases and projecting them into space in ways that challenge the stability of the vertical foundation; by daring angles at which arcs may be suspended in space, or by the way a thin leg may jut out and make it seem as if it, and the sculpture itself, have just been deprived of solid ground. Smith's constant flouting of sculptural convention has emotional implications. Once we engage the formal and spatial complexity of the sculptures emotionally and intellectually, they become existential experiences that have the potential to leave us changed.

Crucial to the effectiveness of the ceremonial experiences offered by the sculptures is their performing nature. They are unfailingly active, and they suggest acts of public delight the viewer may be eager to join in. Smith's sculptures are filled with hints of orchestras, bands, circuses and troupes. Just as important, the seductive acts that speak directly to our bodies pull us into larger and more conflictual rituals. For example, the five forms on *Voltri VII* are on display both like dancers and like slaves at an auction, and even perhaps like the cold and hungry people huddled on streets during the Depression. Throughout the *Cubis,* the formal arrangements create a sense of the festive performances of jugglers, tumblers and magicians, but also of dangerous high wire acts. The same rectangles and cubes that suggest play and pleasure can suggest frantic railroad signals.

In short, Smith's sculptures offer experiences in which we are inclined to enter. These experiences have an element of charm, but they tend to be, in the end, so complex in the range of responses they lead us through that they are almost like a crucible. They almost oblige us to see exhilaration in terms of anxiety, release in terms of fear, triumph in terms of uncertainty. To be able to think and feel deeply, Smith asks us to experience ourselves dialectically, which means seeing the many sides of ourselves together.

To journey through Smith's sculpture is to be uncertain whether sacrifice or deliverance is the destination. Revelation is connected to taboo, and where there is taboo there is threat. Smith's circles and gateways suggest thresholds. To enter them and imaginatively step into the territory of space is to feel in a world human beings are not supposed to enter — a world which, once transgressed, can change from reassuring to destructive in an instant. By making it possible to sense a realm that does not belong to human beings and from which we might not return, Smith welds into his work an experience of the sacred.

Australia is a planar image but it is also a ritual. It is a bird in profile, but the oval at its top center suggests a head looking in our direction. If it is seen as a head, the sculpture is transformed into a bird-figure at the center of an ancient ceremony. If the head is seen on its side, the figure suggests a strange and miraculous dance, but also someone whose head could be lopped off as an offering. The space that is willing to gather in and circulate through the steel lines invests the body with an otherness that underlines the bird-figure's power. In *Australia,* sacredness and otherness are inseparable. The human capacity to face terror and experience the sublime go together.

Smith is not easy. His work moves in many directions at once. It is intellectually and emotionally demanding. In the course of exploring it, it exposes our uncertainties, our nerve or lack of it, our need for control or willingness to relinquish it, and the price that must be paid for the sense of the marvelous that Smith, every bit as much as the Surrealists, knew how to create. Smith paid the price. He knew the fullness of existence because he could never take anything about it or himself for granted, and he built that knowledge into his work. In the process, he created a very American but also cross-cultural sculptural experience so profound that it is impossible to exhaust.

1 Rosalind E. Krauss, *Terminal Iron Works: The Sculpture of David Smith,* Cambridge, Mass.: MIT Press, 1971, p. 19.

2 Cleve Gray, ed., *David Smith by David Smith,* New York: Thames and Hudson, 1968, p. 172.

3 Edward F. Fry and Miranda McClintic, *David Smith: Painter, Sculptor, Draftsman,* exhibition catalogue, New York: George Braziller, and Washington, D.C.: Hirshhorn Museum and Sculpture Garden, 1982, p. 23.

4 Stanley E. Marcus, *David Smith: The Sculptor and His Work,* Ithaca, New York: Cornell University Press, p. 22.

5 «By choice I identify myself with workingmen and still belong to Local 2054 United Steelworkers of America,» Smith said. «I belong by craft — yet my subject of aesthetics introduces a breach. I suppose that it is because I believe in a workingman's society in the future and in that society I hope to find a place. In this society I find little place to identify myself economically.» Gray, p. 61. The growth of the labor movement and its possible relationship to the formation of Smith's esthetic and human values is a subject that needs investigation. The labor movement created an extraordinary sense of hope in the 30's, a decade in which many Americans were struggling bitterly to survive. The movement was a force in some of the most important literature of the time. I believe there is a connection, and that it could provide a key to Smith's work.

6 Gray, p. 58.

7 *Ibid.,* p. 52.

8 *Ibid.*

9 Gray, p. 130.

10 Cited in Elaine de Kooning, «David Smith Makes a Sculpture,» *Art News,* September 1951, p. 41.

11 Cited in Krauss, p. 62.

12 Gray, p. 68.

13 Cited in Krauss, p. 63.

14 Gray, p. 17.

15 *Ibid.,* p. 134.

16 *Ibid.,* p. 132.

17 *Ibid.,* p. 34.

18 *Ibid.,* p. 42.

19 *Ibid.,* p. 58.

20 *Ibid.,* p. 133.

21 Cited in E. A. Carmean Jr., *David Smith,* exhibition catalogue, Washington, D.C.: National Gallery of Art, 1982, p. 63.

22 Gray, p. 34.

23 *Ibid.,* p. 133.

24 *Ibid.,* p. 60.

25 These kinds of connections are very clear in the *Medals for Dishonor* that Smith designed in protest against Capitalism and war in 1939 and 1940.

26 Gray, p. 72.

Francisco Calvo Serraller

The Vertical Blacksmith

Precisely in 1956, the same year in which David Smith published a moving tribute to Julio González in *Art News,* «González: First Master of the Torch»[1], the shrewd critic Clement Greenberg wrote a penetrating essay on his countryman[2]. Here he not only compared Smith's importance with what he considered the mediocre standards of sculpture at that time in avant-garde circles around the world, but also, unerringly, announced that he would soon reach the fullness of his creative ability, indeed, his fertile inspiration in the years immediately following culminated in an exalted fashion in the famous *Voltri* series. Finally, in 1956, Mircea Eliade published the French edition in Paris of his book *Forgerons et alchimistes* (Blacksmiths and Alchemists). In this essay he said «that the point of departure was the study of the relationship of archaic man with minerals, and, particularly, his ritual behaviour as an iron worker and blacksmith.»[3]

But on 11 August 1956 (how can we forget it) Jackson Pollock died in a tragic car accident, contributing in this paradoxical way to his definitive mythification as the standard bearer of the new American art, that thereafter played a dominant role in the international avant garde.

American abstract expressionism, which very soon won recognition as the New York School, in this way making a pair with the declining Paris School was, however, basically a pictorial movement. This explains the undercurrents of bitter disappointment in Greenberg's aforementioned article about the state of sculpture, excepting that of David Smith.

«Ten years ago — began Greenberg — sculpture had brilliant prospects. With renewed vitality following Rodin, and having found a new starting point in modern painting, it seemed about to enter into possession of a great inheritance. The new and almost pictorial methods stemming from cubist collage and bas-relief construction, by freeing sculpture from the monolith, had opened up a vast field of new themes; moreover, the range of styles and themes within its reach seemed to broaden to the same extent that the available range for ambitious painting seemed to narrow. It thus seemed that sculpture would soon become the main vehicle for visual art. Certainly, there was enough talent in sculpture to make this a very real possibility.»[4]

The expectations generated by avant-garde sculpture ten years previously — that is, just after the war, were not only based on the brilliant works of the thirties by Picasso, Julio González, Calder and Giacometti in his first period, but also on the almost simultaneous take-off of a new generation led by David Smith — who in 1946 was forty years old — the beginning of biological and artistic maturity. When Pollock died he was only forty-four, and from all points of view seemed a completely broken man. Nevertheless, it is easy to understand Greenberg's astonishment on realising that once again it was painting that had established the guidelines on the dynamic path to modernisation of contemporary art. In fact, after the deep crisis suffered by classicism during the second half of the 18th century, it was painters or at most sculptor-painters, who almost always rescued sculpture (that art of Caribs, brutal and primitive like nature, according to Baudelaire's famous defamatory remarks[5]) from its predicaments. That occurred in fact, in the 19th century, with Géricault, Daumier, Degas and Gauguin. The exception was Rodin — always a great pictorialist. The situation repeated itself in the 20th century, with Picasso, Matisse, Modigliani, Boccioni, Duchamp, Miró, etc...

We shall attempt to shed further light on Greenberg's concern about the frustrating fate of contemporary sculpture. After the achievements of the cubists and constructivists and, above all, after the work carried out on the basis of this new syntax by the aforementioned sculptors during the troubled decade of the thirties, it could be thought that at the end of the Second World War a new sculpture, able to continue qualitatively with the same innovating dynamics monopolised until then by painting, would at last emerge. The paradox was that post-war sculpture was directed precisely towards what was considered the right path — the development of drawing in space and the use of wrought iron as exemplary although not exclusive with regard to material and procedure. Nevertheless, as Greenberg warned in the article mentioned above, a wave of «affectedness» prevailed and, basically, also of scholasticism.

From his well-known formalist perspective, Greenberg's complaints about what sculptors were doing in the fifties arose from their perpetuating the «humanist» attitude — of valuing the «content», the semantics of language — that had characterised art in the thirties. He accused them, finally, of not developing the syntactic possibilities opened up by the successive contributions of cubism, constructivism and of this drawing in space, enhanced by sculpture, of the thirties. In short, the recrimination was based on what for him was an attitude of anachronistic guilty conscience of a humanistic nature that had been unable to break with the biomorphist assumptions inherited from surrealism, as opposed to what had been done by the leaders of abstract expressionist painting.

In challenging international sculpture in the fifties, Greenberg also attacked the «archaic affectedness» of Moore, Marini and Giacometti, and the new up-and-coming British sculptors, such as Butler and Chadwick, whose classicism literally took advantage of the contributions by González, Picasso, Matisse and Miró. (This, he said, was «abject».)

The only one to escape pretty much unscathed from Greenberg's harsh attack was David Smith; through praising him or, rather, for the purpose of praising him, the famous critic roundly condemned all the other sculpture of the time. The praise for Smith was thus relative and intermingled with reserves. Therefore, although he began by acknowledging that Smith had been the first American sculptor to import aerial drawing in metal and to use an acetylene torch, even «perhaps» also becoming the first to make a type of sculptural collage with pieces of disused machinery, immediately thereafter he pointed out that there were inherent failures in Smith's excessive productivity, comparing him in this sense with Balzac.

«In recent years, concluded Greenberg, Smith has been more stable and coherent, and his works reach us more frequently... Smith is now able to go more directly from conception to realisation. It is as if his sensitivity had been purified and refined... Before, Smith's art could plausibly be classified as «baroque»; now it is equally plausible to call it «classic». Even in its most elaborate expressions, the lines and surfaces with which it is «written» remain clean and direct; there is nothing confusing or blurred in its outlines — neither welded joints nor manipulations on the surface textures to obtain an effect of painter added to the pictorial effect. Although Smith may have failed in everything else, he continues to be a direct artist».[6]

I think that the key to this praise with so many conditions attached lies in the last sentence, which saves Smith because he is a «direct» artist — somebody, in short, who, without having equalled Pollock's accomplishments, had at least behaved like him. This praise by Greenberg could be called «Pyrrhic praise», showing that it was a forced judgement. How much could he have been influenced by the former comaraderie, which was also reflected in the admiration felt by the painter Helen Frankenthaler for Smith? This was an admiration without reserves, according to Motherwell, who likewise became part of Smith's close circle of friends after marrying Helen Frankenthaler.[7]

At any rate, Greenberg, however respectful, seemed not to understand or really approve of Smith's work, whom he finally reproached precisely for being Smith. Along these lines he had also made a pronouncement against Giacometti and it must be assumed, although in this article he did not mention him explicitly, that he insulted Calder even more.

On the other hand it is also true — at least in the case of Giacometti, Calder and Smith — that they could not be discredited on account of affectation or academicism like the post-war sculptors, because the three had also been sculptors in the thirties. Therefore, they could be called «finished» artists, but not «imposters» like Picasso, against whom Greenberg made a controversial attack.[8]

At any rate, it is a good idea not to lose sight of some significant data about what was happening within the international avant garde during 1956 or just about at that time. For example, it should be recalled that in 1955 the first *Docu-*

menta of Kassel was held, with the absolute predominance of the Paris School and practically no American presence. It, moreover, was modelled on the Paris School as all the historic European avant-garde representatives were living in the United States except for Calder. Above all, there was a British presence dominated by sculptors who significantly were Barbara Hepworth, Kenneth Armitage, Reg Butler, Lyn Chadwick, Henry Moore and — between painting and sculpture — Ben Nicholson. It must also be said that obviously David Smith was not at this first *Documenta*, although afterwards he was systematically selected for the second (1959), third (1964), fourth (1968) and sixth (1977). Furthermore, at the Venice Biennial of 1956, although 35 artists were presented by the American pavillion, including De Kooning, Kline and Pollock (the news of whose death was heard during the contest), the international winner was the British sculptor Chadwick.

In order to completely understand the context of Greenberg's aforementioned opinions, we must also remember the great open-air sculpture exhibitions organised in Battersea Park in London; in Sonsbeeck, near Arnhem; and in Middelheim park in Antwerp. In this respect, what Hans L. Jaffé wrote in his chronological diary on art in the 20th century, when commenting on 1956, is also very illustrative. He began by mentioning the work of Moore, Marini and Giacometti, who continued doing what they had already started before the war, but then he wrote the following: «The first results of the new sculpture date from shortly after the war: Germaine Richier, like Giacometti, broke out of the closed form, freeing the volume of its weight, its inpenetrability... But a parallel trend is also to be found in the sculpture of this period, that in painting is common to the artists of the *Réalités Nouvelles* and those of the French tradition. Robert Jacobsen, with his tense, abstract signs that dominate space, represents the first trend; while Berto Lardera, who from solid bronze plates, cut in flexible forms and joined together, obtains fluid movement and elusive space, belongs to the second. To impose this movement, this nervous dynamics on unmanageable material, new work techniques are necessary. In the years around 1956, iron, the welding technique and the use of spare parts had become some of the means available to sculpture. In English sculpture, this new development was already seen in about 1952, with artists such as Butler, Armitage and Chadwick, but now the new working methods proliferated freely and rapidly. In Spain, Chillida, with robust forms wrought in iron, followed the path first trodden by González, unrelated however, to visible reality. In about 1956 many works were produced that, as a result of their form, depended entirely on the new techniques and new life forces: Mirko Bolsaldella's figures in soldered wire, Mastroianni's compositions, the birds, spiders and spiny monsters by the American Roszak, Richard Stankiewicz's threatening creatures and César Baldaccini's ingenious works — welded remains of cars that, as a result of the metamorphosis of forms, acquired an obsessive effect».[9]

I think that only with the data we have just outlined about what was happening to sculpture around 1956, is the sense of Greenberg's criticism perfectly understood. Some names that he does not even mention specifically become absolutely clear with the historic references provided. For example, it is possible to understand what he wrote in claiming David Smith's pioneering role, although his work was still unknown. Nevertheless, independently of the antagonism still alive between New York and Paris, I personally do not believe that Greenberg reacted only on account of wounded nationalism — among other reasons because not much time elapsed before Smith's work was justly admired in Europe — precisely in view of the environment described by Jaffé.

In fact, Greenberg's suspicion even of the vindicated Smith was the sincere expression of a critic who considered that the direction taken by avant-garde sculpture was mistaken. According to him, this direction was mistaken precisely because it had not undergone a similar rupture to that started in painting by the New York School. For him this was the aesthetic reason for its growing hegemony in the international avant garde. In short what I want to imply is that Greenberg also found Smith too anchored in the past, too «European», except for his ability, despite everything, to continue being a «direct» artist, the only thing, in his view, that was really valid.

Greenberg's frustration concerning the development of avant-garde sculpture during the fifties is understood, moreover, in the context of the great expectations that, since the end of the forties and during the fifties, he had conceived for it -expectations not to be confirmed, at least until the triumph of *minimalism*.

On re-reading Greenberg one discovers an evolution in connection with David Smith, whom, of course, he always respected. This evolution took him from the most dithyrambic enthusiasm to the reserved admiration that he held for him, as seen in his writing as of 1956. Thus, for example, in his criticism of the *American Sculpture of Our Time* exhibition, held in 1943 at the Buchholz and Willard Galleries, and including among other artists Calder and Lachaise, Greenberg drew attention to David Smith more than to the others. Moreover, commenting in fairly broad detail on his work, *Interior,* he went so far as to say that only Smith seemed sufficiently talented to attain «great art».[10] Four years later in 1947, this time on the occasion of Smith's solo exhibtion at the Willard Gallery, Greenberg began by describing him as «the best sculptor produced by this country», going on to say that, «he is already one of the greatest sculptors of the 20th century *in any part of the world,* deserving to be ranked with Brancusi, Lipchitz, Giacometti and Gonzálcz, not to mention Laurens and Moore. That is, he is making a fundamental contribution to the development of art around the world and to American art».[11]

Significantly, although the euphoria about the brilliant future of sculpture and Smith's role in this operation still continued in 1949, when Greenberg published a wide-ranging essay called *The New Sculpture*[12]. In his correction to this article in 1958, he said the following: «I consider that these are the current trump cards of sculpture. Nevertheless, they nearly all remain potential, rather than fulfilled. Art takes pleasure in contradicting predictions about it, and the hopes I placed in the new sculpture ten years ago on writing the original version of this article, have still not been fulfilled... The truth is they seem to have been refuted. Painting continues to be the guiding visual art, the most daring and expressive; as for recent advances, only architecture seems to compete with it. However, one fact suggests that maybe I was not completely mistaken: the new sculpture-construction begins to be perceived as the most representative visual art — although not the most fertile, of our times.»[13]

The foundation or the trump cards of this new sculpture, according to Greenberg, were directly related to the principle of *visibility,* taken from Konrad Fiedler's formalist theory.[14] In any case, the clamour of the modernist battle that directly affected Greenberg in its dual sense, of the battle to continue the principle of modern *dynamics* — a principle of avant-garde orthodoxy as fatal progress then considered an unquestionable dogma — and of political battle, on claiming world leadership for the new American art when it became the driving force of the international avant garde; the clamour of battle, I repeat, perhaps clouded the proverbial lucidity of this excellent critic, making him fall into what Fielder himself called danger of arrogance. «...Judgement must take care», wrote Fielder in his essay *On Judging Works of Plastic Art* (1876), «not to lay down a law code to which artistic expression must be subjected. Understanding must always go behind an artist's works, never precede them, and it does not know what task men's artistic activity will give it in the future.»[15]

If after the great hopes placed in him, Smith did not seem to understand what Greenberg expected from him and sculpture, does that perhaps mean that he no longer understood himself and, above all, no longer knew where he wanted to go with his sculpture? From my point of view, one of the main faults of American formalist criticism, led by Greenberg and continued in her study of sculpture by his disciple Rosalind Krauss, was precisely that of disregarding the sculptor's standpoint in that they wanted to transform him into an emblematic figure of the new abstract language, uncontaminated by «illusionism». In this sense, it was vital, on the one hand, to separate Smith from González's «humanism» and also to do so by demonstrating that his technique and procedures were diametrically opposed to the latter's. In my opinion, such interpretations of Smith were not only very forced, but also prevented appreciation of the substantial difference between Smith and González: their cultural roots and, therefore, their different anthropoligical conception and their very different humanism. That of González was age-old, tragic and basically religious, while that of Smith was, if you like, modern; i.e., critical and ironic. I believe, in short, that, among other things, Smith understood the spirit and form of Gonzalez's contribution perfectly and very consciously carried out its formidable transformation through a process of «secularisation».

David Smith's very productive influence on avant-garde international sculpture from the immediate post-war years to the sixties stems from his understanding of what González was and the transformation of the latter's work into a viable model. This placed him at the very heart of 20th century sculpture, although in my view, by pursuing a path different from that initially envisaged by Greenberg and Krauss. Krauss succeeded admirably, however, in explaining Smith's influence. Nevertheless, after analysing his ability to enrich contemporary American sculpture, whether that of Suvero or of Chamberlain, and of British sculptors beginning with Caro whom Smith cured of his original fascination for his compatriot Moore, she was obliged to mark a radical break between this trend and what she calls a «syntax of the double negative.»[16] But Smith's influence was not confined to Anglo-Saxon sculpture but extended to that of continental Europe (he and González gave a start to Chillida, for example) and continued long after the triumph of *minimalism,* as can be seen in Joel Shapiro.

In my view, the key to Smith's importance does not therefore lie in his *surpassing* González, whom he acknowledged to be his source of inspiration. But not necessarily having to succeed by means of a progressively conflictive evolution, it stemmed from his complete and thorough understanding of González whom he rescued from his *cul-de-sac* and transformed into a viable point of departure for later sculpture, for only if something is understood can it be surpassed; through radical breaks neither González nor Smith could return or progress.

From around 1956, Smith embarked on two of the most productive and famous series of his last stage as a creator. These were the *Cubi* and the surprising and marvellous *Voltri* series. The latter was significantly inspired by his famous contribution to the Spoleto festival, under the Italian sky, and, in a way, influenced by his being thrown again into the work of an industrial blacksmith. The fact that the Spoleto festival was musical, that it was held in Italy, and, finally, that he had at his disposal a team of workers in an abandoned factory, converting him into a new Vulcan, were coincidences which, however, were in perfect consonance with the most legendary version of the ancient myth of the blacksmith.[17]

Earlier on I commented on the coincidence that the first French edition of Eliade's book *Blacksmiths and Alchemists* listing the different characteristics of the myth of the «heavenly blacksmith» was published in 1956. All these characteristics were demonstrated in Smiths work when he did the *Voltri* series. I would now like to touch on something that, expressed by González and Smith, refers to the anthropological component of the use of iron in art.

By this I do not mean what Smith himself stressed when describing González's realism as an expression of a «social conscience» that led him to combine abstract developments with others that are figuratively emblematical, such as *La Montserrat.* I refer rather to the material itself — iron, highly charged with mythical evocations. In an article published in 1952 — *The New Sculpture* — Smith considered iron a very suitable material for the 20th century on account of its «power, structure, movement, progress, suspension, destruction and brutality.» [18] Julio González gave a very similar description: «The Iron Age began centuries ago in order (unfortunately) to provide man with weapons, some of them very beautiful. Nowadays it allows for the building of bridges and railway tracks! This metal has long ceased to be a killer material and a mere instrument of a science that is excessively mechanical. Today there are many possibilities for this material (finally!) to be wrought and beaten at the peaceful hands of artists.» [19]

In 1947, some years after González's death, when Smith had reached the peak of his development, Gaston Bachelard published the essay *La terre et les rêveries de la volonté*, [20] a study of the fourth element, earth, using his personal phenomenological method after studies of the other three elements — fire, water and air — in similar publications. According to Bachelard, images of earth were basically «soft» and «hard» — clay and iron. The resistance of hard matter, of metal, conjures up destruction in the child's mind and only later construction that sublimates the negative impulse through the idea of mastery over material.

Years later, in the mid-fifties to be exact, a period that could not yet be considered a point of reference, Gaston Bachelard himself wrote the text of a catalogue for the then young sculptor who identified with the universe of González and Smith, Eduardo Chillida. It was entitled *The Iron Cosmos* and explained how a sculptor came to be a blacksmith. He said that the Basque sculptor «dreams of a sculpture that challenges the very core of matter. For Chillida, sculpting stone involves a heavier space, a space that the human creator has not worked. Stone is already powerless to help us enjoy the material space by resuscitating the essential strengths. *Stone is mass, never muscle.* Eduardo Chillida wants to comprehend the space of muscles, without fat or heaviness. The essence of iron is all muscle. Iron is a straight strength, a sure strength, an essential strength. A living world can be built in which all beings are of iron. Chillida has cast aside his chisel and his mallet. He has taken up the blacksmith's tongs and hammer. This was how the sculptor became a blacksmith.» [21]

The metaphor of iron as muscular strength certainly seems to me to be enlightening and the best explanation for precisely what Picasso, González and Smith, who laid and developed the foundations for artists' use of iron, did with this material that is difficult to separate from its mythical evocations and therefore from its vocation as a metaphor. In a sense, in order to understand its artistic meaning properly, it is vital to situate the problem against the background in which it arose, basically the avant-garde crisis of the thirties. This will allow us not only — and obviously — to understand its origins, but also its subsequent historical development.

Julio González died in 1942, while Picasso, in one of his characteristic abrupt changes that led him to abandon any idea, however fruitful, once he considered he had used it sufficiently to his own personal advantage and it had inspired many followers, practically lost interest in the matter at the beginning of the thirties and returned to it only sporadically over the following decades. From another perspective, Giacometti also turned to figuration half way through the decade, whilst Calder, although appearing to share this concern, in fact remained on the periphery. Indeed, David Smith became the solitary precursor of this experiment in the following decade, and it is therefore not surprising that what he inherited and what he passed on made him an essential reference in art historiography that has been and continues to be concerned with international post-war sculpture.

David Smith found himself unexpectedly at the centre of a controversy — the situation of post-war sculpture and his role in it. It is essential to determine first and foremost the nature of the substantial change brought about by David Smith in the established standards for the sculpture of iron in the decade of the thirties (if indeed such a change took place) and the impact of this change on the later development of sculpture. In my view, the key to these definitions is inseparable from the relationship between Julio González and David Smith, and not the relationship between the American sculptor and Picasso or Giacometti, however much these may have influenced him at one time.

Furthermore, it also seems very important to give a fair definition of the relationship between Picasso and González, which has been subject to a double reductionism, as I explained in detail in my essay «Vulcan's Constellation», published in the catalogue of the exhibition *Picasso and the Age of Iron*. [22] The first reductionism consists of contrasting Picasso's «abstraction» with González's «naturalism», ignoring the anthropological roots of both and, above all, the kind of problems both faced during the so-called between-wars period, or, more precisely, approximately from the latter half of the twenties until the First World War. Although each in his own way, both artists upheld ideas in line with the critical orientation known as «avant-garde semantisation», described by R. Krauss emphatically as «concern for Mankind», [23] a hypostasis that, as such, is no doubt as unlikely as the emphatic concern of the formalists for Art.

In my view, David Smith formed himself as an artist within the hypostasis of Mankind and, in a sense, never moved away from this, although after the post-war years it meant that his position became progressively more uncomfortable. This may be summed up as follows: how can this principle of aesthetics — but also of art, of his own art — be adapted to the hypostasis of Form or Art that prevailed at the time? The fact that such an adaptation was never totally feasible is evident from Greenberg's progressive disillusionment, mentioned earlier on, with both the development of sculpture in the fifties and, less obviously, with that of Smith, as well as, above all, what I see to be the futile efforts of certain critics and historians who point out when and how Smith broke away from his post-war identity, as if the non-existence of such a break somehow lessened the value of Smith's major works produced between 1950 and 1965.

In this regard, I fully agree with Dore Ashton [24] in that Smith was regularly and formally in contact with Julio González and also, although to a lesser extent, with Giacometti practically until his death, although I do feel it is essential to acknowledge the enhanced quality of the late *Voltri* and *Cubi* series.

Thus, when Greenberg gives credit to Smith for his leading role in the assembly of mechanical parts of industrial waste, he forgets or overlooks the fact that this is exactly what Julio González had done, even ignoring the French laws prohibiting collection of these materials without permission.[25] When R. Krauss stresses the innovative importance of Smith's *Tanktotem I* (1952), she forgets González's *Tête longue tige (ca.* 1932-1933).[26] We could add further examples, but I doubt whether it is worthwhile since, as Smith himself warned, the concept of supremacy holds a more than relative value in art, although it has been treated by one modernist school of thought almost as a dogma.

The similarities between González and Smith were not in any case only of style or technique. Both sculptors were slow to mature as creators, although this slowness, in the case of González, was exaggerated almost to the point of agony. In other respects González, as he himself has explicitly admitted, borrowed Picasso's idea of drawing in space and even the discovery of the effectiveness of welding, a technique in which paradoxically González was to solve Picasso's technical problems. If Picasso invented, González developed, and no hierarchies can be established regarding the value of these two moments that are equally essential in completing a work of art. I stress this point because I consider it a mistake to judge Smith's worth merely in relation to a break or contrast with that of González, with whom he differed considerably in more than just formal aspects. In fact, the notable improvement in the quality of David Smith's work at the end of the fifties consisted of a revolution in scale rather than in form. Smith's early death, which occurred tragically when he was at the peak of his creative abilities, deprived us of the possibility of knowing where the new paths he was just beginning to explore would have led him.

In her famous essay on American sculpture, Barbara Rose stressed the role of oracle played by the dadaist Marcel Duchamp in a country lacking in artistic tradition.[27] The only exceptions she mentions is precisely that of David Smith whom, as we find, almost everyone described as exceptional and as such, a loner. In this connection, I believe that his great solitude and his lateness in achieving international acclaim were due to the fact that he did not fit into any of the post-war patterns either of surrealist bimorphism, or as the sculptural forerunner of abstract expressionism in which Greenberg and his followers wished to pigeonhole him.

But if I have cited Barbara Rose's essay it is because the eccentric manner in which Smith was forced to face modern art tradition — an eccentricity that befitted an artist who wished to join the modernist movement in a country that lacked a modernist tradition — is what linked him, in a sense, to the Spanish avant-gardists who also had to establish links with modern art — in their case by trampling on tradition. Throughout his lifetime, Picasso rejected abstraction, while González carried this rejection to the point of considering it, as Hartung

has noted, a «sin».[28] I believe that Smith was never an abstract sculptor, even though his interpretation of reality was, as I have already pointed out, completely different from that of González, who showed clear mystical-religious tendencies.

From around the beginning of the fifties, Smith produced sculptures of extreme beauty and expressiveness, but at least until the end of the decade, when he began the *Cubi* and *Voltri* series, he remained loyal to the aesthetics of the thirties and González's repertoire of form, although he developed and explored new aspects and applied a different method — one of modern irony that was quite alien to the Catalan sculptor. Irony was also an inherent characteristic of the American Calder, just as it was probably the reason for Duchamp's extraordinary impact in the American art world. At any rate, the only person to transform irony into sculpture was Smith; and by this I do not mean he made sculptures that served as a support for irony but rather fully rounded works, viable as sculptures.

In my view, Smith made use of ironic frenzy from a conceptual dimension, as a contrast between two meanings, and from a spatial dimension, as a contrast in scale. The former enabled him to approach the grotesque, which however was completely devoid of the tragic sense of González's expressionism. The totemic allusions and zoomorphic imagery — grasshoppers or strange birds that appear to belong to the Jurassic Age — as well as the thousand-year-old forest landscapes that sometimes recall the rain forests of Lam, assembled from scrap metal welded together, contributed to creating a sensation of a temporary crossroads of cultural and spatial perspectives. Furthermore, the flatness and horizontality with which his sculptures were generally conceived during those years, reminiscent of the work of Torres García in the thirties, achieved a new expressive dimension through transparency, converting drawing in air into a reality.

In 1958, two years after Smith's essay on González and that of Greenberg on Smith were published, the latter's sculptures were shown for the first time in Italy, at the Venice Biennial. This date was no doubt important in itself, marking Smith's début in Europe where he was as yet unknown, but was also particularly crucial in that it most certainly led to the American sculptor's subsequent invitation to take part in the Spoleto Festival in 1962. The spring that Smith spent in Italy was from start to finish an admirable, miraculous happening, almost a kind of conspiracy of favourable omens. Naturally nothing of this kind would have occurred if Smith had not been at the height of his creativity, but we should not underestimate the circumstances: Voltri's abandoned factory, the team of Italian machinists willing to help the great blacksmith, the opportunity for concentration and the solitude of the location, the exact period of one month so that the state of exaltation would not falter, Carandente's brilliant idea of installing the sculptures in the Roman theatre in Spoleto and even the presence of Ugo Mulas, whose penetrating photographic images, a visual testimony of the prodigy, were not only a chronicle of Smith's achievements but also a register of the poetic variations of each sculpture.

Working at an astonishing speed of almost a sculpture a day, Smith completed 28 monumental works — something that speaks for itself of the state of creative inebriation that took possession of the artist, who felt he had at last found the tenaciously sought-after magic figure that would resolve all dualities. When we contemplate the impressive work of the *Voltri* of Spoleto, be it at the scene of production amid the huge industrial warehouses, or at its subsequent location in the ancient theatre, we realise that everything has a meaning and a scale. Regardless of the formal repertoire and further idle discussion on whether or not this repertoire had its roots in the usual precedents, it was there that Smith found a place for himself, the place that was reserved for his work in the history of 20th century sculpture. It was there too that it became clear that Smith's ultimate purpose was Smith, a search for himself obviously crowned with success, which should not be interpreted as that which comes after recognition by the critics even though it was then that he achieved definitive acclaim, but rather as the culmination of the work itself and as an end in itself. The Voltri experience enabled Smith to forge a place of his own, a place in which there was no room for references to outsiders, although his work was classified according to Baudelaire's definition of a «beacon», something that gives out light in the middle of the night to guide others. Smith's tragic death a few years later in 1965 made this experience his swan song.

How can we help recalling the figure of Vulcan and his horde of Titans working away in the earth's core? The Voltri imagery is full of primitive allusions that delve into the deep pit of the most archaic, primaeval memory. They establish themselves erect in space with an air of arrogant complacency, as though they were totems cloaked in the imperious dignity of classical statuary. These monumental sculptures of iron, not stone, appear to be destined to take their places in the rows of an amphitheatre, to perform an opera among themselves beneath the firmament.

I therefore agree with what R. E. Krauss wrote concerning Smith's originality, conceived as «the relationship between the disjunctive syntax of this assembly and its material subject matter».[29] This relationship indeed clarifies the reason for Smith's totemic and sacrificial images.

At the beginning of this article, I mentioned that Mircea Eliade's *Blacksmiths and Alchemists* was published in 1956, and I feel justified in concluding by quoting the Romanian anthropologist's explanation of the mythical sequence of images associated with the civilizing blacksmith: «The storm gods strike the earth with lightning stones; their standards are the double-edged axe and the hammer; the storm represents the heaven-earth hierogamy. When they strike their anvil, blacksmiths imitate the exemplary action of the strong god; they are, in fact, his helpers. All this mythology based on the fertility of the land, metallurgy and work is, on the other hand, fairly recent. Metallurgy, which developed later than pottery and agriculture, belongs to a spiritual universe in which the god Celeste,

still present in the ethnological stages of the harvest and small game hunting, is finally defeated by the strong god, the fertilising male, spouse of Great Mother Earth. Indeed, it is known that at this religious level the idea of creation *ex nihilo*, effected by a supreme uranian being, has been eclipsed and has given way to the idea of *creation* through hierogamy and blood sacrifice: we are thus witnessing the transformation of the idea of creation into that of *procreation*. This is one of the reasons why we find *motifs* of spiritual union and blood sacrifice in metallurgic mythology.»[30]

It occurs to me that in this specific metallurgical mythology of González and Smith, where verticality plays a crucial role, what for the Spanish sculptor was an arrow pointing to the heavens like a cathedral spire, for Smith signified first the horizontality of the flat surface and later, definitively, something driven into the ground and rising up like a banner: the same hierogamy of blood and fire, but two-directional. Indeed, another horizontal pole can be found in the sculpture of our century, in which Smith took part. But the vertical line belongs to González and Smith. Might the tremendous crowning strength that radiates from the *Voltri* series not be the definitive victory of the verticality of sculpture over the horizontal plane for an artist that started out as a painter and was always surrounded by painters?

1. Published originally in the February 1956 issue of the magazine *Art News,* it is quoted by Garnett McCoy, *David Smith*, New York, 1973, pp. 137-142.

2. Included in Clement Greenberg, *Arte y cultura. Ensayos críticos* (trans. by Justo G. Beramendi), Barcelona, 1979, pp. 186-189.

3. Quoted from the Spanish edition: Mircea Eliade, *Herreros y alquimistas* (trans. M. Pérez Ledesma), Madrid, 1974, pp. 9-10.

4. *Ibid*, p. 186.

5. Ch. Baudelaire, *Salón de 1846*, XVI. «Pourquoi la sculpture est ennuyeuse?», in *Oeuvres complètes* (ed. by Claude Pichois), París, 1975, II, pp. 487-488.

6. *Ibid*, p. 189.

7. See R. Motherwell, «On David Smith» (1971), in *The Collected Writings of Robert Motherwell* (ed. by Stephanie Terenzio), New York-Oxford, 1992, pp. 202-204.

8. The article called «Picasso desde 1945» was originally published by the magazine *Artforum*, New York, vol. 5, October 1965, pp. 28-31. See V. Combalía (ed.), *Estudios sobre Picasso*, Barcelona, 1981, pp. 205-208.

9. Hans L. Jaffé, *El arte del siglo XX*, Madrid, 1971, pp. 280-282.

10. Contained in *Clement Greenberg. The Collected Essays and Criticism. Volume I. Perceptions and Judgments, 1939-1944* (ed. by John O'Brien), Chicago-London, 1986, p. 139.

11. C. Greenberg, «Review of Exhibitions of David Smith, David Hare, and Mirko», contained in *The Collected Essays, op. cit.*, II, *Arrogant Purpose, 1945-1949*, p. 140.

12. C. Greenberg, «The New Sculpture», contained in *The Collected Essays*, II, *op. cit.*, pp. 313-319.

13. See C. Greenberg, *Arte y cultura, op. cit.*, p. 136.

14. Konrad Fiedler (1841-1895), creator of the formalist school, amongst whose immediate followers were Riegl, Wölfflin, Von Hildebrand.

15. K. Fiedler, *Escritos sobre arte* (trans. by V. Romano), Madrid, 1990, p. 98.

16. Rosalind E. Krauss, *Passages in Modern Sculpture*, Cambridge, Mass.-London, 1981, 2nd. ed., pp. 147-200.

17. See Carmen Giménez, «Andiamo a Spoleto» and Giovanni Carandente, «L'Odisseo americano della scultura», in *David Smith in Italy*, Milan, 1995, pp. 14-24.

18. David Smith, «The New Sculpture», in *David Smith, op. cit.,* p. 84.

19. Contained in Josephine Walters, *Julio González. Sculpture in Iron,* New York, p. 141.

20. There is a translation into Spanish: *La tierra y los ensueños de la voluntad* (trans. B. Murillo Rosas), México, 1994.

21. Contained in Gaston Bachelard, *El derecho a soñar* (trans. J. Ferreiro), Mexico, 1985, pp. 56-57.

22. F. Calvo Serraller, «Vulcan's Constellation», in *Picassso and the Age of Iron,* New York, 1993, pp. 65-98.

23. R. E. Krauss, *The Originality of the Avant-garde and Other Modernist Myths* (1985). Quoted from the extensive French edition: «Cet art nouveau: dessiner dans l'espace», en *L'Originalité de l'avant-garde et autres mythes modernistes* (trans. by J.-P. Criqui), Paris, 1994, p. 209.

24. See Dore Ashton, «The Forging of New Philosophical Armatures: Sculptures Between the Wars and Ever Since», in *Picasso and the Age of Iron, op. cit.,* pp. 46-54.

25. There is a direct testimony related by Henry Goetz. But it suffices to see a sculpture like *Petit danseuse* (ca. 1929-1930).

26. See R. E. Krauss, *Passages, op. cit.,* p. 147.

27. Included by Margit Rowell, in her anthology of the exhibition catalogue *Qu'est-ce que la sculpture moderne?,* Paris, 1986: Barbara Rose, «La sculpture américaine: l'anti-tradition», pp. 292-295.

28. It is told by Hans Hartung in the filmed documentary by Barrie Gavin in 1985: *González (1876-1942),* RM Arts.

29. *Ibid,* p. 171.

30. M. Eliade, *Herreros y alquimistas, op. cit.,* p. 30.

ARTIST'S WRITINGS

Notes for *David Smith Makes a Sculpture*

David Smith wrote these notes for Elaine de Kooning for her article on his work published in Art News, *September, 1951. They were printed intact in* Art News, *January, 1969.*

I follow no set procedure in starting a sculpture. Some works start out as chalk drawings on the cement floor, with cut steel forms working into the drawings. When the structure can become united, it is welded into position upright. Then the added dimension requires different considerations over the more or less profile form of the floor drawing assembly.

Sometimes I make a lot of drawings using possibly one relationship on each drawing which will add up in the final work. Sometimes sculptures just start with no drawing at all. This was the case of *The Fish**, which is some six feet high and about five feet long. My drawings are made either in work books or on large sheets of linen rag. I stock bundles of several types, forgetting the cost so I can be free with it. The cost problem I have to forget on everything, because it is always more than I can afford — more than I get back from sales — most years, more than I earn. My shop is somewhat like the Federal Government, always running with greater expenditures than income and winding up with loans.

For instance, 100 troy ounces of silver solder cost over $100, phoscopper costs $4 a pound, nickel and stainless steel electrodes cost $1.65 to $2 a pound, a

---

* Smith later did at least one sketch on *The Fish.*

sheet of stainless steel 1/8 inch thick, four feet by eight feet costs $83, etc. When I'm involved aesthetically I cannot consider cost. I work by the need of what each material can do. Usually the costly materials do not even show, as their use has been functional.

The traditions for steel do not exist that govern bronze finishes, patinas, or casting limits. There are no preconceived limits established as there are for marble, the aesthetics of grain and surface or the physical limits of mass to strength. Direction by natural grain, hand rubbing, monolithic structure, or the controls of wood do not apply physically or traditionally to steel.

Steel has the greatest tensile strength, the most facile working ability, as long as its nature relates to the aesthetic demand. It can join with its parent metal or other metals varying in colors, or act as a base for metal deposition, paint, or its own natural oxide, [the molecule of] which is only one oxygen atom less than the artistic range of iron oxides.

I have two studios. One clean, one dirty, one warm, one cold. The house studio contains drawing tables, etching press, cabinets for work records, photos, and drawing paper stock. The shop is a cinderblock structure, transite roofed, and has a full row of north window skylights set at a 30 degree angle. With heat in each end it is usable to zero weather.

I do not resent the cost of the best material or the finest tools and equipment. Every labor-saving machine, every safety device I can afford I consider necessary. Stocks of bolts, nuts, taps, dies, paints, solvents, acids, protective coatings, oils, grinding wheels, polishing discs, dry pigments, waxes, chemicals, spare machine parts, are kept stocked on steel shelving, more or less patterned after a factory stockroom.

Stainless steel, bronze, copper, aluminum are stocked in 1/8 inch by 4 foot by 8 foot sheets for fabricating. Cold and hot rolled 4 foot by 8 foot sheets are stacked outside the shop in thicknesses from 1/8 inch to 7/8 inch. Lengths of strips, shapes, and bar stock are racked in the basement of the house or interlaced in the joists of the roof. Maybe I brag a bit about my stock, but it is larger since I've been on a Guggenheim Fellowship than it ever has been before. I mention this not because it has anything to do with art, but it indicates how important it is to have material on hand, that the aesthetic vision is not limited by material need, which has been the case too much of my life.

By the amount of work I produce it must be evident that the most functional tools must be used. I've no aesthetic interest in tool marks; my aim in material function is the same as in locomotive building, to arrive at a given functional form in the most efficient manner. The locomotive method bows to no accepted theory in fabrication. It stands upon the merit of the finished product. The locomotive function incorporates castings, forgings, rivets, welding, brazing, bolts, screws, shrink fits, all used because of their respective efficiency in arriving at a functioning object. Each method imparts its function to varying materials. I use the same method in organizing the visual aesthetic end. I make no claim for my work method over other mediums. I do not use it to the exclusion of other mediums. A certain feeling for form will develop with technical skill, but imaginative form (viz. aesthetic vision) is not a guarantee for high technique.

I handle my machines and materials with ease — their physical resistance and the noise they make in use do not interfere with my thinking and aesthetic flow. The change of one machine or tool to the other means no more than changing brushes to a painter or chisels to a carver.

I do not accept the monolithic limit in the tradition of sculpture. Sculpture is as free as the mind, as complex as life, its statements as full as the other visual mediums combined. I identify form in relationship to man. The front view of a person is ofttimes complete in statement. Sculpture to me may be 1-2-3-4 sides and top view since the bottom by law is the base. Projection of indicated form, continuance of an uncompleted side I leave to the viewer or the suggestion of a solid by lines, or the vision of the forms revolving at given or varying speeds. All such possibilities I consider and expect the viewer to contemplate.

When such incompletions are evident, usually there are directives which can enable the viewer to complete the concept with the given form. The art form should not be platitudinous, predigested, with no intellectual or emotional demands on the consumer.

When I make sculpture all the speeds, projections, gyrations, light changes are involved in my vision, as such things I know in movement associate with all the possibilities possible in other relationships. Possibly steel is so beautiful because of all the movement associated with it, its strength and function. Yet it is also brutal, the rapist, the murderer, and death-dealing giants are also its offspring. But in my *Spectre* series. I speak of these things and it seems most functional in its method of statement.

Since 1936 I have modeled wax for single bronze castings. I have carved marble and wood, but the major number of works have been steel, which is my most fluent medium and which I control from start to completed work without interruption. There is gratification of being both conceiver and executor without intrusion. A sculpture is not quickly produced; it takes time, during which time the conviction must be deep and lasting. Michelangelo spoke about noise and marble dust in our profession, but I finish the day more like a greaseball than a miller. But my concepts still would not permit me to trade it for cleaner pursuits.

Distance within the work is not an illusion, it relates to the known measure known as inches in most of our considerations. Inches are rather big, monotonous chunks related to big flat feet. The only even inch relationship will be found in the sculpture base wherein the units 4-6-8-12, etc. are used in mechanical support. Rarely will an even inch be involved in visual space, and when it is approached it will occur plus or minus in variants of odd thousandths, odd 64ths, 32nds, and 16ths. This is not planned consciously. It is not important, but is my

natural reaction to symbolic life. Unit relationships within a work usually involve the number 7 or a division of its parts. I wasn't conscious of this until I looked back, but the natural selection seems influenced by art mythology.

My work day begins at 10 or 11 A. M. after a leisurely breakfast and an hour of reading. The shop is 800 feet from the house. I carry my 2 P. M. lunch and return to the house at 7 for dinner. The work day ends from 1 to 2 A. M. with time out for coffee at 11:30. My shop here is called the Terminal Iron Works, since it closer defines my beginning and my method than to call it «studio».

At 11:30 when I have evening coffee and listen to WQXR on AM, I never fail to think of the Terminal Iron Works at 1 Atlantic Avenue, Brooklyn, and the coffeepot nearby where I went, same time, same station. The iron works in Brooklyn was surrounded by all-night activity — ships loading, barges refueling, ferries tied up at the dock. It was awake 24 hours a day, harbor activity in front, truck transports on Furman Street behind. In contrast the mountains are quiet except for occasional animal noises. Sometimes Streevers's hounds run foxes all night and I can hear them baying as I close up shop. Rarely does a car pass at night. There is no habitation between our road and the Schroon River four miles cross country. I enjoy the phenomenon of nature, the sounds, the Northern Lights, stars, animal calls, as I did the harbor lights, tugboat whistles, buoy clanks, the yelling of men on barges around the T.I.W. in Brooklyn. I sit up here and dream of the city as I used to dream of the mountains when I sat on the dock in Brooklyn.

I like my solitude, black coffee, and daydreams. I like the changes of nature; no two days or nights are the same. In Brooklyn what was nature was all manmade and mechanical, but I like both. I like the companionship of music, I sometimes can get WNYC but always WQXR, Montreal, Vancouver, or Toronto. I use the music as company in the manual labor part of sculpture, of which there is much. The work flow of energy demanded by sculpture wherein mental exhaustion is accompanied by physical exhaustion provides the only balance I've ever found, and as far as I know is the only way of life.

Of course I get rides on. When I'm working I get so wound up with work that sleep doesn't come and I work through to 3-4-5 in the morning. This I did back in Brooklyn. All my life the work day has been any part of the 24, on oil tankers, driving hacks, going to school, all three shifts in factories. I once worked in a bank, but cannot stand the routine life. Any two-thirds of the 24 hours are wonderful as long as I can choose.

After 1 A. M. certain routine work has to be done, clearing up, repairing machines, oiling, painting, etc. I tune in WOR and listen to Nick's, Café Society, Eddie Condon's, whoever is on. After several months of good work, when I feel I deserve a reward, I go to New York, concerts at YMHA, gallery shows, museums, eat seafood, Chinese, go to Eddie's, Nick's, Sixth Avenue Cafeteria, Artists Club, Cedar Tavern, run into up-late artists, bum around chewing the fat, talk shop, finish up eating breakfast on Eighth Street, and ride it as hard and as long as I can for a few days, then back to the hills.

Sculpture is a problem. Both to me and to my dealer, the Willard Gallery. Aside from sales, the problem of transport and storage is immense. The intrinsic cost ofttimes is half its price, and never less than one-third. Only a few serious dealers handle it; some museums and a few collectors buy it. As dwelling space contracts, the size and concept of sculpture increases. I foresee no particular use, other than aesthetic, in society, least of all architecture. But demand was never the thing that made art in our period of civilization.

Sometimes I work on two and possibly four pieces at one time, conceptually involved on one, conceptually in abeyance on another waiting for relationships to complete; and on one or two others finished but for a casting to come from the foundry or grinding, finishing and a few hours of manual labor waiting to be done. Sometimes it's only a matter of mounting, weighing, measuring, and naming. Such detail work fits in schedule when the muse has gone. I maintain my identity by regular work, there is always labor when inspiration has fled, but inspiration returns quicker when identity and the work stream are maintained. Actually time overtakes much of my projects. I get only half of my vision into material form. The rest remains as drawings, which, after a certain time growth, I cannot return to because the pressing demand is the future. I have no organized procedure in creating. *The Fish* went through from start to finish with a small drawing in my work book, during its middle stage. *The Cathedral* matured from start to finish with no drawings. Usually there are drawings, anything from sketches in pocket notebooks to dozens of big sheet paintings.

The New Sculpture

A symposium on «The New Sculpture», held at the Museum of Modern Art on February 21, 1952, included this paper by David Smith.

Before knowing what art was or before going to art school, as a factory worker I was acquainted with steel and the machines used in forging it. During my second year in art school I learned about Cubism, Picasso, and González through *Cahiers d'Art.* From them I learned that art was being with steel — the material and machines that had previously meant only labor and earning power.

While my technical liberation came from Picasso's friend and countryman González, my aesthetics were more influenced by Kandinsky, Mondrian, and Cubism. My student period was only involved with painting. The painting developed into raised levels from the canvas. Gradually the canvas became the base, and the painting was a sculpture. I have never recognized any separation except one element of dimension. The first painting of cave man was both carved line and color, a natural reaction and a total statement.

My first steel sculpture was made in the summer of 1933, with borrowed equipment. The same year I started to accumulate equipment and moved into the Terminal Iron Works on the Brooklyn waterfront. My work of 1934-36 was often referred to as line sculpture, but to me it was as complete a statement about form and color as I could make. The majority of work in my first show at the East River Gallery in 1938 was painted. I do not recognize the limits where painting ends and sculpture begins.

Since the turn of the century painters have led the aesthetic front both in number and in concept. Outside of Brancusi, the greatest sculptures were made by painters. Sculpture is more immediate than painting for visual action. Natural constants such as gravity, space, and hard objects are the physicals of the sculpture process. Consequently they flow more freely into the act of vision than the illusion of constants used in painting. The fact that these constants or premises need no translation should make sculpture the medium of greatest vision. This I mention as a theoretic possibility; but the concept of the resistance of material is an element which is unique to this art form. A sculpture is a thing, an object. A painting is an illusion. There is a difference in degree in actual space and the absolute difference in gravity.

My position for vision in my works aims to be in it, and not a scientific physical viewing it as subject. I wish to comment in the travel. It is an adventure viewed. I do not enter its order as lover, brother or associate, I seem to view it equally as from the traveling height of a plane two miles up, or from my mountain workshop viewing a cloud-like procession.

In the Reisho school of Chinese character writing, the graphic aim was to show the force of carving in stone or engraving in steel. It is easy to see how this noble intent could express with such conviction. A Chinese painter explained that although the long blade leaves of an orchid droop toward the earth, they all long to point to the sky. This Chinese attitude of cloud-longing is an eye through which I view form in works of celebration and, conversely, in those of a specter nature.

Certain Japanese formalities seem close to me, such as the beginning of a stroke outside the paper continuing through the drawing space to project beyond, so that the included part possesses both the power of origin and projection. This produces the impression of strength, and if drops fall they become attributes or relationships. Similarly, if the brush flows dry into hair marks, such may be greater in energy, having at least a natural quality not to be reworked, being sufficient in intent to convey the stronger content. It is not Japanese painting but some of the principles involved that have meaning to me. Another Japanese concept demands that when representing an object suggesting strength — like rocks, talons, claws, tree branches — the moment the brush is applied the sentiment of strength must be invoked and felt through the artist's system, and so transmitted into the object painted. And that this nervous current must be continuous and of equal intensity while the work proceeds. As my material already possesses strength akin to the Japanese power-stroke intent, I take delight in using steel as a fluid with which to fashion velvet form within images when the intensity and feeling are the forces within the concept.

I have never planned a work of art to be left in the semi-finished state, or in the material not meant to be final. The intermediate stage of pattern, with the casting unrealized, would leave me in suspense. Rather I am content to leave hundreds of sculptures in drawings which time, cost, and conceptual change have passed by. Even with my production, some twenty works a year, production costs force limits in scale, material, and output, but if I depended on plaster and wax for bronze casting, the number of works would be cut in half.

When mass space is indicated by line or fenced form, the work time demanded due to the resistance of material before unity, the suspension and projection required by the natural law of gravity, demand more premeditation and sustained conviction than when the same form is drawn on a planar surface. The line contour with its variations and its comment on mass space is more acute than bulk shape. In vision the overlay of shapes seen through each other not only permits each shape to retain its individual intent but in juxtaposition highly multiplies the associations of the new and more complex unity.

I do not work with a conscious and specific conviction about a piece of sculpture. Such a decision is not an aim. The works you see are segments of my work life. If you prefer one work over another, it is your privilege, but it does not interest me. The work is a statement of identity, it comes from a stream, it is related to my past works, the three or four works in process and the work yet to come. I will accept your rejection, but I will not consider your criticism any more than I will concerning my life.

I do not consciously feel revolt against past art or European art in particular. I am conscious of the security of that development, from world art and contemporary technics, which permit my particular existence to be active in its own right with its own direction. This is not an exclusive position. This feeling is in part accountable for the tremendous art surge which exists throughout the country. And more so here than in any part of the world.

The material called iron or steel I hold in high respect. What it can do in arriving at a form economically, no other material can do. The metal itself possesses little art history. What associations it possesses are those of this century: power, structure, movement, progress, suspension, destruction, brutality. The method of unifying parts to completion need not be evident, especially if craft evidence distracts from the conceptual end. Yet the need to observe the virtue of the material, its natural planes, its hard lines, its natural oxides, its need for paint or its unifying method is only valid when within concept. These points related to the steel concept are minor and depend wholly upon the conceptual realization of the sculptor, but they are unique and have never existed before this century.

In work progress, I control the entire process from origin to finish. There are no in-between craftsmen or process distortions. It is the complete and total processing of the work of art. Economically this process has high virtue over other metal means. Outside of aesthetic considerations, the labor costs in casting are higher than the sculptor's own wages. Direct work is not meant to replace casting, but it more often conforms to my concept. But casting is a method and concept which holds its function as it has for 6,000 years.

The accommodation to each particular machine tool and its method is made familiar by use. The construction of the whole from its parts is made by fairly unconscious change of machine tools. The machine tool becomes an instrument of aesthetics in the art of addition. The transformation of unit parts into a unified whole from seemingly disparate units, by repeated action, result in full order. In fact, my beginning before I knew about art had already been conditioned to the machine — the part of the whole, by addition, or the quantity into quality concept. This aesthetic process relates closer to the mode of painting than to the historic making of sculpture.

The term «vulgar» is a quality, the extreme to which I want to project form, and it may be society's vulgarity, but it is my beauty. The celebrations, the poetic statement in the form of cloud-longing is always menaced by brutality. The cloud-fearing of specters has always the note of hope, and within the vulgarity of the form an upturn of beauty. Despite the subject of brutality, the application must show love. The rape of man by war machine will show the poetic use of form in its making. The beauties of nature do not conceal destruction and degeneration. Form will flower with spikes of steel, the savage idols of basic patterns. The point of departure will start at departure. The metaphor will be the metaphor of a metaphor, and then totally oppose it.

I believe only artists truly understand art, because art is best understood by following the visionary path of the creator who produces it. The Philistines will not attempt the projection. A work of art is produced by an expert. There must be expertness in its perception. There are degrees in expertness — some come close, some are on the fringe, some pretend. Degrees of expertness naturally apply to both the artists creating and the audience response.

Atmosphere of the Early Thirties

The following notes on the 1930's are from a note — and sketchbook kept about 1952.

One did not feel disowned — only ignored and much alone, with a vague pressure from authority that art couldn't be made here. It was a time of temporary expatriates, not that they made art more in France but that they talked it, and when here were happier there; and not that their concept was more avant than ours but they were under its shadow there and we were in the windy openness here.

Ideas were sought as the end but the result often registered in purely performance. Being far away, depending upon *Cahiers d'Art* and the return of patriots often left us trying for the details instead of the whole. I remember watching a painter, Gorky, work over an area edge probably a hundred times to reach an infinite without changing the rest of the picture, following Graham's recount of the import put in Paris on the «edge of paint». We all grasped on everything new, and despite the atmosphere of New York worked on everything but our own identities. I make exceptions for Graham and Davis, especially Davis, who though at his least recognized or exhibited stage was the solid citizen for a group a bit younger who were trying to find their stride. Matulka had a small school on Fourteenth Street but maintained a rather secluded seriousness painting away on Eighty-ninth Street East, as he still does. [Joseph] Stella often was around Romany Marie's but I did not think his work matched the monopoly discourse he preferred. Xceron was back and forth between Paris and New York, and in Paris wrote art criticism for several American papers.

Our hangouts were Stewart's Cafeteria on Seventh Avenue near Fourteenth Street close to Davis's studio and school, and 5 cent coffee was much closer to our standards, but on occasion we went to the Dutchman's, McSorley's and Romany Marie's. We followed Romany Marie from Eighth Street, where Gorky once gave a chalk talk on Cubism, to several other locations. Her place came closer to being a Continental café with its varied types of professionals than any other place I knew. It was in Marie's where we once formed a group, Graham, Edgar Levy, Resnikoff, De Kooning, Gorky and myself with Davis being asked to join. This was short-lived. We never exhibited and we lasted in union about thirty days. Our only action was to notify the Whitney Museum that we were a group and would only exhibit in the 1935 abstract show if all were asked. Some of us were, some exhibited, some didn't, and that ended our group. But we were all what was then termed abstractionists.

Questions to Students

The following series of questions appears in an undated typescript among the David Smith Papers. Probably written about 1953-54, it accurately reflects Smith's view of the way an artist should approach his work.

1.   Do you make art your life, that which always comes first and occupies every moment, the last problem before sleep and the first awaking vision?

2.   Do all the things you like or do amplify and enjoin the progress of art vision and art making?

3.   Are you a balanced person with many interests and diversions?

4.   Do you seek the culture of many aspects, with the middle-class aspiration of being well-rounded and informed?

5.   How do you spend your time? More talking about art than making it? How do you spend your money? On art materials first — or do you start to pinch here?

6.   How much of the work day or the work week do you devote to your profession — that which will be your identity for life?

7.   Will you be an amateur — a professional — or is it the total life?

8.   Do you think the artist has an obligation to anyone but himself?

9.   Do you think his contemporary position is unique or traditional?

10.   Do you think art can be something it was before? Can you challenge the ancients?

11.   Have you examined the echoes of childhood and first learning, which may have once given you the solutions? Are any of these expectancies still operating on your choices?

12.   Do you hold with these, or have you recognized them? Have you contradicted them or have you made metaphoric transposition?

13.   Do you examine and weigh the art statements of fellow artists, teachers, authorities before they become involved in your own working tenets?

14.   Or do the useful ideas place themselves in a working niche of your consciousness and the others go off unheard?

15.   Do you think you owe your teachers anything, or Picasso or Matisse or Brancusi or Mondrian or Kandinsky?

16.   Do you think your work should be aggressive? Do you think this an attribute? Can it be developed?

17.   Do you think your work should hold within tradition?

18.   Do you think that your own time *and now* is the greatest in the history of art, or do you excuse your own lack of full devotion with the half belief that some other time would have been better for you to make art?

19.   Do you recognize any points of attainment? Do they change? Is there a final goal?

20.   In the secret dreams of attainment have you faced each dream for its value on your own basis, or do you harbor inherited aspirations of the bourgeoisie or those of false history or those of critics?

21.   Why do you hesitate — why can you not draw objects as freely as you can write their names and speak words about them?

22.   What has caused this mental block? If you can name, dream, recall vision and auras why can't you draw them? In the conscious act of drawing, who is acting in your unconscious as censor?

23.   In the conceptual direction, are you aiming for the successful work? (To define success I mean the culminating point of many efforts.)

24.   Do you aim for a style with a recognizable visual vocabulary?

25.   Do you polish up the work beyond its bare aesthetic elements?

26.   Do you add ingratiating elements beyond the raw aesthetic basis?

27. If you add ingratiating elements, where is the line which keeps the work from being your own?

28. Are you afraid of rawness, for rawness and harshness are basic forms of U.S. nature, and origins are both raw and vulgar at their time of creation?

29. Will you understand and accept yourself as the subject for creative work, or will your effort go toward adapting your expression to verbal philosophies by non-artists?

30. If you could, would you throw over the present values of harmony and tradition?

31. Do you trust your first response, or do you go back and equivocate consciously? Do you believe that the freshness of first response can be developed and sustained as a working habit?

32. Are you saddled with nature propaganda?

33. Are you afraid to exercise vigor, seek surprise?

34. When you accept the identification of artist do you acknowledge that you are issuing a world challenge in your own time?

35. Are you afraid to work from your own experience without leaning on the crutches of subject and the rational?

36. Or do you think that you are unworthy or that your life has not been dramatic enough or your understanding not classic enough, or do you think that art comes from Mount Parnassus or France or from an elite level beyond you?

37. Do you assert yourself and work in sizes comparable to your physical size or your aesthetic challenge or imagination?

38. Is that size easel-size or table-size or room-size or a challenge to nature?

39. Do you think museums are your friend and do you think they will be interested in your work?

40. Do you think you will ever make a living from museums?

41. Do you think commercial art, architectural art, religious art offer any solution in the maturing of your concepts?

42. How long will you work before you work with the confidence which says, «What I do is art»?

43. Do you ever feel that you don't know where to go in your work, that the challenge is beyond immediate solution?

44. Do you think acclaim can help you? Can you trust it, for you know in your secret self how far short of attainment you always are? Can you trust any acclaim any farther than adverse criticism? Should either have any effect upon you as an artist?

In particular, to the painter —

Is there as much art in a drawing as in a watercolor — or as in an oil painting?

Do you think drawing is a complete and valid approach to art vision, or a preliminary only toward a more noble product?

In particular, to the sculptor —

If a drawing is traced, even with the greatest precision, from another drawing, you will perceive that the one is a copy. Although the differences may deviate less than half a hair, recognizable only by perceptual sensitivity, unanimously we rule the work of the intruder's hand as non-art.

But where is the line of true art — when the sculptor's process often introduces the hands of a plaster caster, the mold maker, the grinder and the polisher, and the patina applier, all these processes and foreign hands intruding deviations upon what was once the original work?

The Artist and Nature

In the following address, given at the University of Mississippi on March 8, 1955, Smith speaks on the subject of nature and again dwells on the artist's identity.

To talk about nature as the artist's subject has been more the preoccupation of those who do not like to look at art but need easily recognizable objects to talk about. Nature has especially been the harangue of professional critics who lack the courage to oppose openly certain advanced schools of art.

The demand for nature usually boils down to the fact that what is wanted are echoes instead of invention. At times artists talk about nature and state dependence upon it. Some echo the demand made by critical expectancy. Some use the word in their own particular terms with their own meaning. After all, everything that happens in art must happen in nature.

An attitude critical of nature comes from those outside of art making and usually represents a limited vision. Artists learn more from art than from nature. Works of art are more the artist's identity than nature-object identity. But with the change of time, and the change in environment, different artists choose different aspects of nature.

Nature, after all, is everything and everybody. It is impossible for any artist not to be of nature or to deal with problems other than those of nature. On the whole, we are more compassionate than to view nature critically. Being a part of nature we do not question it. We accept it and as one of its elements called creative man, we function.

Reality better represents the artist's term for his position and that, like his own term for nature, includes man the artist along with his imagination. Reality includes the visual memory of all art, and the working reality of his particular art family. The heritage to which he is born is something he knows and accepts as his identity, as one knows and feels his own personal family. His interest in reality is not its prosaic representation but the poetic transposition of it.

Like primitive man, the artist often imagines reality better than he can understand or explain it. In fact, the whole creative process in art flows by vision, without questioning it, without words or even the thought of explanation.

The eidetic image, the after-image, is more important than the object. The associations and their visual patterns are often more important than the object. Ambivalences in visual terms may be more expressive. White is more white when it is dominantly black. Visual metaphoric exchange is perceived daily in many ways. When it is verbalized its poetic value is lost. The mind's eye and not the mirror eye contributes to the perceptual realization of art making more than the reporting view or the idea way.

From the most recent contemporary view the only reality the artist need recognize is that he is the artist. Within this realization he identifies himself as the maker of art, independently, personally, wholly devoted. The maker of art is his nature and his reality. In effect he becomes his own subject matter.

He has not arrived at this position suddenly and alone. It has been a family heritage, especially his art-family of the twentieth century. Impressionism, Post-Impressionism, Fauvism, Cubism, Constructivism, De Stijl, and Surrealism are all in his kinship.

The United States aesthetic at the turn of the century was dependent upon the European. Most of our artists studied in Paris, the art center of Europe, encountered, followed, or contributed to the various new and revolutionary ways art was forming. Beginning in 1909, Stieglitz's gallery in New York exhibited some returning painters essentially influenced by Post-Impressionism, namely Weber, Hartley, Maurer, [Bernard] Karfiol, and [Samuel] Halpert. This was the beginning of our change. After the Armory Show in 1913 early Cubism introduced another vision to accompany Post-Impressionism. For a short time these two movements stimulated United States artists to a semi-abstract position. The sculptors Archipenko, Laurent, and Lachaise became United States residents, bodily moving their work and views into the academy conservatism of the United States sculpture scene. There was no unifying stimulus and little public support. The conviction of the new view for most of the artists was not deep enough to last long. The concept of Cubism was still fluid, and not well defined — some of our painters got waylaid with Italian Futurism, its speed and machines which, in a way, was more definite due to the manifestos, writings, and organized effort. Most of our painters worked with a realist concept, applying a Futurist or Cubist rendering. Until 1940, the abstract painters or sculptors in our country could be counted in single numbers.

After 1946, the abstract painters and sculptors blossomed by thousands. With 1950, a new movement, yet unnamed for certain, but most often referred to as «Abstract Expressionism,» developed without manifesto or organization, indigenous and independent, the United State's first native art movement. The history of this is in process, the situation is still fluid. Claims are made that France had a simultaneous movement, but I believe history will show our lead. Some of the French critics have given this credit to us.

This movement in the United States was much like Cubism in France. Cubism was not an organized movement, but those who participated in it agree that its collective result came from each man's individual poetic vision and wholly within his own nature. Cubism did not include all the great artists and innovators in Europe at its peak of 1910-14 any more than Abstract Expressionism includes all the truly creative work in the United States up to 1955. The reference to schools by either name is most general.

It doesn't matter particularly whether the French or United States artists were first. We have come of age, and intuitively create with an autonomous conviction. I couldn't begin to name these new-order painters and sculptors. There are thousands. Their number increases steadily in all parts of the country.

The masters, Picasso, Matisse, Bonnard, Rouault, Brancusi, Braque, etc., have stayed the masters. We are their inheritors as much as their own countrymen or the countries in which they have chosen to live.

Many Europeans have come to our country either as guests or refugees — Chagall, Léger, Miró, Masson, Klee, Moore, Brancusi, and many others. Even as visitors, they have fortified our art. Others like Lipchitz, Mondrian, Gabo, Duchamp have become United States residents, bringing part of the international heritage to our country. Nothing in particular, but in general many things have made our environment.

I suppose historians will be able to find reasons to suit their needs why we have happened, but I hope we are eclipsed as the relative beginning of a greater movement.

As we stand, we have no dependence upon the outsiders who say what art is, was, or should be. We realize that the aestheticians only can speak after the act of art. We are always ahead, and further separated from them by the fact that the heritage of our art is always visual and not verbal. The theory-laden historians truth-beauty calculations of past ages have no connection with us.

We work with our own convictions. We will stand or fall with the confidence that art is what we make.

Painting carried the creative banner at the turn of the century. Brancusi, our greatest living sculptor, was the only exception. Cubism, essentially a sculptural concept originated by painters, did more for sculpture than any other influence. Besides, some of the greatest departures in sculpture were made by painters. Both Picasso and Matisse contributed works with origins quite outside the sculptor's concept. Picasso made the first Cubist head in 1909. It was Picasso, working with another Spaniard, González, in 1929, who made the iron constructions utilizing «found» or collected objects.

Cubism freed sculpture from monolithic and volumetric form as Impressionism freed painting from chiaroscuro. The poetic vision in sculpture is fully as free as in painting. Like a painting, sculpture now deals in the illusion of form as well as its own particular property of form itself. Both new vision and new material have contributed importances and new paths. But certainly what is most important on our scene is the identity the artist has attained.

González: First Master of the Torch

The pioneering welded sculpture that Julio González began executing in the 1920's was perhaps the single most important influence in the development of David Smith's work. Smith frequently acknowledged his debt to González, and in this article, published in Art News *in February, 1956, pays tribute to the Spanish artist.*

The Bull in its symbolic action has stood for many things in Picasso's history, things Spanish and things noble. The Bull has been the artist, the people of Spain, the open-eyed conscience of free men, the disemboweler of the lie of Franco, the aggressive protector of women, and among other symbols, the lover of woman.

But after the death of Julio González, Picasso's friend of forty-five years, the Bull becomes a skull on a green and blue fractioned table before the window curtained in violet and black.

Coming home from the funeral Picasso had done this picture of a bull's skull and dedicated it: *«En hommage à González».*

To the wall of his studio was tacked a snapshot of his friend. For Picasso all source of life becomes the nature of painting.

On what peaks did memory ride — for they were friends from youth, from the days of the Barcelona café, Els Quatre Gats. In 1901 Picasso shared González's living-quarters in Paris until he found a studio. Throughout the succeeding years they remained on good terms, visiting each other, even working together; and then, the end at Arcueil in March of 1942.

The youngest of four children (the others, his sisters Pilar and Lola, his brother Juan), González was born in Barcelona in 1876. Both Juan and Julio were apprenticed in their father's metal shop, becoming third-generation smiths. With other ideas in mind, the brothers studied painting at night at the Barcelona School of Fine Arts, which Miró was to attend fifteen years later. They knew Els Quatre Gats, the Spanish counterpart of the Parisian Chat Noir and gathering point of the local avant-garde. Here the youthful Picasso had decorated the walls with twenty-five portraits of writers and artists who frequented the café.

During the 1890's the tension between the impoverished multitudes and the wealthy few of prosperous Barcelona manifested itself in a series of strikes, reprisals, and acts of anarchy. Dispossessed refugees pouring in from Cuba increased the degree and extent of the economic problem.

The intellectual reaction to the social distress and rebellious temper of the times was to revolt against tradition and authority and embrace the attitudes of «modernism». Thus Barcelona awoke to the romanticism of the age, Art Nouveau, the Gothic Revival, Wagner's music, Lautrec's presentation of Paris and the bohemian life, Maeterlinck's drama, the Pre-Raphaelites, and the climaxing monument to the new art, Gaudí's cathedral.

I feel González coming from Barcelona and looking back lovingly at Gaudí's cathedral of the «Sagrada Familia», respecting Gaudí's source in nature and the unities of iron and stone.

González's notebook contains statements about the new art which seem almost parallel ideals for the Catalonian Gaudí's cathedral: «To project and draw in space with new methods... Only the pinnacle of a cathedral can show us where the soul can rest suspended... These points in infinity were the precursors of the new art.» In another reference to a cathedral he speaks of «the motionless arrow» which to me seems more the arrowhead Excelsis Hosanna towers of Sagrada Familia than the Gothic or Romanesque spires which he loved in France. His notes several times speak of form by established «points or perforations». There is a marked unity in his stone bases and the iron sculpture, a sensitive feeling for material and proportion. I feel the kinship with Gaudí's stone angels, their iron trumpets and iron arm supports, in the feeling of flying form and unorthodox balance. Work by the González shop may even be in the cathedral. I can find no verification for this, but José de Creeft, who worked on it as a plasterer's helper at the age of twelve, says that every craftsman in Barcelona did.

The craft work of both brothers progressed so well that it was shown in the Chicago World's Fair, 1893, and in the same year took a gold medal in the Barcelona Exposition.

The period from his arrival in Paris around 1899 until 1927 did not show strong sculptural conviction. This, perhaps the most difficult and dramatic period of his life, was the least fruitful. Unproductive months followed the death of his brother. Then, repoussé masks, drawings, and paintings proceeded out of his struggle for some fifteen years.

There seems to have been conflict between the divided identities of painter and metalsmith.

When a man is trained in metal-working and has pursued it as labor with the ideal of art represented by oil painting, it is very difficult to conceive that what has been labor and livelihood is the same means by which art can be made. (Perhaps I am basing this more on sympathy than fact in González's case, because it is a reconstruction of my own experience. Before I had painted very long I ran across reproductions in *Cahiers d'Art* of González's and Picasso's work which brought my consciousness to this fact that art could be made of iron. But iron-working was labor, when I thought art was oil paint.)

In this period of groping, González felt the need of men strong and firm in their destiny, like Brancusi and Picasso. Undoubtedly their encouragement played a part in his slow battle with himself. At the same time the very closeness to these two titans personally could not permit any influence in his own work.

It seems true that something kept his painting from flowering. At the same time he pursued metal work, which apparently represented the sculptural part of his nature before it had asserted its singular self. From the chronology of his life and from the knowledge of friends, as soon as he accepted his true identity as that of the sculptor, his expression became more challenging and his works more prolific. Concurrent to this came the use of the acetylene torch, which was not, I think, a part of his early apprenticeship or of the metal-craft period.

He was past fifty when he accepted the sculptor's identity, discarded the silversmith's scale and purpose, and abandoned oil painting formally, accepting drawing as the complement of sculpture. Some of the finer parts of craftsmanship were dropped, a casual approach technically developed with the dominance of conceptual ends. Craft and smithery became submerged in the concept of sculpture. The aesthetic end was not dependent upon its mode of travel.

The period in which González worked for Picasso has not been determined by the statement of either as far as I can learn. It does not seem important. The technical collaboration made neither change nor influence in the conception of either artist. During the several years it existed, each pursued his own work in his own way, Picasso with his concepts for Mediterranean monument houses, the elongated bronze stick figures, etc.; González reaching his prolific period with *Don Quixote*, a number of still lifes, the best of his masks, and a large number of flying iron drawings, like *Standing Personage* and *Woman Combing Her Hair.* The possible dates of this intermittent collaboration lie somewhere between 1928 and 1932.

González was encouraged by Picasso to continue and expand; something very definite was gained by their union, but it was more abstract than a recognizable influence.

The best of González is in his abstract work, but existing concomitantly is a socially conscious theme of realism. These are the *Montserrats* or her variations. They start in 1932 with a small head, *Montserrat,* continue to the full-sized figure in 1936 and end with a bronze head in 1942. *La Montserrat* is the symbol of Catalonian woman in her nobility, her cries against injustice, her suffering. She is the symbol of things noble and things Spanish, analogous to Picasso's bull.

Of the two unfinished plaster works begun in 1941, one was abstract; the other a screaming woman on her knees, which parallels the *Montserrat* series in its realism and sympathy.

I have learned of no notes relating to the realist approach. There are no poetic «directions to carve space,» no «motionless arrows pointing toward the starts where the soul can rest suspended or indicate points of hope,» as he gives his ideals for sculpture. These are volume sculptures, arrived at with great love and patience. They show the tremendous urge to speak out in the way the quiet man and artist could best present his statement.

A man as withdrawn as González was ordinarily not given to fraternizing. An exception was his attendance at weekly meetings held at the studio of Torres García in the late twenties and early thirties. To these discussion evenings came an interesting group, mostly young, almost exclusively expatriate: Mondrian, Arp, Bissière (later Hélion), Van Doesburg, Seuphor, Daura, Xceron, John Graham, Vantongerloo, Queto, Charchoune, Cyaky, Brummer, and others. From the same address was published the magazine *Cercle et Carré,* edited by García and Seuphor. The painter Xceron, then writing art reviews for the Paris edition of the *Chicago Tribune,* was probably the first American to write about González's work, which he did most favorably and understandingly. Graham, another painter-member of the group, was probably the first American to buy González's sculpture. The three pieces he bought in 1930 were, as far as I know, the first in this country.

A. E. Gallatin, who was known to most of this group, in 1934 bought a silver sculpture done two years earlier and a drawing for his Museum of Living Art. Graham describes the noted sculptor as he remembers him in 1930: «Small, dignified, dressed in black like a real Mediterranean, lean, graying, a quiet and modest person, dreamy and detached, in the way of many thoughtful Spanish men, an attractive person looking more in than out. He commanded sympathy and respect.»

One of those who knew him best during the last years of his life was Henri Goetz, an American painter living in France. In 1937 Goetz became acquainted with González, his wife and sisters through Hans Hartung, who married the sculptor's daughter Roberta. A strong family friendship developed, with Sunday dinners at Arcueil in the house González had built according to his own plans, and drives through the countryside to look at Gothic churches in an old Citroën González bought in 1938. Indicating the sculptor's gentle humor, Goetz recalls the way he used to pass the weekly dish of carrots and slyly say, «Do take a wing.»

González was not much given to art talk or theory and in these family discussions of abstraction, Mondrian, Kandinsky, etc., he was at aesthetic odds with Hartung and Goetz, who took the favorable view.

In one of his infrequent confidences of an aesthetic nature he told Goetz that he sometimes used the Golden Section (1.6180). This mathematical ideal of the relationship of the diagonal with the side of the square may be homage to Cézanne and the 1912 *Section d'or* exhibition, or something very personal from his painting period. The Golden Section has always been a constant in the eye of man. It may have been a personal method of evaluating, but it is certainly not the inspiration.

Regarding his own work González was adamant in pointing out the relationship between his sculpture and the real elements — such as hair, teeth, eyes — which in a very indirect way composed them. Goetz recalls his buying what was for his circumstances a very costly tool — possibly a shearing tool — to work on the teeth of a sculpture. The beautiful head of 1936 which Alfred Barr acquired in 1937 from Christian Zervos for the Museum of Modern Art collection clearly illustrates his preoccupation with features.

González was extremely prudent. Early in the war he gave up welding, fearing that if bombs dropped his oxygen and acetylene tanks would blow up, although the lorry factory less than a hundred yards away had many tanks in constant use.

González never became a French citizen. He was Spanish, but insisted on the distinction of being a Catalonian.

Critical accent has been placed upon who was first in iron or welding. This speculation is no more valid than the Renaissance oil paint controversy. González was an apprentice in his father's shop, his work with metal starts in childhood. It is not innovation that makes art but inspiration. On the relationship with Picasso, Xceron recalls that he came to González's studio in Rue de Médée around 1928 to work on the statue for the tomb of Apollinaire. In Picasso's iron sculpture the concept and the forms are strictly his, as are González's in his own work. With Gargallo, whom González instructed, the technique becomes developed in a spectacular way, but the concept remains essentially academic.

The Cubists used iron (i.e., Laurens's *Composition*, 1914) as did the Constructivists (Tatlin in 1917, Meduniezky in 1919, etc.). De Creeft made an iron stovepipe *Don Quixote* in 1925; Lipchitz told me of a 1928 iron sculpture he exhibited in his 1930 Paris retrospective show. No one was first. All materials have properties by which they are shaped; art lies in the concept, not the technique. You can find more art in paper scraps than in crafted gold.

Wrought metal sculpture goes back to the Bulls of Al 'Ubaid (3000 B.C.) and the life-sized figure of Pepi I from Hierakonpolis (2300 B.C.). A whole age of iron welding and forming flowered in Syria in the eleventh to ninth century B.C. The iron headrest of Tutankhamen (1350 B.C.), believed to have come from Syria, was welded. In Genesis, Tubal Cain, husband of Zilah, is referred to as the instructor of every artificer in bronze and iron. Iron welding and working has been in evidence in almost every period of culture in both art and function.

M e m o r i e s   t o   M y s e l f

The following speech was given at the Eighteenth Conference of the National Committee on Art Education at the Museum of Modern Art, New York, May 5, 1960.

The title meant everything when I was up in the country, snow on the ground, and it was lonesome, and I said, «Yes, I will, sounds like a good idea, I can get down to New York.» The title was inconclusive enough, would cover anything I could think of. I made some notes, came to New York. After several days I was working very seriously. I must have had twenty sheets of yellow paper in longhand. It seemed reasonably good so I got a stenographer and had it typed up. Then, as I sat reading it, I thought it was pompous, and it was didactic, and it was all the things I declaim against. I got discouraged and threw the speech away, so I have no address.

The night before last a couple of friends dropped over — Robert Motherwell and his wife, Helen Frankenthaler. Mr. Motherwell has been on the staff of Hunter College and has lectured at a number of universities. I told him my plight, and he said, «Be honest. If you are really honest, what would you say?» I said that is a very hard thing to be, and it is a very hard thing to ask other people to be, and this can only be hypothetical as if it took place in vacuum. And if it took place in a vacuum and I were really honest with you I would apologize because I have not done better, because I have wasted time. I know that more than anybody else. I have fallen for divertissements, followed blind alleys when I should have been working. Work has always given me back more than anyone or anything so I'm not sure what I'm going to say.

In our talk Motherwell was saying, «What are your resentments?» I said, «I have a lot of resentments.» And he said, «Why don't you start with those?» I want to start with some resentments. They begin early. I'll start with the first college I attended, my first hope. I resent their art without painting. I don't think I'd seen a genuine oil painting. I had not seen an original sculpture, when I went there to study. They had me making tile designs in the Department of Education. I was not able to enroll in the department which they call Fine Arts until a year or so after I had made tile designs. I had never seen a tile design in my life and I didn't know what I was doing, and neither did the college, except that they were teaching me how to teach something I couldn't do. I've been sore at art education ever since. There are a lot of things I wish people had taught me. I wish somebody had taught me to draw in proportion to my own size, to draw as freely and as easily, with the same movements that I dressed myself with, or that I ate with, or worked with in the factory. Instead, I was required to use a little brush, a little pencil, to work on a little area, which put me into a position of knitting — not exactly my forte. There wasn't a movement in my life up until that time that ever made me knit or make a tile design. I think that the first thing that I should have been taught was to work on great big paper, big sizes to utilize my natural movements toward what we will call art. It doesn't matter what it might look like. I think the freedom of gesture and the courage to act are more important than trying to make a design.

I've tried to make up for that in my teaching of other people. That has been one reason I've taught. That, and the necessity of earning a living. In the thirties my work was small — even small work was difficult to produce — so were paintings small. Part of it was the tradition of our time. I think everyone worked small — because it wouldn't fit into apartments, or because you didn't have the idea of working to your own size. Also during the WPA, at twenty-three to twenty-seven dollars a week you couldn't buy materials to make sculpture very big, and painters couldn't make paintings very big either.

As far as a way of working, my concept developed in a strange way. When I worked with parts to the whole — it was a «natural» that started in the thirties — the unities and the parts that I put together were on the defensive. Maybe I didn't mention it then, and possibly nobody knew it until the whole conception was presented, but sometimes some of those things had to be done because I didn't have the money to do it any other way. There were very few of us that made bronze castings in the thirties. Then there was a period after that of maybe ten years when one just kept working, and nothing publicly happened: little chance to show, surviving on the appreciation of friends, but mainly other artists. In the thirties it was very nice because everybody said what art was, except artists. The authorities all declaimed and in unity declared the abstract concept dead. I read it in the press any number of times. Connoisseurs and distinguished critics came from Europe declaring that our concept was dead in Europe. Presumably, so were we. The critics said so, the dealers said so — there were very few exhibitions of abstract art during those years. It seemed then that there was a known secret about art, known to the connoisseurs or the authorities. One secret about art, of course, it was all made in Europe, but then abstract concepts were also supposed to have passed. I know that it really didn't matter very much what the concept was. We all know it now. It doesn't matter so much what the point of view is, whether it is abstract or not abstract. The art that's produced depends much more on the conviction of the man who produces it. You work from your identity — that demand from yourself — and by personal conviction of your own cause more than the fads or the order of your time. I appreciate at the same time artists like Bonnard, Matisse, Picasso, Mondrian, and Kandinsky. From this group it is more the man and his challenge and how he identifies himself as an artist.

Another resentment I hold against higher education called colleges is that the teaching of tradition always left me feeling defeated. Art history has been a pre-defeat on the artist, in a contemporary sense. If I could choose I would teach the student for at least three or four years to be a painter and sculptor, and nothing else. I would teach these as the true arts. I would teach this without history or crafts.

There is no true art history, no true appreciation. All are prejudices to be developed after the teaching of painting and sculpture. If at all. They really belong to the non-artist. At this particular time in the world, I think we are ready to openly face the fact that we need painters and sculptors in society. The statement is axiomatic, probably, because they already exist. I think we should face true art and teach it. Is it practical? I imagine there are more painters and sculptors surviv-

ing today than there are potters, bookbinders, and any of the crafts. Practically, true art teaching can hardly be objected to, but spiritually it involves an effort to teach perception — an opening toward perceptual vision, which exists nowhere else in the educational system.

I wish to make a very arbitrary statement about what art is. Art is painting and sculpture. From these we must start. It is very necessary to have a good gallery and a responsible staff and an acquisition policy to maintain the contemporary review. You cannot organize good exhibitions unless you make acquisitions. It's a stimulation to have a gallery. You teach art — painting and sculpture — more by visual stimulation than by word wisdom. I don't think that you can use half-ancient analogies in teaching painting and sculpture. I don't think you can say, in the fifteenth century such and such. Those analogies have no basis. I haven't heard one without holes. The only analogy to teach with is in the contemporary sense, or a contemporary act. You first of all teach people to use their own senses. That is not always easy. I don't know how you teach roots — visual thinking, courage, perception — but all people have and use these and do not exist without them. They develop by work and work discipline. Very few people think with words, never the artist. If you don't confuse with word thinking, the students naturally think or perceive by vision, and their evaluations are all done in a perceptual way. But much of the educational system confuses thinking, thinking by words. I've read discussions by mathematicians on the way they think. They do not think with words. Once in a while one of them does. But it may be one in about twenty. Most mathematicians think very much like artists. Their original impulses are visual.

I would like art to be taught as artists are taught and as artists make art. That is in a perceptual-visual way. In teaching art I haven't inquired who is, or who is not, going to be an artist. I don't want to teach a special art for the education department. I am interested in teaching art to the best of my ability. I do not wish to make adaptations. First of all I don't think you can be a good art teacher unless you are a good artist. I think art teachers ought to be painters or sculptors, and I think they ought to be active. They stimulate by the fact of their being. There is so much to be conveyed that is not a word matter in teaching, it is not all direction, and it is not the still life you set up. It's a stimulation, in a fine sense, a professionalism that is projected. I do maintain that the best way to learn is to follow the act with complete conviction — to teach art as though everyone in that class is going to be an artist, although we do not expect everyone to be an artist. What they do will be their own problem. And I think most artists might agree that that is the way to teach art.

We have all let anthropologists, philosophers, historians, connoisseurs and mercenaries, and everybody else tell us what art is or what it should be. But I think we ought to very simply let it be what artists say it is. And what artists say it is, you can see by their work. I would like to leave it just like that.

I use the term drive because I think it an essential element in arriving. When a student fails to do his assignment and gives an excuse instead, after two excuses I just assign a hundred extra drawings — that's a new requirement of the course for them before they can pass. That's not so bad. I've seen dullards, after they did a hundred drawings under pressure, get so they liked to draw. One of the best students I had was a girl to whom I once gave this assignment. Of course, we may have had to decide what was a drawing. I accepted the definition of drawing as any piece of paper that had a mark on it, on the basis of self-respect. A student wouldn't give you a hundred pieces of paper with a mark on each one. Possibly one sheet of paper with one mark, but it isn't long before he feels the need of more than one mark. By the time students make three or four marks they are already draftsmen. Everybody is intimidated about marks on paper, or marks on canvas. One is a very simple thing to do. You must help to uninhibit and unintimidate people before they can get involved in the creative act. I think that is one of the important things in teaching — to unintimidate. Freedom should be first before judgment and self-criticism.

Utilizing another atmosphere is often an elevating aid in drawing. Music appeals to me in that way, rather than art history or art appreciation. I would much rather teach with music. I would also prefer to have them read the autobiography of Sean O'Casey to learn about conflict. Practically nobody I know has so much conflict, or meets so much opposition, as O'Casey did in his early life. Even now, up to today, O'Casey's life isn't without it. He has high respect, but he's not a man of means. The first year is very important to make students work. Because our whole attitude is too soft, I am against students wasting my time and their opportunity — it leads to the wrong life-attitudes. To develop the work pattern, you may have to drive, but work in the class should be tougher than usually it is in most schools. It's just as important to develop drive as it is to develop the coordination of movement of your daily action to the coordination of making art. I wouldn't remove art from the movement of the person. As I said at the outset, people have different states of gesture. Some people move bigger than others. I would try to develop the gestures so that the act of growing came within the natural gesture of that person until he is free, and until his decision controlled him to do otherwise. I said art ought to be taught by working artists. I am certain of it. I think the whole order of teaching should be toward developing the student to the highest degree. I don't think direction without example is effective. Poor teaching is not always the teacher's fault. But everything is the teacher's fault. If you really started on it, you would probably have to change the president, the board of trustees, and the deans and all that sort of thing to get a decent teaching situation to produce the best students. Ossification has started at the top.

There is an illusive quality called determination. I don't know how you teach determination. Sometimes the most able and the most brilliant students are the ones who fall out before they arrive at a career. On the other hand, I've seen seemingly dull students succeed because of their determination. I've seen it happen a number of times. I've witnessed it recently, under my teaching. Seemingly I could get nothing across — no response to urgency. They were slow on the take, or they needed other people, or they needed other experience. But finally, not being the best artists, being the slowest and showing the least result, they turned out to have the bite — maybe they were bitten harder. And because they got there they had to work harder. I know two or three artists in New York who came out of the Midwest. They were not exceptional to start, but they are now. It took longer.

In teaching there are statements from other arts that complement our own direction. There are statements by Camus, Stravinsky, O'Casey — there are statements by Gabo, Ben Shahn, Duchamp. There are hundreds of statements by artists. You can even take the difference of position in statements by Kokoschka and Shahn as against maybe Duchamp or Gabo — even in different points of view. But those things have so much more contemporary and immediate importance for the young artist than Plotinus or Theophilus or Vitruvius or most anybody of the classic position, because I do not believe that artists utilize the myth of history and the past. I think the most impressive and the most useful thing they get is that their true influence comes from the present: it's very immediate, it's very much like a family, it's very much like their own family — father, grandfather. This particular position in time is quite twentieth century. I don't think the influence of the Renaissance — I don't care how much Renaissance you inject, or how much Gothic or Romanesque or Greek or Roman you present — helps in a working direction like the feeling of their own family, like immediacy and the heritage of their own time.

You work as you feel — and you are as you are. You come from your own family — your own heritage — and that is a thing you cannot denounce. You also exist in life within that family, and within that century, and within that time. I don't think you ever leave that, no matter how much or how nobly you aspire, or how many ancient ideas you embrace. I'm not much given to art history for students. I think the contemporary position of this student is more important than all the art history you can give him.

O'Casey said, «Thrust ahead slowly and deeply — if it is in you to do a thing. If you decide that you can, then do it even if it keeps you busy until the very last hour of your life.» I would have liked somebody to have told me that when I went to college. I didn't know it was that easy. I didn't know it could be done at all.

Somehow it seems to me that the way you progress is by the amount of conflict and the amount of struggle that you survive. That also means the physical struggle. The more of the conflicts you survive, the stronger you are for the next one. It happens in daily life. To any creative person it happens every day in his work. It's a natural thing in working. But the strength is not the high-flown ideology. It is the conviction you have in yourself, how you identify yourself as the artist, as the worker. You never teach equality. To my way of thinking equality is defeatist. You have to teach him what the world is now. The challenge is to excel beyond what he is given. The artist-student has to be different and better than his history. Any type of equality teaching is only in a sense historic teaching, because you are leading the students up to the unknown quantity which becomes his challenge. You can help identify him in the time he lives, and with his family. That is why I say equality is defeatist. The challenge is beyond the known factor of equality.

I would also teach this hypothetical student that provincialism or coarseness or unculture is greater for creating art than finesse and polish. Creative art has a better chance of developing from coarseness and courage than from culture. One of the good things about American art is that it doesn't have the spit-and-polish that some foreign art has. It is coarse. One of its virtues is coarseness. A virtue can be anything, as long as that conviction projects an origin — and fresh courage. As long as it has the fire, I don't think it matters, because there are all kinds of qualities in art, and I'm not very involved in the differentiation or the qualitative value of who has what in art. I would much rather have a man who has no ideals in art, but who has tremendous drive about it with the fire to make it.

There are minor things that relate to our time now that are changing. I am personally interested in a man-made object. Now because this is a productive age and it is more unique, there is freshness of origin. If I'm making a sculpture I wish to have just as much integrity as a painter. I want to make one image. I want to have controlled every make in it. I am not the least bit interested in having one image and having it cast into reproductions. In this relation I think very often about the flood of Degas sculptures. There were Degas waxes, small ones. Now they are reproduced by the foundry — there's a fair amount of myth and misinformation about it — but they are not originals, they are reproductions. They never had the eye of the artist on them. He had his eye on the original piece. The waxes were later restored and now seem to exist in the hundreds. I would, rather than see all these thousands of Degas horses running loose, make a trip to the original waxes and see the touch of the artist's hand. In the thirties there was a great deal of talk about art for the people. The idea seemed to be that you make art and spread it out to a lot of different people. I think that people should spread themselves and go to the museum where the art is.

I am looking at some photographs which you needn't see, because I'm using them to refer to the way I work. Very often, I seem to be much more concerned with the monsters than with what are called beauties. But these monsters are big constructions which have wheels. Sometimes the wheels work and sometimes not. But the wheels have meaning, they are no more functional than wheels on an Indian stone temple. It is a playful idea projecting movement. I don't feel at all like the age of graces. I like girls, but I don't feel like using that feminine grace in concepts. The equality has worked it in. I don't think this is the age of grace. I don't know whether my monsters on wheels will become graces to other people and I don't know whether or not they will be rationalized as being a need or a statement of my time. They are nonrational, but they filled a need within me. If I try to tell how I make art, it seems difficult. There is no order in it. A night or two ago I had stopped to see Mike Kanemitsu. In talking, Mike had mentioned Zadkine and Paris. The reference to Zadkine and my train of thought going back made me remember about a big sculpture I wanted to make. So I might never have thought of that one if he hadn't mentioned Zadkine and if I hadn't thought of concave and convex, and if I hadn't thought of that sculpture, which I had finished and which had already been shipped to the West Coast, that I probably will not see again. I wouldn't have made the sculpture I am going to make this summer which is going to be made out of big forms, but that's the way process can go. I'm trying to explain that I have no noble thought process or concept. Its origin is often chance. Yet of all the things I was thinking in those certain moments that we were sitting — I guess it was an hour — while talking and drinking beer. I thought of a hundred other relationships, but none of them fitted in my niche.

I spoke about the integrity of painters. For example, a painter makes a picture. Even if he could sell two or three, or five or seven, he would not consider reproducing — but the practice still exists in sculpture. Maybe a sculptor will make from one to nine or any of those numbers. Each cast shrinks from the original as the metal cools, and the bronze undergoes changes. There's welding, grinding and manufacturing on it that is not of the artist's hand. It doesn't come out with the same integrity that a painter presents in a picture. Nobody can make a copy with integrity. A painter couldn't make a copy or have a copy made with the integrity he used in the original picture. I just want to see sculpture reach that state of integrity, too. I admit that right now it's pretty much up to the individual sculptor.

Gauguin made a litttle terra-cotta, and there are now ten bronzes of terra-cottas. And he didn't mean to make the bronzes, any more than Daumier made bronzes. Somebody gets a bronze from a little Daumier wax, and somebody else makes a number of bronzes from this bronze, and bronzes get made because they have a royal establishment that true art belongs in bronze — it may have once been royal demand and designation, and it still seems to be going that way. Some day people will understand that the original gesture of the artist — the original object — is the true art, that the others are the reproductions. And I think that soon the original plaster sculpture will be truer art than the bronze is in the minds of artists, as it will have to be in the minds of museum directors and the public. Reproductions must be only reproductions. The authorities involved, and the historians and critics, have not spoken about this very much. They haven't very loudly proclaimed what are the true bronzes, or what is true art — not as loud as they should. Nor do there seem to be any laws or rules about it. But I would like to see it recognized. That's it.

Report on Voltri

The following notes concern David Smith's work in Voltri, Italy, in 1962.

Italsider

Ilva, in Voltri, where the wild strawberries grow, was a complex of some five factories set in a narrow valley, based by a small stream, once making springs, trucks, parts for flatcars, bolts, spikes, balls, many things by forging. It had been consumed by the automation of Italsider at Cornegliano halfway in toward Genoa eight kilometers distant.

As the guest of Italsider I lived at the Columbia Exelsior Hotel in Genoa, was picked up at 6:30 by my Italsider car, stopped for Ruello my interpreter, arrived at the machine shop where we started work as the sun came over the hill and hit the shop door. For the first ten days Lynn Chadwick lived at the same hotel, so we rode together and kept the same schedule, 6:30 to 6:30. Chadwick worked at Cornegliano; some days I'd ask the chauffeur to pick me up and go to Cornegliano for lunch with Chadwick, for on the top of a hill above the factory was a home-style restaurant, with the best local cooking to be found. Italsider had arranged my lunches in a shore restaurant supplied by local fishermen each day. Chadwick came to Voltri for the seafood, wild strawberries, apricots, fungi, etc. Food may not make art — but without any outside life, it helps. I can take it good or frugally — but when one lives alone in the hills it's a treat. And in a restaurant one doesn't have to wash the dishes.

A few times we were joined by our Italsider contacts whose interest was to see that we were happy and had what we needed.

Although Menotti had said I had the red carpet and I had asked for a big-chested interpreter, I was fortunate in finding Sig. Ruello who had been a POW in New Mexico and was an expediter of supplies at Cornegliano. He kept oxygen acetylene, polishing equipment, acids, safety equipment, etc., coming in as needed. Everything was supplied; I took nothing but my safety shoes and glasses.

Beginning

The first Sunday alone in these factories — functional in an era long past, abandoned only a few months — were like Sundays in Brooklyn in 1934 at the Terminal Iron Works, except that here I could use anything I found, dragging parts between buildings to find their new identity. I thought of my *Agricolas*. There was a similarity — but the language was different — and the size bolder.

The first two Sundays — not even a skeleton crew around — the great quiet of stopped machines — the awe, the pull, exceeded that of visits to museums in Genoa or even the ancient art in other cities. Part is personal heritage, part prejudice against connoisseurs' castles. Since I've had identity, the desire to create excels over the desire to visit.

There is something quite middle class about ancient art in museums — choices by the order of scribes, fakes, and gifts, and rationalized purchases mix to one part with ninety-nine parts destroyed or still uncovered.

My preference is ethnographic and archaeological, where discovery was made without taste, where bargains and whims of guilt-ridden iconoclasts' bronze-plate attributions are less in evidence. There are no sedan chairs in an old factory.

Forge

The beauties of the forge shop, parts dropped partly forged, cooled now but stopped in progress — as if the human factor had dissolved and the great dust settled — the found tombs of early twentieth century, from giants to tweezers headed for the open hearth to feed the world's speediest rolls.

Archaeologists have their iron interests back 5.000 years. In the yard where iron has lain shedding scale and scrap, punchings scraps from shearing, I found parts of my nature not over seventy years old in the first inch, but this flat beside a stream near the sea may, farther down, hold museum iron. I brought back to Bolton handfuls of findings for no greater reason than that they fit with my miscellany and complement the manhole cover from Brooklyn which hangs on my wall. The archaeologists may go as far as L. S. B. Leakey and fill many halls, but my vision is in dreaming the host of events destroyed in their time. It is possible the museums are too small in truth to form historianisms.

Blacksmith Shop

Speciality tongs were hand-forged at stations. Since this method was abandoned, the work in process was left in varying stages of finish. At this blacksmith station I worked up units but no completion. I shipped the units to Bolton, where part are in the *Voltri-Bolton* series of December, 1962, and January, 1963.

Layout Table

A thick steel layout table was never white. I had it painted with lime and water. Ancient in use, practical because it was there, it gave me an order contact which from then on let me work freely without order. The gauges and calipers were those of blacksmiths, rough and imprecise. After *Voltri XXII*, five pieces of a different scale came from the layout table. One owned by Carandente, one my daughters gave Menotti, and an iron ballet dancer for Mike Pepper's daughter Jori, a devoted doll collector. Some of the units and gauge assemblies conceived in Voltri were shipped back and figured in spray paintings, producing a white sculptural image against a dark ground. These are in technique like the paintings in the French & Company [gallery] show of 1959.

Yard

The yards had flowers and fig trees planted by yard workers. Now deserted by automation, these factories were from the handmade days, the 10-11-12 hour days when working was living. In the new automated plant, the hours are shorter, the man is a machine part. He lives outside the gates only. One remaining symbol not common to our factories is the wine bottle — and an aluminum pasta container held hot by the company steam table. Their yard had the locale and nostalgia of my first ironworks of 1934 in Brooklyn, except on a grand scale, and here what hung or was to be found was mine.

Plates of varying weights lay rusting in the yard. I used them, but I had to hurry. A salvage crew was in several days a week with their gondolas and switch engine for heavy scrap to feed the melt at Cornegliano. Had I failed to take it first, I could have gone to the mill and got it new, but I felt opportunity and time even shorter than in Bolton. I can work against time for myself like I cannot work for a commission.

Workbenches

A factory stripped of its function — leaves on the floor from holes in the roof — quite except for a bird cheep. From factory to factory I laid out workbenches — I finished two there, left more. I felt the awe and the scared air — like one returning survivor after holocaust, and as I had felt, very young in Decatur, when I went through the window in my first abandoned factory. After the first shock of its immensity and the privilege, I felt at home, and then to work.

Mill

What I found I could use, what I arranged was never touched by any of the occasional directors checking the dismantling or the salvage crew — even those assemblies unmarked. In the big operating factory at Cornegliano any plate end or found piece I wrote my name on and «Voltri» was delivered. I had been introduced by Sig. Piccardo and had full freedom of the mill and scrap cars. Anything I didn't find I asked for.

Workmen

Variera, the machine shop foreman, was the champion snail finder. The snails were always north on the compass end of his umbrella. He was a magician in producing supplies — he knew about every stock item left behind. Vassallo and Ferrando were welders and cutters first class — they could do any operation with the most primitive equipment. Both had once used the welding machines, so ancient, so big, the company had not bothered to move them. One D.C. transformer must have been the first ever made. Ruello had spent several years in our Southwest in a POW camp. He was my interpreter, communicator for telephone messages, expediter, and white-collar liaison. When not involved, he worked.

Through him we all communicated about religion, family, politics, customs, desires. My men were about equally divided politically between communism and socialism. All living in a small community within sight of the factory, they had political ease in association, with no obvious problems in relationship to work. I was at ease with them all. I've always moved through the climate of workmen more evenly than through that of the connoisseurs.

Coffee break was in the morning, but wine break and delicacies were at 3 P.M. Each man was a wine maker, and sampling of homemade wine was a contribution which brought forth chiding and good-natured devaluing of the others' wine. Cova the electrician was a bird man — he could hear the chirp of a newborn bird in the highest peak. We had whole birds sautéed in oil and garlic. We had mussels, roasted on a flat steel sheet until they opened, from Cova. We had snails found in the yard in the green of the tracks by foreman Variera, who poked for them with his umbrella, after their twenty-one days' confinement of course. Special snail roasting by Mother, a specialist. I took my crew for lunches, which I intended to pay for but found that I could not; Italsider had figured it all in. I left my noontime restaurant and my Genoa hotel unable to pay; being their guest was complete.

Problem

Day 1 to be introduced in white collar to my workmen, to whom I couldn't speak — awkward to us both. In equal garb the next day. Request for swept floor not met. I swept floor. Request for moving of heavy objects not moved exact place. I moved to positions. After welding, moving, sweeping, my collar was O.K. We worked together from then on great. An interpreter and unknown work added to the first problems, but for only several days — we understood, and their desire to produce first class and to my need never failed.

Concentration

My own problems surmount the practical — to what degree of abstraction in concentration can one delve with noise and workmen who present other presences.

My thoughts were often in creative vision during factory work. I've put in years at machines — dreaming aesthetic ends — one never becomes oblivious to the surrounding order — in concentrated work alone under ideal conditions — outside vistas intrude like sex — hungers and assorted fears, fear in survival — lonesomeness for my children — many waves intrude during the most ideal setup. One works with one's nature — sets his own equilibrium, develops his resources, even up his rage in whatever conditions present or the first hundred works would not have been set.

When elements like noise, others, dirt, grease enter the procedure, they are but elements in nature more easily transposed than intruding mental pops.

Safety measures — machines — like any other conflict, can be consumed and utilized toward complete concentration as any other conflict which one trips over.

D r e a m

A dream is a dream never lost. I've had it inside a 4-8-4 on the top of a Diesel engine, they have been in a size dream. I found an old flatcar, asked for, and was given it. Had I used the flatcar for the base and made a sculpture on the top, the dream would have been closer.

I could have loaded a flatcar with vertical sheets, inclined planes, uprights with holes, horizontals supported —

I could have made a car with the nude bodies of machines, undressed of their details and teeth —

I could have made a flatcar with a hundred anvils of varying sizes and character which I found at forge stations.

I could have made a flatcar with painted skeletal wooden patterns.

In a year I could have made a train. The flatcar I had is now melted in the open hearth and rolled into sheet. The beauty of the ballet of a white-to-red-to-black sheet in a fast-rolling mill at different speeds running back and forth billowing steam with the quenches is a memory for me of automotion fed by my flatcar.

The trucks were too old for the tracks, it was quite antique — despite the offer to put this flat on a modern flat for transport to Spoleto — the tunnels along the coast ruled out height for the work. The closest to realization came when Mulas chose to put finished work on the flat for his photos. So many dreams have been lost to lack of material, workspace, storage, etc., that one more becomes another wish.

Unit of Six was *Voltri I* — it came desperately — the first piece to unify after gathering plates, pieces, trimmings, from the big mill and moving all to the solitude and emptiness of the Voltri factories. Starting, it began to move other works until two, three, four were in progress. *Voltri II* finished May 26 and shipped to Spoleto June 6 with Chadwick's big black-and-yellow structures. This piece probably carried in my consciousness from Bolton since I had been working cube unities since 1955. I had gone to Genoa expecting to make stainless pieces, but Italsider had not yet put into operation its new stainless mill in the south. There were Italsider mills throughout Italy and I had my choice. The next question to Menotti after agreeing to go was which of the cities do you like best — his answer of Genoa decided me. I've never regretted it — it was the best work period I've had.

Voltri II, IV, V, IX, XI, XIV, XV, XVII all have an element in their structure which I'll call a chopped cloud, although in different relationships the visual response varies. When a billet rolls out to a sheet no two ends are the same, as in the edges of clouds. There is great wonder and a beauty of natural growth in these variations. I cut off many ends and flew them many ways. I would like a hundred more. I have never before seen or possessed chopped-iron cloud ends. There are ends on a table. An end on a full cloud. Ends caught on a tower. Ends in a tower. Pennant ends on circles. And ends making a whole. In the mountains, clouds are in my daily unconsciousness, but I've never had one before.

Voltri VIII. When a sheet runs back and forth under the rolls, before it shoots through quench and to the next rolling reduction, a rarity can happen — it can stub a toe, instead of running, fold up like a great stick of gum. I saw one, sent it to Voltri, watched it in many positions until I found its relationship.

Voltri III was called the little old lady by one of my workmen. It was placed high on the last tier of the reconstructed part of the Roman theater of Spoleto. There had been no plans to use the theater this year. It was an emergency measure by Director Carandente in a desire to use all my work, and a most fortunate event for my work. A more beautiful setting I could not conceive. Here I put my work in the fields. That was an emergency, lacking storage space. I did not conceive a field complex, but since it grew of necessity I accept it.

Voltri VI, VII, XIII. Forgings too big for hand — worked by drop hammers — are transported from ovens to hammer by a tong which is a chariot on two wheels pushed by men. Three remained which I remade for carrying and being a part of, in *Voltri VI, Voltri VII, Voltri VIII.*

Circles have long been a preoccupation, more primary than squares. Wheels are circles with mobility, from the first wheel of man to wheels on Indian stone temples, to a target on a pyramid I painted in 1934, to all the suns and poetic imagery of movement, to the practical fact that my sculpture is getting too big to move without built-in rolling. Horse chariots are not in my picture.

Voltri VI is a tong with wheels and two end clouds. One cloud rests in the spoon — each cloud end goes up from the tongue unsupported.

Voltri VII is a chariot ram with five bar forgings. They are not personages — they are forgings.

Voltri XIII is a circus wheel chariot with the spoon turned over, a solid guitar forging with a punched hole — with cloud parts below and above its tongue.

Voltri XI started from a tong head demanding a thick, oval, curved, supplicated hood held up by a vertical. It started in the fly ash of the floor; it never changed from the first few minutes of seeing. I could have worked a year and made a hundred. I had others underway. The final day I piled parts and all the tongs I wanted — the safety signs which now are on the walls in Bolton — and asked for the lot to be shipped to the U.S.

Voltri XX was the only piece finished of what I thought would be ten or twelve using tongs. The shipment of tongs has figured in twenty-two pieces made here. The series still continues.

Voltri X was painted with red lead, but all the rest were cured with phosphoric acid, washed, and lacquered.

Voltri XXI, a chair, the damnedest chair I've ever seen, made of angle irons and scrap, the hardest most unfunctional overweight chair possible, was up-ended in a corner of the second floor of the spring shop. I saw it the first day at Voltri — I took it and looked at it every day of my time there — I made parts — and rejected them — I sat pieces and ideas on it. We worried each other throughout my other work. Close to my final day, parts from pieces, parts unused, came up and placed themselves, but the chair that could have held up elephants lost its identity, and finished up so challenging that there will be other chair sculptures sometime.

Cubi IX, shown in the lower part of Spoleto in front of a fourteenth-century church, built with Roman blocks and seventeenth-century restorations, might seem odd in description, but looked fine. Professor Carandente had an innate feeling for mounting and choosing sites. The most diverse sculpture related, as if it belonged in all styles of architecture. *Cubi IX* was made in Bolton and shipped to Spoleto before I had agreed to go there. Its height of 107⅜ inches was elevated on a six-foot pillar of tufa blocks bound in iron bands giving an over-all height of about fifteen feet. Its stainless cubes in a different way held with the soft variables of the church wall stones.

The Landscape

These texts, written towards 1947, were included by Cleve Gray in David Smith by David Smith, *London, 1968.*

I have never looked at a landscape without seeing other landscapes
I have never seen a landscape without visions of things I desire and despise
lower landscapes have crusts of heat — raw epidermis and the choke of vines
the separate lines of salt errors — the monadnocks of fungus
the balance of stone — with gestures to grow
the lost posts of manmade boundaries — in moulten shade a petrified paperhanger
    who shot the duck
a landscape is a still life of Chaldean history
it has faces I do not know
its mountains are always sobbing females
it is bags of melons and prickle pears
its woods are sawed to boards
its black hills bristle with maiden fern
its stones are Assyrian fragments
it flows the bogside beauty of the river Liffey
it is colored by Indiana gas green

it is steeped in veritable Indian yellow
it is the place I've traveled to and never found
it is somehow veiled to vision by pious bastards
    and the lord of Varu the nobleman from Gascogne
in the distance it seems threatened by the destruction of gold

The position for vision has undergone changes
The canvas is a flat — a mile or two up —
earth surface depth doesn't seem important — the importance
    becomes pattern —
the importance of nature pattern in relation to man made pattern
    from boundaries made by early work — relationship of work to area —
    the roadways the drainage — the untillable —
How big a bite can a man take, can he manage more with machine —
    change areas lines overlaid — yet from the upper view the old lines of
    80 years ago still show — under soft snow the delicate lines of erosion —
    the force of wind and solidifying action in use
the overlap — the dark openwater — the trapped snow — arrowheads —
    the hairy figures of moraine
the crew cut woodlands
the once used form and force so soft and subtle
at a distance oil storage tanks and their moats
the 64 belly buttons for a hundred square miles

*　　*　　*

I feel no tradition. I feel great spaces.
I feel my own time. I am disconnected.
I belong to no mores — no party — no religion —
no school of thought — no institution.
I feel raw freedom and my own identity. I feel a
belligerence to museums, critics, art historians, aesthetes
and the so called cultural forces in a commercial order.

Interview

The following tape-recorded discussion with David Smith took place in New York on June 16, 1961, and was conducted by David Sylvester of the British Broadcasting Corporation. It was published in Living Arts *in April, 1964.*

David Smith: There is no collaboration nor is there any affinity between [architects and artists]. Architects have had the opinion that they are the fathers of all the arts, that their buildings are sculptures, and that the use of painting and sculpture ofttimes defiles their purities. There are no affinities between us, especially with me. I do not solicit architects. I have seen that man works better when he is working within his own spirit than when he is working with the domination or the collaboration of the architect. Now we're not working for money. We're working to make greater art out of ourselves. We're working to extend our own potential. I don't think any of us really wish to revert and repeat a point of arrival that we've arrived at before to make a repeat for the sake of money. I don't know where this idea of collaboration would be. Mostly architects look down upon us, and mostly architects are big businessmen here and we're just one of their small clients in the building. They choose to put the marble in the men's room and they put the bronze in the fixtures and they really don't need sculpture at all.

David Sylvester: *If you knew an architect whom you found sympathetic, would you like to see some of your sculpture placed in an architectural setting outside buildings? Inside the large entries of buildings?*

I would like to see it, certainly, but I'm working in quite a large size, you know. My work is running from nine to fifteen feet high. Right now I have a very modest acceptance and rather small amount of sales, and I am surviving without architects. And if they choose to use my work as it stands I would be delighted to sell it to them and have them use it, but I do not think that I will change my point of view to meet theirs. I have no natural affinity with modern architecture. I can't afford to live in any of these buildings. It's no part of my world. My sculpture is part of my world; it's part of my everyday living; it reflects my studio, my house, my trees, the nature of the world I live in. And the nature of the world that painters and sculptors live in is walkup places with cracks; you look out the windows and see chimney tops, and I don't think any of us can make the old-fashioned royal bow to suit their needs. Liberty, or freedom of our position, is the greatest thing we've got.

There's a picture in London of the American artist of your generation, you and the action painters, of being rather a group. Has there been a sort of collaboration of ideas between you? And did you find knowing Pollock, being a close friend of Pollock and people like that, fruitful for your work?

No. We talked about other things usually. But we did spring from the same roots and we had so much in common and our parentage was so much the same that, like brothers, we didn't need to.

The parentage, I suppose, of course, was the whole Cubist thing. But why do you think it suddenly exploded in this way into this terrific growth that began in the late forties of American art?

Well, Pollock, De Kooning, and practically everybody I can think of who is forty to fifty now and sort of «arrived» artists, in a sense — they all came from a depression time. We all came from the bond of the WPA, which we affectionately call it; it was the Works Progress Administration and it was a government employment of artists for...

The New Deal thing?

Yes, it was definitely the New Deal thing, and somewhat of a defensive thing. We made very little more by working than people drew for not working for unemployed relief. We drew maybe five or six dollars a week more for working...

Yes.

...which was very nice because for the first time, collectively, we belonged somewhere.

And this gave you a stimulus?

Well, we belonged to society that way. It gave us unity, it gave us friendship, and it gave us a collective defensiveness.

You mean belonging to society at large or merely belonging to your own group?

In a sense we belonged to society at large. It was the first time we ever belonged or had recognition from our own government that we existed.

Do you still feel that you belong in that way or has that now been lost?

Well, the government doesn't belong — we don't belong to the government any more; I mean times have changed.

Do you still get any patronage?

No patronage, not that I know of. A few of our more traditional men have had monument patronages or they design a coin or something like that, but there is no patronage generally speaking, and not even recognition.

So the postwar thing owed absolutely nothing to any help from officialdom?

We owe nothing to the federal government for recognition, no. Not now.

There wasn't a lot of help at first from American collectors, was there — the private collectors?

Private collectors were quite few and far between. But there was another thing the WPA did. It stimulated the interest in art; you see, while some artists were employed, don't forget there were a lot of teachers, and there were critics and all people related to the arts. There were many public classes, adult painting classes, adult sculpture classes, WPA exhibitions that traveled throughout the country; they went to union halls and schools and places like that where art had never been shown before. And there was an interest stimulated there by people, and the response to it, and also other people to do it. You know, amateur response is sort of groundwork for professional collectors. Most collectors can paint or draw to a degree, and so therefore they seem to recognize the artists who are full-time artists quicker.

So really, government help in the thirties had a lot to do with creating the climate which produced this postwar thing, although there hasn't been subsequent help?

Yes — reasons are very hard to find, and reasons are never one thing, they are a hundred things — I can't think of one thing that stimulated the response of the public better than the WPA educational projects did. Nor do I know anything that kept so many artists alive during the thirties than the WPA. There was nothing else.

A lot of the work that was being done in the thirties by the present abstract painters was sort of figurative work, some form of social realism, wasn't it? Some connection with Diego Rivera and so on?

The great body of work at that time was called social realism which did relate to Rivera and using figures.

But not in your own case?

Not in our own case. Many of those men who were what were called non-objectivists went right through the thirties firmly convinced of their own stand; there were many of us — not too many — who came from fathers or grandfathers who were Cubists. We came not very directly, you see; we came through the French magazine *Transition* and through *Cahiers d'Art.* We came through both of those magazines, and we came through men like Stuart Davis, and Jean Xceron, and John Graham, and men like that who more or less went back and forth between Paris and here and told us what was going on in Europe.

You yourself were working abstract before a lot of the painters, weren't you?

I have been essentially an abstract sculptor.

But weren't you in Europe yourself for some time in the late thirties?

In 1935 and '36. Most of us tried to go to Europe if we could; most of us did. Of course, De Kooning had come from Europe...

Quite.

And Gorky had come from Europe. Graham was a Russian, and he had come from Europe. Stuart Davis had gone to Europe earlier.

How do you feel it affected your development — going there at that moment?

It was very important. Most of all, it was one of the greatest points of my own liberation mentally. You see, before — in the early part of the thirties — we all were working for a kind of utopian position, or at least a position where somebody liked our work. In the early thirties none of us — like Pollock or Gorky or De Kooning — could really, none of us could show our work any place, nobody wanted to show it, and it seemed that the solution was to be expatriates. Most of the men a little older than we were had seen the solution in expatriatism all the way from Mallorca to Paris itself. And the one thing that I learned in 1935 and '36 — I was in England and Russia and Greece and France and places like that — and the one thing when I came back that I realized was that I belonged here; my materials were here, my thoughts were here, my birth was here, and whatever I could do had to be done here. I thoroughly gave up any idea of ever being an expatriate. So I laid into work very hard. That must have been in the minds of other men. Otherwise, there wouldn't be so many of us here now.

It's often said that one of the reasons why American art built up after the war was that it was stimulated by European artists who came here from Paris in 1940 and stayed here during the war. Do you think there is anything in that or not?

That is part of the scene and it is important. It has been very rewarding to us to have men like Lipchitz, and Mondrian, and Gabo become Americans and live here with us; that is good and it's been very nice. We have met them and we have found that they were humans like we were and they were not gods and they were fine artists. And so we know more about the world now.

In the thirties, of course, a lot of the more or less social realist work that was being done then was involved in social commitment. I believe you were exceptional in having a strong left-wing commitment but working abstract.

I have strong social feelings. I do now. And about the only time I was ever able to express them in my work was when I made a series of medallions which were against the perils or evils of war, against inhuman things. They were called *Medals for Dishonor.* When I was in the British Museum in London in 1936 I bought a series of postcards which were made during the First World War, and they were war medallions of the Germans. And that, and Sumerian cylinder seals that I had been studying in Greece, and intaglio carving, and so forth, impelled me to do that series of medallions which took me three years. I first had to learn how to carve in reverse in order to make these. It was about the only thing I have ever done which contributed to a social protest. I don't feel that I have to protest with my work. Whatever society I belong to must take me for my ability; my effort is to drive to the fullest extent those few talents that were given me, and propaganda is not necessarily my forte.

I talk about your being abstract, but it isn't fair; a lot of your forms seem to me to be referential to nature. I see a lot of your big stainless steel things as personage. Are they at all this for you?

They don't start that way. But how can a man live off of his planet? How on earth can he know anything that he hasn't seen or doesn't exist in his own world? Even his visions have to be made up of what he knows, of the forms and the world that he knows. He can't go off his planet with visions no matter how they're put together. And he naturally uses his proportion and his sort of objectivity. He can't get away from it. There is no such thing as *truly* abstract. Man always has to work from his life.

You have no preconceptions about which way the thing is going to go?

I try not to have. I try to approach each thing without following the pattern that I made with the other one. They can begin with any idea. They can begin with a found object, they can begin with no object. They can begin sometimes even when I'm sweeping the floor and I stumble and kick a few parts and happen to throw them into an alignment that sets me off thinking and sets off a vision of how it would finish if it all had that kind of accidental beauty to it. I want to be like a poet, in a sense. I don't want to seek the same orders. Of course, I'm a human being, I have limited ability, and there's always an order there. People recognize my work even if I think that I've really been far out in this work. I strive very hard to move a little bit but you can't move very far. Picasso moves far. He's a great man who moves very far. But I still recognize Picasso's work no matter how far he's moved from one phase or one new picture or one new sculpture; I always recognize his work.

How would you analyze the difference between your work and its intentions and the Cubist constructions — you know, González, Picasso — of which it's a continuation?

Well, living here in America at that time, going to school at the time that I went to school, I didn't read French, so when I had a *Cahiers d'Art* I didn't know what it was about. I learned from the pictures just the same as if I were a child, in a certain sense. I learned the world from seeing before I ever learned the world from words. So my world was the Dutch movement De Stijl; it was Russian Constructivism; it was Cubism; it was even Surrealism. Or even German Expressionism. Or even Monet. All these things I did not know had divisions in them. They all fitted in to me. They were all so new and so wonderful and they all came to me at one time, practically. The historians hadn't drawn the lines yet as to which was which and where at which particular time, and my heritage was all those things simultaneously. So I am all those things, I hope, with a very strong kind of intellectual regard for Cubism and an admiration for it because it was great at a particular time. It was both painting and sculpture.

Taking Cubism, Surrealism, Expressionism, not worrying about the thing — I wonder whether the vitality of postwar American art has something to do with this sort of absolute freedom of attitude which you've talked about in yourself. I wonder whether this also applies to people like De Kooning and Pollock, and whether this has helped them not to worry but to take what they could and what they wanted to take quite freely from earlier modern art.

I think it has. Gorky didn't read French. And I don't think Bill [de Kooning] read French either. We were all together at a particular time in the early days, and we were sort of expatriates. We drank coffee together in cafeterias, and when I say we drank coffee it was usually one cup because few of us could afford more than one five-cent cup of coffee in those days, plus a cookie maybe. And all we did was walk around and talk sometimes. But mostly we worked. And we each sort of took according to what we wanted. You must remember I had come from Indiana and I had only seen a sculpture a couple of years before that, or a painting. Gorky came into Providence and De Kooning came into New York [from Europe]. I think they all had a little bit more, knowing of museums and art, than I did before, and they both were European in a sense, and I think all Europeans know more about art than people from Indiana do. I don't think I had seen a museum out in Indiana or Ohio other than some very, very dark picture with sheep in it in the public library. But I didn't know anything about art until I came to New York.

But you'd wanted to produce art before? Or this happened when you came?

I wanted to be a painter when I came.

And you did paint for some years?

I painted for some years. I've never given it up. I always — even if I'm having trouble with a sculpture — I always paint my troubles out.

What was it that made you turn from painting to sculpture suddenly?

I think it was seeing Picasso's iron sculpture in a *Cahiers d'Art* about 1928 or 1929. Seeing iron and factory materials used in producing art was quite a revelation, and since I had worked in factories and I have known iron and metal and metalworking since I have been very young, it came to me that it should be. After my first year in college I worked on the assembly line in the Studebaker plant in South Bend, Indiana. I had seen ironwork in the Russian Constructivists — Rodchenko and Malevich and — I don't know — Tatlin. I'd seen reproductions of their work sometimes in German magazines. So it was a revelation in a way. Later on I learned that González had done the welding for Picasso on those 1928-29 works that went into 1930, but I didn't know it at the time, and if it had said so in the article it was in French and I wouldn't have known it anyhow.

This seems to be important, incidentally — going back to what we were talking about before — the fact that you and the others were seeing the works in reproduction and you weren't reading the texts and maybe this was why you were able to use them so freely.

Yes. And I also liked the idea that we have no history, that we have no art history, and we pay no attention to art historians. We all were pretty raw I think.

You weren't at all — in your use of sheet metal and so on — you weren't at all influenced by Calder?

No. I knew metalworking before I knew Calder. And Calder is one of our great men, and he is earlier by a few years than any of the rest of us. Calder had worked in Paris quite a bit in the early days, though he did go to school here in New York at the Art Students League, I have been told.

Have you ever had any temptation to work in traditional materials, carving or modeling?

I do both. I model in wax and make bronzes that way, and I carve sometimes; some of my early work was carved. I don't choose to close out any method, approach, or material. Oh, I draw. I draw figures and things like that at times.

Do you ever do it from a model? Do you ever do it from nature?

Sure. As a matter of study and a matter of balance. I draw a great deal, because sculpture is such hard work and if I put in ten hours or eleven hours a day or more at hard labor, you know, the sort of dirty work of my profession, I like to take a bath and change my clothes and spend the rest of the day drawing.

You do it all yourself, don't you? I mean you could now afford studio assistants.

I can't use studio assistants any more than Mondrian could have used assistants to paint in solid areas or any more than De Kooning or any of my friends can use somebody else to put the backgrounds in, even though they might just be pure white. They don't want the marks of another hand on their own work. Now that is twentieth century, too.

It is defensive in a certain way because it's contradictory to the progression of this age. We are among the few people left who are making the object from start to finish.

You never feel it will be conceivable for you to make a model and have an assistant make it on a big scale?

No. I don't even make copies. If I make a cast sculpture I make *one* and all the marks are mine. I don't approve of copies, and I don't make and produce copies for the sake of making more money.

And this, of course, connects you very closely to the painters of your generation, doesn't it? I mean this to-and-fro between the artist and the material, this special emphasis on it now. This makes you very closely linked with Pollock and De Kooning.

Well, we were all friends and I talked with painters and I belong with painters, in a sense, and all my early friends were painters because we all studied together. And I never conceived of myself as anything other than a painter because my work came right through the raised surface, and color and objects applied to the surface. Some of the greatest contributions of sculpture to the twentieth century are by painters. Had it not been for painters, sculpture would be in a very sorry position.

Some of the greatest departures in the concept of sculpture have been made by Picasso and Matisse. There was a series of heads that Matisse made called *Jeannette*. In there are some of the very brilliant departures in the concept of sculpture. Painting and sculpture aren't very far apart.

This is one of the great twentieth-century discoveries, isn't it?

I hope it is.

Now that a lot of you have become extremely successful and are getting big prices now, is this going to make a difference? Is this going to make the thing more difficult?

Absolutely not! It hasn't hurt one of our men. Oh, maybe we drink a bottle more per week or month than we ever did, but even a lot of our men do not sell when they don't feel like selling, and if they've sold enough they say, «Well, that's enough for this year, I'll sell next year.» When they do get a little sum of money it goes into a better studio, more paint, maybe a new suit of clothes, maybe a party for other artists. A few of us have cars. I still stick with a truck which I've always had. A lot of the artists have no cars. But it certainly goes into more paint and bigger canvases. Five different men that I know have made a little better livelihood recently, have been more successful, and they have gotten out of a cold-water flat and gone into a nice big, long studio. Some of them are painting pictures twenty-six feet long, ten feet high. Well, that's a wonderful point of liberation. If they had any mercenary reasons for such a thing, they would lose it there because they never in the world can sell a picture twenty-six feet long and ten feet high. It doesn't fit any place; it has absolutely no functional need any place. But it's their desire to do it and it's a statement of freedom against having painted little pictures for so long in a little studio with canvas that was small, and it's a statement of liberty.

The Secret Letter

The following interview by Thomas B. Hess, Editor of Art News, *was held in June, 1964. It was published in the catalogue of the Marlborough-Gerson Gallery exhibition of David Smith's work in October.*

Thomas B. Hess: *You've used «found objects,» tools and other things picked up around the countryside — plowpoints and old trace chains — in your sculptures.*

David Smith: Of course. The sculptures I made in 1933 were all found objects.

What's the idea behind the found object as far as you're concerned? For the Surrealists, it made a metaphysical jump between the reality of the object and the idea of a work of art.

Tom, I don't know what A Work of Art is. It changes in my life and it changes in my regard. I have no respect for it particularly.

First of all, these things have a basic geometric form that's already «found.» In a recent work I made one wheel, and the other three wheels I bought by ordering them from Bethlehem Steel Co. They weigh 275 pounds apiece. They are blank forgings made by Bethlehem for 100-ton overhead trolleys. You might say they are «found» objects. I found them in a catalogue and chose them because they fitted a particular need. Are triangles, circles, and spheres «found»? They have always been there. Painters don't «come upon» subjects for a still life; the Impressionists didn't come upon their subjects. They found their trees; they chose their apples; those are all «found objects» — flowers, fruit, everything.

I find many things, but I only choose certain ones that fit a niche in my mind, fit into a relationship I need, and that relationship is somewhat of a geometric nature. They aren't meant to relate to the art. But there is a certain romantic relationship in my mind to the old handmade objects that have ceased to function.

Actually you've always chosen things that once were useful, old discarded implements; never useless things.

I don't know what useless things are.

Well, there's a lot of ornamental stamped iron in the scrap heaps.

I couldn't use what was ornament.

I mean everything I've seen you use has either been a discarded tool or a functional object which has passed its period of usefulness. But it retains a kind of beauty in terms of its lost function — like a bone.

Lots of bones. Sure.

Then there is a geometry of nostalgia?

I don't know; I don't like that work. Maybe I'm not beyond nostalgia or sentiment or any of the lower things, but Tom, don't forget, when one chooses a couple of old iron rings from a hub of a wagon, they are circles, they are suns; they all have the same radius; they all perform the same Euclidean relationship. They also have the romance of past function and new use. They have sentiment and they also have the geometry. There is no simple answer...

You think nostalgia implies sentimentality?

Of course; I'm full of it. I was born a Calvinist. Do you think a Calvinist ever comes on without being sentimental?

By nostalgia, I mean when you pick up the casting of the thorax of an old discarded piano and put it in your work, you always respect its integrity as a thing. As against Marcel Duchamp, for example, who mocked his urinal or hat rack. You look at your found objects with respect.

Well, let's remember my heritage. When I was a kid, I had a pretty profound regard for railroads. I used to sit down on the edge of town and watch trains go through. I used to hop trains, ride on the tops of boxcars. We used to play on trains and around factories. I played there just like I played in nature, on hills and creeks. I remember when I first sat in my father's lap and steered a car. In fact, I've always had a high regard for machinery. It's never been an alien element; it's been in my nature.

The main image in American folk poetry is the railroad; it comes and takes people away from the small town; its noises...

And don't forget I've worked in locomotive plants. I've sat on those goddamned engines, welding them up, hoping I could someday make sculptures as big. And I will someday. I think.

And there's the surface of some of your sculpture — oxidized iron, rust.

I kind of like rust.

The nostalgia of rust...

Well, it's memory.

What was your father?

He was the manager of a telephone company — independent telephone. I was born into that. Some of the first things I played with were telephones. I took them apart and used magnets. My father was an inventor and he invented electric things — coinboxes that you couldn't fill with slugs and things like that. He invented an electric victrola before they were ever on the market.

When I was a kid, everyone in town was an inventor. There must have been fifteen makes of automobiles in Decatur, Indiana; two blocks from where I lived there were guys building automobiles in an old barn. Invention was the fertile thing then... I remember airplanes flying over Decatur when I was a kid. There was a plane that's now in the Smithsonian called the Vin Fizz. Vin Fizz was a grape drink they advertised with the plane flying over town.

The danger with the American-type inventor, though, is of becoming a hick, provincial, Edison.

But one of the ideas an artist has, even though he is sophisticated and knows the whole history of art, is a kind of gnawing sense of innocence. He has to work with everything he's got. He has to focus everything, all his energies, in one direction, with the innocence that art never existed before he existed.

With an innocence that presumes a tremendous amount of sophistication and insight?

It's also arrogance. You know you don't have the innocence of a child. But with your age and culture and history, you also have that attitude. I grant each artist the right to believe that he is the only artist in the world, and the greatest.

You have to assume that every artist is also a highly cultured man. You're interested in German sixteenth- and seventeenth-century medallists and...

...in Greek and Sumerian seals and in Cubism, the Baroque and...

And you want a library of art books.

Sure. I love to read art books. I want to know everything that has ever been known by any man.

So you are not in the least provincial about art.

No artist I know is provincial...

What is your place in avant-garde art? I think you did have an idea about it in the 1930's and 1940's. I don't know if you still do. But there was a certain air of enthusiasm?

Well, I think that's true, Tom. We had no group identity in the 1930's. In the 1940's it developed when Pollock and Motherwell and Rothko were showing and seemed to become a kind of group for us, which we didn't have in the 1930's. Then it was just Stuart [Davis] and Gorky and Bill [de Kooning] and Edgar Levy and a few others. We were all individuals, sort of expatriates in the United States and in New York. The dominant style was social realism and we were always voted down. You rarely saw our work in shows, but we marched in May Day parades and we supported all the humane causes; we were all on the Loyalists' side in Spain. It was only in the 1940's, when Motherwell and those men started to develop, that there seemed to be a group of abstract artists.

The avant-garde idea, which seemed exhilarating then, now seems pretty repulsive. Of course, in those days, no one was in it for a buck.

The chance then wasn't a sale; the chance was only the privilege to exhibit. That was the point of attainment. Nobody I knew in the 1930's and 1940's made a living from sales. Artists showed their work to other artists...

«Totem» is a recurring word in your titles. Do you have an idea about tribal sculpture — as against folklore?

A totem is a «yes». And a taboo is a «no». A totem is a yes-statement of a commonly recurring denominator.

You mean I could ask, «Mr. Smith, are you making ritual objects for a new religion?»

No. I don't believe in anybody's religion. The bug is all those social implications in your words. I mean, everything considered, primitive society has totems and taboos, and there are totems and taboos in our society — your behavior at a Museum of Modern Art opening, or your behavior at dinner.

In your sculpture, do you have an idea of a content which concerns basic social relationships — between the work of art and the spectator, perhaps? Let's assume that the artist today works for other artists and a few friends. But is there a possibility of working for a huge imaginary audience? Could your sculpture be totems for an ideal society?

Romantically, I wish it could. But I don't see its being accepted in present capitalist society, nor in a contemporary socialist society. The only rewards that I get in the way of compliments are from other artists.

But you do enormous sculptures, many of them too big to be exhibited — except in your own backyard.

That's part of my work. I'm going to make them so big that they can't even be moved.

A lot of American artists work like that. Adolph Gottlieb was telling me that he's doing fourteen-foot-high paintings, and his gallery has ten foot ceilings...

It's a defiant position. If you can make a living selling your work, you are not going to bow to the sales angle. You are going to make things of your own nature. I would say that Adolph has a natural, built-in desire to paint them big. I know Adolph; the only times we ever showed someplace in the 1930's, we had to be able to carry our work on the subway; deliver it ourselves and pick it up. And we were just showing. We weren't selling.

Actually, you don't work for other artists; you work for yourself.

That's true, but your audience is other artists. There are always a few (very few) critics.

But isn't your work unique in that it seems to consider a wide, even if non-existent, social role?

I think I'm an idealist.

What's the ideal? Are your totems for...

...a true socialist society, but I don't know any ideology that meets my theoretical ideal. That goes for religions or any social ideals. In other words, there is nobody I belong to or belong with.

There was a certain social setup when you were a kid in Indiana, and you had certain ideas about machinery and materials. And on your farm you've set up those huge «useless» sculptures which, to me, have a certain symbolic effect — like a book in a secret language.

The secret language, Tom, is very simple: I'm building the biggest, the best goddamned sculptures I can make within my present limits, conceptually and financially. If I could have built sculpture within my conception several years ago, they would have been twenty-five to thirty feet high...

The greatest part of American art in the 1930's and 1940's and even the 1950's was never built because the artists didn't have enough money to make them bigger and greater. That's where the best part of American art lies, because of our financial inability to buy what it took just to make it. Maybe it's the same for young artists today. Maybe the same for all artists, of all times.

I don't believe in the concept of anything. I believe in the conviction of the artist. The artist's conviction shows. The strength of a work is more dependent on the conviction of the artist than on a concept.

Do you remember the article Elaine de Kooning wrote about one of your sculptures in Art News *in 1951? I think the sculpture was called* The Cathedral.

That's right, *The Cathedral.*

I remember she described one form as an altar-shape and on that was a figure-shape which was pierced by a prong coming down...

...an ecclesiastical prong.

...and you added some molten silver to the figure and she quoted you as saying that the silver represented Purity. No one could possibly see this detail without help, or read it from the title.

Yes. Every once in a while, when I make a big rusty iron thing, I bore a hole in it and add some gold; just for the hell of it. I don't think anybody ever sees it. That tickles me a little.

The details in your work are important and you invest them with all sorts of possible meanings, private meanings, which are thrown away...

It's public when I show it and private when I make it. All good art that I know about is pretty private when it's made. I look for private meanings in Renaissance artists. I look for private meanings first.

Do you still work over details like that?

In some sculptures, yes; and some, no. Some sculptures are to be seen five hundred feet away and some are small and intimate, and have very intimate details.

Take last night. When I went to sleep, I was making a sculpture. I woke up twice and made drawings. I woke up this morning thinking it, you know, and I presume I was able to keep on working asleep. Sometimes I work with details and sometimes with broad statements. I don't have any conviction about one over the other.

Well, the silver you added to represent Purity, no one is going to see it unless you tell them.

I dont't think it's necessary to tell anybody.

Yes, but do you do it?

The knowledge, the perception, of vision is so far greater than any statements using words, that nothing an artist can do passes beyond the vision of the beholder.

The silver would.

Do you know [in James Joyce] the Little Red Hen scratched up a letter? Well, I'm always scratching up letters and that's one of the nice things about Joyce. There's a part of Joyce in me all my life. I read «Work in Progress» in *Transition*. It's a kind of opening, like when I first saw Cubism or Constructivism or De Stijl or any of the things I saw that I didn't know about. I love things I see and don't know about. I don't understand why other people don't like things they don't know about. It always astounds me that I can make something that somebody doesn't understand. I see everything in writing that other people write. I listen and I understand everything in music; I mean I like John Cage and Morty Feldman and Varèse and Stravinsky...

Did I tell you I just made 130 or 140 paintings this year from models, all nude models. I don't use drapery. When there's pussy, I put pussy in. And when there's a crack — on some of these girls who are so young you can't even see a definition — I put it in because I think it will be there, sooner or later.

You're just a stylist.

I'm a sensualist... but I don't use a sketch when I make sculpture, ordinarily.

You make chalk drawings on the floor.

Oh, that's when I'm in trouble.

What do you mean, «no sketches»? You're always drawing.

Well, I don't make drawings seldom. I do what I need to do, Tom, and sometimes I think I'm stronger and there are more possibilities open for invention if I don't use the sketch. I draw a lot to increase my mind or my vision, but when I work, I try to let the work make its own vision — while I keep a history of knowing behind it.

That's the most sophisticated kind of sketching... You also correct endlessly as you work.

I often correct pieces, and throw bad pieces away.

So whatever spontaneity you use has been filtered through the most rigorous intellectual discipline. The working process is one of constant scrutiny.

Scrutiny? I live it. I live it, and the pieces that are problems, I look at and think about three or four times a day while I'm working on other ones.

What about that spontaneity?

I use every method or approach that I need. Sometimes it is spontaneous and sometimes studied, thought, and takes a long time. Some sculptures take a couple of years before they get realized.

The point being that you stay constantly aware, an intellectual artist. You bring everything to bear on the work and that't how the art comes out.

It comes out different most of the time.

Because you can't oversee everything. The work evades scrutiny?

There is a kind of vision, usually, which is a meditated vision — as against premeditated. But I would rather call it a continuation. And then sometimes I need the contradiction to the kind of work I'm doing. Sometimes I work in what

people call lines or drawing. Sometimes I need big strong cubic shapes. Sometimes I need total disrespect for the material and paint it as if it were a building...

Should materials be respected? Do you think «pure» is «good»?

Pretty good. It depends on the conviction of who is doing it. In relation to Ad Reinhardt's painting, pure is good.

You add color.

I'm still working on that. I've made two sculptures in tune properly between color and shape. But I've been painting sculpture all my life. As a matter of fact, the reason I became a sculptor is that I was first a painter.

Why do you always choose bright colors?

Because they are more difficult.

Wouldn't it be easier to start with grays?

Yes, it would be easier to state color in a gentle monochrome manner, except it doesn't speak to me as strongly. I could work whites and blacks, but I think I'd have to work twenty years before I can paint circles in bright colors that succeed, and the minute I'd succeed, I would be done; that would be ended. When you get a unity, it's got to end something.

I don't see the point of whole bunches of artists today trying to do polychrome sculpture.

Now that's a dirty word, «polychrome.» What's the difference between sculpture using color and painting using color?

The painters seem able to and the sculptors don't.

All right, then we haven't't found it. When we find it, it's...

Twice...

...double. Painting and sculpture both; beats either one.

You think painting is the dominant mode?

I think reaction and response of the public and the historians are built on painting.

That's been true since the seventeenth century.

Tom, sculpture has been a whore for many ages. It had to be a commissioned thing. Sculpture was not sculpture until it was cast in bronze. Before it was cast, the man who paid for it had certain reservations and designations as to subject matter.

But modern sculpture comes out of painting like a flower comes out of the ground.

We come out of Cubism.

And Picasso and Matisse...

...are some of the people who made their greatest inventions through concepts of sculpture. And also they begin sculpture as an entity...

...as an absolute?

...absolute from the artist. But the reproductive processes involve something else. Sculpture is lightly considered because you see the same goddamned sculptures. They become common and that reduces the interest. The world is full of reproductions of sculpture and that is one of the defiling things about it.

I don't think that's very important. If it's good, it's good. If not...

It's only good when it comes from the hand and from the eye of the artist. Otherwise it's reproduction.

What about the beautiful bronze casts by Jimmy Rosati?

That's different. I'm talking about museums and dealers who make casts.

Have you ever felt in peril?

Oh, I have so many ideas; I'm not dry. I'm living ten years beyond my time...

I mean physically.

Physically, I'm scared something is going to happen, that I'm not going to have enough to eat. Once you've lived through a Depression, Thomas, I don't think you can outgrow it.

But your father had money and you were raised...

My father was a working man...

...raised with enough food.

I was raised with enough food, but I came from pioneer people. Grandmothers and grandfathers, great-grandmother, my great-great-grandmother, all of those people I talked with were early settlers. They had been deprived of salt, flour, sugar, and staples like that for periods of time. I came directly from pioneer people who were scared for survival and this reinforced my consciousness of the Depression.

To you, waste is a sin?

Right! I don't like to throw away bread...

You told me once that your Protestant background was a disadvantage.

It's a hell of a background, but you've got to make it with what you've got. There are no rights and wrongs. The more you meet a challenge, the more your potential may become. The one rule is that there may be no rules!

In a sense, your sculpture as a whole is about «no rules»?

I think the minute I see a rule or a direction or a method or an introduction to success in some direction, I'm quick to leave it — or I want to leave it.

Is that an unsatisfactory state?

The idea of satisfaction is like the idea of happiness — the great American illusion.

Is that the Protestant background speaking, backing away from satisfaction?

I wish to be totally unacademic.

In a sense, you always want to fail.

That's where the greatest challenge is... the American Protestant idea leads to revolt. A format is made to be changed...

I like outdoor sculpture and the most practical thing for outdoor sculpture is stainless steel, and I made them and I polished them in such a way that on a dull day, they take on the dull blue, or the color of the sky in the late afternoon sun, the glow, golden like the rays, the colors of nature. And in a particular sense, I have used atmosphere in a reflective way on the surfaces. They are colored by the sky and surroundings, the green or blue of water. Some are down by the water and some are by the mountain. They reflect the colors. They are designed for outdoors.

Like a pond...

...reflects the sky, changes color all day long. They are not designed for modern buildings.

What about the sculptures you've entitled Primo Piano [«first floor,» that is, the floor above the ground floor]?

All the action takes place on the second floor.

There is the base, then a pause, then the action?

Yes. The title was a secondary thought, but, actually, there it is. The ground floor is where the desk clerks are.

And the action goes on above eye level. What about the Wagons?

I've got three on wheels. It's a kind of iron chariot, on four wheels, with open linear elements. Each section of drawing is totally unrelated, and they don't fall together. They just sit there, broken.

So the chariot becomes a kind of field where these things exist?

A longitudinal field.

And you got the idea of...

Actually I bought these wheels from a guy who was making two cannons for me, cannons that shoot.

What do you want cannons for, robins?

No, I wasn't going to shoot any robins. The one cannon I have is a Revolutionary War model, and it shoots frozen orange juice cans, lemonade and that sort of stuff. I save all those cans and fill them with cement and then shoot them.

How far does it carry?

Oh you can shoot it a mile, but with three ounces of powder it will shoot 700 to 1,000 feet. I also have a bronze cannon.

One of those yacht-club signal guns?

Only bigger. One was found in Lake George, originally cast in Scotland and brought over during the French and Indian War. When they pulled up a dock, they found seven old cannons shoved underneath and one was in pretty good shape. A friend of mine had his brother make a pattern of it; I had a few hundred pounds of pig bronze lying around, so they made me a bronze cannon with bronze cannon wheels. Well, on my last *Wagon*, I used three of the bronze wheels that were made for cannons. So it's iron sculpture and has bronze wheels.

In the longitudinal space are «drawings»?

Big forgings. I drew a number of forgings to order, about forty-five, and sent them to Pittsburgh to be made.

In steel?

Steel, yes.

It becomes a kind of classic cart...

...so you can pull them around and set them out in the field. They are too heavy for people to handle so I put wheels on them. Of course, I've used wheels a lot. As far as I know, I got the wheel idea from Hindu temples.

Those wheels of life?

They cut them out of stone on the temples to represent the processions where they carry copies of temples down the streets on wagons. Carved stone wheels. It's a fascinating idea. I went to the Museum of Science and Industry where they have square wheels.

Do you use magic? I remember a piece, fifteen years ago, with a pedestal, steel, then a plane divided into three sections and in each section there were series of shapes and, above that, some steel drawing.

That was a letter ... and that relates to the Little Red Hen that scratched in Joyce ... The Little Red Hen that scratched the letter up.

A steel letter.

Yes. And the letter says, «You sent for me.» Something very simple. A short cryptic message. «You sent for me.» All letters say, «You sent for me,» as far as I'm concerned.

And there are sculptures with «H's» and «Y's»; in fact, you've been concerned with letters.

Yes.

Greek letters.

All kinds of ungreek Greek. They look like Greek and they are Greek because «Greek» is something you don't understand. And there are no «H's» or «Y's» in the Greek alphabet.

There's a «Y» except it's a trident sign...

...my «Y's» are tridents. Jean Xceron wrote my Greek for me.

And you've done some big, linear sculptures which aren't «letters» — Australia...

Yes, and *Hudson River Landscape;* it was a matter of drawing.

You think of drawing in terms of writing?

I don't differentiate between writing and drawing, not since I read that part of Joyce.

There is a kind of secret message?

The little hen scratched up a secret message.

«I sent for you»?

No. «You sent for me» — that's different. That's what I think the secret letter said. Nobody knows what the letter really said.

And in your sculpture of big towers...

...just rising from the earth...

...are drawings pulled up.

Yes, and it's also a challenge in engineering to make them one hundred feet high. But sometimes mine don't perform correctly; they don't look like they are standing up.

Sometimes they almost threaten to topple.

They aren't any different from light towers, but they don't look like they'll make it. Because I make them aesthetically first. Once in a while I throw in a constructive line for strength. I try to incorporate strength into aesthetics.

The only problem left is — why color?

It is a foreign introduction, but why not?

You have steel, that beautiful material...

Oh balls!

Steel and bronze...

I color them. They are steel, so they have to be protected, so if you have to protect them with a paint coat, make it color. Sometimes you deny the structure of steel. And sometimes you make it appear with all its force in whatever shape it is. No rules...

Letters to Roberta González

These four letters, the first two in French, are to be found in the IVAM's archives in Valencia.

Dear Madam.

Art News magazine has asked me to write an article on your father, Julio González, for publication next December. I have admired his work since 1932 when, as a student, I saw a reproduction of his sculpture for the first time.

In 1934 a friend — John Graham (a Russian-American painter and collector) — gave me a small head that he had bought from your father. It is one of his first masks in iron, smaller than a hand, and its forehead is pierced by «threads» that mark its features. I will take a photograph of it and send you a copy.

In 1936 I was in Paris with John Graham. We wanted to visit your father but he had moved. At the time I had come from Greece and was on my way to the Soviet Union, and on my return I did not go back through Paris. Unfortunately I never met your father, which would have made it unnecessary to bother you in order to write this article.

Painter Herman Cherry has lent me the information you sent him about the different periods in your father's work and I also have the «Amsterdam-Brussels» catalogue; moreover I have some translated notes but would like to ask you some questions in connection with personal and private matters that artists talk about, which generally are quiet different from the museums' official reports.

I would like to speak about González the artist and write as if this were a conversation with other artists.

I have great respect and deep admiration for your father's work. My friends Graham and Xceron were likewise long-time friends and admirers of your father.

Any personal and unpublished facts you are kind enough to tell me will be treated with the utmost consideration and I will send you some copies of the Magazine. Please consider me entirely at your disposal to do any similar favour for you from the United States as I also sculpt in iron. I enclose herewith the questions on separate pieces of paper; please forgive me for taking advantage of your generosity, I will use the answers in the best way possible in order to write an article that shows the importance of the work of the artist and man, Julio González.

In particular, I have some questions that are generally not brought up by the official museums:

— Why wasn't your father appreciated when he was still alive? Why weren't his works bought when the proceeds from the sales would have enabled him to do more sculptures?

— Why must an artist die in order to be recognised?

— Why did the experts ignore him if the artists that knew him always admired your father's work?

Yours sincerely,   David Smith

Q u e s t i o n s :

1. Who were your father's close friends? With whom did he speak about aesthetics? Did he frequent any café in particular, etc.?

2. Could you please tell me about your mother, the year your parents were married and about her appreciation for her husband's work. Where did your parents live? Everything you remember about your father's devotion to his art and the Artist's eternal struggle.

How did your father earn a living and get the money he needed to buy his sculpting materials?

Could you tell me if your father ever went through hard times, not forgetting that I am on his side?

I believe that there were some parallelisms with my life and my struggle.

3. Approximately how many sculptures did he produce? How many are in iron?

Does a 1936 work, *Woman with a sickle, Montserrat,* show any political relationship with the Popular Front? (In 1936 I joined the march to the «Père-Lachaise» cemetery with the Artists' House of Culture.) Did he have connections with that cultural group? Did your father favour the monarchists during the Spanish Civil War? Did he make posters or other works for this cause?

4. Did he like music? What type of music?

5. I believe that your father was a kindly and peaceful man, but I can only say so if you confirm it. I gather this, and a lot more, from his work, but if you were to speak to me about his character I could write with greater legitimacy.

6. What could you tell me about his workshops? (size, type of building.) And his tools? Did he use power tools? Did he use an electrode-rod welder or an «arc welder,» as we call them there, or on the contrary, did he do all his iron work with gas and oxygen welders?

7. Did the French critics give their opinion of his work in good faith? Have many French collectors bought his works? Did any French museums buy and exhibit his work while he was still alive?

8. I am very confused about the period between 1929 and 1931 in which Picasso made sculptures with welded iron. Some friends have told me that, «González welded for Picasso,» but the information on the subject seems to vary.

An American catalogue says that your father taught Picasso to use a welding torch. Could you please tell me if this was true.

Was it your father who taught Picasso to weld his sculptures? Did he weld for Picasso because they were friends, or did he work for him during the period of iron sculpture and constructions, which lasted from 1929 to 1939?

I do not ask these questions in order to analyse the situation, but rather to establish the real relationship between them.

9. If it were necessary, could I mention your name?

10. Could you lend me some photographs for the *Art News* article that have not been published previously in the «Amsterdam-Brussels» catalogue?

Do you have a family photograph of yourself with your parents or of González with his friends? I would like to depict an intimate and unpublished image of your father. I would not want to repeat the information to be found in the catalogue.

My aim is to broaden the knowledge of his life and work.

I promise to take good care of all the documents you entrust to me and return them all. And if you have to make any copies, I will reimburse the cost and, of course, all the mailing expenses.

I should be very grateful if you would be kind enough to answer my questions. I shall do all I can for your father's cause.

David Smith

Madame Roberta González

Arcueil, France   4 November 1955

Dear Madam,

I sincerely thank you for the large amount of information and for the speed with which you sent it to me. My delay in replying was due to the need to find somebody to translate this letter.

I will take good care of the photographs and return them when I have finished the article and when the prints for the magazine are ready.

The article will be submitted in January and I will send you some copies. I will do my best to highlight the importance and truth about the work and life of your father.

Enclosed herewith is a photograph of the small mask I have in my possession. I do not know when it was made. Its size is similar to that of the photo. The sculpture in silver of the Philadelphia Museum was bought by A. E. Gallatin in 1933. Your father gave M. Gallatin a drawing and the American painter George L. K. Morris has a drawing he bought from your father, Julio González. You, who are informed about the works in the Museum of Modern Art, must know about and approve of the exhibition of pastels and bronzes at the Henry Kleeman Gallery.

Many artists in New York knew your father, mainly between 1930 and 1935, when they met at J. Torres García's studio.

I have written to Picasso, Brancusi and other people hoping to be able to add more information than previously published on your father and his work.

I have read an article which praised an exhibition of his work and gifts as an artist.

I will soon have photographs of my 1955 work and it will give me great pleasure to send them to you.

Yours sincerely,   David Smith

February 28, 1956

Dear Roberta González,

I have received your letter. I need help in translation in the meantime, I enclose your photographs and express much gratitude for your help in the article in *Art News.*

I have asked the magazine to send you some copies. I did not write a good article. I am not a good writer and much was speculation without facts but I hope it will add to the prestige of your father's work and make his name better known. How I wish he could have had this exhibition and esteem in his lifetime.

I have just returned from New York, and the beautiful exhibition of your fathers work. The Museum has installed the exhibition expensively and tastefully. It really looks beautiful. The artists of New York and there are many, have all expressed admiration and enthusiasm. But, there are a dozen of us who have always recognized the genius and beauty, the innovation, of González since 1930. In the case of John Xceron since he met your father about 1927, and wrote about him in the *Boston Transcript,* and the *Chicago Tribune* (Paris edition.)

I enjoyed your article in the *Arts.* The same magazine will have an article on my work, March issue. My exhibition at the Willard Gallery opens March 6.

My relationship to «Sagrada Familia» and the González shop was speculation. Would his sister know? I'm still searching to learn. But certainly he knew the Cathedral in Barcelona and had affection for it as he apparently loved all Cathedrals.

A concluding paragraph was cut by the magazine, in which I summed up the contribution but that was due to space. The magazine had asked for 1,500 words and I wrote 2,500.

I hope my admiration was evident throughout the text of the article.

Thank you madam Roberta and success to you in your own work.

Fraternally,

David Smith

June 11, 1956

Dear Roberta González,

I visited Edgar Varese and gave him the *Arts* with your article. He was very pleased. He showed me a drawing your father made of his father and also a ring your father had made for him. The González drawing of his father was a realistic portrait but he did not mention whether it was done from life. Varese played a tape recording of a new work which was beautiful. It was of cut sounds, shaped like asculptural forms thrown and perfectly placed in unities like I wish to make sculpture. It was compiled from contemporary sounds and scores which he had written for orchestra, harmoniously arranged.

I have written Hilton Kramer to send you the March *Arts* which has the article on my work. It will probably arrive later by boat mail.

It takes me time to have your letter accurately translated. My French is not good.

John Graham has no photos, nor does he remember to whom he sold or gave the early González sculptures. The photo I sent you of the work he gave me is the only record of these three. My friend Graham is an odd Russian, a painter, a collector, a writer, a trader and has never kept a record of his transactions. At the same time he bought these works from your father he also was a friend of Charcounne and had a number of his paintings. I'm sorry we cannot trace the other two works, but if he should ever remember or if they appear, I'll write you.

When I came to New York to study in 1927, so much new art came at once — Constructivism, De Stijl, Cubism, etc. I am not sure of my first iron influence. It was probably the reproductions in *Cahiers d'Art* of Picasso which your father had done for him. But certainly I soon saw reproductions of your father's work and was told about him by Graham and later by John Xceron.

Andrew Ritchie has scheduled a Modern Museum show for me within the next two years so I shall think hard and try to solve this for the catalogue.

I worked as a welder, riveter and did ironworking in general at the Studebaker automobile factory before I came to New York to study art. During the War I worked as an armor plate welder on tanks and locomotives. I do much of my work by electric or arc-welding. But I started in 1933 on gas welding. I still use gas for cutting and other work where it is more functional than electric. Sculptors who use welding exist here by the hundreds. I am about the only electric welder as far as I know. My first electric welding was in 1939. I attach no importance to this, it is merely trade talk between artists.

Of course I would like a show in Paris but the cost is beyond my means. I will have to wait until my work is important enough for some museum or some other agency to arrange it.

I have loaned the photo of your father's studio (photo which was obtained for me in Paris, Marc Vaux photo), to my friend, the sculptor Theodore Roszak, who is writing a section on new sculpture for the *Encyclopedia Brittanicia [sic]*. He will use it along with individual works of your father which I also sent him for the Encyclopedia. I presume he will record González as the father of all iron sculpture of this century. When it is published I shall tell you and it may be obtainable at the U.S. Information office in Paris. It may not be published for several years.

You should not underestimate the high position González' work has in U.S. art life. I wish your father could have lived to enjoy his position here and I know we all would have loved him as a person. I regret very much that I was unable to locate him in 1935-36 when Graham tried to take me to his studio. I think he had left Paris for the new studio at Arceuil.

I have read about your work. My friend Herman Cherry showed me a review and I should be pleased to see photos which I shall return to you.

Sometime I hope to sell enough work or receive a fellowship and come to Europe. If so, I hope we can meet, I would like to see your work and know you.

In my reconstruction of possibilities in the article on González, was I mistaken in surmising that work by the González family must have been in the «Sagrada Familia»? Would your father's sister remember if this is true?

My fraternal greetings,

David Smith